国学经典导读

主　编　刘成荣
参　编　刘廷乾　张齐　陈圣宇

南京大学出版社

图书在版编目(CIP)数据

国学经典导读 / 刘成荣主编. —南京：南京大学
出版社，2021.11(2025.1 重印)
ISBN 978 - 7 - 305 - 23769 - 0

Ⅰ. ①国…　Ⅱ. ①刘…　Ⅲ. ①国学—通俗读物　Ⅳ.
①Z126 - 49

中国版本图书馆 CIP 数据核字(2021)第 245966 号

出版发行　南京大学出版社
社　　址　南京市汉口路 22 号　　　　邮　编　210093
书　　名　**国学经典导读**
　　　　　GUOXUE JINGDIAN DAODU
主　　编　刘成荣
责任编辑　刁晓静　　　　　编辑热线　025 - 83592123
照　　排　南京紫藤制版印务中心
印　　刷　南京玉河印刷厂
开　　本　787 mm×1092 mm　1/16　印张 15.5　字数 350 千
版　　次　2021 年 11 月第 1 版　2025 年 1 月第 6 次印刷
ISBN 978 - 7 - 305 - 23769 - 0
定　　价　42.00 元

网址：http://www.njupco.com
官方微博：http://weibo.com/njupco
微信服务号：njuyuexue
销售咨询热线：(025)83594756
─────────────────────────

前　言

　　本书所谓的"国学",其实就是指中国历史悠久的传统文化,因为此名沿用已久且表述简练故而取用,并没有特别的意义。我们之所以在此特别揭出,是因为"国学"一词,无论是在学界还是在民间,实在是颇多争议的。学界对国学的学科归属多有批评,比如复旦大学的朱维铮教授,就曾对"国学"一说大加笔伐,认为它不伦不类(《国学今昔》,见凤凰卫视编著《世纪大讲堂·第15辑》,辽宁人民出版社,2008,第151-159页)。我们经常看到有人故意将"国学"夸大乃至于神化的现象,曾经遍布各地且争议颇多的国学馆就是例证。北京大学、清华大学、中国人民大学、武汉大学等高校,也都设置了专门的国学院。不过,它们大抵只是从研究和传播中华传统文化的角度来考量的。

　　如果以历史的眼光来看,"国学"之名,其实也是有渊源的。"国学"一词,出现的时间很早。《周礼·春官》即云:"掌国学之政,以教国子小舞。"不过,这里的"国学",指的是学校,而且是国家层面的官学。国学的这种含义,在接下来的很长时间内,一直为大家所沿用。比如"(建武)七年,转太仆。(朱)浮又以国学既兴,宜广博士之选"(《后汉书·朱浮传》),"于时学校陵迟,(谢)石上疏请兴复国学,以训胄子,班下州郡,普修乡校。疏奏,孝武帝纳焉"(《晋书·谢石传》)。相比较而言,用"国学"来指学术思想,则是比较晚近的事了。张岱年说:"国学的名称起于近代。近代以来,西学东渐,为了区别于西学,于是称中国本有的学术为国学。"(《国学入门丛书序》,中华书局,2003)近代的"国学",带有鲜明的政治、民族色彩。在积贫积弱的近代,国人遭遇着西方列强的凌辱,国家和民族面临着生存的困境。有识之士倡导"国学",旨在维护国家尊严,为中华民族续命。

　　1902年,梁启超在《论中国学术思想变迁之大势》一文中即将"国学"与"新学""外学"相对举,标榜"国学"的民族本土性。1905年2月23日,《国粹学报》在上海创刊。该刊以"发明国学,保存国粹"为宗旨,宣传反清思想,倡导爱国、保种、存学。1906年9月5日《民报》第7号刊登章太炎的《国学讲习会序》,他说:"夫国学者,国家所以成立之源泉也。吾闻处竞争之世,徒恃国学固不足以立国矣,而吾未闻国学不兴而国能自立者也。吾闻有国亡而国学不亡者矣,而吾未闻国学先亡而国仍立者也。故今日国学之无人兴起,即将影响于国家之存灭,是不亦视前世为尤岌岌乎?"1922年1月《学衡杂志简章》云:"本杂志于国学,则主以切实之工夫,为精确之研究,然后整理而条析之,明其源流,著其旨要,以见吾国文化有可与日月争光之价值。"(《学衡》第1期)在上引的文献中,我们能明显地感受到,近代的"国学"是应时代之运而生的,它有着特殊性质,并承载着特殊使命。

如果说在近代，风雨飘摇的社会环境，让人们有着民族危亡的焦虑，于是借"国学"来凝聚人心进行政治突围的话，那么时过境迁，这种外在的压力和内在的诉求，在我国国力日益增强的当下并不存在，因此当我们重新谈论"国学"的时候，显然已经不再是近代的那种压抑的心境了，而更像是在进行一次心平气和的历史回顾和文化巡礼。国学，在很多人的眼中，已经成了中国本土思想文化的简称。袁行霈说："各家的说法颇有分歧，在这里无须详加辨析，若就其大致相同的方面而言，可以说'国学'即中国固有的学术，以及研究中国传统的典籍、学术与文化的学问。"（《国学的当代形态与当代意义》，见《北京大学学报》2008 年第 1 期）陈来则认为国学的视野应该更广阔：现代意义上的"国学"，不应仅是中学（中国之学）、旧学（古典之学），它同时包容新学（现代之学）、西学（他国之学），但必须是"中国主体，世界眼光"（《中国主体，世界眼光——陈来教授谈国学研究与国学教育》，见《天中学刊》2016 年第 6 期）。这些观点较之近代诸说显然要客观公允得多，本书探讨国学，大体上持类似的观点和立场，当然更偏向中国思想文化中的古代部分。

中华民族几千年的繁衍生息，创造了无数的辉煌，积累了无数的遗产，当然也养成了中华文化的独特个性。就其主要的层面来看，系统、自足、多元、包容等是中国传统文化的显著特征。早在先秦时期，就形成了以传统"六经"为核心的王官之学。从姬周天子到各地诸侯，"六经"都是贵族们学习的重要课程，"六经"也因作为礼乐文明的重要组成部分而影响深远。在《尚书》《诗经》《左传》《国语》等早期典籍中，我们都能找到很多鲜活的例证。礼崩乐坏、王纲解纽之后，原本为贵族所独享的"六经"之学，也渐渐地散落民间。战国时期诸子蜂起、百家争鸣的繁荣景象，就是在这样的背景下出现的。然而究其根本，诸子百家之学仍然离不开"六经"，班固就说："今异家者，各推所长，穷知究虑，以明其指，虽有蔽短，合其要归，亦六经之支与流裔。"（《汉书·艺文志》）如果将中华传统文化比作一棵大树的话，那么六经就是它的根基和主干，而诸子百家是它的枝叶，之后历代的文化，比如汉代的经学、魏晋的玄学、唐宋的诗学、宋明的理学等，都是这棵大树上生长出来的新枝和嫩叶。

当然这些文化都是在特定的社会环境中产生的，故而必定会带有各自时代的印记，这既是它的优势也是它的局限，因为没有哪种文化是完美无瑕的。诚如班固所说："诸子十家，其可观者九家而已。皆起于王道既微，诸侯力政，时君世主，好恶殊方，是以九家之术蜂出并作，各引一端，崇其所善，以此驰说，取合诸侯。其言虽殊，辟犹水火，相灭亦相生也。仁之与义，敬之与和，相反而皆相成也。"（《汉书·艺文志》）但就各家内部来看，却又是相对完足的，即每家都对社会人生的各个方面提供了十分详细的建议，比如儒家、道家、墨家、法家等。对于中国古代的悠久文化，我们既要看到它们的共性，也要看到它们的个性；既要辨别它们的优点，也要辨别它们的缺点。学古不是被动继承，更重要的是古为今用。对于这份丰厚的文化遗产，我们只有做到充分了解，才能有效地继承和利用。

要实现上述目标，就不能不对我们的时代有透彻理解，就不能不对自己的诸多面相有清醒认识。古人说得好，"知己知彼，百战不殆"。对于个人来说，因为学养、阅历、识见、年龄等的不同，每个人的文化需求也各异。这就需要大家根据自身的特点，去选择合适的传统文化作为滋养。孔子认识到了个体的阶段差异，他曾自述成长的历程："吾十有五而志于学，三十而立，四十而不惑，五十而知天命，六十而耳顺，七十而从心所欲不逾矩。"（《论语·为政》）孔子也注意到了个体的性格不同，他根据不同的学生因材施教。子路问："闻斯行诸?"子曰："有父兄在，如之何其闻斯行之?"冉有问："闻斯行诸?"子曰："闻斯行之。"公西华曰："由也问'闻斯行诸'，子曰有父兄在。求也问'闻斯行诸'，子曰闻斯行之。赤也惑，敢问。"子曰："求也退，故进之；由也兼人，故退之。"（《论语·先进》）孔子以身作则为我们树立了典范。

中华文化源远流长，且博大精深，一部小小的书稿，显然无法对这份庞大的文化遗产，进行全景式的导览。况且，对于很多现代人来说，选择那些影响深远的经典，认真细致地详读谛观，或许更为切实有效。市面上介绍国学的书籍很多，从概述到专题，从简介到专书，不一而足。其中不乏内容精彩、质量上乘者，但总体上看都有所不足，这表现在专题、专书的介绍失之于深，而简介、概述的内容又失之于浅。

本书希望避免上述的不足，达到如下的效果：既能较为宏观地描述出中国传统文化的概貌，做到成竹在胸；同时又能比较深入地进入经典的内部，做到尝鼎一脔。为了实现上述的目标，我们采用了如下方法，即将全书分上下两编：经典概说和作品选读。上编选择了中国古代十二部有代表性的重要经典，分别是《周易》《老子》《庄子》《诗经》《左传》《论语》《史记》《世说新语》《资治通鉴》《水浒传》《西游记》《红楼梦》。每部经典包括四个部分，即一个全书的概述和三个专题讨论。下编选录了与上编经典配套的重要篇章，予以精校精注。我们希望读者通过系统学习，能够掌握中国古代经典的研读方法，加深对中国优秀传统文化的理解；并在学习中国传统经典的过程中，培养纯正的品位和情趣，激发内心的爱国情感，同时能汲取古人的智慧服务于现代社会，并造福于人类。

尽管本书的编写历时有年，也几易其稿，但我们学殖浅薄，识见不高，所以上述的美好愿景未必能够完全达成。不过古人说过"虽不能至，然心向往之"，这部小书权当是我们学习中国传统文化的一点小小的思考。在本书的编写过程中，我们虽然参考了不少古圣时贤的高论，也查对了大量的中外文献，但错漏之处应该依然存在，祈望方家不吝指正！

目　录

上编　经典概说

下编　作品选读

上　编

经典概说

第一章 《周易》导读

一、《周易》是部什么书

一说起《周易》，人们的感觉可能是既熟悉，又陌生。之所以熟悉，是因为在日常生活中，大家或多或少都接触过与《周易》相关的一些事物。之所以陌生，是因为很多人并没有直接接触过《周易》的文本，对于《周易》这部"经典中的经典"所讲内容到底是什么并不清楚。所以有必要简单介绍《周易》文本相关知识。

先看"周易"两字是何含义。

"周"有"周普""周代"两说。持前见者，如郑玄释《周礼》"三易"之义说："《周易》者，言易道周普，无所不备。"《周易》所言道理广大，所以"周普"；持后说者，如唐代孔颖达认为，是周文王作《周易》，所谓"周"，就是为了跟其他国名或朝代相区别："文王作《易》之时，正在羑里，周德未兴，犹是殷世也，故题'周'，别于殷。以此文王所演，故谓之《周易》，其犹《周书》《周礼》，题'周'以别余代。"也有学者兼取两说，想要折衷调和，但恐未可尽信。

我们赞同"周"为"周代"之说。但孔颖达说"周易"之名出自周文王，则难以采信。因为在先秦典籍之中，诸家多有论及"周易"处，但多称"易"，而未见"周易"之说。"周易"之称，可能并非文王最早有意识地题名加以区别，而很有可能是后人为了区分加上的。至于最早是谁，现在已无法确切考证。

至于"易"字，从文字学上来看，此字最普遍流传的义项乃是"变化"。此外，尚有"简易""交易"，甚或"不易"之说，这大概是根据《周易·乾凿度》中所说的"一名而三义"而来："易一名而含三义：所谓易也，变易也，不易也。"若从其本义而言，"易"就是"变化"。所谓"周易"，顾名思义，就是产生于周代的一部以阐述"变化"思想为核心的著作。

次看《周易》文本结构。

现在通行的《周易》文本，最基本的可以分为两大部分，一部分为《易经》，另一部分为《易传》。由于《周易》在后世地位极高，无论是在"五经"系统，还是在"十三经"系统中，均被尊称为"经"。《易经》又有广义和狭义之分。广义的《易经》包括《周易》古经和《易传》，而狭义的《易经》仅指《周易》古经。

《易经》由卦象与卦辞、爻辞组成。卦象有六十四卦，卦辞与爻辞即是《周易》古经经文。《易经》分上下两篇。上篇以"乾""坤"始，以"坎""离"终，共三十卦；下篇以"咸"

"恒"始,以"既济""未济"终,共三十四卦。

《易经》产生的次序依次为阴阳—八卦—重卦(六十四卦)—卦爻辞。人们通过对宇宙万物矛盾现象的直接观察得出了"阴阳"概念,用两种符号表示,阴物为(— —),阳物为(—)。在阴阳基础上,以阴阳符号为"爻",每三爻叠成一卦,出现了八卦。八卦分别为乾、坤、震、巽、坎、离、艮、兑。这是自然界中八种最大的现象的象征,即天、地、雷、风、水、火、山、泽。八卦两两相重而产生了六十四卦。每一卦均有卦辞,每一爻均有爻辞。两者均配合卦形阐名象旨。通过文字的具体表述,卦形、爻形内涵的象征旨趣更为鲜明、生动。卦爻辞的出现,使得《周易》成为卦形符号与语言文字有机结合的一部特殊的哲学著作。

《易传》共有七种,分别是《彖传》《象传》《文言传》《系辞传》《说卦传》《序卦传》《杂卦传》。其中,《彖》和《象》都是解释六十四卦的,由于《易经》分上下,故《彖》和《象》也分上下。另外,《系辞》由于篇幅较长,也分上下两篇。故《易传》共有十篇。《易传》的目的在于解释《易经》,好比《易经》的羽翼,所以《易传》十篇又称为"十翼"(《周易·乾凿度》)。

《彖》共六十四节,分释六十四卦卦名、卦辞及一卦大旨。《象》分《大象》和《小象》。《大象》释各卦卦象,共六十四则。《小象》释各爻爻象,共三百八十六则。《文言》又分《乾·文言》与《坤·文言》,"文"即"文饰"之义,由于"乾""坤"两卦为《周易》之根基,意义重大,所以相较于他卦,需要特别加以解说。其中"乾"比"坤"更为重要,所以《乾·文言》又较《坤·文言》内容义理更为丰富。《系辞》则可以看作早期的《易》义通论,主要从宏观角度阐发《周易》义理,也穿插了许多读《易》的范例。《说卦》专门系统阐说八卦象征事物及其象征意义。如乾为天,坤为地,震为雷,巽为风(为木),坎为水,离为火,艮为山,兑为泽;与之相对应的八种象征意义即乾健、坤顺、震动、巽入、坎陷、离丽、艮止、兑悦。《序卦》旨在解说《周易》六十四卦的编排次序,揭示诸卦相承的意义。《杂卦》则将六十四卦重新分成三十二组,两两对举,以精要的语言概括卦旨。一般相对举的两卦卦义相反,如"乾刚坤柔,比乐师忧";也有相近者,如"革,去故也。鼎,取新也"。

《易传》七种本来都是各自流传的,后来汉代学者为了方便习诵,便将其编入《易经》,成为经传合参的文本,也就是我们今天最常见的《周易》文本面貌。《易传》是今天研究《周易》经文最重要的参考著作,其本身所蕴含的哲学内涵也值得深入探讨。现代新儒家如熊十力、牟宗三等人,就将《易传》与《中庸》并列,认为这些著作代表了孔子所罕言的"性与天道"的内容,这也成为他们构建儒家道德形而上学的元典依据。

再看《周易》的作者。

长期以来,关于《周易》一书的作者,最为通行的权威性观点是《史记》所说。《易经》作者被认为是周文王,所谓"文王拘而演周易"(《史记·太史公自序》)。此外,《史记·周本纪》亦说:"西伯……囚羑里,盖益《易》之八卦为六十四卦。"而《史记·日者列传》则说:"自伏羲作八卦,周文王演三百八十四爻,而天下治。"这即是说,八卦为伏羲所作,后由周文王演成六十四卦。至于《易传》作者,则被认为是孔子。《史记·孔子世家》说:"孔子晚而喜《易》,序《彖》《系》《象》《说卦》《文言》。"但此说从宋代以来,便不乏人质疑。

对于《周易》的作者,其实不能一概而论,需要分别探讨。

八卦的创作者,《系辞下》以为是伏羲,前人多信而不疑。但伏羲是上古神话传说中的人物,未必实有其人。即有其人,亦未必就是他所作。无论如何,八卦之始创者,今已不可考。至于六十四卦,虽多以为是文王所创,但亦不可靠。在《周易》产生以前,尚有另外两种《易书》,即《连山》和《归藏》,均有八卦和六十四卦。八卦和六十四卦的出现,都应当在西周以前的颇为远古的年代。古人这种看法,不必信以为真。

卦爻辞的作者,长期以来,争议并不是太大,直至二十世纪二三十年代,学界疑古之风盛行,遂对卦爻辞作者多方考证,新说迭出,基本否定了文王所作之说。《易传》的作者,在宋以前均无异议,孔颖达《周易正义》曰:"《彖》《象》等十翼之辞,以为孔子所作,先儒更无异论。"北宋时欧阳修始提出疑问。清代姚际恒《易传通论》、康有为《新学伪经考》,均认为《易传》非孔子所作。

二十世纪二三十年代,说者多继承欧阳修的观点。最近八九十年来,学者们又对《周易》作者做了不同角度的探讨,所得结论未臻一致,但无论是经还是传,他们都否定了将其作者视为某个神圣权威的看法,而认为是经过多人多时加工编纂而成的。较有影响的看法是:卦爻辞作于周初,《易传》作于春秋战国间。至于具体的作者,仍未完全确定。可以说,《周易》经传的创作经历了远古时代至春秋战国之间的漫长过程,是"人更多手,时历多世"的集体撰成的作品。

最后来看《周易》是何性质的书。《周易》一书的性质是十分复杂的问题,需要全面地、历史地来看待,不能以偏概全。对于《易传》的性质,人们的看法比较一致,认为这是一组颇有深度的哲学著述。至于《易经》,从卦爻辞的产生及其早期应用来看,应当是一部筮书。直到今天,相信《周易》能够卜筮算命者,依然不在少数。

不过,《周易》在其诞生之初用于占筮,但对于占筮的解释必然依赖于筮辞原有的哲学内涵。即使如朱熹极力强调《周易》是卜筮之作,也没有否定其所具有的哲学意蕴。他也说:"孔子恐义理一向没卜筮中,故明其义。"(《朱子语类》)在历代易学之中,从哲学角度所进行的诠解一直都是主流。

除此之外,也有将《周易》一书视作历史著作的观点。历来虽有"以史证易"之说,但并未径以《周易》为一部历史著作。以其为史书,是近代才产生的观点。这种观点认为《周易》是记述商周时期某些秘史的密码,通过破解这些密码,可以获得历史真相。其中颇多无稽之谈。

还有人将《周易》视作一部科学著作,由此而有"科学易"之说。这是用自然科学方法研究易学,即用现代思维范式来解读《易经》,探讨《易经》与现代科学理论的相互关系,并把《易经》的基本原理运用于实际。此说虽也有启发价值,但只抓住了《周易》之一部分特质。

综上所述,我们倾向于认为,《周易》一书,是一部以卜筮为外在形式而以哲学为内在意义的著作。

二、《周易》中的卦象

　　《周易》是一部由卦象符号和文字共同组成的著作，文字的出现是为了更好地解释卦象。卦象也是《周易》之所以成为《周易》的关键所在。因此很有必要对其加以解说。

　　《周易》的卦象体系以阴爻和阳爻为基础，两者分别用－－和—来表示。八卦乃至六十四卦，都是由这两爻重叠组合而形成的。阴爻和阳爻的原始含义众说纷纭，有人认为象征男女生殖器，有人认为是从龟卜裂纹演化而来，有人认为是上古结绳而治时的"有结"与"无结"的形态，有人认为是古代用于占筮的两种竹节，还有人认为是源于数字卦。这些说法都曾在学界有过很大影响，难说孰是孰非。但阴阳的观念应当是很早就有了，这大概源于古人对自然界和人类社会的各种现象的观察。这些现象给人最直观的感受就是有对立的两端。如自然界中的天地、昼夜、冷热、黑白，人类社会中的男女、夫妻、君臣、善恶、美丑、胜负等。阴爻和阳爻正是将这种对立以符号的形式直接呈现出来，并进而演化出八卦和六十四卦。《系辞》说"一阴一阳之谓道"，这正是《易》理的根本。后世朱熹也说："天地之间无往而非阴阳；一动一静，一语一默皆是阴阳之理。"（《朱子语类·读易纲领》）可以说，无论是作为符号的阴爻、阳爻，还是作为文字的阴阳，都是贯穿于《周易》全书的。

　　至于八卦的起源，《系辞下》最早对此有说明："古者包牺氏之王天下也，仰则观象于天，俯则观法于地，观鸟兽之文与地之宜，近取诸身，远取诸物，于是始作八卦，以通神明之德，以类万物之情。"包牺，即伏羲，前面已经说过，伏羲氏作八卦，应当只是一种远古的神话传说，不一定可信。但如果将这一过程视作古人通过观察自然物象而创作了八卦符号，则是说得通的。但问题在于，现在所传的八卦符号与天地、鸟兽之文等事物的形象差别很大，很难想象八卦就是模拟这些事物的。所以这一说法或许只是在八卦有了诸多象征事物之后，后世学者们所进行的逆推。八卦的产生，应当还是基于阴阳符号所做的推演。

　　就卦象来看，八卦是由阴爻和阳爻两个符号构成的。具体的方法，就是将阴爻或阳爻每三爻叠成一卦，这样总共就得到八种卦形，这就是"八卦"。八卦各有其名称、象征物及各自特定的意义。由于这八卦又是构成六十四卦的基础，故又称为"经卦"。八卦分别是乾（☰）、坤（☷）、震（☳）、巽（☴）、坎（☵）、离（☲）、艮（☶）、兑（☱）。朱熹《周易本义》记载了《八卦取象歌》，这是基于八卦形状所做的比喻，可以方便记熟卦形。歌曰：乾三连，坤六断，震仰盂，艮覆碗，离中虚，坎中满，兑上缺，巽下断。

　　八卦各具象征意义：乾健，坤顺，震动，巽入，坎陷（险），离丽（附着、文明），艮止，兑说（悦）。

　　八卦象征着自然界中最大的八种事物：乾为天，坤为地，震为雷，巽为风，坎为水，离为火，艮为山，兑为泽。这是其最基本的象征意义。除此之外，尚可象征其他许多事物。如动物类：乾为马，坤为牛，震为龙，巽为鸡，坎为豕，离为雉，艮为狗，兑为羊；或如人体器官:乾为首,坤为腹,震为足,巽为股,坎为耳,离为目,艮为手,兑为口。这些在《说卦》中都有记载。有趣的是,《说卦》认为,八卦彼此之间并非平等关系,而是以乾坤为父母卦,其他六卦为乾坤父母所生的子女卦,分别为三男三女。"乾天也,故称乎父;坤地也,故称乎母。震一索而得男,故谓之长男;巽一索而得女,故谓之长女;坎再索而得男,故谓之中男;离再索而得女,故谓之中女;艮三索而得男,故谓之少男;兑三索而得女,故谓之少女。"后世因占筮需要或易理演绎,八卦卦象又不断拓展增加。例如《说卦》举乾卦象征事物曰:"乾为天,为圜,为君,为父,为玉,为金,为寒,为冰,为大赤,为良马,为老马,为瘠马,为驳马,为木果。"这些象征事物只是因其在某一方面符合乾的特质(刚健),至于事物彼此之间,则并没有什么特别明显的关联,让人感觉难以捉摸,很有可能是为了占筮的需要而扩展的。

八卦的象征事物与象征意义,在六十四卦中反复出现。所以,有必要对八卦形式及象征进行熟练的掌握,这样才能够更好地探索由六十四卦所组成的《周易》这部特殊的哲学著作。

尽管八卦象征的事物非常多,但自然界的事物以及人类社会生活的情状更多,倘只用八卦,便显得难以应付了。故而加以推衍,成为六十四卦,这样涵盖的内容及应付的事变也就更多。推衍的方式,便是由八个单卦以不同的次序两两重合,这就产生了六十四卦。《说卦传》曰:"兼三才而两之,故《易》六画而成卦。"所谓六画,就是六爻,六十四卦分别由六个爻组成,也叫别卦或重卦。其中由八个单卦自身相重所成的六爻之卦,也叫作纯卦,其卦名与单卦卦名相同。其余五十六卦均另有卦名。

由八卦到六十四卦,必然经历了一个重卦的过程,然则重卦者谁,一直以来有颇多争议。司马迁等认为是文王重卦,所谓"昔西伯拘羑里,演《周易》"(《太史公自序》),此说影响较大。此外,还有人认为是伏羲已经重卦,另有人认为是神农,或是夏禹。这些传说的真实性值得怀疑。事实上,这个问题我们已无法考证。如果持较为客观的说法,则不必将其归为某一圣人完成。

此外,六十四卦除了传世本所见样式,还有其他版本。《周礼·春官》载:"太卜……掌三易之法,一曰《连山》,二曰《归藏》,三曰《周易》。其经卦皆八,其别卦皆六十有四。"另外两种易书均已失传,虽也有六十四卦,但与《周易》只是在数量上相同,内容上则不一定。而1973年在湖南长沙马王堆出土的帛书《易》,与现今《周易》相比,卦名不尽相同,且卦序也不一致。由此可见,今本《周易》的六十四卦,并非唯一样式,其中必定经过了学者们的修订。

今本《周易》六十四卦的编排次序是既定的,分为上下两篇,上篇三十卦,下篇三十四卦。上篇起于"乾""坤",终于"坎""离",下篇起于"咸""恒",终于"既济""未济"。要想研究《周易》,有必要熟记其卦名卦象以及六十四卦卦序。前人也曾总结出一首歌谣,虽无意义且晦涩,但较有韵律,可助记忆之用。歌谣名为《卦名次序歌》,曰:"乾坤屯蒙需讼师,比小畜兮履泰否。同人大有谦豫随,蛊临观兮噬嗑贲。剥复无妄大畜颐,大过坎离三十备。咸恒遁兮及大壮,晋与明夷家人睽。蹇解损益夬姤萃,升困井革鼎震继。艮渐归妹丰旅巽,兑涣节兮中孚至。小过既济兼未济,是为下经三十四。"

六十四卦都是由六爻组成的。六爻或阴或阳，只有"乾"为纯阳，"坤"为纯阴。其中，阳爻称"九"，阴爻称"六"。每卦六爻自下而上，分别以"初""二""三""四""五""上"六个字标明各爻的次序。除了第一爻用"初"，第六爻用"上"，并在表示阴爻六或阳爻九的前面，其他四爻称谓一样。如"乾"卦依次为初九、九二、九三、九四、九五、上九；"坤"卦依次为初六、六二、六三、六四、六五、上六；"屯"卦依次为初九、六二、六三、六四、九五、上六。

各卦及卦中各爻，也都遵循"观物取象"的思维原则。以卦而言，如"晋"与"明夷"，"晋"为太阳从大地升起，指事物处于上进、成长之时；"明夷"为太阳从大地降下，指事物处于从光明向黑暗转变之际。就爻而言，每一爻也都各具其象。如"乾"卦之初九为潜龙、九五为飞龙、上九为亢龙等等。他卦也是如此，每一爻都喻示着在特定境遇之下的哲理。

三、《周易》诠释原则

由阴爻与阳爻这两个基本符号所组成的六十四卦是《周易》阐发义理的根源。八卦两两相重而成六十四卦之后，不仅应当注意每一卦上下两卦间的关系，也应当留意每一卦中各爻之间以及各卦之间的关系。在《周易》文本中，并没有对此做直接说明，后世的易学家在解读《周易》的过程中，逐渐积累了一些诠释的原则，并形成了独特的话语体系，虽然各派所说不尽相同，但还是有一些相对而言较为大家所普遍认可的原则和术语。我们在阅读历代释《易》著作时，必然会遇到他们运用这些原则和术语来分析卦象，阐释经文，所以为了掌握传统研究《周易》的方法，应该对此有基本的了解。以下将分别从爻与卦两方面做一些简单的介绍。

就爻而言，首先来看爻与位的关系，主要有"正""中"两说。

所谓"正"，是由于六爻位次有奇偶之分，其中初、三、五为奇，奇为阳位；二、四、上为偶，偶为阴位。一卦之中，凡阴爻居阴位，阳爻居阳位，由于各当其位，故称"当位"或"得位"，亦称"得正"。若阴爻居阳位，阳爻居阴位，则是"不当位"或"失位"，亦称"失正"。这里所反映的是儒家"素其位而行""思不出其位"的观念，也就是说，人们应当各安其位，具备自己所在位置应有之德，做好自己所在位置应做之事。一般而言，得正多吉，失正多凶。但还需根据所处情境来做综合判断。如本来刚猛之时，以阳居阳，可能就不太好，需要以阴济之；本来柔弱之时，以阴居阴，也有可能不好，需要以刚济之。这里又渗透着以"阴阳和合"的"中道"原则作为调节的思想。

所谓"中"，因六十四卦皆由两经卦分别居于上下而组成，"中"即是上下两经卦之中爻。就一卦来说，就是第二爻与第五爻。居于此位，意味着持守中道，不偏不倚。如果是阳爻居中位，则称之为"刚中"；如果是阴爻居中位，则称之为"柔中"，这两者皆佳，但最佳的状态是阴爻处二位，阳爻处五位，由于二为阴，五为阳，这便相当于两者不仅得其中，也得其正，称为"中正"，这尤其具有美好的象征意义。倘将"中"与"正"两者做比较，

"中"又比"正"更佳。这种对于"中"的强调,正与儒家崇尚的"中庸"之道相合。

其次来看爻与爻的关系,由于六爻之间的位置、性质等因素的影响,出现不同的复杂关系,主要有"承""乘""比""应""据"等说。

从上爻对下爻的位置关系上来看,在一卦之中,阴爻居阳爻之上为"乘",如果几个阴爻都在一个阳爻之上,则这几个阴爻对这一阳爻都可以称作"乘"。如"谦"卦,六四、六五及上六皆在九三阳爻之上,是为"自四以上乘阳"。但一般阳爻居阴爻之上不说"乘",而称之为"据"。"据"有占有、掌控之义。以"蒙"卦为例,此卦初爻为阴爻,二爻为阳爻,故二对初的关系称之为"二据初"。"乘"义不佳,象征以弱乘强,以小乘大,以恶乘善,故爻义多为不吉。"据"则不然,如"蒙"卦九二爻辞是"包蒙,吉",正是由于九二对初六的关系为"据"。

从下爻对上爻的关系来看,若在一卦之中,阳爻在上,阴爻在下,则此阴爻对上面的阳爻称为"承"。如"涣"初六对九二,称之为"初承二"。但阴承阳,两者不必相邻,只要是在阴爻之上的阳爻,阴爻对其都称为"承"。如"谦"卦,初六爻辞有"谦谦君子",这是因为初六为阴爻,最处于下位,本有谦让之意,而初六与六二都承九三阳爻,也有谦之意,故称之为"谦谦"。就"承""乘"和"据"的说法及其所主的吉凶来看,主要反映的是《周易》"阳主阴从""扶阳抑阴"的观念。

就相邻两爻关系来看,一般认为,两者之间有一种亲密关系,这称之为"比","比"不分阴阳,只看两者是否相邻。一卦之中,初与二、二与三、三与四、四与五、五与上皆可称为"比"。如果相邻两爻,一爻为阴,一爻为阳,则被视作"比"的较好状态。不过两爻互"比"之时,也会有"乘""承""据"等现象,不能笼统言其吉凶,而只能看相邻环境及其他因素的作用。

此外,就上下两卦处于相同位置的两爻来看,其中初爻与四爻、二爻与五爻、三爻与上爻之间,普遍被认为存在着一种彼此呼应的关系,这种关系被称为"应"。一般而言,相对应的爻如果是一阴一阳,则这种"应"的状态较好,如果两爻俱阳,或两爻俱阴,则不大可能有应。这里也明显体现着《周易》"阴阳相合"的观念。

就卦而言,首先来看一卦之中的关系,这主要有"二体""互体"之说。

所谓"二体",是就一卦之上下两卦来说的。由于六十四卦是由八卦相重而得,因此每卦均有两个八卦符号,两者一上一下,居上者为上卦,又称"外卦";居下者为下卦,又称"内卦"。此上下二卦即为二体。二体象征事物发展的两个阶段,也可象征事物所处地位的高低,所居地域的远近等等。

所谓"互体",是指在一卦的六爻中,除去内、外两个经卦外,另有二爻、三爻与四爻组成一个新的经卦,作为下卦(叫作"下互"),再由三爻、四爻与五爻组成一个新的经卦,作为上卦(叫作"上互"),由这样的两个卦交互组成的新卦象,古人称之为"互体",又叫"互象",或"互体之象"。使用"互体之象",就可以在一卦六爻之中生出四象。

其次来看卦与卦之间的关系。历来治易者认为,在《周易》六十四卦中,卦与卦间往往有着某种变化联系。此一卦,是由彼一卦变化而来。这种卦与卦之间的变化联系,被称为"卦变"。比较常见的卦变有"上下""往来""消息""旁通""反对"等。

所谓"上下",是指一卦的上下两卦互相交易而成新卦,又称为"上下象易"。如"恒"(上震下巽)与"益"(上巽下震),"咸"(上兑下艮)与"损"(上艮下兑),"屯"(上坎下震)与"解"(上震下坎)等。

所谓"往来",是指一卦之中两爻互相交换位置而成一新卦。如"屯"(上坎下震)初九与六二互易而成"坎"(上坎下坎),"屯"(上坎下震)六四与九五互易而成"震"(上震下震)。这种两爻相易而卦变的方式,汉人又称作"之","之"就是"到"的意思。如"遁"卦"三之二"为"讼"卦,再如"大壮"卦"四之五"为"需"卦,"遁"卦"上之初"为"革"卦等等。

所谓"消息",是指卦中阴阳消长变化之名,一卦之中,凡阳爻渐去阴爻渐来为消,阴爻渐去阳爻渐来为息。六十四卦中有十二卦为消息卦,分别是"复""临""泰""大壮""夬""乾""姤""遁""否""观""剥""坤"。自"复"至"乾"为息卦:"复"一阳生,"临"二阳生,"泰"三阳生,"大壮"四阳生,"夬"五阳生,至"乾"六阳生;自"姤"至"坤"为消卦:"姤"一阴消,"遁"二阴消,"否"三阴消,"观"四阴消,"剥"五阴消,至"坤"则六阴消。而"乾""坤"两卦又为消息之母。前人以此十二"消""息"卦,分主一年十二月,与十二地支相配,称为十二辟卦,并以"泰""大壮""夬"配春,"乾""姤""遁"配夏,"否""观""剥"配秋,"坤""复""临"配冬,这表示十二消息卦与四时变化相通。

所谓"旁通",是指两个卦,在相同位置的阴阳爻画完全相反,则这两个卦称为"旁通"卦(也称为"变卦")。如"乾"卦与"坤"卦"旁通",因为"乾"卦的六个爻画全部是阳爻,而"坤"卦的六个爻画刚好相反,全部是阴爻。前人以"旁通"解释《周易》经文,寻求一些卦爻辞之间的关系。如"同人"卦九五爻称"大师克相遇"。之所以有"师"字的出现,就是因为"同人"卦与"师"卦"旁通"。

所谓"反对",是将一个六画之象颠倒过来,这样就成了另一新的卦体,这两卦互为"反对",因其颠倒,故又称"覆卦"。如"益"卦和"损"卦。六十四卦之中,只有"乾""坤""颐""大过""坎""离""中孚""小过"颠倒之后仍为原卦。有一些反对卦的爻辞之间也有关系。如"损"卦六五爻:"或益之十朋之龟,弗克违,元吉。"其反对之象是"益"卦。"损"卦六五爻画经颠倒之后,即为"益"卦六二爻画,而"益"卦六二爻辞为:"或益之十朋之龟,弗克违,永贞吉。"

"旁通"与"反对"与今本《周易》六十四卦排列顺序相关,孔颖达曾说"二二相耦,非覆即变"(《周易正义·序卦传·序》),也就是说,六十四卦的卦序,依次每两卦为一组,这两卦的关系要么是"覆",要么是"变"。"覆"即"反对","变"即"旁通"。其中五十六卦每两卦互为覆卦,由于上述八个卦颠倒而形不变,故以六爻变易之后的旁通卦相接续。

四、《周易》中的哲理

据前所述,《周易》原本是一部卜筮之书,用于占卜吉凶祸福,后来深受儒家思想影响所形成的《易传》,则对《周易》古经中的内容进行了创造性的解释,从而使它成了一部以德义为主的哲学著作,正如孔子所说:"吾求其德而已,吾与史巫同涂而殊归者也。"不过《易传》之中所阐发的哲理,并非凭空而来,而是依经而作,既有对原本《易经》的继承,也有对它的超越和转化。因此,要对《周易》中的哲理进行总结,主要研究的对象还是《易传》。《易传》非一人所作,而是在漫长的时期经历多人之手最终纂集而成,其中的思想并不完全一致。然而,仍然可以从中寻求到共通的理论内容,这就是"推天道以明人事",所谓天道,属于自然观内容;所谓人事,既可从个人德性修养,也可从政治治理来看。因此,我们将从自然观、人生观、政治观三个部分来做一概述。

先看《周易》的自然观。

《周易》所呈现的世界是人目力所能及的世界,最为直观的感受是万物存在于天地之间。正如《序卦》所说:"有天地,然后万物生焉。盈天地之间者唯万物……有天地,然后有万物。"天地是万物依存的基本空间。与之相应,"乾""坤"两卦是《周易》六十四卦之基。《周易》认为,从根本上来说,万物也是由天地所生的。如《乾·彖》曰:"大哉乾元,万物资始。"《坤·彖》曰:"至哉坤元,万物资生。"乾坤(即天地)是万物所生所成之本原。

正因为天地有生成万物之功,所以《系辞》也说:"天地之大德曰生。"不过,需要注意的是,乾坤两者在生成万物时的地位是不同的,简单来说,就是乾主坤从的关系,如《坤·彖》所说:"乃顺承天。"

那么天地又如何生成万物?这基于"交感"说。《周易》有"咸"卦,"咸"即"感"义,该卦《彖传》说:"天地感而万物化生……观其所感,而天地万物之情可见矣。"与之相似的是"泰"卦,地在上,天在下,像天地交感之状,其《彖》曰:"天地交而万物通也。""姤"有"相遇"之义,其《彖》曰:"天地相遇,品物咸章也。"《益·彖》曰:"天施地生,其益无方。"《解·彖》曰:"天地解而雷雨作,雷雨作而百果草木皆甲坼。"另外,《系辞》说:"天地细缊,万物化醇;男女构精,万物化生。"有交感则万物生,反之,无交感则万物不生。如"否"即"闭塞"之义,其《彖》曰:"天地不交而万物不通也。""归妹"为嫁女之义,其《彖》由男女婚嫁而引申至天地:"天地不交,而万物不兴。"

值得一提的是,《说卦传》中对"天地生万物"这一模式有所发展,而进一步阐述了八卦所代表的八种自然事物在万物生成过程中所发挥的作用:"雷以动之,风以散之,雨以润之,日以烜之。艮以止之,兑以说之。乾以君之,坤以藏之。"(雷震动使之苏醒,风吹拂使之舒展,雨降落使之润泽,日照耀使之温暖。艮有止之义,使之成熟;兑有悦之义,成熟而收获则悦。乾为天,主宰万物之生;坤为地,容纳万物之藏。)

此外,《周易》是变易之书,自然的变化原理,也是《周易》哲理的重要内容。变化主要表现于"消息盈虚"之中。《剥·彖》便主张:"君子尚消息盈虚,天行也。"可见"消息盈虚"是天道运行之理。"消息盈虚"体现于天地万物,如《丰·彖》说:"日中则昃,月盈则食,天地盈虚,与时消息,而况于人乎,况于鬼神乎!"

这种变化不是杂乱无章的,而是有规律可循的。如《系辞》所说:"天地之道,贞观者也;日月之道,贞明者也,天下之动,贞夫一者也。"具体表现为"日往则月来,月往则日来,日月相推而明生焉。寒往则暑来,暑往则寒来,寒暑相推而岁成焉。"这种变化,也是恒久的,正如《恒·彖》所言:"天地之道,恒久而不已也……日月得天而能久照,四时变化而能久成。"恒久意味着"不变",也正因如此,"易"才兼有"变"与"不变"二义。

对于自然之理的探索,与人事密切相关。人需要掌握天地规律,并顺从之。如《豫·彖》说:"顺以动,故天地如之……天地以顺动,故日月不过而四时不忒。圣人以顺动,则刑罚清而民服。"《观·彖》也说:"观天之神道,而四时不忒。圣人以神道设教,而天下服矣。"所谓"神道",即是自然运行的神妙法则,圣人仿效于此而设立教化,可使天下百姓心悦诚服。

再看《周易》的人生观。

《周易》经传之间的人生观存在着很大差异,《易经》是以趋吉避凶为导向的,《易传》是以穷理尽性为导向的。两者所重,一在于福,一在于德。虽然《易经》并非完全不重视德,但毕竟重心不在于此。而《易传》则可以说是以此为基础的。这即是《说卦》点明的"和顺于道德而理于义,穷理尽性以至于命"。《大象传》中也有"育德""崇德""厚德"等说法。《易传》所包含的道德内容颇为丰富,就其最主要的来看,包括中正、诚信、谦虚。此外,《易传》所言之德还包括"自强"(自强不息)、"宽容"(厚德载物、宽以居之)等,这些都对后世有深远影响。

道德修养还需有许多具体而微的功夫。最根本的则在于修省反思,尤其是在处于困难、迷茫境地时,更需如此。如《震·大象》说:"君子以恐惧修省",《蹇·大象》说:"君子以反身修德。""复"卦初九《小象》说:"不远之复,以修身也。"六五《小象》说:"敦复无悔,中以自考也。"(自考即自省)这种自我反省能取得较好的结果。如"家人"卦上九《小象》说:"威如之吉,反身之谓也。"另外,有些语句虽字面无"修身"之意,但内涵也与此无异。如《损·大象》曰:"君子以惩忿窒欲。"

除了自我反省,还需要正确处理人际关系。首先要积极向他人学习,与他人交流切磋。如《兑·大象》曰:"君子以朋友讲习。"《益·大象》曰:"君子以见善则迁,有过则改。"《乾·文言》也说:"君子学以聚之,问以辨之。"当然,他人不仅包括在世者,还包括往圣先贤。如《大畜·大象》:"君子以多识前言往行,以畜其德。"此外,也涉及如何对待小人。对此,《遁·大象》曰:"君子以远小人,不恶而严。"应当如《泰·彖》"内君子而外小人",而不应如《否·彖》"内小人而外君子"。一般情况下,修德会得到他人的积极回应,所谓"君子敬以直内,义以方外,敬义立而德不孤"(《坤·文言》)。当不能为世俗所理解时,也不会轻易改变自己的操守,更不会一蹶不振,而是坦然面对。如《乾·文言》所说:"不易乎世,不成乎名,遁世无闷,不见是而无闷。"《遁·大象》也有类似说法:"君子以独立不惧,遁世无闷。"

修德需要时间积累,必须循序渐进,持之以恒,不能一蹴而就。如"恒"卦初六《小象》就批评了急躁冒进的做法,"浚恒之凶,始求深也"。初六之所以凶,正是因为刚开始就求之过深。正确的做法应当如《升·大象》所言:"地中生木,升,君子以顺德,积小以高大。"修德应效法地中生木之象,积小善以成大名。与之类似的则是《渐·大象》:"山上有木,渐,君子以居贤德善俗。"积累德性,改善风俗,皆需渐进。

通过这种修养,《易传》所要成就的是君子和圣人(大人)的理想人格。根据《乾·文言》,大人"与天地合其德,与日月合其明,与四时合其序,与鬼神合其吉凶。先天而天弗违,后天而奉天时"。这应当只是一种理想的境界,现实中的人无法完全达到。但在向此而趋的过程中,人可以将自己造就成一个君子。

最后看《周易》的政治观。

儒家一直以来都有"为政以德"的观念,《易传》以尚德为主,这种观念从人生而拓展延伸,在政治观上也不例外,没有疑问的是,《易传》中对于理想人格道德品质的要求,也适用于好的管理者和统治者,此不赘述。但政治面对的并非仅是自己,而必须处理人与天道、他人之关系,故自有不同于人生观的其他方面。

如前所述,《周易》主变易,变易最直观者为天道之盈虚消长,这种现象也给了政治以深刻启发。一方面,应当顺应天道,积极进行有利的变革。如《革·彖》曰:"革而信之,文明以说,大亨以正,革而当,其悔乃亡。天地革而四时成,汤武革命,顺乎天而应乎人,革之时大矣哉!"另一方面,也要时刻保持忧患意识,防止出现不利的变革。正如《系辞》所言:"安而不忘危,存而不忘亡,治而不忘乱。是以身安而国家可保也。"

就君民关系来看,《周易》所持基本为儒家民本思想。民本首先即是将民众的利益置于第一位,正确处理好上下关系,不要对在下之百姓盘剥掠夺,反而应施予恩惠。最低限度也要做到《节·彖》所说"不伤财,不害民",保障民众权益。更为积极的是《剥·大象》:"上以厚下安宅",要厚待下民。或如"颐"卦六四《小象》所说:"颠颐之吉,上施光也。"这种施惠甚至有时是需要以减损自身为代价的。《谦·大象》"君子以衰多益寡,称物平施"即含此意。《益·彖》说得更为明确:"损上益下,民说无疆。"与此同时,《周易》也对在上位者那种聚敛而不肯施予的行为予以谴责,如"屯"卦九五《小象》说:"屯其膏,施未光也。"除了利益上的恩惠之外,在上位者也不应以上凌下,而必须卑己以下人,给予民众充分的尊重,这样才能得到民众的支持。如"屯"卦初九《小象》说:"以贵下贱,大得民也。""谦"卦九二《小象》说:"劳谦君子,万民服也。"勤劳且谦虚待人的统治者,才能使广大民众服从。《益·彖》也阐发了同样的道理:"自上下下,其道大光。"此外,《乾·文言》认为上九"亢龙有悔"其中一个原因便在于"高而无民",这从反面揭示了应当尊重民众的道理。此外,"民本"还意味着以民为镜,根据百姓的情况来进行自我省察,如"观"卦九五《小象》说:"观我生,观民也。"

与民本思想相关的还在于其"尚贤"观。《系辞》解释"大有"卦上九"自天祐之,吉无不利"的原因便在于"履信思乎顺,又以尚贤也"。另外,《大畜·彖》言"刚上而尚贤……'不家食吉',养贤也。"《颐·彖》认为圣人应当像"天地养万物"一样"养贤以及万民"。"鼎"有烹饪之象,其《彖》也说:"大亨以养圣贤。"这都充分说明其对于"贤"的重视。尚贤,不仅尚本国之贤,对他国之贤也要如此。如《象传》释"观"卦六四爻辞"观国之光"时说:"观国之光,尚宾也。"宾,即国外宾客贤人。倘对贤人无所尊重,无贤人辅佐,则如《乾·文言》解释"亢龙有悔"所说"贤人在下位而无辅",故而"有悔"。

推荐书目

孔颖达《周易正义》,北京大学出版社 1999 年

程颐《周易程氏传》,中华书局 2011 年

朱熹《周易本义》,中华书局 2009 年

黄寿祺、张善文《周易译注》(新修订本),中华书局 2018 年

金景芳、吕绍刚《周易全解》,吉林大学出版社 1989 年

高亨《周易古经今注》(重订本),中华书局 1984 年

高亨《周易大传今注》,齐鲁书社 1979 年

第二章　《老子》导读

一、老子其人与《老子》其书

在先秦典籍中，《庄子》《荀子》《韩非子》《吕氏春秋》对老子言行都有所记述，但这些记述许多已经无可稽考了。而早在汉代时，关于老子，就已经有不同传说了。司马迁《史记》中就曾记载与老子的名字或经历相似的几个人：老莱子、周太史儋等。众所周知，老子所开创的哲学派别名曰道家，后来道教成立，也假借其名，于是老子就成了道教祖师"太上老君"，唐王朝建立之后，为了增强政权神圣性的需要，也将老子封为"太上玄元皇帝"，这使老子变成了神话人物。于是各种传说越来越多。我们探讨的是作为哲学家的老子，因此不考虑宗教神话中的各种说法。在史书中，司马迁的《史记》是最早记述老子之事并做了详尽考证的。

司马迁的父亲非常推崇黄老之学，甚至司马迁本人也被认为是"论大道则先黄老而后六经"，尽管此说有待商榷，但确实可以看出司马迁对老子之学的推崇。他将老子的相关记述置于列传第三，仅次于让出国君之位的伯夷、叔齐和做过齐国相位的管仲、晏婴，也可见一斑。在这篇传记中，他将老子与其后的道家代表人物庄子以及法家代表人物申不害、韩非合并记述，体现了他对道家与法家在学术上演变关系的体认。

根据司马迁的记载，老子是春秋时人，原籍是楚国苦县厉乡曲仁里人，姓名为李耳，字聃（所以老子也被称作老聃）。老子曾经做过"周守藏室之史"，一般认为，所谓守藏室，就是藏图书典籍之处。"守藏室之史"大概相当于图书馆负责人。由此可见老子应当是很博学的。他在周地居留了很长时间，看到周朝渐渐衰落，于是飘然离去（在后世传说中，他是骑着青牛离开的）。到函谷关时，守关的官员大概是听过他的名声，勉强留下他，请他著书。所以老子就写了一部书，此书有上下两篇，主旨是论"道德之意"，总共有五千多字。写完此书之后，就再也不知他去了什么地方。司马迁说，老子之学本来是以"自隐无名"为务，因此他的人生踪迹谜团较多，甚至著书大概也是他不太愿意之事。幸而其所著之书以这种近于戏剧化的方式留存了下来，我们才得以一睹其学旨趣。

当然，司马迁比较谨慎，他也同时记录了其他一些关于老子的传闻。比如前面所提到的"老莱子"，这位也是楚人，与孔子同时，也曾著书十五篇，论述道家之用。另外，在孔子死后一百二十九年，也曾出现过一位拜见秦献公的"周太史儋"，后世有人认为这就是老子，也有人认为不是，但大家都不能特别确定。而司马迁所认可的老子，似乎仍倾向于列传中花费较多篇幅记述的李耳。

此外，在《史记·孔子世家》以及《史记·老庄申韩列传》中，都记载了孔子见老子，并向老子问礼之事。《史记·仲尼弟子列传》中记载孔子转益多师，其中在周地所师事的正是老子——"孔子之所严事，于周则老子"。孔老相会在中国文化史上是一件大事，这标志着儒道两家始祖的直接照面，由此也引发了争辩。现在已经无法确知孔子究竟向老子问了哪些问题，只知道老子对孔子的教导以及孔子对老子的称赞。老子说："你所说的那些人都已经不在了，只有他们的话语还留着。君子如果能遇到好的时势，则可以驰骋；如果无法遇到好的时势，也会甘于寂寞。我听说，一个优秀的商人深藏不露，似乎并没有多少财货；一个君子虽然德行修养很高，但往往容貌显得愚蠢。你要去除自己的骄气和过多的欲求、自得的神色和过分的志向。这些都对你的身心没有益处。我所能告诉你的，也就是这些了。"（《史记·老庄申韩列传》）

在孔子离开之时，老子又对孔子说："我听说，在离别时，有钱有势的人给人送钱财，有仁有义的人给人送句忠言。我窃居了仁义之人的名号，所以只有用言辞来给你送行吧。这就是'聪明深察的人会接近死亡，因为他们喜欢议论别人；能言善辩见识广大的人会危害自身，因为他们喜欢揭发别人的罪过。为人之子不要自以为是，为人之臣也不要自以为是'。"（《史记·孔子世家》）

在司马迁的记述中，孔子面对老子，更多的只是一个倾听者、奉行者，而非辩难者。孔子对老子之说，没有任何反驳和质疑，但似乎仍然受益匪浅，自从他由周返鲁之后，"弟子稍益进焉"（弟子越来越多了）。显而易见的是，孔子与老子的学说宗旨差别非常大。尤其是对于礼乐仁义的看法，有着不可调和的分歧。尽管如此，孔子却十分尊敬老子。他对弟子们说："鸟，我知道它善飞；鱼，我知道它善游；兽，我知道它善跑。对于善跑的，可以用网来捉住；对于善游的，可以用丝线来钓起；对于善飞的，可以用箭来射掉。但对于龙，我就不知道该怎么办了，因为它能够乘风云而直上于天。我所见到的老子，他大概就是龙吧。"龙的特征在于变化莫测，难以捉摸。这种比喻十分契合于老子所谈论的道。老子本人是其道的践行者，以龙喻老，可谓得其神髓。孔子对于老子之理解，可谓深刻。

司马迁之说，在唐代以前，几乎无人质疑。在唐代中后期，韩愈著《原道》，以申述儒家道统，由于佛老之徒有所谓"孔子，吾师之弟子"的说法，于是他表示了强烈不满。到了宋代，理学为学问主导，自然以尊崇孔子为宗旨，孔子向老子问礼之事，也渐渐有学者表示怀疑。清代学者如毕沅、汪中、崔述等人，开古史辨伪之先河，发现了《史记》所记之事越来越多的疑点。近代疑古风气大盛，更是出现了许多批驳此说的人。尤其是关于老子与孔子孰先孰后的问题，争论更多。有人认为老子是战国时期的人，与之相应的是，《老子》这本书也是成书于战国时期。甚至有人推定得更晚，将其置于秦汉之际。最近二三十年来，关于老子生平及《老子》成书的探讨，总的趋势仍是向传统的说法（即司马迁之说）回归。不过迄今还未有公认的结论。但似乎不妨做这样的判断，我们现今所见传世本《老子》的编纂成书，应是战国时期之事，而此书的创作，虽或有战国时人增补，但其主要的原创者，还是春秋末年的老子本人。

《老子》一书,现今所见流传最广的版本,共有八十一章,因分成上下两篇,分别言"道""德"之意,颇得后世推崇,所以又被称为《道德经》。此书版本极多,从战国到现在,传世者不下二十种,以魏时王弼所注之版本流传最广。20 世纪 70 年代,在湖南长沙马王堆三号汉墓出土了帛书《老子》的两种写本,90 年代又在湖北荆门的郭店楚墓出土了竹简本《老子》。从版本而言,这两者可能更接近《老子》原貌,版本价值也更高。

与之相应的是,《老子》一书拥有众多注家。元代学者张与材就曾说"《道德》八十一章,注者三千余家"(见张氏为杜道坚《道德玄经原旨》所作序言)此说虽未可信,但注家确实很多,这是勿庸置疑的。时至今日,注家更多,可以见到的应当在四百家左右。各种诠释进路也纷繁复杂。笔者主要阐发的是老子的哲学思想,依据的主要是王弼注本,同时也参考其他版本做适当辨析。

二、《老子》之道

"道"是老子哲学思想的核心概念,也是道家之所以为道家的枢纽所在。《老子》五千言,是从论道开始的,又最终归结于天道和人道。欲对老子思想有真正理解,最根本的就是对道有深刻领悟。

从文字学上来讲,"道"最初的意思是人在十字路口寻找或辨别路,所以在一开始就隐含了某种具有方向性的"导"的意味。唐代陆德明在《经典释文》中就曾说:"道本或作'导'。"质言之,"道"是要将人引向某种境地的方法或途径。但正好比人在行路时最终的目的仍然在某条道上,所以"道"也可以用来指人通过自身的实践所达到的境界。"道"具有"导"的意思,所以这是一个动态化的词语,而不限于一个固定的静态的意义。所以,对"道"的认识就不能做一种直接的界定,而只能通过一种委婉曲折的方式来加以形容。

从《老子》来看,老子也从来没有直接以定义的方式说出"道"是什么,而只是通过各种各样的描述使人们尽可能领悟道的性状。如二十一章:"道之为物,惟恍惟惚,惚兮恍兮,其中有象;恍兮惚兮,其中有物。窈兮冥兮,其中有精,其精甚真,其中有信。自古及今,其名不去,以阅众甫,吾何以知众甫之状哉?以此。"道是恍惚难以捉摸,幽深难以测度的,但又的确是"有物"(有物状)、"有象"(有征象)、"有精"(有精质)的,也是"有信"(可以征信)的,并且道的作用从古到今,一直未曾离去,只有根据道才能知晓万物之始的情形。十四章老子也对道有形容:"视之不见名曰夷,听之不闻名曰希,搏之不得名曰微。此三者不可致诘,故混而为一。其上不皦,其下不昧,绳绳不可名,复归于无物。是谓无状之状,无物之象,是谓惚恍。迎之不见其首,随之不见其后,执古之道,以御今之有。能知古始,是谓道纪。"道是看不见、听不到、摸不着的,是本来混而为一的。这种浑然为一的状态,导致不分上下,在上却不显明亮,在下却不显幽暗。道是连绵不绝又不可名状的,这就是那种没有形状的形状,没有物象的物象。它也不能用任何尺度来测度,迎着它却不能看到它的前头,随着它也不能看到它的后面。

老子论道，是关联着宇宙人生的终极问题而说的。从究极意义上来看，"道"意味着宇宙万物的本原，并且是永恒存在着的。前面所述"能知古始，是谓道纪"（能了解宇宙的原始，就叫作道的宗旨）以及"自古及今，其名不去"就隐含着这种意思。在另一些场合，老子的表达愈能见出此意。"道冲，而用之或不盈，渊兮似万物之宗……湛兮似或存，吾不知谁之子，象帝之先。"（《老子》四章）"道"虽然看上去空虚，但其功用不可穷尽，其渊深的样子好像是万物之根本，其深沉的样子令人难以把握。道是万有之始，在宰制宇宙的上帝出现以前，就已经存在，我们不能说它是由谁所生的，因为没有比它更早的。在二十五章中，老子又重复了这一意思："有物混成，先天地生，寂兮寥兮，独立不改，周行而不殆，可以为天下母。吾不知其名，字之曰道。"道是混然而成的，在天地存在之前就已生发，它是寂寞而虚静的，独立而不失其恒常之性，运行周遍而不会停止，故能作用于万物，而为万物之母。对于道生发万物的次序，四十二章有更详细的描绘："道生一，一生二，二生三，三生万物。""一"即是"道"的显现，这种显现中蕴含着两种相反相成的性状，即"二"，"二生三"实即二生多，两种相反相成的性状共同作用以生成万物。

道之中蕴含着这两种相反相成的性状，这种看似不可能的可能使道越发令人难以捉摸。这就是老子所谓的"玄"。《老子》一章对此即早有开示："道可道，非常道；名可名，非常名。无名天地之始，有名万物之母。故常无欲，以观其妙；常有欲，以观其徼。此两者同出而异名，同谓之玄，玄之又玄，众妙之门。"这就是说，道作为天地万物之始，是浑朴自然，因而无法名状的，这就是"无名"，但它又成全了森然万象，可供名状，此即"有名"。道本身无所欲求（常无欲），却恒常有所趋就（常有欲），从无所欲求的这一面，可以体悟道的微妙（观其妙），从有所欲求这一面可以观察道的运显（观其徼）。这种"无名""无欲"之"无"与"有名""有欲"之"有"，两者虽然"异名"，但同样都是在形容那难于言说的"道"，并且都统一于"道"。因而，道是既"有"且"无"，在"有"之中同时就贯穿着"无"，在"无"之中同时也隐含着"有"。可以说是"有而不有""无而不无"，或可说"非有非无"而又"亦有亦无"。这正可以用"玄"来形容，亦即"无为而无不为"。正是这种"有无相即"的"玄德"维系着天地万物恒久的生生不息。

关于道的作用方式，《老子》说："反者，道之动；弱者，道之用。"（《老子》四十章）弱，意味着不逞强，不争胜。只有这样才能够长久地保持生命的活力。比如婴儿，虽然"骨弱筋柔"，但生命非常充沛，"精之至也""和之至也"（《老子》五十五章）。所谓"飘风不终朝，骤雨不终日"，人如果想要长久，就不能像狂风那样迅猛，也不能像骤雨那样急迫，应当去除峻急而避免刚强。老子也用"水"作为比喻来说明"弱"之用。"天下莫柔弱于水，而攻坚强者莫之能胜，其无以易之。"没有比水更加柔弱的，但柔弱之水却能击穿刚硬之石，没有什么能替代它。正因为如此，水是与道最相似的。正所谓"上善若水，水善利万物而不争，处众人之所恶，故几于道。"七十六章中，老子说得更加明确："人之生也柔弱，其死也坚强。草木之生也柔脆，其死也枯槁。故坚强者死之徒，柔弱者生之徒。是以兵强则不胜，木强则兵。强大处下，柔弱处上。"在俗常之人看来，刚强要好过柔弱，但老子矫正了这一观念，他以人与草木生死之时的两种状态打比方，让人切身领悟"柔弱"与"生"的密切关系。可惜这种意思，大多数人虽然明白，但仍不能好好贯彻。老子因此感叹:"弱之胜强,柔之胜刚,天下莫不知,莫能行。"

需要注意的是,老子以"弱"为道之作用方式,这里的"弱"意味着柔弱、谦让、后退,与物无争,在实际的运用过程中,也有可能会产生"弱能胜强""柔能克刚"的效果,正像老子所说:"后其身而身先,外其身而身存"(《老子》七章),"夫唯不争,故天下莫能与之争"(《老子》二十二章)。这就使得许多人认为老子的学说是一种以退为进的权谋之术,这是对于老子的极大误解。纠正这种误解,不能不对老子之道的价值旨归有透彻体认。

老子之道尽管试图超越美丑、善恶、贵贱,但并非毫不染涉价值色彩。老子毫不含糊地指出,"道"有其应然的境地,这就是"道法自然"。"道法自然"出自《老子》二十五章:"人法地,地法天,天法道,道法自然。"人、地、天都是以"道"为效法的对象,"道"又是效法于"自然"的。这里的"自然"并非一般人所理解的"自然界",而是那种"自己如此""自然而然"的状态。从词性上来看,老子所说的"自然"并非一个名词,而是形容词。因而,"道法自然"不是说在"道"之外还有一个更高的"自然",因为"道"本身就已经是最高的存在了,"道法自然"意味着"道"的价值趣向就是"自然","自然"作为一种价值内蕴于"道"之中。这种"自然而然"的状态,摒弃了一切人为的刻意和造作的成分,即使在某种程度上取得有利的结果,也绝不是它有意谋划而导致的,实际上是无心无意的。与"自然"相应的则是"朴""素"。如十九章"见素抱朴",二十八章"复归于朴"。"朴"的本义是没有加工的木材,它意味着一切文饰的消泯、一切伪诈的弃绝。以此来形容"道",正与"道"的那种自然而本真的品质是一脉相承的。由此可见,以"自然"与"素朴"为价值导向的道,虽然以"弱"为用,亦绝非权谋智巧之术。

三、《老子》之言

老子曾说:"知者不言,言者不知。"却仍然留下了五千言,尽管这五千言据史籍记载,是以一种近乎勉强的方式留存于世的。但老子毕竟还是有所言说的。唐代诗人白居易有一首《读老子》就对老子这种做法表示了质疑。其诗曰:"言者不知知者默,此语吾闻于老君。若道老君是知者,缘何自著五千文。"对老子而言,虽然"道可道,非常道;名可名,非常名"。但他不得不"道",不得不"名",除了具体的境遇使然(关令对他说:"子将隐矣,强为我著书"),更有可能是因为老子虽然归隐,但仍对这世界怀有深切的不忍和悲悯,所以终于还是有所言说。而且,尽管老子宣称"信言不美,美言不信",但由于言说方式的特异,他的言说还是呈现出某种意想不到的美感。诚如刘勰所说:"老子疾伪,故称'美言不信',而五千精妙,则非弃美也。"(《文心雕龙·情采》)

老子所面对的是一个礼崩乐坏的世界,这并不是说维系当时世界根本秩序的礼乐已经无人问津,恰恰相反,礼乐成了当时争权夺利者粉饰的工具,虽仍留存着形式,但其内在的意蕴已全然丧失。面对此境,孔子以"仁"为核心,为礼乐重新注入生机。而老子则质疑礼乐存在的意义,主张"法自然""为天下浑其心"(《老子》四十九章),也就是说要效法自然而使人心归于浑厚朴素。这种旨趣是彻底而决绝的,以至于他不仅质疑了礼乐这种制度,也质疑了更为根本的"名"和"言"。在老子看来,无论是"名"还是"言",都是出于人为,而非自然,因此是被他所拒斥的。"不言"实际上也意味着"无为",这从文本之中两者的关系也可以看出来,在其申说"不言"的地方,也相应地强调"无为"。比如二章:"圣人处无为之事,行不言之教。"四十三章也说:"不言之教,无为之益,天下希及之。"所以,根据老子的看法,彻底的"无为"即意味着"不言"。这是因为,只要人有所作为,便需要谋求,而谋求势必需要思虑。倘若抛弃了语言,就意味着离开了概念、判断和推论,这便无法思虑,也便无法谋求和作为。正因如此,"无为"必然要求"不言"。

老子虽主张"不言",但这"不言"其实也是一种"言",也就是说,"不言"反而正是通过"言"来表达出来的。正像他在六十三章所说:"为无为,事无事,味无味。"(以无为为其所为,以无事为其所事,以无味为其所味)对于言说,我们也可以加上一句"言无言"。无疑,这是一种自相矛盾。这当然是源于一种无法避免的境遇,这种无奈也使得老子对"不言"或"无言"的旨意不得不"言"时采取另外一种言说方式。这种言说方式,与通常人们所采用的话语方式是大相径庭的。

在老子的言说方式之中,最值得注意的是他所运用的隐喻,不仅数量和种类极多,而且运用得很是高妙,贴切自如,甚至不着痕迹。所谓隐喻,是一种言在此而意在彼的言说,说者往往借用某个大家所熟知的事物,来对那相对而言比较陌生的事物进行比拟。这种方式因其富于形象性,便于直观,所以很容易引发灵思,在诗歌之中这种言说是运用得最多的。老子之所以对此多所取用,便是为了不让他所说之言被听到这些言说的人过分执着。

在这些隐喻中,"道"是所见最多,而又意蕴最广的。这是《老子》全书立论的最高范畴。如前所述,"道"的原义是指人在十字路口寻路或辨路前行,这是一种人人可感的经验事象,却能引发丰富得多的联想。人生于世的种种所思所想、所作所为,不也正依循着这类似于道路的轨迹吗?老子也是借此对处于周文疲弊下的世道人心做一种兼具智慧与悲悯的引导。"道"本来是具象的,却能指示那种形而上的玄妙之思。虽然后世随着流传时间越来越久,其中寓意反而变得晦昧,但如果返回其所产生的最初语境中,还是可以借着这种联想而探知其真意。

如前所述,老子所论之道并非毫不染涉价值判断,而是祈向于"自然",这种自然是超越俗常的善恶、美丑、贵贱的,也是一种为其衷心认可的价值。但"自然"的境地是很难用确切的言辞予以诠解的,因此不得不采用隐喻。"自然"意味着对于"文"的否弃,于是老子便以"朴"来喻示其旨。在今日的俗语之中,"朴"常常被理解为"质朴",这大致不错,但未注意其深刻内涵,在老子那里,"朴"则被赋予了深广得多的意味。"朴"首先是一种隐喻,原是指那种未经刀斧雕刻的木头,二十八章说"朴散则为器",也就是说,那种未曾被人用绳墨和斧锯予以加工的木(朴),是不成"器"的,一旦人对其有所施为,那么原初之朴便不存在,而被加工制作的木就变成了人所用的器物。一般人皆着意于"成器",但对老子来说,这种"器"意味着本来的天然面目的毁坏。由木头生发开,老子进而以"朴"喻人生乃至于人类社会的本真存在,其旨趣也在于"见素抱朴"(《老子》十九章)、"复归于朴"(《老子》二十八章)。老子之道也可谓之"无名之朴"(《老子》三十七章),对此道有深刻体认者,即"古之善为士者"的状态也是"敦其其若朴"。"朴"以无欲为特征:"无名之朴,夫亦将无欲"(《老子》三十七章),圣人之无欲而朴,推而及之,能使百姓也归于此境:"我无欲而民自朴"(《老子》五十七章)。这正是老子所向往的理想之治。

与"朴"相应的是,老子在说"常德乃足,复归于朴"的同时,也以"常德不离,复归于婴儿"来喻示同样的理致。"婴儿"也是隐喻,对于人来说,婴儿天真无邪,没有任何贪欲与机巧之心,因而是更加亲切,更能打动人的一种比喻。与"婴儿"相近的比喻还有"赤子"。赤子亦即初生的婴儿,因其皮肤为红色,故名曰"赤"。赤子之心,纯任天机而动,无所造作,无所伪饰。以此来喻指那种以朴为价值导向的人生境界,更显得富有灵动盎然的生机。

此外,老子以水喻道也广为人知。"上善若水,水善利万物而不争,处众人之所恶,故几于道。"(《老子》八章)水润泽万物,从不争竞,其顺自然之性,皆往低处流淌,低处为众人所恶,却正是道之所居。"天下莫柔弱于水,而攻坚强者莫之能胜,其无以易之。"看似最为柔弱的水,其克治坚刚却无物可比,这正如道一样。虽然柔弱不争,但总能以柔克刚,以弱胜强。水体之中最大的是江海,百川莫不归往,这是因为,"其善下之"。道之于天下万物,正像江海之于川谷一般:"譬道之在天下,犹川谷之于江海。"(《老子》三十二章)水是与人类生活关联最密切的事物,以水为喻,从浅近处着手,所导向的却是深远的道之境界。

除了隐喻,老子还经常采用一种尤为特殊的言说,用他自己的话说就是"正言若反"(《老子》七十八章)。也就是用看似自相矛盾的言说去指示那种超出常人意料的玄妙之境。这种言说,在其五千言之中在在皆是。如三章"为无为",十四章"无状之状,无物之象",二十二章"曲则全,枉则直,洼则盈,敝则新,少则得,多则惑",三十八章"上德不德,是以有德;下德不失德,是以无德",四十二章"物或益之而损,或损之而益",四十四章"甚爱必大费,多藏必厚亡",四十五章"大成若缺""大盈若冲""大直若屈""大巧若拙""大辩若讷",五十八章"是以圣人方而不割,廉而不刿,直而不肆,光而不耀"。如此皆属于"若反"之"正言"。

老子之"道"取法于"自然",本属"不言",但对老子来说,又不能不言,因而使他另辟蹊径而采用了迥异于通常言说的方式,故多隐喻之辞及"正言若反"的诡谲之语。这种方式最大程度消解了直接言说所导致的破绽,在尽可能圆融的同时,也使其语义变得幽微而隐密。从而使其言说不仅是高明的哲人之语,也成了灵动的诗人之语。

四、《老子》之圣人

"圣人"是贯彻实施道的人,也是先秦时期各家思想中共同推崇的理想人格,由于诸子不同程度上都有关心当时政治的倾向,因而"圣人"也蕴涵着各家对于理想统治者的期盼。老子虽然隐遁而去,但对于天下大乱的情形,并非漠不关心,对于统治者的昏乱妄为,也并非无所针砭。在《老子》对于圣人的描述中,我们也可以看到他的真实心意。

由于老子采用的是"正言若反"的玄言,因此对于"圣人"的描述也会出现所谓的悖谬,以致产生不少误解。但深人体察,这种误解也不是不可以消除的。

圣人作为体道者,其最大的特征是"无为"。如二章所言:"是以圣人处无为之事,行不言之教,万物作焉而不辞,生而不有,为而不恃,功成而弗居。夫唯弗居,是以不去。"全句意为:"圣人从事无为之事业,施行不言之教化,听任万物生息而无所图谋,成全万物化育而不自恃,功业有成而不居功自负。正因其不以有功者自居,所以其功业才永远不会失去。"需要注意的是,这里的"无为"并不是无所作为,"不言"也不是不说任何言语。苏辙有注说:"当事而为,无为之心;当教而言,无言之意。"(《道德经注》)魏源也说:"圣人知有名者之不可常,是故终日为而未尝为,终日言而未尝言,岂自知其为美为善哉?"(《老子本义》)这应当是"无为""不言"的的解。这种言辞绝不是要弄语言游戏。可以说,"无为"的奥义必须以这种看似吊诡的言语方式才能呈现出来。这也暗合于老子所说的"正言若反"之意。

还应当注意的是,"无为"不应当作为一种权谋之术来理解。不能说"无为"是为了"无不为"。后面的"弗居"与"不去"也不应当以功利狡诈之心来理解。"弗居",不是为了"不去","不去"不是其预先谋划好了要达到的目的。这是一种无心而自然的境界,是"无为"的一个附带的结果。至于到底是"去"还是"不去",说到底不是"无为"者所在意的。

圣人并不是只关心自己的人,也必然会涉及与民众之关系。三章对此有十分明确的讨论:"不尚贤,使民不争;不贵难得之货,使民不为盗;不见可欲,使民心不乱。是以圣人之治,虚其心,实其腹;弱其志,强其骨。常使民无知无欲,使夫智者不敢为也。为无为,则无不治。"

尚贤(或"上贤"),"尚",即推重、尊崇之义;"贤"则指多才多能者,尤指那些着意谋求功名利禄之人。"不尚贤",即不推崇多才多能者,"不贵难得之货",即不看重稀缺财货,"不见可欲",意即不凸显那些可诱发人的求取欲望的东西。这三句分别代表了三个不同的维度:"不尚贤"是从圣人之治如何用人来讲;"不贵难得之货"是从圣人之治如何待物来讲;"不见可欲"则是从圣人之治如何治心来讲。所以下文紧接着就开始探讨圣人之治的心意状态。

"虚其心,实其腹,弱其志,强其骨","其"是指"民","心"和"志"一则要"虚",一则要"弱"。这里的"心"是指充满着嗜欲的心;至于"志","志者,心之所之也。""志"也关联着欲求而言,此处所要弱化的"志",尤指人们的贪欲。而之所以又要"实(充实)其腹""强(强壮)其骨",则是由于相对"心""志"而言,"腹"和"骨"是身体更为自然的构成部分,对此加以充实和强壮,即意味着顺应自然。但需要注意,实其腹,并不意味着老子鼓励人们贪口腹之欲(五味令人口爽);强其骨,也不意味着老子推崇强壮(坚强者死之徒,柔弱者生之徒),这两句话只能在其比喻义上来理解,而不能坐实,否则就会觉得老子前后矛盾了。"使民无知无欲","知"与"欲"相互纠缠,欲望催动着知识的发现,而知识又反过来助长欲望,如此争先逐后,永无尽时,不独使人心散乱,也使世道动荡。若欲使其消歇,唯有"使民无知无欲"。

需要注意，"使民无知"不是愚民之术，"使民无欲"也不意味着限制甚或剥夺民众的权利，这是老子在究极（终极）意义上阐述其救世之道。尽管在后世的阐释和运用中，这些话经常与愚民之术、制民之术同流合污，但实非老子之本怀。事实上，在老子那里，"无知""无欲"首先是针对统治者而言的，只有统治者先这样做，才能使民众亦达至这样的境界，正是"我无为而民自化，我好静而民自正，我无欲而民自朴"（《老子》五十七章）。

当然，老子是惯于正言若反的，他也清楚地知道，对于圣人的过度推崇，也可能导致圣人的虚伪化，从而违背"道"。所以他也以决绝的态度将"圣智""仁义"与"巧利"一概弃绝："绝圣弃智，民利百倍；绝仁弃义，民复孝慈；绝巧弃利，盗贼无有。""圣""智""仁""义""巧""利"，皆属于人为之"文"，皆有悖于人之素朴自然的本性，对此加以"绝""弃"，就是要彻底否定关联于"文"的一切作为。

不过，郭店楚简本此节文字却颇不相同，作"绝智弃辩，民利百倍；绝巧弃利，盗贼无有；绝伪弃诈，民复孝慈"。与传世本相比，最大的差异为传世本的"绝圣弃智，民利百倍"作"绝智弃辩，民利百倍"，"绝仁弃义，民复孝慈"作"绝伪弃诈，民复孝慈"。陈鼓应认为："《老子》全书，'圣人'一词共三十二见，老子以'圣'喻最高人格修养境界，而通行本'绝圣'之词，则与全书积极肯定'圣'之通例不合。"[1]所以其肯定"绝智弃辩"为其原始版本。《老子》对于"智"的否定是显而易见的，对于"辩"，他也说"大辩若讷"（《老子》四十五章）、"善者不辩，辩者不善"（《老子》八十一章）。所以"绝智弃辩"的确是合于老子思想的。但如果说老子对"圣"只是一味积极肯定，则对老子微义亦未尽通洽。第一，"圣"就其字义来看，本身也包含了"聪明、才智"的意思（《尚书·洪范》有"睿作圣"之说），此种意义的"圣"与"智"相通，当属老子弃绝者；第二，老子也曾说过："天下皆知美之为美，斯恶矣；皆知善之为善，斯不善矣。"对任何一种美好价值的推崇，都有可能变成一种伪饰，从而走向其反面，"圣"作为一种价值判断，也不例外。我们完全可以套用说："天下皆知圣之为圣，斯不圣矣。"就此而言，"圣"亦当"绝"。"上德不德，是以有德"，据此，我们亦可说："圣而不圣，是以为圣。"所以，"绝圣弃智"也可通。

至于郭店楚简本之"绝伪弃诈"与传世本"绝仁弃义"之别，陈鼓应亦认为："《老子》八章主张人与人交往要尚仁（'与善仁'），可见老子并无弃绝仁义之说，郭店简本出土，始知为人妄改。"[2]此说并不准确。原因在于，老子即使并不完全否定"仁""义"，但在其价值序列中，仁与义也绝非最高的存在。"大道废，有仁义"（《老子》十八章），相较于"上德无为而无以为""上仁为之而无以为，上义为之而有以为""失道而后德，失德而后仁，失仁而后义"（《老子》三十八章）。所以老子会认为"天地不仁"，其所推崇的理想人格境界也是"圣人不仁"（《老子》五章）。所以，当老子为了彰显其所钟意的道，也不是没有可能说出"绝仁弃义"的话。

关于老子对待"圣""仁"的态度，王弼所释深契老子真意。他说："既知不圣为不圣，

---

① 陈鼓应：《老子今注今译》，商务印书馆，2003，第 155 页。

② 陈鼓应：《老子今注今译》，商务印书馆，2003，第 155 页。

未知圣之不圣也；既知不仁为不仁，未知仁之为不仁也。故绝圣而后圣功全，弃仁而后仁德厚。"①这种言论虽貌似诡谲，但诚可谓得老子三昧。

推荐书目

严遵《老子指归》，中华书局 1994 年

王弼注，楼宇烈校释《老子道德经注》，中华书局 2011 年

蒋锡昌《老子校诂》，商务印书馆 1937 年

朱谦之《老子校释》，中华书局 1984 年

陈鼓应《老子今注今译》，商务印书馆 2003 年

黄克剑《老子疏解》，中华书局 2017 年

高明《帛书老子校注》，中华书局 1996 年

刘笑敢《老子古今——五种对勘与析评引论》，中国社会科学出版社 2006 年

廖名春《郭店楚简老子校释》，清华大学出版社 2003 年

熊铁基、马良怀、刘韶军《中国老学史》，福建人民出版社 1995 年

---

① 王弼注，楼宇烈校释：《老子道德经注》，中华书局，2011，第 206—207 页。

第三章 《庄子》导读

一、庄子其人与《庄子》其书

　　庄子是先秦时期最为出色、最具魅力的思想家之一,他超逸的思想、恣肆的文风,对中国哲学和文学都有着极为深远的影响,可称为诗人式的哲学家。庄子的生平及事迹,现存史料较少,《庄子》一书中保存了一些零星记录,但未必都可靠。此外,主要的参考文献便是《史记·老庄申韩列传》。据载,庄子名周,是蒙地的人。蒙地今天的行政区划颇有争议,有人认为是安徽蒙城,还有人认为是河南商丘,两说都有一些证据支持,但根据历史地理学的考察,当时的安徽蒙城,并非以"蒙"为名。所以河南商丘说似乎更加可信一些。他的具体生卒年不可确考,根据学者们考证,大概生于公元前 369 年,卒于公元前 286 年。《史记》说他"与梁惠王、齐宣王同时",所以大约也与儒家的另一代表人物孟子同时。庄子经常对儒家人物加以讥讽,但《庄子》一书中从未涉及孟子;孟子以道自任,英气逼人,也经常攻击异端,按说庄子这样的人必然难逃孟子的"火力"攻击范围,但《孟子》这部书中始终未见庄子。也就是说,这两位个性卓异的大思想家似乎没有任何交集,甚至可能都未听过对方名号,因而没有留下一星半点思想上的交锋。相较于孔老之会,庄孟之间则失之交臂,对于中国思想史而言,不能不说是一大遗憾。

　　庄子曾经做过漆园吏,也就是掌管漆园的一个小官。庄子曾有过做大官的机会,但是他自己对此非常排斥,因此果断予以拒绝。《史记》中说,楚威王听说庄子贤能,于是派遣使者,携带厚重的礼物去请他来,许诺给他相位。庄子笑着对使者说:"千金,当然是很重的利益;卿相,当然是很尊贵的位置。然而,您难道没有见过用于祭祀天地的牛吗?喂养了几年之后,给它穿上华美的衣服,送进太庙之中。在这个时候,即使它想做一头无人照料的小猪,哪里还可能呢?您还是快走吧,不要玷污我。我宁愿在污水沟之中游戏,自得其乐,也不愿意为国君所羁绊。我要终身不仕,以快慰自己的心志。"

　　在《庄子·秋水》中也有与之类似的记述,但更富于戏剧性,场面如在眼前。该篇中来请庄子的使者是"大夫二人",语气也极为谦卑:"愿以境内累矣!"(希望用国内的事来麻烦您)庄子则是"持竿不顾",他用庙堂之上死去的神龟与曳尾于涂中的龟来打比方,问两位大夫的选择。大夫们自然选择了后者。两个故事结局都是一样的,庄子拒绝了高官,也拒绝了与之相关的荣华富贵。所以他的生活便比较窘迫了。《庄子·列御寇》说宋国有个叫曹商的,讽刺庄子"处穷闾厄巷,困窘织屦,槁项黄馘"(住在穷乡窄巷,困难窘迫,靠织鞋而生活,以至于脖颈枯瘦,面色苍黄)。这是生活贫困以至于营养不良了。所以难免会向他人求助,但也会遇到尴尬的事。

据《庄子·外物》记载,他曾因家里贫穷断粮而去找监河侯借粟。监河侯推托说:"好的,我将要收取我封邑的税金,等税金收上来,就借给您三百金,您看如何?"显然,远水解不了近渴,庄子很生气,于是讲了一个涸辙之鲋的故事。他说:"我昨天来时,在半路上听到有呼叫声。我回头看看车辙中,有一条鲫鱼。我问它:'鲫鱼啊,您在这儿是怎么啦?'鲫鱼说:'我本来是东海之中的水族,现在困在这里,您能弄点水来让我活下去吗?'我说:'好的,我到南方去游说吴越之王,让他们引西江之水来接您,怎么样?'鲫鱼听了很愤怒,说:'我失去了我常在之处,无法存身,现在只要一点水就能让我活命。您说这样的话,还不如早点去卖干鱼的店铺找我呢!'"监河侯最终是否借钱给他,不得而知,但从这则故事中可以看出庄子的智慧。

而在《庄子·山木》中记载的一则故事,则含蓄地解释了庄子贫困的原因。庄子穿着粗布做成且带补丁的衣服,扎着腰带,系着鞋子(由于鞋底已经磨穿,故用绳子扎牢,以免脱脚)见魏王。魏王问他:"先生为何如此困顿呀?"庄子回答说:"我这是贫穷,不是困顿。有道德的人不能施行其道德,这是困顿;衣服破烂,鞋子磨穿,只能说是贫穷,而不是困顿。这就是没遇到好的时世啊!处身于昏君和乱相之间,还想要不困顿,又怎么可能呢?"此事未必真实发生过,按照庄子的性情来看,他虽然非常聪明,但未必真有治国所需的才能,尽管他也发表过不少治国的高见。不过,他对当时政治的卑劣凶残应当是洞见于心的,所以才自觉地远离政治领域。

《庄子·列御寇》中记载,有人以宋王所赐予的车子向庄子炫耀,庄子警告他说:"宋国之深,非直九重之渊也,宋王之猛,非直骊龙也,子能得车者,必遭其睡也,使宋王而寤,子为齑粉夫!"而那位出使秦国得秦王赐车而向庄子炫耀的人,则被庄子无情讽刺:"秦王有病召医,破痈溃痤者得车一乘,舐痔者得车五乘,所治愈下,得车愈多。子岂治其痔邪,何得车之多也? 子行矣!"

可惜庄子的这种高洁志趣,就连他最好的朋友惠子有时候也未能体察。《庄子·秋水》篇载,惠子在梁国为相,庄子去见他。有人对惠子造谣说:"庄子过来,是想要取代您的相位。"惠子很害怕,在国中搜了三天三夜。庄子见到惠子,说:"南方有一种名叫鹓雏的鸟(传说中与鸾凤同类的鸟),你知道吗? 它从南海出发到北海去,不是梧桐树不栖息,不是竹实不吃,不是醴泉水(甘甜的泉水)不喝。有一只猫头鹰得到一只腐烂的老鼠,鹓雏刚好飞过,它就仰头瞪着鹓雏大声呵斥。现在你也想要以你的梁国来呵斥我吗?"

不过惠子仍然算是庄子最要好的朋友,这是一个过于聪明因而孤独的哲人的最后一丝慰藉。庄子和惠子留下了许多精彩的论辩,但常常以庄子对惠子的奚落和嘲讽而告终。但两人终究没有决裂,也可略见惠子之见识与气量,否则也不配与庄子成为朋友。惠子是名家的代表,以"析万物之理"为志趣,他对庄子的许多驳难,如"人而无情,何以谓之人?""子非鱼,安知鱼之乐?"都化作了庄子吐露其大道微言的绝佳背景。在惠子去世之后,庄子路过他的墓,发出了这样的感叹:"自夫子之死也,吾无以为质矣! 吾

无与言之矣。"(惠子死去,我再也没有对手了,再也找不到能够谈论的人了)

关于庄子的家庭,我们仅仅知道,庄子并非独身,而是有妻子的,不过其妻先于他而逝。基于他独特的生命观,庄子非但不悲痛,反而鼓盆而歌,留下了千古争讼不休的话题。今天的我们,只能这样说,这种行为与其所契悟的道相合。

庄子的学问非常广博,司马迁说他"其学无所不窥",但其要旨则与老子思想相通。庄子著书十余万言。但这部书并没有完全流传下来,而且在流传的过程中,也混入了并非庄子本人的论述。此书即以《庄子》为名。到唐代时,由于皇室崇拜道教,庄子一向被视作道教神仙,故而尤加尊奉,唐玄宗天宝元年(742)诏封庄子为"南华真人",因此《庄子》也被尊为《南华真经》。这只是名称上的改易,篇章、目次并没有任何变化。

根据《汉书·艺文志》记载,此书原有五十二篇,但流传至今的版本只有三十三篇。这可能经历了西晋时期向秀和郭象的删定和编次。今本《庄子》分为三大部分,即"内篇"(第一至七篇,共七篇)、"外篇"(第八至二十二篇,共十五篇)、"杂篇"(第二十三至三十三篇,共十一篇)。"内七篇"的篇名便是综括一篇大旨,而"外篇"和"杂篇",则多取其篇首两字以作为篇名。已经有为数不少的学者对这些篇章的作者进行过考证。基本上比较认可"内篇"的作者为庄周本人,不过也有个别段落存疑。此外,"杂篇"中的《寓言》和《天下》,就文体风格而言,可能是庄周的手笔,而"杂篇"中的《让王》《盗跖》《说剑》和《渔父》,从思想内容和文字风格来看,均近于伪作。至于"外篇"和"杂篇"中的其他篇章,多是庄子后学或道家其他派别的著述。

二、《庄子》之言

司马迁形容庄子的语言特色为"大抵率寓言也",这说法大致不错,但还不够全面。《庄子》中有《寓言》一篇,总论其言说方式,有人将该篇视作"庄子的钥匙"①,这是非常有见地的。《寓言》属于杂篇,与其他篇章相似,是由其开篇"寓言"二字而命名的,所以并非只是讨论"寓言"。该篇开头即说:"寓言十九,重言十七,卮言日出,和以天倪。"(寓言占十分之九,重言占十分之七,卮言随时而出,合于自然)而《天下》篇中也说:"以天下为沉浊,不可与庄语,以卮言为曼衍,以重言为真,以寓言为广。"(因天下人都昏沉糊涂,不可以对他们正面讲道理,所以用卮言来变化无穷,用重言来让人信以为真,用寓言来阐发道理)由此可见,寓言、重言、卮言这三种言说方式,正是庄子经常采用的。

所谓寓言,"寓"是寄托之意,"寓言"便是借较为简单的故事来表达较为深刻的道理的言说方式,因其言在彼而意在此,假借其他事物而申说自己的道理,所以叫作"寓言"。之所以采取这种方式,并不是庄子刻意求怪,而是因为一般人都有一种心理,对于那些直接正面阐说的道理,往往并不认可。往往越是说好,别人越不以为然。所以大道即使非常好,也并不适合直接说出来。这好比父母不宜为自己儿子做媒一样,总难免自卖自

---

① 张默生原著、张翰勋校补:《庄子新释》,齐鲁书社,1993,第12页。

夸的嫌疑。所以，让父母来夸赞，不如让不是他父母的人来夸赞。这样才能取得更好的效果。庄子的寓言，正是在这种无可奈何的情况下而说的。他的寓言多姿多彩，有时借神灵如河伯(河神)和海若(海神)，有时借动物如井底之蛙和东海之鳖，有时借植物如《人间世》中无用的大树，有时借自然物质如云将(云神)和鸿蒙(太初元气)。甚至有时将时间拟人化，如《应帝王》中讲到的南海之帝"儵"和北海之帝"忽"，都是极短的时间。或将某种心意机能或状态拟人化，如《知北游》中的"知"和"无为谓"(无所作为，无所称谓)。由此，庄子塑造了一个又一个光怪陆离的意象世界，但根本目的不是炫才任性，而是更好地呈现"道"。

至于"重言"，"重"是"借重"之意，"重言"就是借重往圣先贤或当时名人的话，来增强其道理的说服力，并试图止息不合于大道的言说。但这并不表示庄子对这些人就一定非常崇拜，而只不过是借用世俗之人对于他们的崇拜，来表达自己的观念。这些借重的人物，有的在历史上确实存在，有的已经渺茫不可考，庄子自己所虚构的子虚乌有的人物也不在少数，正如司马迁所言"畏累虚、亢桑子之属，皆空语无事实"(《史记·老庄申韩列传》)。在重言之中，黄帝、老子、广成子这类道家普遍认可的圣人，庄子自然借用他们的名号。而儒家所推重的尧、舜、禹、汤等圣人，也被庄子拿来，往往做了降级处理，这些人大多在道家高人面前俯首帖耳，对于他们所论之道无不心悦诚服。其中，尤为有趣的是孔子。

在《庄子》书中，孔子可以说有好几副面孔。大多数时候，孔子是儒家的代表，对于道家之道懵懂无知，需要道家高人(比如老聃)来加以教训。甚至有时候还被痛骂，比如《庄子·外物》中讲到以《诗》《礼》盗窃坟墓的大儒，大约是指孔子。但有时候孔子则表现得对于道家之道颇为向往，甚至还成了道家的代言人。受孔子"连累"，他最为钟意的杰出弟子颜回也不免被庄子借用。在《庄子·人间世》中，颜回热衷于救世，被孔子教育一番，告以"心斋"的修养之术以全身。在此颜回与孔子仍是师徒，但孔子俨然一副道家面孔。而在同样是内篇的《庄子·大宗师》之中，颜回的修养境界不断提高，由"忘仁义""忘礼乐"终至于"坐忘"，竟令孔子也诧异莫名，甚至甘拜颜回为师："而果其贤乎，丘也请从而后也。"尽管颜回是孔子最为器重的弟子，孔子在困于陈蔡时，对颜回也曾开过类似的玩笑，但庄子这里的调侃仍是不同寻常的肆意。

再看"卮言"。"卮"，有人认为是古代的一种盛酒之器，当它盛满酒时会自动将酒倾倒出来，当它空时又会自动仰起。也有人认为是指漏斗。前者似乎更接近真相。所谓"卮言"，就是如同这种酒器的语言。这是一种圆通流畅，不执于固定见解，因而顺应大化流行，毫无成见的言说方式，也是最接近于天然的言说，好比大风扬起，遇窍穴而自然会有各种声音，等大风止息，窍穴也就平静下来。窍穴本无声，只是应风之吹拂才发声而已。之所以采用卮言，就是为了全面地对道加以把握，而避免限于一隅，执于一端。而语言本来是有局限的，会对道有所遮蔽，这种观念从老子开启，为庄子所承继。他说："不言则齐，齐与言不齐，言与齐不齐也，故曰无言。言无言，终身言，未尝言；终身不言，未尝不言。"(不言才能保证事物存在的全面，而这种全面的状况是与对它的言说不一致的，所以不要执着于语言。以不执着于言说的方式去言说，虽然终身在说，却未尝有所说;虽然终身不说,却未尝不在说)这里的"言无言",就是庄子不得已而采用的言说,这正是圆转无碍而不执一端的"卮言"。

需要注意的是,关于这三言的说法,还存在一个问题。庄子说"寓言十九",亦即"寓言"的成分占了十分之九;"重言十七",亦即"重言"的成分占了十分之七。这看似不太可能,实际上是由于《庄子》书中,"寓言"与"重言"两者并不是互相排斥的关系,而是彼此涵摄,错综交互的,往往在"寓言"中有"重言",而"重言"中也不乏"寓言",所以两者并不矛盾。即使寓言占到十分之九,重言也仍能占到十分之七。至于"卮言",并不是有别于"寓言"和"重言"的另一种言,其实"寓言"和"重言"二者都可以看作"卮言",这三者可看作"三位一体"的关系。

庄子的言说是一种诗性十足的言说,正是这种言说方式,在很大程度上使得庄子的文章成为中国文学史上的一座高峰。鲁迅先生称赞《庄子》说:"其文则汪洋辟阖,仪态万方,晚周诸子之作,莫能先也。"(《汉文学史纲要》)就文学性而言,在先秦诸子作品之中,《庄子》可称为冠冕之作。但这种言说由于颇富形象性,故而难以完全用理性的思维加以准确界定,这给后世人们把握其思想带来了很大困难。这也使得他自己的言说成了"无用"之言,亦即不切时用之言。正因为如此,司马迁也评价说:"其言洸洋自恣以适己,故自王公大人不能器之。"(《史记·老庄申韩列传》)

对于庄子而言,他采取这种言说方式,固然受其个性影响,却也有着莫大的苦衷。就现实的原因来看,如前所说,"以天下为沉浊,不可与庄语"(《庄子·天下》)。这在《庄子·齐物论》中也有所透露。他看到当时的百家争鸣,以儒墨两家为代表,各有自家所执着的是非标准,"以是其所非,而非其所是",都以自己为对,而以对方为错,对方所肯定的,就加以否定;对方所否定的,就加以肯定。然而,如果从大道的角度来看,本来无所谓是非,乃至无有美丑、贵贱、高下等区别。他们的这种辩论在庄子看来非常可笑,但如果从正面对他们加以攻驳,则未免与他们陷入对立,而这种对立正是"道"所要避免的。所以他便故意采取这种方式,来模糊此疆彼界的分别,而昭示出齐万物、通天人的高妙境界。这也是对当时世道的一种另类的讽喻。通过这种讽喻,庄子得以在精神上超越了那个混乱颠倒的世界,而在道的天地中自由自在地徜徉。

三、《庄子》之道

庄子之学归本于老子,都属于道家。道家学问之中,体道悟道是其最为核心、最为根本的追求。庄子也不例外,他那恢诡谲肆的文字,尽管变化多端,不主一故,但都在不同程度上贯穿着对于道的体悟。

庄子论道,虽然多以寓言为主,但也有很多地方直接加以探讨。如《庄子·大宗师》中说:"夫道,有情有信,无为无形,可传而不可受,可得而不可见。自本自根,未有天地,自古以固存。神鬼神帝,生天生地。在太极之先而不为高,在六极之下而不为深,先天地生而不为久,长于上古而不为老。"可见道乃天地万物生成之根本原理,故超越于天地古今而存在。

道既然是宇宙万有之本根,万有均由道而生发,由道而显现,由道而毁灭,所以道也是至大无外,无处不在,无时不有的。正如其所言:"'古之所谓道术者,果恶乎在?'曰:'无乎不在。'曰:'神何由降?明何由出?''圣有所生,王有所成,皆原于一。'"(《庄子·天下》)

不仅"神""明""圣""王"这些以世俗之眼看来无比高贵的事物是从"无乎不在"的道中所生的,即使是无比卑污的"蝼蚁""稊稗""瓦甓",甚至是"屎溺",也都有"道"蕴藏于其中。《庄子·知北游》中便借东郭子问道的故事表明了这一思想:

> 东郭子问于庄子曰:"所谓道恶乎在?"庄子曰:"无所不在。"东郭子曰:"期而后可。"庄子曰:"在蝼蚁。""何其下邪?"曰:"在稊稗。"曰:"何其愈下邪?"曰:"在瓦甓。"曰:"何其愈甚邪?"曰:"在屎溺。"

从这则故事可以见出,"道"是无所不在的,万物之中都少不了道,如若不然,则万物不能成其为万物。

道在万物之中,但并不是人人都能领悟道的。人的造作妄为,导致了对道的偏离。《庄子·秋水》篇中借北海若之口申说了"天人之别":"牛马四足,是谓天;落马首,穿牛鼻,是谓人。"这里的天,就是道,道是顺应自然的,人的造作妄为,使之并不能如其本来契合于道。但道是如此重要,人需要与大道相契合,才能回归最本真的生命之中。这关系到如何体道悟道的问题。首先需要明确的是,对于道,无法做概念式的界定,不可以用认知的方式去界说,而只能从切实的生命践履中默识冥证。《庄子·知北游》中有一则"知"北游而问道的故事:

> 知北游于玄水之上……而适遭无为谓焉。知谓无为谓曰:"予欲有问乎若:何思何虑则知道?何处何服则安道?何从何道则得道?"三问,而无为谓不答也。非不答,不知答也。……知以之言也问乎狂屈,狂屈曰:"唉!予知之,将语若。"中欲言而忘其所欲言。知不得问,反于帝宫,见黄帝而问焉。黄帝曰:"无思无虑始知道,无处无服始安道,无从无道始得道。"知问黄帝曰:"我与若知之,彼与彼不知也,其孰是邪?"黄帝曰:"彼无为谓真是也,狂屈似之,我与汝终不近也……"知谓黄帝曰:"吾问无为谓,无为谓不应我,非不我应,不知应我也。吾问狂屈,狂屈中欲告我而不我告,非不我告,中欲告而忘之也。今予问乎若,若知之,奚故不近?"黄帝曰:"彼其真是也,以其不知也;此其似之也,以其忘之也;予与若终不近也,以其知之也。"狂屈闻之,以黄帝为知言。

在这里出现的几个人物,都有其特定的象征意义。知,即知识;无为谓,即无为无名;狂屈,即猖狂放屈,不拘形迹之意;黄帝,喻指主宰之心。道本来是无为无名的,本来不可言论,所以无为谓不回答,与道正是相合的。狂屈想要言但最终忘其所言,几乎落于言诠之中,但由于忘掉,还没有失道,所以狂屈与道似之,但稍隔一些。知和黄帝,则是既知且论,所以离道就比较远了。

在同一篇中，他也借"泰清""无穷""无为""无始"等虚拟人物的对话再次阐明了"道"的这种特征。

> 泰清问乎无穷曰："子知道乎？"无穷曰："吾不知。"又问乎无为，无为曰："吾知道。"曰："子之知道，亦有数乎？"曰："有。"曰："其数若何？"无为曰："吾知道之可以贵，可以贱，可以约，可以散，此吾所以知道之数也。"泰清以之言也问乎无始，曰："若是则无穷之弗知与无为之知，孰是而孰非乎？"无始曰："不知深矣，知之浅矣；弗知内矣，知之外矣。"于是泰清中而叹曰："弗知乃知乎？知乃不知乎？孰知不知之知？"无始曰："道不可闻，闻而非也；道不可见，见而非也；道不可言，言而非也。知形形之不形乎，道不当名。"无始曰："有问道而应之者，不知道也。虽问道者，亦未闻道。道无问，问无应。无问问之，是问穷也；无应应之，是无内也。以无内待问穷，若是者，外不观乎宇宙，内不知乎太初。"

在这里，泰清、无穷、无为、无始，都是"道"的某种特征的拟人化，这段话通过四个人的对话表明，闻、见、言、名，都不是切近道的方式。道本不可知，故知道者浅；道本不可言，故言道者误。真正的知道，是不知之知；真正的言道，是不言之言。由于庄子是不得已而言道的，所以也只有用隐喻的方式勉强予以指点。他既虚构了许多独特的故事，而阐述悟道之法，创造了一系列特有的名词，从而广为求道者津津乐道。

《庄子·在宥》中记载黄帝向广成子问道，广成子示以"至道"："无视无听，抱神以静，形将自正；必静必清，无劳女形，无摇女精，乃可以长生；目无所见，耳无所闻，心无所知，女神将守形，形乃长生；慎女内，闭女外，多知为败。"（眼不看，耳不听，以静持守精神，则形体自然纯正；一定要做到静和清，不要劳累你的形体，不要摇动你的精神，这样才能长生。眼睛无所见，耳朵无所听，心中无所知，你的精神就会守住形体，形体就可以长生。要重视你的内心，拒绝外面的诱惑，知识越多越会失败。）

除此之外，较为人熟知的还有"坐忘"之说。这是通过孔子与其学生颜回的对话表达出来的：

> 颜回曰："回益矣！"仲尼曰："何谓也？"曰："回忘礼乐矣。"曰："可矣，犹未也。"他日复见，曰："回益矣！"曰："何谓也？"曰："回忘仁义矣。"曰："可矣，犹未也。"他日复见，曰："回益矣！"曰："何谓也？"曰："回坐忘矣。"仲尼蹴然曰："何谓坐忘？"颜回曰："堕肢体，黜聪明，离形去知，同于大通，此谓坐忘。"仲尼曰："同则无好也，化则无常也，而果其贤乎！丘也请从其后也。"（《庄子·大宗师》）

这就展示了由"忘礼乐"到"忘仁义"，终至于"坐忘"的渐次深入的过程。

需要注意的是，"忘"虽然是一种修行的功夫，但这也是需要自然而然，不能勉强的。《庄子·达生》篇中描述了"忘"的情状："忘足，履之适也。忘要，带之适也。知忘是非，心之适也……始乎适而未尝不适者，忘适之适也。"与之相似，经由"忘"的功夫而达到的道的境界，是要连"忘"本身也要"忘"掉的。

对于真正达到道的境界的人，庄子有多种称谓，如至人、神人、圣人和真人。有学者认为,这些称谓之间境界上有差等,其实未必。这些不过是庄子特意强调其某一方面的特征罢了。《逍遥游》:"若夫乘天地之正,而御六气之辩,以游无穷者,彼且恶乎待哉?故曰至人无己,神人无功,圣人无名。"至人、神人、圣人都是无待于外物而达到了绝对自由之境的人。同篇之中,他对于"神人"风姿的描绘尤令人向往:

> 藐姑射之山,有神人居焉。肌肤若冰雪,淖约若处子,不食五谷,吸风饮露,乘云气,御飞龙,以游乎四海之外;其神凝,使物不疵疠而年谷熟……之人也,之德也,将旁礴万物以为一。世蕲乎乱,孰弊弊焉以天下为事! 之人也,物莫之伤:大浸稽天而不溺,大旱金石流、土山焦而不热。

这样的"神人",显然不存在于现实世界之中,而只是"道"的具象化。"真人"也具有与之相似的特征。《庄子·大宗师》:"何谓真人? 古之真人,不逆寡,不雄成,不谟士,若然者,过而弗悔,当而不自得也,若然者,登高不栗,入水不濡,入火不热……古之真人,其寝不梦,其觉无忧,其食不甘,其息深深。"这与"神人"没有差别。

在后世道教徒那里,这些体道方法被奉为修仙之旨,庄子所谓的真人、至人、圣人、神人,也被当成了一种确实可以达到的境界,由此衍化出了复杂的修炼体系。但倘若从哲学的立场而非宗教修炼的立场来看,庄子所谓道,属于形而上学的范畴。作为人而言,只能向此境界不断地趋进,而无法完全与此境界无二无别。

四、《庄子》生命观

有生必有死。关于人生哲学中任何问题的探讨,最终都离不开死亡这终极视域的观照。以生观死,死亡自有其不容忽略的意义;以死观生,人对生命的认识也会刷新。在庄子那里,死亡也具有必然性。不过庄子并没有将这必然性归于上帝的主宰意志,而是将其归于"命",所谓"死生,命也"。一般而言,"命"观念在中国古代思想中,有两种意义:一则表示主观命令,一则表示客观限定。"前者可称为'命令义',后者可称为'命定义'。"①前者必然蕴涵着主体的意志及价值抉择,后者则不必如此,而往往指向那些无法为人力所左右的客观因素。

庄子哲学也在不同维度上论及"命",其中大多是指后者而言,强调"命定义",代表着一种不可知的必然力量。《庄子·大宗师》篇末,子桑向子舆谈论自己贫病交加的原因时说:"吾思夫使我至此极者而弗得也。父母岂欲吾贫哉? 天无私覆,地无私载,天地岂私贫我哉? 求其为之者而不得也! 然而至此极者,命也夫!"子桑认为,造成他如此窘迫状况的根源,不在父母,不在天地,而是不可捉摸、不得而知的"命"。

由于"命"具有必然性,因此要求人无条件地遵从。"死生,命也。其有夜旦之常,天也。人之有所不得与,皆物之情也。彼特以天为父,而身犹爱之,而况其卓乎! 人特以

---

① 劳思光:《新编中国哲学史》,广西师范大学出版社,2005,第72页。

有君为愈乎己,而身犹死之,而况其真乎!"(《庄子·大宗师》)人之有死生,正如天之有昼夜,是一件再自然不过的事情。世俗之人,只知以君王为贵,尚且愿意为其付出生命的代价,却怎么不知遵循那万有之本根——大道的安排呢?"父母于子,东西南北,唯命之从。阴阳于人,不翅于父母。彼近吾死而我不听,我则悍矣,彼何罪焉!"(《庄子·大宗师》)在阴阳造化面前,就好比面对父母之命一般,生死皆自然必然,不可抗拒,只能遵从。任何妄求长生和擅自轻生的行为都是为庄子所弃绝的。

庄子也认识到死亡是一种必然和自然的现象,但他并未就此对死亡赋予贬义。庄子从"天地与我并生,而万物与我为一"的广阔视角俯瞰人生,将宇宙的运动及万物的生死成毁视为气的流行转化,从而消解了死亡的残酷意味,赋予了死与生齐一的地位,甚至隐隐然有抬高死亡价值之势。一般而言,在任何时代,大众的普遍心理必然是悦生恶死,庄子所生活的那个战乱频仍、民不聊生的战国时期更是如此。庄子正是要破除这种对于死亡的恐惧心理。"予恶乎知夫死者不悔其始之蕲生乎?"(《庄子·齐物论》)生是如此痛苦,安知死后不会快乐,或许死后还会后悔当时的恋生呢?在《庄子·至乐》中,庄子甚至借髑髅之口道出了"虽南面王乐,不能过也"的"死之说"。

以上仅仅是一种推测,远远不够说服人,庄子至少得给出理论上的证明。"察其始而本无生;非徒无生也,而本无形;非徒无形也,而本无气。杂乎芒芴之间,变而有气,气变而有形,形变而有生。今又变而之死,是相与为春秋冬夏四时行也。"(《庄子·至乐》)这就从生命的产生和形成解释了生死的本质。在他看来,这世界原本无生、无形甚至无气,其后在"芒芴之间"忽而生"气"。此气贯通宇宙,"通天下一气耳",天地万物处于一气流转变化之中。生命的产生和消逝皆是一种气化过程,气聚则生,气散则死,虽有生死之别,然"方生方死,方死方生"(《庄子·齐物论》),所谓此之生,乃是彼之死,所谓此之死,乃是彼之生。其为气也则一而不异,故生与死本质上是相通的。

由此,不管是生是死,都不过是气化过程中的一种现象而已,而且重要的不是这种现象,而是气化过程本身。这种对于气化过程的强调,使得庄子也不再注意人与物的差异。"若人之形者,万化而未始有极也,其为乐可胜计邪?"(《庄子·大宗师》)人的形体不过是转化的千万种可能性之一,而每一种转化都是一种崭新的体验,所以大可不必执着于人形。"今一犯人之形而曰:'人耳!人耳!'夫造化者必以为不祥之人。"(《庄子·大宗师》)人的死亡正是结束人形的特定存在、开启无限转化的窍门,正因为如此,它反而变得无比令人期待。"亡,予何恶!浸假而化予之左臂以为鸡,予因以求时夜;浸假而化予之右臂以为弹,予因以求鸮炙;浸假而化予之尻以为轮,以神为马,予因以乘之,岂更驾哉!"(《庄子·大宗师》)

在这里,庄子以一种近乎戏谑的方式,通过一系列的铺陈排比,消解了肉体的毁坏乃至生命的消逝所带来的残酷属性。在无尽的转化之中,不仅人体与万物,甚至是天地间所有的事物,莫不是相续相生的循环,一物之形化为另一物之形,至于在何时何地化成何物何形,则是完全未知的,充满着不确定性。这种不确定性也意味着整个宇宙都处于不断的重构和更新的过程中,它也使得人们对于任何具体形态的执着都变得可笑,包括作为人的形态而存在的生命。"且方将化,恶知不化哉?方将不化,恶知已化哉?"

（《庄子·大宗师》）毕竟，万事万物都逃不脱转化的命运。但这命运并没有使庄子产生紧张压迫感，反而在深刻体认之后，催生了一种奇诡的超越自由感，这就是随时俯仰、任运推移、与化为一、所在皆适的人生态度："以天地为大炉，以造化为大冶，恶乎往而不可？"（《庄子·大宗师》）

庄子哲学的核心工作，乃是对事物相对性不遗余力的破解。"以道观之，物无贵贱。"（《庄子·秋水》）如此一来，伦理道德上的善良与邪恶、人生经验中的苦难与幸福、生存与死亡，其间原本存在的巨大差异性均被消解。庄子根据人是否超越事物的相对性，将其分成两类，一类为汲汲于世俗利益的普通人，另一类则为突破了俗世一切限制的真人，或曰至人、神人、圣人、真人。对于后者而言，了解生死齐一的道理，知晓所谓的"命"，并且能够以安时处顺的态度对待死亡。"适来，夫子时也；适去，夫子顺也。安时而处顺，哀乐不能入也。古者谓是帝之县解。"（《庄子·大宗师》）生时以天地大道为宗，能够养身全生，尽其天年。死时"知其不可奈何而安之若命"，不会人为地求生避死，更不会恶死恋生。无论面临何种情境，都不会有极大的情感波动，这样便能在精神上获得一种自由和满足感。这种安命观念不是去否定、也不是深化"命"之必然性给人生带来的困境，它表现为对这种必然性的顺从，试图以顺从的态度来克服死亡带来的恐惧不安。

但思辨的论证是远远不能够达到这种境界的，还需要有特殊的精神修炼方法。这就是"忘"的功夫，具体表现为"坐忘"与"见独"。这种修养功夫，消除了对事物具体形态及存在方式的执着，消泯了它们的界限与规定，从而使包括"我"在内的万事万物通而为一。达到这种境界的人，被称作真人、圣人。庄子用了一个颇有意味的词来形容这种境界——"游"。只有相忘以后，才能够自由自在地畅游于江湖之中。在此，"游"乃是对破除了窒碍与束缚，而最终获致的那种无拘无束状态最为贴切的描绘。在此种状态之中，"游乎天地之一气"（《庄子·大宗师》），不计较得失，不关注祸福，不在乎生死。正是在此意义上，庄子在其生命中的至亲之人（妻子）去世时"鼓盆而歌"的惊世骇俗之行，才能得到的当的理解。

推荐书目

郭庆藩《庄子集释》，中华书局 1961 年

王先谦《庄子集解·庄子集解内篇补正》，中华书局 1987 年

王夫之《老子衍·庄子通·庄子解》，中华书局 2009 年

陆西星《南华真经副墨》，中华书局 2010 年

蒋锡昌《庄子哲学》，上海书店 1992 年

钱穆《庄子纂笺》，九州出版社 2011 年

张默生《庄子新释》，齐鲁书社 1993 年

钟泰《庄子发微》，上海古籍出版社 2002 年

第四章 《诗经》导读

一、《诗经》概说

《诗经》更早的时候被称为"诗三百",比如孔子就说:"诗三百,一言以蔽之,曰'思无邪'。"(《论语·为政》)或者直接称之为"诗",先秦典籍中都是这么称呼的,比如《左传》记录君子的评语:"颍考叔,纯孝也。爱其母,施及庄公。《诗》曰:'孝子不匮,永锡尔类。'其是之谓乎!"(《左传·隐公元年》)《诗经》的名字,是比较晚近的时候才出现的。从"诗""诗三百",到"诗经",既反映出该书的集结、成书,乃至于定型的过程,也反映出人们对它的认识的变化,更反映出它自身功能的变迁。

《诗经》被视为中国最早的诗歌总集,也与《楚辞》一起被推尊为中国诗歌的两大源头,可是在很多人的眼中,这部书一开始就是我们如今看到的样子,似乎千百年来不曾有什么变化。这种看法当然是不准确的。《诗经》与中外早期的典籍一样,大都是历时多年、经多人之手,逐渐完成的,这中间包含了作品的写作、传播、结集、成书和最后定型等诸多过程。

《诗经》中各篇的作者,除了少数的篇章保留了一些比较清晰的信息之外,大多数已经无从考证了。根据学界的观点,一般认为书中的作品多数是出自贵族之手。比如司马迁说:"《诗》三百篇,大抵圣贤发愤之所为作也。"(《报任安书》)朱东润也持同样的观点,他说:"要之,此《国风》百六十篇之诗,其中一半以上为统治阶级之诗,则可断言。"(《诗三百篇探故·国风出于民间论质疑》)他们的看法,可以从以下的文献中得到佐证。比如《尚书》中记录了周公写作《鸱鸮》的内容:"周公居东二年,则罪人斯得。于后,公乃为诗以贻王,名之曰《鸱鸮》。(成)王亦未敢诮公。"(《周书·金縢》)《左传》记录了许穆夫人创作《载驰》的内容:"及狄人战于荧泽,卫师败绩。遂灭卫。……许穆夫人赋《载驰》。"(《左传·闵公二年》)无论是周公,还是许穆夫人,他们都是贵族。

书中也有一些诗篇是身份地位不高的人士所作,这其中或许还包括平民百姓甚至是奴隶。比如《左传·隐公三年》:"卫庄公娶于齐东宫得臣之妹,曰庄姜。美而无子,卫人所为赋《硕人》也。"《左传·闵公二年》:"郑人恶高克,使帅师次于河上,久而弗召。师溃而归,高克奔陈。郑人为之赋《清人》。"《左传·文公六年》:"秦伯任好(秦穆公)卒。以子车氏之三子奄息、仲行、针虎为殉,皆秦之良也。国人哀之,为之赋《黄鸟》。"这些作品,《左传》中虽有背景的介绍,但没有指明具体的作者,只是很笼统地称之为"国人"。

据童书业的考证,《左传》中的"国人"的身份比较复杂,贵族和平民都有可能。考虑到中国先秦时期,只有贵族能够接受教育的事实,由此推测,进入贵族礼乐体系的《诗经》,多半也是与这些人有关的。

关于这部书的成集,前人给出了两种猜测。一是采诗说。所谓采诗,是指官方指派专门的官员(行人或其他)在一定时间巡游四方,收集各地反映民情的歌谣,层层传达,直至上层,以辅助政教,有益于国家。班固说:"孟春之月,群居者将散,行人振木铎徇于路以采诗,献之太师,比其音律,以闻于天子。故曰,王者不窥牖户而知天下。"(《汉书·食货志》)一是献诗说。所谓献诗,是指贵族及各级官员有目的地作诗以献上,主要是为了揭露时弊,辅助政教,也有一些诗作旨在倾诉和表达个人的怨恨和愤懑的情绪。《国语》载:"故天子听政,使公卿至于列士献诗,瞽献曲,史献书,师箴,瞍赋,矇诵,百工谏,庶人传语,亲戚补察,瞽史教诲,耆艾修之,而后王斟酌焉,是以事行而不悖。"(《周语上》)这种推测与其作者的构成可以相符,却引发了一个新的问题,即诗歌成集之后的删减审订。

司马迁最早提出了孔子删诗的观点,他说:"古者诗三千余篇,及至孔子,去其重,取可施于礼义,上采契、后稷,中述殷、周之盛,至幽、厉之缺,始于衽席……三百篇,孔子皆弦歌之,以求合韶武、雅颂之音。"(《史记·孔子世家》)这个观点虽然得到了诸如班固、郑玄等人的支持,却与事实不尽吻合,故此怀疑的人也很多。《毛诗正义》就说:"案《书》《传》所引之诗,见在者多,亡逸者少,则孔子所录,不容十分去九,马迁言古诗三千余篇,未可信也。"总体上看,"诗三百"的成书定型应该早于孔子,而后出现了散佚,孔子又重新复原为完璧。

"诗"之被称为"经",应该与儒家有密切的关系。"经"作为书名,最早见于《国语·吴语》"挟经秉枹",然其意未明。《墨子》有《经》上、下篇,也有《经说》上、下篇。《韩非子》的《内储说》(上、下)、《外储说》(左上、左下,右上、右下)也有"经"和"说"。《礼记》有《经解篇》。将儒家书籍说成"经"的,始见于《庄子·天运》,其中记录孔子对老聃说:"丘治《诗》《书》《礼》《乐》《易》《春秋》六经,自以为久矣,孰知其故矣,以奸者七十二君,论先王之道而明周召之迹,一君无所钩用。甚矣!夫人之难说也?道之难明邪?"此后,《诗经》之名就被普遍使用,随着儒家地位的不断上升,也就成了它的定名。

《论语》中记录了孔子很多有关《诗经》的言论,一则曰"不学《诗》,无以言"(《论语·季氏》),再则曰"兴于《诗》,立于礼,成于乐"(《论语·泰伯》),并多次教诲子弟要好好学《诗经》。他说:"小子,何莫学夫'诗'?'诗'可以兴,可以观,可以群,可以怨;迩之事父,远之事君;多识于鸟兽草木之名。"(《论语·阳货》)孔子之所以十分重视这部书,不仅仅是因为它专录诗歌可以陶冶性情,更重要的是因为该书长久以来的政教价值。所谓"移风易俗"和"温柔敦厚"等,都是该书在政教体系中的重要表现,这也是在漫长的封建时代,古人接受《诗经》的主流模式。至于发现和探寻诗中的性情和艺术,则是在"经学"逐渐退潮、"政教"影响逐渐淡化之后,才慢慢出现的。宋代大儒朱熹的《诗经》研究是这一进程中的重要转折点。如此看来,我们今天重新发现这部书的诗意和情思,是古人经历很长时间努力争取的结果。

二、《诗经》之祭祀

古人云："国之大事，在祀与戎。"（《左传·成公十三年》）祀，就是祭祀。祭祀与战争并置，被古人列为最重要的国家大事。《礼记·曲礼》："君子将营宫室，宗庙为先，厩库为次，居室为后。凡家造，祭器为先，牺赋为次，养器为后。"祭祀之所以如此重要，并非是因为古人迷信，而是与古人的文化观念有关。祭祀在中国古代的社会中承载了很多的重要功能，诸如继承传统，延续宗嗣，团结家族，教育后人，等等。观射父云："祀所以昭孝息民，抚国家，定百姓也，不可以已。"（《国语·楚语下》）祭祀，是一个笼统的称谓，祭祀的对象不同，方式与功能各异，但都形成了详细的文化传统。《仪礼》《礼记》等典籍对此有十分详尽的记录和区分。

祭祀的起源很早，而《诗经》与祭祀相联系，则要晚得多了。现代的考古发现显示，早在原始时期，人们就已经有了祭祀的活动。《诗经》的作品，最早大约可以上溯到商末周初，最晚则到了春秋中期，《诗经》中的有关祭祀活动，也主要是发生在这段时期。《诗经》与祭祀的关系，大体表现在如下几个方面，即祭祀活动中使用《诗经》作品、《诗经》中的作品记录祭祀的活动。

祭祀面对的是天地神祇，故而古人对此尤为小心谨慎。在漫长的祭祀实践中，衍生出了一套繁复的规范和仪式。这其中也出现了诗文的身影。比如人亡故之后的祭文、悼词、碑文、墓志等，都是大家非常熟悉的。祭祀中用诗，后世并不多见。可是在先秦时期，这种情况似乎比较普遍，《诗经》就较好地呈现了这种文化。比如全书中的"颂"部分，古人认为就是直接与庙堂祭祀有关的，"雅"中也有数量不少的此类题材的篇章。

《毛诗序》云："颂者，美盛德之形容，以其成功告于神明者也。"刘勰说："夫化偃一国谓之风，风正四方谓之雅，容告神明谓之颂。风雅序人，事兼变正；颂主告神，义必纯美。鲁国以公旦次编，商人以前王追录，斯乃宗庙之正歌，非宴飨之常咏也。"（《文心雕龙·颂赞》）《诗经》中的颂，有三类，即周颂、鲁颂、商颂。其中"周""商"是王朝，而"鲁"是诸侯国。总体上，"颂"中的祭祀对应的主要是天子的家事，而与普通的官员百姓无关。郑玄就说："颂之言容。天子之德，光被四表，格于上下，无不覆焘，无不持载，此之谓容。于是和乐兴焉，颂声乃作。"（《诗谱序》）

普通人家的祭祀活动，功能相对单一，大抵不外乎纪念和缅怀，也就是曾子所谓的"慎终追远"。《礼记·表记》云："是故孝子之事亲也，有三道焉：生则养，没则丧，丧毕则祭。养则观其顺也，丧则观其哀也，祭则观其敬也。尽此三道者，孝子之行也。"《礼记·坊记》云："修宗庙，敬祭祀，教民追孝也。"

对个人而言，祭祀是孝顺长辈，但是对于国君或天子而言，祭祀还有更大的诉求。就其个人层面来说，国君或天子也有各自的小家，在这个"帝王之家"中，也有如普通百姓的伦理关系，他们的祭祀当然也有同样的意义。《周颂·思文》："思文后稷，克配彼天。立我烝民,莫匪尔极。贻我来牟,帝命率育。无此疆尔界,陈常于时夏。"这是对先祖后稷的礼赞和缅怀。《大雅·凫鹥》:"凫鹥在泾,公尸来燕来宁。尔酒既清,尔肴既馨。公尸燕饮,福禄来成。""凫鹥在亹,公尸来止熏熏。旨酒欣欣,燔炙芬芬。公尸燕饮,无有后艰。"这是祈求先祖,赐福庇佑。《周颂·清庙》:"於穆清庙,肃雍显相。济济多士,秉文之德。对越在天,骏奔走在庙。不显不承,无射于人斯!"这是在礼赞祖先的同时,教育同宗团结。

但是古代的君王身份特殊,他又扮演了天下共主的大家长的角色。这使得他的一举一动,都成了对天下子民的示范。君主重视祭祀,并躬亲其事,会带来很好的国家治理效果。《礼记·坊记》云:"修宗庙,敬祭祀,教民追孝也。"曾子说:"慎终追远,民德归厚矣。"(《论语·学而》)祭祀,因为有助于社会养成孝顺的风气,而这种风气又有助于民风淳朴,所以国君当然要率先垂范了。这也是春秋时期郑庄公在与母亲武姜关系交恶后,一怒之下将其打入冷宫,并发下"不及黄泉,无相见也"的毒誓之后,很快就"既而悔之"的原因所在。因为君主带头破坏孝道,无法服众治国,产生的后果是很严重的。

国君的祭祀还有很多其他的功能。比如祭祀天地,就是天子独享的权力。祭祀天地的礼仪,古人称之为郊祭。封禅,更是成了古代君王向往的祭祀盛典。刘勰说:"封勒帝绩,对越天休。逖听高岳,声英克彪。树石九旻,泥金八幽。鸿律蟠采,如龙如虬。"(《文心雕龙·封禅》)《诗经》中的部分祭祀作品,也有类似的目的。它们要昭告世人,他们的祖先是受命于天,君权神授。比如《大雅·生民》即是如此。诗作详细描述了周族先祖后稷的传奇。"履帝武敏歆,攸介攸止,载震载夙。载生载育,时维后稷",后稷母亲的怀孕充满传奇色彩;"诞弥厥月,先生如达。不坼不副,无灾无害",他的出生充满传奇色彩;"诞置之隘巷,牛羊腓字之。诞置之平林,会伐平林。诞置之寒冰,鸟覆翼之。鸟乃去矣,后稷呱矣。实覃实訏,厥声载路",他出生后的经历更是充满传奇色彩。这种神化祖先的写法,在《商颂·玄鸟》中得到了继承,在后世的史书中更是频频出现。比如《史记·高祖本纪》记录刘邦的崛起,就俨然一篇散文版的《生民》。

《诗经》也有若干直接记录祭祀过程和场景的作品,比如《周颂·清庙》《周颂·有瞽》《小雅·鱼丽》《小雅·楚茨》等,其中《小雅·楚茨》尤为后人称道,历来被视为此类作品中的代表:

> ……
> 济济跄跄,絜尔牛羊,以往烝尝。或剥或亨,或肆或将。祝祭于祊,祀事孔明。先祖是皇,神保是飨。孝孙有庆,报以介福,万寿无疆!
> ……
> 礼仪既备,钟鼓既戒,孝孙徂位,工祝致告,神具醉止,皇尸载起。鼓钟送尸,神保聿归。诸宰君妇,废彻不迟。诸父兄弟,备言燕私。
> ……

《小雅·楚茨》是一首很别致的作品。诗中详细地记录了先秦贵族祭祀的完整过程,各个环节都有生动的描述。明人孙矿说:"气格闳丽,结构严密。写祀事如仪注,庄敬诚孝之意俨然。有景有态,而精语险句,更层见错出。极情文条理之妙。"①清人牛运震更是赞之为:"此篇叙祭祀之事最为详备,直如一则《礼经》。然意思笃厚,情致生动,终不是呆疏礼书也。"(《诗志》卷五)

综上,《诗经》中的祭祀作品,虽然数量很多,但如同宴飨的作品一样,主要是记录其功能,至于祭祀活动本身,均较少描述,类似《小雅·楚茨》那样详细描绘祭祀场景的作品,在全书中并不多。

三、《诗经》之宴飨

告子说:"食色性也。"(《孟子·告子上》)饮食维系着个体的生命,没有谁能够离得开饮食。民以食为天,将"食"与"天"并置,足见饮食问题的重要了。饮食不仅关乎个人,有时候还影响家族,甚至全国。古代典籍中记录了很多由饮食引发的悲喜剧。比如宋国的羊斟因为主帅忘了分自己羊肉羹而在战场上公报私仇,导致主帅兵败被俘(《左传·宣公二年》);岐下野人食用了秦穆公丢失的骏马,可是秦穆公非但不责怪,反而赠送美酒,结果获得了这些人的拼死回报(《说苑·复恩》)。因为饮食影响很大,所以古代人们对此均十分慎重,并衍生出一套丰富的饮食文化。《仪礼》中的《乡饮酒礼》《乡射礼》《燕礼》等篇章,就是这些饮食文化的具体表现。《礼记·曲礼》《论语·乡党》等章节,记录很多具体的饮食规范。

《诗经》很早就被纳入了贵族的礼乐文化体系之中,成为先秦时期各国贵族在国际或国内,进行私人或官方活动时,需要遵循和运用的重要内容。在古人的各类饮食活动中,我们都能看到《诗经》的"身影"。比如《仪礼·乡饮酒礼》载:"工歌《鹿鸣》《四牡》《皇皇者华》。卒歌。主人献工。……乐《南陔》《白华》《华黍》。"《仪礼·乡射礼》:"笙入,立于县中西面。乃合乐。周南:《关雎》《葛覃》《卷耳》;召南:《鹊巢》《采蘩》《采蘋》。"《仪礼·燕礼》:"卒,笙入,立于县中。奏《南陔》《白华》《华黍》。……乃间:歌《鱼丽》,笙《由庚》;歌《南有嘉鱼》,笙《崇丘》;歌《南山有台》,笙《由仪》。遂歌乡乐。周南:《关雎》《葛覃》《卷耳》,召南:《鹊巢》《采蘩》《采蘋》。"

《仪礼》中记录的有关《诗经》的内容,在先秦的文献中也能够得到佐证。《左传》中记录了很多各国君臣的宴会场景,在这些宴会中,大都会有赋诗的行为。比如《左传·文公十三年》:

> 冬,公如晋,朝,且寻盟。卫侯会公于沓,请平于晋。公还,郑伯会公于棐,亦请平于晋。公皆成之。郑伯与公宴于棐,子家赋《鸿雁》。季文子曰:"寡君未免于此。"文子赋《四月》。子家赋《载驰》之四章。文子赋《采薇》之四章。

古人的宴会赋诗,很多时候似乎是与乐相配合的,诗与乐共同作为礼的一部分被古

---

① 转引自陈子展著,徐志啸编:《诗经直解》,复旦大学出版社,2015,第440—441页。

人运用。比如《左传》中就记录了一个案例：

> 卫甯武子来聘，公与之宴，为赋《湛露》及《彤弓》。不辞，又不答赋。使行人私焉。对曰："臣以为肄业及之也。昔诸侯朝正于王，王宴乐之，于是乎赋《湛露》，则天子当阳，诸侯用命也。诸侯敌王所忾，而献其功，王于是乎赐之彤弓一、彤矢百、旅弓矢千、以觉报宴。今陪臣来继旧好，君辱贶之，其敢干大礼以自取戾？"（《左传·文公四年》）

我们看到，在上述的宴会场合，古人都会赋诗言志，虽然所用的诗歌本身，与饮食无关，却成为整个饮食文化中的重要组成部分。有些时候，诗歌使用不当，还会直接产生严重的后果。比如齐国的庆封人聘鲁国，可是他不懂《诗》，所以当鲁国在宴会的时候，叔孙赋《相鼠》一诗来讽刺，他也懵然不觉：

> 齐庆封来聘，其车美。孟孙谓叔孙曰："庆季之车，不亦美乎？"叔孙曰："豹闻之：'服美不称，必以恶终。'美车何为？"叔孙与庆封食，不敬。为赋《相鼠》，亦不知也。（《左传·襄公二十七年》）

除了作为礼乐文化的一部分，在各国宴饮场合使用之外，《诗经》中还有一些作品直接呈现了贵族的宴飨场景，并揭示了宴饮的重要功能。比如《小雅·鹿鸣》就是一首非常典型的正面表现先秦君臣宴饮的作品。诗云：

> 呦呦鹿鸣，食野之苹。我有嘉宾，鼓瑟吹笙。吹笙鼓簧，承筐是将。人之好我，示我周行。
> 呦呦鹿鸣，食野之蒿。我有嘉宾，德音孔昭。视民不恌，君子是则是效。我有旨酒，嘉宾式燕以敖。
> 呦呦鹿鸣，食野之芩。我有嘉宾，鼓瑟鼓琴。鼓瑟鼓琴，和乐且湛。我有旨酒，以燕乐嘉宾之心。

《毛诗序》云："《鹿鸣》，燕（通"宴"）群臣嘉宾也。既饮食之，又实币帛筐篚，以将其厚意，然后忠臣嘉宾，得尽其心矣。"高亨认为《诗序》的说法可从："周代国君宴会群臣和宾客，要奏乐为娱，所以特撰《鹿鸣》诗，以备歌唱。"诗歌描绘了君臣宴饮的欢快场景：既有歌舞表演，又有美食享受，还有礼物馈赠。国君之所以这样宽宏大度，是因为他希望借此笼络大臣，让他们能够尽忠职守，辅助自己治理好国家。在这首作品中，饮食成了沟通或增强君臣关系的重要媒介，在这种自由平等的饮食过程中，君臣之间的关系获得了有效的提升。这种饮食的传统，在中国的文化中得到了继承，一直到现在，中国人的很多饮食活动，仍有十分明显的交际功能。

《小雅·宾之初筵》则详细地描绘了古代贵族们宴饮的场景。清代姚际恒说："由浅入深，备极形容醉态之妙。昔人谓唐人诗中有画，岂知亦原本于《三百篇》乎！《三百篇》中有画处甚多，此《醉客图》也。"（《诗经通论》）

宾之初筵，左右秩秩，笾豆有楚，肴核维旅。酒既和旨，饮酒孔偕，钟鼓既设，举酬逸逸。大侯既抗，弓矢斯张，射夫既同，献尔发功。发彼有的，以祈尔爵。

籥舞笙鼓，乐既和奏，烝衎烈祖，以洽百礼。百礼既至，有壬有林，锡尔纯嘏，子孙其湛。其湛曰乐，各奏尔能，宾载手仇，室人入又。酌彼康爵，以奏尔时。

宾之初筵，温温其恭，其未醉止，威仪反反。曰既醉止，威仪幡幡，舍其坐迁，屡舞仙仙。其未醉止，威仪抑抑，曰既醉止，威仪怭怭。是曰既醉，不知其秩。

宾既醉止，载号载呶，乱我笾豆，屡舞僛僛。是曰既醉，不知其邮，侧弁之俄，屡舞傞傞。既醉而出，并受其福，醉而不出，是谓伐德。饮酒孔嘉，维其令仪。

凡此饮酒，或醉或否，既立之监，或佐之史。彼醉不臧，不醉反耻，式勿从谓，无俾大怠。匪言勿言，匪由勿语，由醉之言，俾出童羖。三爵不识，矧敢多又？

刘毓庆、杨文娟《诗经讲读》中说："这首诗专门写贵族饮酒，由初始的讲究规矩，到酒醉后的各种表现，展示了两千多年前的宴饮场面。诗中也写到古代饮酒的规矩，寓有劝诫之意。"[1]总体上看，《诗经》中的作品，直接呈现宴饮的内容不多，更多的时候，它们是作为贵族礼仪的一部分，在饮食文化中扮演着重要的角色。

四、《诗经》之婚恋

古今中外，对于男女情感的抒写，一直是各类文学作品的重要主题，作为中国诗歌源头的《诗经》当然也不例外。男女情感的关系，大体不外乎恋婚两类，恋是男女互生好感彼此交往的阶段，婚是男女结合组成家庭的阶段，两者可以相关，也可以独立。这类题材的作品，分布在风、雅部分，而尤以国风为多，有人统计婚恋题材的作品，几乎占到了整个国风的85%。这个比例还是很惊人的，考虑到国风160篇的数量，按上述的比例计算，婚恋诗歌有近140首。

我们不知道，统计者是依据什么标准，得出了上述的结论。如果依据传统的各家解释，书中婚恋诗的数量似乎要少得多。我们根据字面的内容，断定它们是叙述男女情感的作品，在很多古人的眼中完全是另外的情景。比如《郑风·将仲子》：

将仲子兮，无逾我里，无折我树杞。岂敢爱之？畏我父母。仲可怀也，父母之言亦可畏也。

---

① 刘毓庆、杨义娟：《诗经讲读》，华东师范大学出版社，2008，第133页。

　　　　将仲子兮，无逾我墙，无折我树桑。岂敢爱之？畏我诸兄。仲可怀也，诸
兄之言亦可畏也。

　　　　将仲子兮，无逾我园，无折我树檀。岂敢爱之？畏人之多言。仲可怀也，
人之多言亦可畏也。

　　从字面来看，这首诗中出现了"仲子""父母""怀""爱"等字眼，又有"逾里""折树"的
动作，似乎诗歌就是以女子口吻叙写的一段被家长干涉的男女恋情，也就是我们在小
说、电影中经常会见到的"家长棒打鸳鸯"的情节。可是古人的看法却与我们迥异。《毛
诗序》称："刺庄公也。不胜其母以害其弟。弟叔失道而公弗制，祭仲谏而公弗听，小不
忍以致大乱焉。"郑玄《笺》曰："庄公之母，谓武姜，生庄公及弟叔段。段好勇而无礼，公
不早为之所而使骄慢。"王先谦说："三家无异义。"（《诗三家义集疏》）在上述各家眼中，
这首诗其实讲述的是春秋初年，发生在郑国宫廷的一段手足相残的悲剧。据《左传》载，
郑武公的夫人武姜生了两个小孩，长子为后来的庄公，共叔段是小儿子。因为庄公是
"寤生"，有人说是难产，也有人说是梦中生产，总之，不是正常的状态，结果武姜从此就
很不喜欢长子。她一直在帮助小儿子谋划篡夺长子的王位，结果是共叔段兵败逃亡，自
己也被打入冷宫。

　　据诗序的说法，《诗经》中与此事相关的作品还有不少，比如《郑风·叔于田》：

　　　　叔于田，巷无居人。岂无居人？不如叔也。洵美且仁。
　　　　叔于狩，巷无饮酒。岂无饮酒？不如叔也。洵美且好。
　　　　叔适野，巷无服马。岂无服马？不如叔也。洵美且武。

　　《毛诗序》称："刺庄公也。叔处于京，缮甲治兵，以出于田，国人说而归之。"诗序的
说法，大概也是依据了《左传》中的有关叙述，因为共叔段在母亲武姜的帮助下，从哥哥
庄公那获得了很多超过规定的封赏，诗歌所述或者可以理解成这位志得意满的公子哥
的飞扬跋扈的日常。而诗歌的这种场景，还被明代的小说家冯梦龙等人写入小说。
不仅如此，书中还有一些作品，在主题上至今存在着争议。比如《秦风·蒹葭》《周南·
汉广》《邶风·击鼓》等。

　　为什么一首作品，人们对其进行的解释竟然会出现如此巨大的差异？背后的原因，
其实就是汉代以降，经学笼罩下的诗教传统在发挥作用。很早的时候，《诗经》就被视为
政教的工具，它是作为辅助国家治理的重要部分而存在的。根据班固的说法："《书》曰：
'诗言志，歌咏言。'故哀乐之心感而歌咏之声发。诵其言谓之诗，咏其声谓之歌。故古
有采诗之官，王者所以观风俗，知得失，自考正也。"（《汉书·艺文志》）作品既然要干政，
自然就需与王侯将相有关。因为这些人的成败得失，最便于供后世的王侯将相借鉴。
《诗经》各篇的政治化解读，大抵就是在这样的时代背景下产生，并被大家所接受的。一
个很极端的例子就是，西汉昌邑王刘贺在出任了 27 天的皇帝之后，就被废黜。大臣霍
光等人给出的理由是，皇帝荒淫无耻，有失帝王体统。于是与皇帝相关的一干人等，都
受到了处罚，皇帝的老师王式也在其列。王式以曾讲授"三百篇"为由，向上申辩，结果

获得了赦免(《汉书·儒林传》)。

在经学影响巨大的时代,上述的解释体系是没有人去怀疑和挑战的,这一方面是因为政治的权威,因为经学是官学,是为国家所认可的;另一方面,很多人也是既得利益者,故而也就自然接受了。可是随着经学的权威地位的逐渐丧失,人们对经学的认识也发生了变化。对于《诗经》中的很多作品,有些人开始有了不同的见解,其中的重要表现就是对《毛诗序》的质疑。这种变化从唐代中期开始,到南宋的朱熹达到了高潮。

朱熹在欧阳修、苏辙等人的基础上,终于抛弃了《毛诗序》,开启了独立解经的序幕。他在《诗集传序》中回顾了自己学《诗》的心路历程,并解释了自己抛弃《毛诗序》的理由。他将上述观点付诸实践,比如他在解释《郑风·将仲子》时说:"莆田郑氏曰:'此淫奔者之辞。'"(《诗集传》)在解释《郑风·叔于田》时,他说:"段不义而得众,国人爱之,故作此诗。言叔出而田,则所居之巷若无居人矣。非实无人居也,虽有而不如叔之美且仁,是以若无人耳。或疑此亦民间男女相悦之词也。"(《诗集传》)

所谓的"淫奔",所谓的"男女相悦",就是看到并承认了诗歌中婚恋的事实,朱熹开始抹去积压在这些作品上面的历时千年的经学尘垢,重现了诗歌的原始面貌。此后,一代代的学者,如王柏、崔述、方玉润等,沿着朱熹开拓的路径,越走越远,一直到现在。虽然我们无法确知,《诗经》中的作品,其真正的写作背景是什么;也无法确知,我们今天所认定的作品,就一定关涉婚恋。不过因为经学壁垒的打破,我们可以从更多的维度去观察作品,对诗篇的解读也更加立体多元,这或许也可以算得上是一种时代进步吧。

推荐书目

孔颖达《毛诗正义》,北京大学出版社 1999 年

朱熹《诗集传》,中华书局 2011 年

王先谦《诗三家义集疏》,中华书局 1987 年

马瑞辰《毛诗传笺通释》,中华书局 1989 年

方玉润《诗经原始》,中华书局 1986 年

崔述《读风偶识》,中华书局 1985 年

闻一多《风诗类钞》,上海古籍出版社 2013 年

程俊英、蒋见元《诗经注析》,中华书局 1991 年

高亨《诗经今注》,上海古籍出版社 2009 年

余冠英《诗经选》,中华书局 2012 年

夏传才《诗经研究史概要》,清华大学出版社 2007 年

洪湛侯《诗经学史》,中华书局 2002 年

第五章 《左传》导读

一、《左传》概说

《左传》是中国先秦时期的一部重要典籍,在经学、史学、文学乃至于子学方面,都有重要的地位。《左传》只是简称,它的全称各家说法不一,有的称之为《春秋左氏传》,比如司马迁(详见《史记·十二诸侯年表》);有的称之为《左氏春秋》,比如班固(详见《汉书·艺文志》)。名称上的差异,表明大家对于这部书的性质,看法是不同的,而这对于我们认识《左传》,又是十分关键的。

称之为《春秋左氏传》,意味着承认这部书是依托《春秋》而生的。因为"传",是中国古代对于经典进行解读阐释的专名。一位左姓的学者,依据《春秋》,编写了这部书。按照这种观点,《左传》如同其他几部解释《春秋》的典籍,如《公羊传》《谷梁传》,是同样类型的,它们都属于传统的"经"的范畴。可是如果认为该书是《左氏春秋》的话,那就意味着它只是一部私人编写的史书,其性质与《晏子春秋》《吕氏春秋》《虞氏春秋》等书类似,大抵属于"史"或"子"的范畴。后人一直在这两个方面争论不休,至今仍无定论。因为这个关键问题没有解决,所以这部书身上的很多问题,也就一直悬而未决了。

《左传》的性质没有明晰,该书的作者也是一个谜团。《左传》之"左",一般认为是"左丘明"的简称,至于其是姓"左"还是"左丘",大家的意见也有分歧。最早指出该书的作者为"左丘明"的是司马迁,他在《史记·十二诸侯年表》中提出了这个说法,并为班固等后来的学者所接受和沿用。可是无论是司马迁,还是班固,都没能令人信服地清晰说明这位"左丘明"是什么人,他为什么要去编写这部书,以及何时完成等问题。因为我们从儒家的经典文献中,并不能找到"左丘明"的痕迹。《论语》中保留了一条关于这个人的信息:"子曰:'巧言令色,足恭,左丘明耻之,丘亦耻之。匿怨而友其人,左丘明耻之,丘亦耻之。'"(《论语·公冶长》)可是这条信息似乎成了反证,因为此处的"左丘明"似乎年辈比孔子还高,这样的人不大可能去替孔子的《春秋》作传。况且,如果真如司马迁、班固等人的说法,这位"左丘明"必须与孔子的渊源很深,并且在孔门还颇有影响,否则这个说法就显得十分可疑了。

《左传》的作者,还因为另外一部典籍——《国语》的介入,而变得更加混乱。司马迁一方面说左丘明编写了《左传》,另一方面又说这位作者还编写了《国语》,他说:"左丘失明,厥有《国语》。"(《报任安书》)后人对司马迁的这个观点,也是半信半疑。相信的人,称这两部书是《春秋》的内外传,《左传》精细,《国语》粗率。甚至还有人根据宋代司马光编纂《资治通鉴》的过程,认为左丘明为了编写《左传》收集了很多资料,其中重要的被采用,余下的编成了《国语》。当然也有很多人并不承认这种说法,他们坚信这是两部完全不相干的书,它们既非出自一个人,也不是从一部书中所分化的。目前后面的这种观点,更为大家所接受。至于真相是什么,恐怕也只能等到今后有新的证据出现再来论证了。不过需要指出的是,尽管两书存在着诸多的差异,但也有不少相似的地方,它们之间关系密切应该是可以肯定的。

后人看到最原始的《左传》就是与《春秋》合璧的,也就是说这两部书是交织在一起行世的。可是根据前人的说法,这并非《左传》原初的形态。比如前人就认为,《左传》最初是单独存在的,没有与《春秋》的文字配合。将两书合体的人,有人认为是两汉之交的刘歆,也有人认为是魏晋时期的杜预。不管哪一种说法正确,有一个事实可以确定,即目前传世的《左传》,并非是原始的形态,而是经过了改编的。因为我们不知道这种改编的程度,所以理论上我们无法对该书进行准确而有效的评价。事实上,我们对《左传》诸多的判断,都是建立在这个已经与《春秋》合璧的编年体的《左传》文本之上的。尽管前人对该书有过很多精彩的评价,却未必可靠,诚如朱东润先生所说:"《左传》的艺术价值,是自古以来所公认的,因此我们不需要作详尽的分析。有一点必须提出的,就是我们对于《左传》全书或某篇全篇的结构,是无法给以全面的估计的。从原来的《左氏春秋》,进而为刘歆的《春秋左氏传》,再进而为杜预的《春秋经传集解》,中间经过两次的转手。"①

尽管《左传》有上述诸多的不确定性,但大家仍然一致认为该书是研究先秦史十分重要的必读书。汉代桓谭说:"《左氏传》于经(《春秋》),犹衣之表里,相待而成。经而无传,使圣人闭门思之十年,不能知也。"(《新论·正经篇》)元人赵汸也说:"故三传得失虽殊,而学《春秋》者,必自《左氏》始。"(《春秋左氏传注序》)这部书的儒家色彩十分浓厚,书中有大量的有关礼、乐的论述,并不断地引用诗书等典籍,更不要说散布在文中的诸多的孔子及其弟子的言行。因此要了解早期的儒家思想,这部书也是不能错过的。除了思想文化方面的价值外,《左传》在历史、文学等方面也享有盛誉。比如梁启超在《要籍解题及其读法》中就高度评价该书的文学成就,并将其视为必读之书:"《左传》文章优美,其记事文对于极复杂之事项,如五大战役等,纲领提挈得极严谨而分明,情节叙述得极委曲而简洁,可谓极技术之能事。其记言文,渊懿美茂,而生气勃勃,后此亦殆未有其比。又其文虽时代甚古,然无佶屈聱牙之病,颇易诵习。故专以学文为目的,《左传》亦应在精读之列也。"

二、《左传》之辞令

《左传》的辞令一直被后人称道,比如宋代的学者吕本中就说:"文章不分明指切而

---

① 朱东润:《左传选·前言》,古典文学出版社,1956。

从容委曲,辞不迫切而意已独至,惟《左传》为然。如当时诸国往来之辞,与当时君臣相告相诮之语,盖可见矣。亦是当时圣人余泽未远,涵养自别,故词气不迫如此,非后世专学言语者也。"(《童蒙诗训》)"行人辞令之美",也成了笼罩在《左传》身上的一个耀眼的光环。可是"辞令"是什么,以及书中的辞令为什么如此出色,很多人还是不尽明了。

僖公二十六年,齐孝公发兵侵略鲁国,大军逼近鲁国的边境。鲁国想避免战争,于是派出大夫展喜去齐军的部队斡旋。在一番激烈的唇枪舌剑之后,展喜成功说服齐侯,一场战争就此消弭。在这次事件中,展喜与齐国人的对话,就是典型的"外交辞令"。我们看到,外交辞令实际上是一种比较特殊的说话形式。因为它是特定身份的人在特殊的场合所进行的特殊的言说。比如展喜的身份是职业外交官,他说话的对象是齐侯,他的目的是消弭战争。春秋时期的外交官,有个专有的名称,即行人。《谷梁传·襄公十一年》说:"行人者,挈国之辞也。"行人,也就是传递国家辞命的职业人。这些人往往是固定的,有些甚至还是世袭的。比如《左传·襄公二十九年》载:郑伯有使公孙黑如楚,辞曰:"楚、郑方恶,而使余往,是杀余也。"伯有曰:"世行也。"子晳曰:"可则往,难则已,何世之有?"

因为事关重大,后果严重,所以行人在外交场合上说的话,也与日常的言说有很大的不同,这种语言的形式更谨慎,更规范,当然也更近于书面化。比如展喜的开场白是:"寡君闻君亲举玉趾,将辱于敝邑,使下臣犒执事。"这也是很多外交辞令的惯用语。对话中,两国之间的辩论,有礼有节,进退得法,也是外交辞令中应该遵循的规范。这种辞令因为带有上述诸多的修饰,所以整体上显得非常精致和典雅,就像是两位饱学的长官在进行着一场优雅的文字比赛,他们为了赢得最后的胜利,都在小心地拿捏着自己的措辞。这样的文字,从表面上看来,的确非常优美,虽然背后暗流涌动,很可能还是险象环生。这样看来,这种"行人辞令之美",是建立在十分功利的基础之上的。因为"美"的目的,是在外交上获得胜利。正是因为这样的现实,所以各国都十分重视辞令,而郑国的辞令最为出色。《左传》中详细记录了郑国准备辞令的过程,这让我们看到一份精彩的辞令是如何产生的。

襄公三十一年,"郑国将有诸侯之事,子产乃问四国之为于子羽,且使为辞令;与裨谌乘以适野,使谋可否;而告冯简子使断之;事成,则授子大叔使行之,以应对宾客,是以鲜有败事"。按书中的记载,郑国的辞令,是多人多环节的集体创作。在辞令被外交官说出之前,它已经是完成的文本。它的最后呈现,不过是外交官的代言表演,并非是他个人的临场发挥。孔子也说到了这段内容:"为命,裨谌草创之,世叔讨论之,行人子羽修饰之,东里子产润色之。"(《论语·宪问》)因此,书中的记录是可靠的,并且《左传》记录的很多辞令中,都能看出这种书面化的痕迹。比如上文所引的展喜,书中说他在去齐军中之前,特意去见了展禽(展禽,也就是著名的柳下惠),"公使展喜犒师,使受命于展禽"。据此,我们有理由相信,展喜的一番辞令,并非他个人的自由发挥。当然,外交辞令也并非都是事先准备的,《左传》中也记录了不少临时起意,或者仓促应对的外交辩论。比如襄公十四年,戎子驹支面对晋国范宣子的斥责,当即就展开了辩驳。因为事发突然,戎子是没有时间去准备辞令的。

当然,将"辞令"局限于"外交辞令",是不准确的。事实上,《左传》中的辞令,除了外交之外,还有很多其他的类型,比如国内的君臣应对,国际的君臣往返,他们都有一些言说的文字。比如隐公元年,母亲武姜的偏私,导致两个儿子寤生(郑庄公)与共叔段骨肉相残。母亲因为帮助弟弟,故而被最终获胜的庄公打入冷宫。庄公还发下毒誓,"不及黄泉,无相见也"。后在颍谷封人颍考叔的帮助下,最终母子和解。在这个事件中颍考叔与郑庄公的对话,就十分有趣:

> 颍考叔为颍谷封人,闻之,有献于公。公赐之食,食舍肉。公问之,对曰:"小人有母,皆尝小人之食矣,未尝君之羹,请以遗之。"公曰:"尔有母遗,繄我独无!"颍考叔曰:"敢问何谓也?"公语之故,且告之悔。对曰:"君何患焉?若阙地及泉,隧而相见,其谁曰不然?"公从之。

这些辞令的内容和形式与外交辞令不尽相同,但也有它们各自独特的魅力。总体上看,这些辞令都普遍具有"尚文"的倾向。孔子就留下了很多重"文"的论述:"志有之:'言以足志,文以足言。'不言,谁知其志?言之无文,行而不远。晋为伯,郑入陈,非文辞不为功。慎辞哉!"(《左传·襄公二十五年》)"不有祝鮀之佞,而有宋朝之美,难乎免于今之世矣。"(《论语·雍也》)这种"尚文"的风气,固然有礼乐文明的贵族文化色彩,但更重要的恐怕还是"功利主义"催生的结果。毕竟言说的好坏,所获得的结果是截然不同的。上述的"外交辞令",不过是这种"功利主义"最突出的一种表现。需要特别指出的是,《左传》的这种文雅的辞令艺术,在后世就不见痕迹,取而代之的是《战国策》中的那些纵横捭阖的激烈言辞。这也说明,所有的文字,都是具体时代的产物,它们身上都带有鲜明的时代印记。《左传》的辞令,正是如此。

三、《左传》之战争

和许多先秦古籍一样,《左传》中也有很多的未解之谜。比如我们前文提到过该书的作者问题,就是其中的著名例子。在诸多的意见中,有一种观点值得我们特别注意,即左氏可能不是人名,《左传》的作者或是战国时期的著名军事家吴起。

较早提出这种观点的是清代的学者姚鼐,他说:"左氏书非出一人,累有附益,而由吴起之徒为之者盖尤多。据刘向《别录》,左丘明传曾申,申传吴起,起传其子期……则《左传》源流,诚与吴起有关。吴起始仕魏,卒仕楚,故传言晋、楚事尤详。而为三晋之祖,多讳其恶,而溢称其美。又善于论兵谋,其书于魏氏事造饰尤多。"(《左传补注序》)这种观点被钱穆所延续,他说:

> 余考诸《韩非》书:"吴起,卫左氏中人也。"然则所谓《左氏春秋》者,岂即以吴起为左氏人故称,而后人以为左姓者耶?……《说苑》:"魏武侯问元年于吴子。"此亦吴起传《春秋》之证。晋汲县人发魏襄王冢,有《师春》,即采《左氏》,

亦可见左氏书与魏之关系焉。①

这种说法，虽然也没有被学界所完全认同，但对照《左传》的原文，却不能不说是有相当大的事实依据的。因为《左传》中记录的战争数量极多，叙述战事很专业，如果不是一位精通兵法的人，似乎无法做到这样完美。据《史记·孙子吴起列传》载："吴起者，卫人也，好用兵。尝学于曾子，事鲁君。"这是他有儒学思想的证明。之后他离开鲁国，先后在魏国、楚国担任军政要职。这些经历也与《左传》书中的相关记录吻合。当然要最后确定，还需要等待更多可靠证据的出现。不过就《左传》来说，它的战争叙述，的确是精彩绝妙。前人对此有过很多赞誉。

清人刘献廷说："（城濮之战）写得精神！至此《左传》五大战之一，譬犹东岱西华，乃造化全副力量之所结构，非寻常一丘一壑可比。余常言，学者当取此等大文，别录一册，诵之万遍，与心口合一，然后细讲其经营位置、开阖变化、起伏顿挫之妙，心胸于此而开，眼界于此而豁，将见古今无不可读之书，天下有不足学之事矣。"（《左传快评》）方苞更是视书中的大战为文法的典范，他的弟子程鉴说："……时鉴为夏官司，碌碌吏事，未暇究切，乃告归侍母，端居多暇，取《左氏传》自程日讨论数篇，翻覆数过，然后知明于四战（韩之战及城濮、邲、鄢陵四篇）之脉络，则凡首尾开阖、虚实详略、顺逆断续之义法，更无越此者矣。……"（《春秋左传义法》）

《左传》中记录的战争数量很多，有人做过统计。比如郭丹说："《左传》全书中共记录了四百九十二起战争，加上《春秋》经上有记而《左传》无记的三十九起，经传合计大小战争五百三十一起。"②韩高年说："据《春秋》《左传》载，春秋时期 260 年左右共发生战争 531 起（数字统计据朱宝庆《左氏兵法》，陕西人民出版社，1991 年版），观其性质，多为争霸而战。"③考虑到全书的篇幅和跨越的时间，这样的战争数量是十分可观的了。

《左传》中大量记载战事，未必是作者个人的偏好，也可能是当时历史的实录，毕竟春秋时期战事正殷，并且各国对战争也是极为重视的。刘子曰："国之大事，在祀与戎。祀有执膰，戎有受脤，神之大节也。"（《左传·成公十三年》）"戎"，即指战争，它与祭祀同为彼时的国家大事。"戎"之所以成为大事，是因为它关乎国家的存亡。孙武说："兵者，国之大事，死生之地，存亡之道，不可不察也。"（《孙子兵法·计篇》）既然战争如此重要，作为史书的《左传》就不能不认真记录了。

古今中外很多人都编写过史书，可是成为名家经典的并不多。同样的，记录战争的典籍，历代不绝，但唯有《左传》对战事的描写，成了后世尊奉的经典。这就不完全是数量多寡的问题了，自然也不仅仅是叙述巧妙与否的问题。事实上，《左传》出色的战争叙述，是以出色的战争观为背景，换句话说，编者有着十分通达明畅的战争见解。正是这种见解，决定了全书的战例的选择，乃至于战事的讲法。比如编者明确肯定战争存在的意义，书中详细记录了几次失败的弭兵之会。襄公二十七年，宋国向戍就曾组织过一

---

① 钱穆：《先秦诸子系年》，商务印书馆，2015，第 224 页。
② 郭丹：《左传国策研究》，人民文学出版社，2004，第 75 页。
③ 韩高年：《诗经分类辨体》，上海古籍出版社，2011，第 147 页。

次规模宏大的弭兵大会。他拉拢楚、晋、齐、秦等国,成功召开了大会。当他得意地向宋国君臣邀功的时候,却遭到了大夫子罕的劈面痛斥:

> 凡诸侯小国,晋、楚所以兵威之。畏而后上下慈和,慈和而后能安靖其国家,以事大国,所以存也。无威则骄,骄则乱生,乱生必灭,所以亡也。天生五材,民并用之,废一不可,谁能去兵?兵之设久矣,所以威不轨而昭文德也。圣人以兴,乱人以废,废兴、存亡、昏明之术,皆兵之由也。而子求去之,不亦诬乎?以诬道蔽诸侯,罪莫大焉。纵无大讨,而又求赏,无厌之甚也!

宣公十二年,楚文王在大败晋人之后,拒绝了臣子的封京观的建议,并发表了类似的看法。

《左传》记录战争,但并不夸耀战争,而始终是对其利弊保持着清醒的认识。编者记录了那些历史上有重要影响的战事,比如昭陵之盟、长勺之战、城濮之战、泓之战、崤之战、邲之战、韩之战、鞌之战、柏举之战等,因为它们关系到各国的政权更迭,或者关系到国家格局的变化,或者是某个重要人物的起落。书中之所以详尽记录,与其说是因为偏私好奇,不如说是因为要见证历史。因此,当我们惊叹于书中的战争叙述,如同战场上的战事一样,纷繁多变的时候,不要忘记了,隐藏在幕后的作者的那双谨慎而忧郁的眼睛,它才是整个战争叙述中的精髓和灵魂,也是我们最应该珍视的内容。

四、《左传》之浮夸

清代学者冯镇峦在评价《聊斋志异》的时候,说了一段很有意思的话,他说:"千古文字之妙,无过《左传》,最喜叙怪异事,予尝以之作小说看,此书予当《左传》看。"(《读聊斋杂说》)《聊斋志异》是一部以狐鬼为主角的神怪小说,这是大家都知道的,可是《左传》分明是传承已久的经史经典,很多人甚至尊之为难得的信史,这两部书的差异性太大了,为什么冯镇峦会有这样的评语?冯氏的观点,当然不够严谨,也并非公允的意见,但也并非全是臆说。因为我们只要打开《左传》,稍加翻检,就会发现数量惊人的神鬼的内容。事实上,神鬼的题材在《左传》中,不但数量众多,而且类型多样,对全书艺术品格的形成,贡献巨大,值得我们认真分析研究。

注意到《左传》中的神鬼数量多,也并非始于冯镇峦。早在汉魏时期,当学界还在争论《左传》是否为《春秋》的传的时候,反对者就以"文"为证词,来攻击《左传》。比如著名学者范宁就说了一段著名的评语:"《左氏》艳而富,其失也巫。《谷梁》清而婉,其失也短。《公羊》辩而裁,其失也俗。若能富而不巫,清而不短,裁而不俗,则深于其道者也。故君子之于《春秋》,没身而已矣。"(《春秋谷梁传集解序》)"巫",大概就是指书中有过多的神鬼的内容。此后类似的评语便屡见文献。比如韩愈说:"《春秋》谨严,《左氏》浮夸。"(《进学解》)学界认为,"浮夸"的背后,就有神鬼的存在。

"浮夸""文""巫",只是揭示了《左传》中神鬼存在的某个面相,就全书来看,书中的神鬼内容,涉及的面向很广。清人钱绮对其类型进行了如下的总结,他说:"范宁讥左氏'其失也巫',胡文定改'巫'为'诬',失范氏之旨。盖左氏所详有五端,曰天道,曰鬼神,曰灾祥,曰卜筮,曰梦,五者皆近于巫,故曰其失巫。然此不可以讥左氏也。古者冯相、保章、宗祝、卜筮、眡祲、占梦,皆与史官联职,春秋时多以史官兼之,至汉犹然。"(《左传札记》)书中直接写神鬼的内容,比如僖公十年,晋国太子申生在自杀之后,又白日出现,并成功地预言了几年后秦晋之间的韩之战。以天道自然异象来进行预测的例子也很多,比如庄公九年,齐侯外出打猎,碰见了一头大猪,像人一样站起来鸣叫,从者惊呼是死去的公子彭生。书中梦境和卜筮的例子就更多了。昭公三十一年,晋国大臣赵简子做了一个奇怪的梦,他梦见一个光屁股的小孩围着自己转圈唱歌,他醒来后去请教史墨,得到的回答是:"六年及此月也,吴其入郢乎,终亦弗克。入郢必以庚辰,日月在辰尾。庚午之日,日始有谪。火胜金,故弗克。"陈国的公子完出生之后,他的父亲为他算了一卦,结果预言了他将前往齐国,若干年后,他的子孙要取代齐国的政权。(《左传·庄公二十二年》)

对于上述的这些内容,后人的态度出现了两极分化,一种认为是真实可信的,一种则认为是小说家笔法不足为据。钱绮在为"巫"正名的同时,还为书中的这些内容的可信性进行了辩护。清人林云铭也认为这些神鬼的内容是真实的,他说:"《左氏传》言涉鬼神,后儒病其诬。余窃疑天下大矣,二百四十余年中,岂无一二人出于见闻所不及乎?"(《虞初新志·林四娘记》)吴汝伦则直斥这些神怪内容是幌子,不足信,他在评点《尚书·金縢》时说:"此亦周史故为奇诡以发挥周公之忠,盖所谓精变天地也,岂真以天变为因周公而见哉?历来左氏、史公多用此法,皆明知其妄而故为之辞,此不可为不知言者道也。"钱锺书也不相信,他给出了一个艺术表达的解释:"人之信鬼神也,常怀二心焉。虽极口诵说其'聪明正直',而未尝不隐疑其未必然,如常觉其迹近趋炎附势是也……盖信事鬼神,而又觉鬼神之不可信,不足恃;微悟鬼神之见强则迁、唯力是附,而又不敢不扬言其聪明,正直而壹、冯依在德,此敬奉鬼神者衷肠之冰炭也。玩索左氏所记,可心知斯意矣。"①

其实,上述两种观点都有失偏颇。就全书的叙述来看,上述的神鬼内容,是信与不信并存的。就书中大量存在的卜筮预言来看,情况正是如此。鉴于《左传》是春秋时期的事件记录,那时的人们会有较为浓厚的神鬼迷信思想,也是很正常的。但若要全部信以为真,那就未免小瞧了古人。

以襄公九年鲁国的穆姜卜筮为例。穆姜因为作乱,被打入冷宫,她进去的时候,算了一卦,遇"艮"之八,史官做出了乐观的判断:"是谓'艮'之'随',随,其出也。君必速出。"穆姜是《左传》全书中唯一一位精通《诗》《易》的女子。上引的《易》占中,卦象很好,可是她认为不可信,断定自己"必死于此,弗得出矣"。最终的结果,证明了穆姜的判断,"穆姜薨于东宫"。这是书中明确否定占卜结果的例子,还有一些地方也含蓄地表达了类似的意见,比如哀公十六年:"卫侯占梦嬖人,求酒于大叔僖子,不得,与卜人比,而告

---

① 钱钟书:《管锥编》第一册,生活·读书·新知三联书店,2007,第308—309页。

公曰：'君有大臣在西南隅，弗去，惧害。'乃逐大叔遗。遗奔晋。"这是臣子们明目张胆地"神道设教"了。还有一些神鬼的题材被编者巧妙地用来进行艺术表达，大大提升了全书的叙事效果。比如晋太子申生的白日现身、晋文公出殡时棺椁中发出的牛叫等，其实都是一些有心人编造的骗人把戏。对于这些内容，我们与其将其视为事实，还不如将其看作艺术表现来得有效。

推荐书目

左丘明《左传》，上海古籍出版社 2015 年

孔颖达《春秋左传正义》，北京大学出版社 1999 年

杨伯峻《春秋左传注》，中华书局 1990 年

高士奇《左传纪事本末》，中华书局 1979 年

韩席筹《左传分国集注》，江苏人民出版社 1963 年

顾栋高《春秋大事表》，中华书局 1993 年

童书业《春秋左传研究》（校订本），中华书局 2006 年

沈玉成、刘宁《春秋左传学史稿》，江苏古籍出版社 1992 年

张素卿《叙事与解释——左传经解研究》，书林出版社 1998 年

李慧仪《左传的书写与解读》，江苏人民出版社 2016 年

许倬云《西周史》，生活·读书·新知三联书店 2012 年

顾德融、朱顺龙《春秋史》，上海人民出版社 2003 年

杨宽《战国史》，上海人民出版社 2003 年

第六章 《论语》导读

一、《论语》概说

在先秦诸子百家的著作中,《论语》是一部十分特别的书。它的特别,不仅因为它记录了大量的孔子言行,被后人视为研究孔子及其思想最为可靠的典籍,还因为它与众不同的书名。其他的诸子书,都被冠名为"子",比如《墨子》《孙子》《庄子》《孟子》等,唯独此书被称为《论语》。因为孔子的特殊地位,后人总觉得这个书名上面也大有深意。

最早对该书的名字进行解释的是班固,他说:"《论语》者,孔子应答弟子时人及弟子相与言而接闻于夫子之语也。当时弟子各有所记。夫子既卒,门人相与辑而论纂,故谓之《论语》。"(《汉书·艺文志》)郑玄有所补充,他说:"答述曰语,以此书所载,皆仲尼应答弟子及时人之辞,故曰语。而在论下者,必经论撰,然后载之,以示非妄谬也。"(《周礼注》)在郑玄看来,《论语》是一部记录孔子言语的书,书中的内容都准确无误,因为经过了弟子们的讨论审订。当然也有人持不同的看法。比如宋代的学者邢昺就列举了多种说法:"论者,纶也,轮也,理也,次也,撰也。以此书可以经纶世务,故曰纶也;圆转无穷,故曰轮也;蕴含万理,故曰理也;篇章有序,故曰次也;群贤集定,故曰撰也。"(《论语注疏》)总体上看,班固、郑玄的观点更为后人所接受。

班固称《论语》是孔门弟子集体讨论所定,可是孔门的弟子数量巨大,究竟是哪个弟子或者哪些弟子参与了这项编辑工作呢? 据司马迁的说法,孔门弟子三千,"受业身通者七十有七人"(《史记·仲尼弟子列传》),还有所谓的"孔门十哲"的说法(《论语·先进》)。这不是一个无关紧要的问题,因为儒家并非是一个内部没有分歧的学派。根据韩非子的说法,孔子去世之后,儒家就一分为八了:"自孔子之死也,有子张之儒,有子思之儒,有颜氏之儒,有孟氏之儒,有漆雕氏之儒,有仲良氏之儒,有孙氏之儒,有乐正氏之儒。"(《韩非子·显学》)《论语》中也记录了一些同门间互相批评的内容,比如:子夏之门人,问交于子张。子张曰:"子夏云何?"对曰:"子夏曰:'可者与之,其不可者拒之。'"子张曰:"异乎吾所闻。君子尊贤而容众,嘉善而矜不能。我之大贤与,于人何所不容;我之不贤与,人将拒我,如之何其拒人也?"(《论语·子张》)因此,如果我们能够知晓该书编纂的具体参与者,必定会大大增进对该书的理解,当然也就能够更准确地理解孔子的思想。

根据后人的研究,大家比较倾向于曾子一派是该书主创的观点。程子曰:"《论语》

之书,成于有子、曾子之门人,故其书独二子以'子'称。"(《二程遗书》)杨伯峻说:"《论语》一书,既然成于很多人之手,而且这些作者的年代相去或者不止三五十年,那么,这最后编定者是谁呢?自唐人柳宗元以来,很多学者都疑心是由曾参的学生所编定的,我看很有道理。"①曾子是孔子之后的大儒,他们提供的一些证据也很有力,因此这种说法还是值得我们重视的。值得一提的是,《论语》的成集,可能也不是一次完成的。清代学者崔述就说:"余窃疑前十篇皆有子、曾子门人所记,去圣未远,礼制方明;后十篇则后人所续记,其时卿位益尊,卿权益重,盖有习于当世所称而未尝详考其体例者,故不能无异同也。"(《论语余说》)

同很多先秦典籍一样,《论语》也有很多的版本,早在汉代就有古论、齐论、鲁论三种。班固在《汉书·艺文志》中著录了这些版本:《论语》古二十一篇。出孔子壁中,两《子张》。《齐》二十二篇,多《问王》《知道》。《鲁》二十篇,《传》十九篇。这些版本之间的差异可能还颇不小,汉代学者桓谭就说:"古《论语》二十一卷,与齐、鲁文异音四百余字。"(《新论·正经第九》)朱熹也有所说明:"何氏曰《鲁论语》二十篇。《齐论语》别有《问王》《知道》,凡二十二篇,其二十篇中章句,颇多于《鲁论》。《古论》出孔氏壁中,分《尧曰》下章《子张问》以为一篇,有两《子张》,凡二十一篇,篇次不与齐、鲁论同。"(《论语序说》)我们今天所见的《论语》,是在鲁论的基础上,参考了其他的版本,综合所得的结果。美国学者科马丁说:"今本《论语》,以吸收了张禹本、郑玄本的何晏本为底本。"②可惜的是,张禹整理本、郑玄整理本,都亡佚了。

《论语》是汉代人启蒙书的一种。它与《孝经》是汉朝初学者的必读书,学者先要读这两部书,才进而学习"五经"。自汉代以来便有不少人注解它,相关的著作很多,不胜枚举。钱穆说:"历代诸儒注释不绝,最著有三书。一、何晏《集解》,网罗汉儒旧义。又有皇侃《义疏》,广辑自魏迄梁诸家。两书相配,可谓《论语》古注之渊薮。二、朱熹《集注》,宋儒理学家言,大体具是。三、刘宝楠《论语正义》,为清代考据家言一结集。"③近人杨树达的《论语疏证》,杨伯峻的《论语译注》,孙钦善的《论语本解》等书,也备受赞誉,传播很广。

《论语》是研究孔子思想最重要的文献,但是书中每节的文字简短,这种格言语录的体式,使得很多文字因为缺乏上下文的提示,而十分费解。比如孔子一会儿说:"三人行,必有我师焉,择其善者而从之,其不善者而改之。"(《论语·述而》)一会儿又说:"主忠信,毋友不如己者,过则勿惮改。"(《论语·子罕》)甚至还有不少在今天看来,很落后的观点:"民可使由之,不可使知之。"(《论语·泰伯》)"唯女子与小人为难养也,近之则不逊,远之则怨。"(《论语·阳货》)上述的这些情况,需要我们综观博览,知人论世,反复参详,才可能得到正解,这也说明《论语》看似简单明了,但真正理解起来难度颇大。

---

① 杨伯峻:《论语译注·导言》,中华书局,1980。
② 孙康宜、宇文所安:《剑桥中国文学史》,生活·读书·新知三联书店,2013,第97页。
③ 钱穆:《论语新解·自序》,生活·读书·新知三联书店,2012。

二、《论语》之孔子

较之于历史上的其他名人，孔子的地位显得尤为突出。子贡说："夫子之不可及也，犹天之不可阶而升也。夫子之得邦家者，所谓立之斯立，道之斯行，绥之斯来，动之斯和。其生也荣，其死也哀。如之何其可及也？"（《论语·微子》）孟子曰："伯夷，圣之清者也；伊尹，圣之任者也；柳下惠，圣之和者也；孔子，圣之时者也。"（《孟子·万章下》）司马迁说："天下君王至于贤人众矣，当时则荣，没则已焉。孔子布衣，传十余世，学者宗之。自天子王侯，中国言六艺者折中于夫子，可谓至圣矣！"（《史记·孔子世家》）孔子由凡入圣，固然是因为他博大的胸怀，宏伟的思想，泽被后世的巨大影响，但也离不开他自身的丰满个性。孔子首先是一位学者型教师，其次是学而优则仕的官员，最后才是一位伟大的思想家。

孔子晚年自述说："十有五而志于学，三十而立，四十而不惑。"（《论语·为政》）所谓的"学"，并非是进入学堂接受教育，而是指将"学"确定为自己的终身追求。换句话说，也就是自己的职业规划。"学"，关乎探寻学问、传播知识、整理文献。孔子三十多岁就开始课徒，到七十三岁病逝，他的教学生涯长达四十年。他培养了大量的弟子，很多人成了各国各领域的杰出人才。司马迁说："孔子以诗、书、礼、乐教，弟子盖三千焉，身通六艺者七十有二人。"（《史记·孔子世家》）

在孔子看来，要成为一位合格的老师，需要继承传统，学习过去的知识；也要放眼未来，学习新出的知识。他说："温故而知新，可以为师矣。"（《论语·为政》）孔子强调要有"好学"的态度，他自己就是一个极为好学的人。他说："十室之邑，必有忠信如丘者焉，不如丘之好学也。"（《论语·公冶长》）他抓住一切机会，多方学习，并"不耻下问"。"子入太庙，每事问。或曰：'孰谓邹人之子（孔子的父亲叔梁纥，曾做过邹大夫）知礼乎？入太庙，每事问。'子闻之，曰：'是礼也。'"（《论语·八佾》）他不但自己好问，而且鼓励弟子们也要多问："知之为知之，不知为不知，是知也。"（《论语·为政》）。

孔子从来不夸耀自己的天赋，他说："我非生而知之者，好古敏以求之者也。"（《论语·述而》）太宰问于子贡曰："夫子圣者与？何其多能也？"子贡曰："固天纵之将圣，又多能也。"子闻之，曰："太宰知我乎！吾少也贱，故多能鄙事。君子多乎哉？不多也。"（《论语·子罕》）他善于发现别人身上的优点："三人行，必有我师焉，择其善者而从之，其不善者而改之。"（《论语·述而》）孔子留下了很多教育的理论和方法，比如有教无类，"自行束脩以上，吾未尝无诲焉"（《论语·述而》）；因材施教，"求（冉有）也退，故进之；由（子路）也兼人，故退之"（《论语·先进》）；举一反三，"不愤不启，不悱不发。举一隅，不以三隅反，则不复也"（《论语·述而》）。

孔子生前就拥有盛名，去世之后，声誉更隆。后人在无限景仰的心态下，赋予了孔子很多神异而传奇的想象。即便是以严谨实录著称的司马迁，也未能免俗。他这样描述孔子："防叔生伯夏，伯夏生叔梁纥。纥与颜氏女野合而生孔子，祷于尼丘得孔子。鲁襄公二十二年而孔子生。生而首上圩顶,故因名曰丘云。字仲尼,姓孔氏。"(《史记·孔子世家》)生而异相,天赋异禀,是古代典籍对名人的常见叙述模式。很难说太史公在叙述孔子形象的时候,没有采纳民间的传闻。不过司马迁的记录还是很节制的,在后来的传播中,孔子身上的神秘色彩日渐繁缛,当然也更加荒诞离奇。晋人干宝说:"孔子修《春秋》,制《孝经》,既成,斋戒向北辰而拜,告备于天。天乃洪郁起白雾,摩地,赤虹自上而下,化为黄玉,长三尺,上有刻文。孔子跪受而读之,曰:'宝文出,刘季握。卯、金、刀,在轸北。字禾子,天下服。'"(《搜神记》卷八)这些神化的内容,其实是无助于孔子的伟大的。

相比较而言,《论语》中对孔子的记录则平实得多。书中还写到了孔子的幽默与风趣,这使得孔子的亲民形象,得到了进一步强化。孔子经常调侃子路。子曰:"道不行,乘桴浮于海,从我者其由与!"子路闻之喜。子曰:"由也好勇过我,无所取材。"(《论语·公冶长》)子谓颜渊曰:"用之则行,舍之则藏,唯我与尔有是夫?"子路曰:"子行三军,则谁与?"子曰:"暴虎冯河,死而无悔者,吾不与也。必也临事而惧,好谋而成者也。"(《论语·述而》)子曰:"衣敝缊袍,与衣狐貉者立,而不耻者,其由也与?'不忮不求,何用不臧?'"子路终身诵之。子曰:"是道也,何足以臧?"(《论语·子罕》)他对其他弟子,比如年轻的言偃,甚至严谨的颜回,也多有幽默之语。子之武城,闻弦歌之声,夫子莞尔而笑曰:"割鸡焉用牛刀?"子游对曰:"昔者偃也闻诸夫子曰:'君子学道则爱人,小人学道则易使也。'"子曰:"二三子,偃之言是也。前言戏之耳。"(《论语·阳货》)子畏(畏,指被人围困攻击)于匡,颜渊后。子曰:"吾以女为死矣。"曰:"子在,回何敢死?"(《论语·先进》)

总的来说,孔子是一个志向高远,目光深邃,而又有趣多能的人。大多数的时候,孔子是作为一位思想家、政治家、教育家,或是文艺家,为人所讨论学习。但《论语》中给我们展示了一个既浸染了世俗烟火,又充满人间情意的有趣灵魂。或者我们可以称之为,孔子的正面与侧面,或者说是他的公众形象与私人立场。这两者互相配合补充,孔子的形象才立体饱满,当然也更近人情。

三、《论语》之政治

子夏说:"仕而优则学,学而优则仕。"(《论语·子张》)子夏是孔门大弟子,他的观点很可能来自老师。事实上,孔子本人也是这样去践行的,他在鲁国有过一段为时不长的入仕经历。据司马迁的记载,孔子五十岁左右,开始在鲁国担任官职。他先是任中都宰,一年以后,中都大治,四方都来学习取经。于是孔子由中都宰升任司空,并很快由司空升为大司寇。鲁定公十四年,孔子五十六岁,由大司寇行摄相事,准备大刀阔斧地改革。正是在这个年头上,孔子被迫辞职,离开鲁国,开始了长达十四年的列国游历。孔子的离开,是因为他的改革触动了国内权贵的利益,遭到了他们的强烈反对;同时鲁国在孔子的治理之下,国力迅速增强,引发了邻居齐国的强烈不安,于是他们设计离间。

正是来自国内国外的两股力量,迫使孔子离开了政坛,此后似乎再也没有踏入。(《史记·孔子世家》)

其实孔子一直是怀着强烈的用世之心的,他在很多的时候都或含蓄或直白地表达着这种想法。他在周游列国的时候,看到那些隐居的贤人,他感叹说:"鸟兽不可与同群,吾非斯人之徒与而谁与? 天下有道,丘不与易也。"(《论语·微子》)但在感叹之余,他还是坚定地选择入世。很多文献记录了孔子周游列国的艰辛,他的百折不挠,上下求索,正是他积极入仕的明证。刘向说:"是以孔子历七十二君,冀道之一行,而得施其德,使民生于全育,烝庶安土,万物熙熙,各乐其终。卒不遇,故睹麟而泣,哀道不行,德泽不洽,于是退作《春秋》,明素王之道……"(《说苑·贵德》)孔子向老聃自白:"丘治《诗》《书》《礼》《乐》《易》《春秋》六经,自以为久矣,孰知其故矣:以奸(犯)者七十二君,论先王之道而明周、召之迹,一君无所钩用。甚矣夫! 人之难说也,道之难明邪?"(《庄子·天运》)这些未必都是史实,但也足以见出孔子的心迹。

孔子常说:"苟有用我者,期月而已可也,三年有成。"(《论语·子路》)"沽之哉,沽之哉! 我待贾者也。"(《论语·子罕》)他甚至去见名声不好的卫君夫人南子,被子路质疑后还发誓辩驳:"予所否者,天厌之! 天厌之!"(《论语·雍也》)孔子对自己的政治理想,很多时候是在等待机会,有时也会主动去干谒追求。与一般人不同的是,孔子很坚持原则,虽然面对诱惑他也会犹豫心动。"公山弗扰以费畔,召,子欲往,子路不说,曰:'末之也已,何必公山氏之之也!'子曰:'夫召我者岂徒哉! 如有用我者,吾其为东周乎!'"(《论语·阳货》)当然孔子最终没有参与。更多的时候,孔子选择主动拒绝。卫国大夫王孙贾曾含蓄地说:"与其媚于奥,宁媚于灶。何谓也?"孔子断然回绝:"不然。获罪于天,无所祷也。"(《论语·八佾》)诚如孟子所云"可以仕则仕,可以止则止,可以久则久,可以速则速,孔子也"(《孟子·公孙丑上》)。

现实的仕途坎壈,并没有影响孔子的用世之心。他始终关心国计民生,并随时发表着政治看法,留下了很多精辟的观点。孔子对政治的看法很通达,有人问他为什么不从政,他说:"《书》云:'孝乎惟孝,友于兄弟,施于有政。'(《尚书》逸文)是亦为政,奚其为为政!"(《论语·为政》)他的政治理想是:"行夏之时,乘殷之辂,服周之冕,乐则《韶》《舞》(同'武');放郑声(不同于郑诗),远佞人。郑声淫,佞人殆。"(《论语·卫灵公》)"周监于二代,郁郁乎文哉! 吾从周。"(《论语·八佾》)他晚年还为自己很久没有梦见周公而哀叹感伤:"甚矣,吾衰也! 久矣,吾不复梦见周公!"(《论语·述而》)

孔子在与各国君臣以及弟子的谈话中,发表了很多具体的政见。比如他主张"正名":"名不正则言不顺,言不顺则事不成,事不成则礼乐不兴,礼乐不兴则刑罚不中,刑罚不中则民无所措手足。故君子名之必可言也,言之必可行也。君子于其言,无所苟而已矣。"(《论语·子路》)"其身正,不令而行;其身不正,虽令不从。"(《论语·子路》)"苟正其身矣,于从政乎何有? 不能正其身,如正人何?"(《论语·子路》)他还根据不同人的咨询,给出了很多具体可行的政治建议。"子适卫,冉有仆。子曰:'庶矣哉!'(感叹人口很多)冉有曰:'既庶矣,又何加焉?'曰:'富之。'曰:'既富矣,又何加焉?'曰:'教之。'"(《论语·子路》)"子夏为莒父宰,问政。子曰:'无欲速,无见小利。欲速,则不达;见小利,则大事不成。'"(《论语·子路》)当然在孔子看来,为政的核心在于"德":"为政以德,譬如北辰,居其所,而众星共之。"(《论语·为政》)

孔子还有很多对"道""德""仁"的思考、追求和体认,这是具体政治谋略的升华。比照上文,孔子在这些方面的遗产,对后人的影响恐怕更要来得巨大和深远。他说:"志于道,据于德,依于仁,游于艺。"(《论语·述而》)"朝闻道,夕死可矣。"(《论语·里仁》)他曾这样描述自己的人生状态:"其为人也,发愤忘食,乐以忘忧,不知老之将至云尔。"(《论语·述而》)他的人生理想在下面的谈话中可以想见:他对曾点的人生志向,深表认同,"吾与点也"(《论语·先进》);他高度评价颜回的淡泊洒脱,"贤哉回也! 一箪食,一瓢饮,在陋巷,人不堪其忧,回也不改其乐。贤哉回也"(《论语·雍也》)。孔子的宏深通达,使他的政见也更加透辟。

四、《论语》之伦理

儒家很重视家庭伦理的建设,他们将家庭放在一个极其重要的位置,并在家庭这个基础单元上完成了对家族和国家的构想。家庭伦理关系,大体包括如下一些内容,父子、夫妻、兄弟、朋友,等等。孔子是儒家学派的创始人,《论语》中记录了很多他有关家庭伦理方面的论述。

在上述诸多的关系中,夫妻关系最为儒家所看重。《中庸》说:"君子之道,造端乎夫妇。及其至也,察乎天地。"夫妻关系之所以重要,因为它影响很大。《国语》录周臣富辰的谏言:"夫婚姻,祸福之阶也。由之利内则福,利外则取祸。"(《周语中》)因为夫妻关系的重要,所以婚礼也变得重要起来。《礼记·昏义》云:"故曰昏礼者,礼之本也。夫礼,始于冠,本于昏,重于丧祭,尊于朝聘,和于乡射,此礼之大体也。"《论语》中没有孔子直接对夫妻关系的论述,但记录了他论述选择妻子的标准,以及他替子女选择嫁娶对象的事实。

孔子两次批评当时的风气:"吾未见好德如好色者也。"(《论语·子罕》)"已矣乎!吾未见好德如好色者也。"(《论语·卫灵公》)"好色",应该是指人们对于容貌的关注与沉迷。这种观点可以从孔子另外的论述中得到印证:"不有祝鮀之佞,而有宋朝之美,难乎免于今之世矣。"(《论语·雍也》)宋朝是宋国著名的美男子,他的事迹在《左传》中也有记载。孔子上述论述比较模糊,我们不能确定,他是否就当时男子选择妻子的不良风气而发的。不过他的学生子夏却明确表达过类似的意见:"贤贤易色(对妻子,重视品德,不重容貌);事父母,能竭其力;事君,能致其身;与朋友交,言而有信。虽曰未学,吾必谓之学矣。"(《论语·学而》)

孔子先后将女儿和侄女嫁给了自己的学生。这两个具体的案例,亦成了我们观察孔子对男女关系意见的绝佳样本。孔子评论公冶长:"可妻也。虽在缧绁之中,非其罪也。"以其子妻之。(《论语·公冶长》)公冶长是孔子学生,有人说是齐人,也有的说是鲁人。有关他的信息不多,但从此处的文字来看,他曾经吃过官司,但是孔子认为这不是他的问题,并将女儿嫁给了他。子谓南容:"邦有道,不废;邦无道,免于刑戮。"以其兄之子妻之。(《论语·公冶长》)南容,即南宫适,鲁人。孔子认为他能够顺应社会,是个很聪明的人,于是将侄女嫁给了他。这件事在《先进》中又记录了一次,但内容有所不同:"南容三复白圭,孔子以其兄之子妻之。""白圭",是《诗经·大雅·抑》中的句子:"质尔人民,谨尔侯度,用戒不虞。慎尔出话,敬尔威仪,无不柔嘉。白圭之玷,尚可磨也;斯言之玷,不可为也!"这是一首告诫人应该小心谨慎的作品,"三复白圭",可见南容是一个谨小慎微的人,这样的人自然能够顺应社会。

综上所述,孔子对于夫妻关系,大抵是如下的看法,即看重德而弱化色,重视内在的品质而忽略外在的俗见,认同行为要谨慎小心反对鲁莽轻率,等等,这些意见也成了后世儒家评判和处理夫妻关系的重要的标准。《论语》中还记录了他的一条语录,后人对此有很多讨论:"唯女子与小人为难养也,近之则不逊,远之则怨。"(《论语·阳货》)很多人将"女人"等同于妻子,故而大加笔伐。孙钦善认为,古代对此有三种解释:或泛指女人,或指处女,或指女儿。而当以"女儿"为是。(《论语本解》)当然,这也只是一家之言,真相恐怕还需另寻证据了。

《论语》中有大量讨论"孝"的内容。"孝"大部分是指亲子关系,但有时候也有溢出的含义。孔子论孝,因人而异。比如,《论语·为政》中孟懿子问孝。子曰:"无违。"孟武伯问孝。子曰:"父母,唯其疾之忧。"子游问孝。子曰:"今之孝者,是谓能养,至于犬马,皆能有养,不敬,何以别乎?"子夏问孝。子曰:"色难。有事,弟子服其劳,有酒食,先生馔,曾是以为孝乎?"孝,是子女奉养长辈的友善态度。按儒家的说法,父母生养了子女,子女就应该有所回馈,这种关系就是孝。正如孟郊《游子吟》所说:"慈母手中线,游子身上衣。临行密密缝,意恐迟迟归。谁言寸草心,报得三春晖。"孔子在论述"孝"的时候,特别提出子女行孝时候的态度,他认为做到物质饮食上的奉养不难,难得的是"色难",也就是难以做到"敬",而后者才是孔子最看重的。

孔子有一些关于"孝"的论述,后人也是多有争议的。比如子曰:"父在,观其志。父没(殁),观其行。三年无改于父之道,可谓孝矣。"(《论语·学而》)子曰:"三年无改于父之道,可谓孝矣。"(《论语·里仁》)子曰:"父母在,不远游,游必有方。"(《论语·里仁》)孔子的这些观点,应该是有具体的语境的,所谓的不改父母之道,大概是就当时的贵族政治来说的。曾子结合当时的社会情况,对此说有所说明:"吾闻诸夫子,孟庄子之孝也,其他可能也;其不改父之臣与父之政,是难能也。"(《论语·子张》)其他的论述,我们大抵也应作如是观。总的看来,孔子对于孝是很重视的,但他也是很通达的,并不固执。

《论语》中还论述了兄弟与朋友的关系。前者如,"《书》云:'孝乎! 惟孝友于兄弟,施于有政。'是亦为政。奚其为为政!"(《论语·为政》)"出则事公卿,入则事父兄,丧事不敢不勉,不为酒困,何有于我哉?"(《论语·子罕》)后者如,"学而时习之,不亦悦乎? 有朋自远方来,不亦乐乎? 人不知而不愠,不亦君子乎?"(《论语·学而》)"工欲善其事,必先利其器。居是邦也,事其大夫之贤者,友其士之仁者。"(《论语·卫灵公》)值得注意的是,书中还出现了将二者关系交融处理的论述。子夏曰:"商闻之矣,死生有命,富贵在天。君子敬而无失,与人恭而有礼,四海之内,皆兄弟也。君子何患乎无兄弟也。"

(《论语·颜渊》)兄弟即朋友,朋友即兄弟。两者的交融,或者即发轫于此。

综上来看,《论语》中的家庭伦理论述虽然很散乱,但数量还是不少的,足见孔门对这种关系的重视。在家庭伦理的各种关系中,孔子的论述多寡有别,这可能是孔子的个人偏好,也不排除是该书编纂收录的问题。这种种论述,构成了儒家伦理大厦的重要基础,经过一代代的继承和增补,最终成了一座气势恢宏的文化大厦,至今仍发挥着重要的影响。

推荐书目

何晏《论语注疏》,北京大学出版社1999年

朱熹《四书章句集注》,中华书局1983年

刘宝楠《论语正义》,中华书局1990年

程树德《论语集释》,中华书局1990年

杨树达《论语疏证》,上海古籍出版社2013年

黄式三《论语后案》,凤凰出版社2008年

杨伯峻《论语译注》,中华书局1980年

钱穆《论语新解》,生活·读书·新知三联书店2012年

李泽厚《论语今读》(修订版),中华书局2015年

孙钦善《论语本解》(修订版),生活·读书·新知三联书店2013年

第七章 《史记》导读

一、 司马迁与《史记》

司马迁(前145—?),字子长,汉左冯翊夏阳(今陕西韩城市)人,伟大的史学家、文学家,所著的《史记》是中国第一部纪传体通史,被鲁迅先生《汉文学史纲要》称为"史家之绝唱,无韵之离骚"。

"史家之绝唱",这句主要称赞《史记》历史记载上的成就。《史记》开创了史书的纪传体编撰体例,成为后世史家景仰的典范。《史记》以实录的笔法,"不虚美,不隐恶",不避当朝天子,不因个人喜好或政治原因随意褒贬。封建社会,史家迫于政治压力或个人喜好,往往曲笔为文,《史记》的实录反而被一些人看作"谤书"。历史记载中"实录"极其难得,而《史记》也就成了"绝唱"。

"无韵之离骚",这句主要称赞《史记》的文学成就,《史记》笔端饱含悲愤之情,尤其是对布衣、闾巷和幽隐岩穴之士以及才高被抑、无处可诉的人,往往写得一往情深,文学价值极高。前人认为司马迁的文章风格似《离骚》,正在于他的感情同屈原一致,《史记》仿佛是无韵的《离骚》。

司马迁在《太史公自序》中自称"迁生龙门",因左冯翊夏阳西南,靠近龙门山。传说大禹曾在龙门山开山治水。龙门山的南面是黄河,司马迁的故居正好在黄河、龙门之间。司马迁的少年时代,"耕牧河山之阳",他在这"山环水带,嵌镶蜿蜒"(《韩城县志序》)的自然环境里成长,既被山川的清淑之气所陶冶,又对民间生活有一定体验,从小在饱览山河名胜时,也有机会听到许多历史传说和故事,这些都对伟大史学家的成长有所裨益。

司马氏世代担任史官,中间一度中断,至司马迁的父亲司马谈时,又重新担任了史职,强烈的家族使命感,使司马谈以修史自命。司马谈的学问极其渊博,精通天文、易理,又长于黄、老之学,对古代的历史和学术思想有着深入的研究。他写过《论六家要旨》,见《史记·太史公自序》。司马氏是著名的史官世家,司马迁自叙家族历史:"当周宣王时,失其守而为司马氏。司马氏世典周史。……自司马氏去周适晋,分散,或在卫,或在赵,或在秦。……喜生谈,谈为太史。"(《太史公自序》)

将近十岁时,司马迁随就任太史令的父亲迁居长安,以后曾师从董仲舒学习《春秋》,师从孔安国学习古文《尚书》,这一切都奠定了他的学问基础。司马迁20岁时开始漫游,足迹几乎遍及全中国,"二十而南游江、淮,上会稽,探禹穴,窥九疑,浮于沅、湘;北涉汶、泗,讲业齐、鲁之都,观孔子之遗风,乡射邹、峄;厄困鄱、薛、彭城,过梁、楚以归"。这段经历大大开阔了他的眼界,搜集了大量宝贵的第一手材料,对其后来创作《史记》,产生了重要的影响。漫游归来后,司马迁仕为郎中,又奉使到过四川、云南一带。以后因侍从武帝巡狩封禅而游历了更多的地方。他的几次漫游,使得他搜集了大量资料,开阔了胸襟和眼界,丰富了阅历,接触到各阶层人物的生活。

由于史官责任心的驱使,司马谈临死前,嘱咐司马迁:"余先,周室之太史也;自上世尝显功名于虞夏,典天官事。……今汉兴,海内一统,明主贤君忠臣死义之士,余为太史而弗论载,废天下之史文,余甚惧焉,汝其念哉!"要求司马迁能继承他的事业,不要忘记撰写一部宏大的史书。这一番谆谆嘱托极大地震动了司马迁,看到了父亲作为一名史学家难得的使命感和责任感,知道父亲将自己毕生未竟的事业寄托在自己身上。司马迁悲痛而坚定地应允:"儿子我虽然没有什么才能,但我一定完成您的志愿!"

司马迁大概从太初元年(前104)开始了《史记》的写作。天汉二年(前99),因"李陵之祸",他得罪汉武帝,被处宫刑。出狱后,他"隐忍苟活",终于在征和元年(前92)左右完成了《史记》的创作,不久去世。

天汉二年(前99),李陵攻打匈奴战败被俘,司马迁替李陵说了些公道的话,触怒武帝下狱,次年武帝杀李陵全家,司马迁被处以宫刑。宫刑对男子来说是奇耻大辱。司马迁在狱中,又备受凌辱,"交手足,受木索,暴肌肤,受榜棰,幽于圜墙之中,当此之时,见狱吏则头抢地,视徒隶则心惕息"(《报任安书》)。司马迁本想一死,但念及对父亲的承诺,为了完成《史记》,不惜忍辱负重,苟且偷生,终于完成了流芳千古的巨著:

> 故祸莫憯于欲利,悲莫痛于伤心,行莫丑于辱先,而诟莫大于宫刑。刑余之人,无所比数。
>
> 所以隐忍苟活,幽粪土之中而不辞者,恨私心有所不尽,鄙没世而文采不表于后也。
>
> 古者富贵而名摩灭,不可胜记,唯倜傥非常之人称焉。盖西伯拘,而演《周易》;仲尼厄,而作《春秋》;屈原放逐,乃赋《离骚》;左丘失明,厥有《国语》;孙子膑脚,《兵法》修列;不韦迁蜀,世传《吕览》;韩非囚秦,《说难》《孤愤》。《诗》三百篇,大抵贤圣发愤之所为作也。此人皆意有所郁结,不得通其道,故述往事,思来者。仆窃不逊,近自托于无能之辞,网罗天下放失旧闻,考之行事,稽其成败兴坏之理,凡百三十篇,亦欲以究天人之际,通古今之变,成一家之言。草创未就,适会此祸,惜其不成,是以就极刑而无愠色。

《史记》是我国第一部以写人物为中心的纪传体通史,记载了从黄帝到汉武帝太初年间约3000年的历史,是一部52万多字的巨著。《史记》一百三十篇,由十二本纪、十表、八书、三十世家、七十列传五部分组成。"本纪"记载历代君主或实际统治者的政迹;"表",就是大事记,用表格形式分项列出各个历史时期的大事。"书"是各类专门事项的记载,如天文、历法、水利、经济等;"世家"是世袭家族以及历代祭祀不绝的人物的传记。

"列传"是本纪、世家以外各种人物或者民族的传记。通过这五种不同体例相互配合、补充,构成了完整的历史体系。

清人赵翼《廿二史札记》总结为:"本纪以序帝王,世家以记侯国,十表以系时事,八书以详制度,列传以志人物。"用纪传体写历史始自司马迁。后代封建社会的史家撰写历史,大多沿袭《史记》的体例。

《史记》的艺术特色,首先是语言符合人物个性,生动传神,抒情、叙事极富表现力。其次"实录"人物生平,通过对人物形象的具体描写,寄寓自己的褒贬、爱憎。再次挑选具有典型意义的事件和行为,突出人物的主要性格特征。传主其他性格特征,则多采用"互见法",不放在本传中写,移置其他人物的传记中。最后,琐事展示性格,使形象更丰满、个性更鲜明,创造了大批典型人物。

《史记》在中国文学史上具有崇高的地位和重大的影响,首先,它是我国第一部纪传体通史。司马迁持正不阿、公正严肃、敢于求实的史家态度和精神是后世进步史学家和文学家的榜样。其次,《史记》把我国散文创作推向了一个高峰,成为后世散文家推崇的典范之作。再次,《史记》影响了后世小说和戏剧的创作。《史记》描写故事、人物的手法给后世小说家以很大的启发,《史记》中的历史故事是后世戏剧的一个重要题材来源。据统计,仅现存的元杂剧中,就有十六种是取材于《史记》的,其中包括《赵氏孤儿》这样的具有世界影响的名作。著名京剧《霸王别姬》也来源于《史记》。

二、 竖子成名

《晋书·阮籍传》记载:"籍本有济世志,属魏晋之际,天下多故,名士少有全者,籍由是不与世事,遂酣饮为常。尝登广武,观楚汉战处,叹曰:'时无英雄,使竖子成名。'"一千七百多年前,阮籍来到楚汉古战场,登广武山(河南荥阳市东北广武涧,即"鸿沟"),四顾苍茫,发出千古绝叹:"时无英雄,使竖子成名!"五百多年后,李白来此,以为阮籍所指"竖子"乃刘邦,故辩解说:"沉湎呼竖子,狂言非至公。"(《登广武古战场怀古》)苏轼认为李白误解,说:"昔先友史经臣彦辅谓余:'阮籍登广武而叹曰:"时无英雄,使竖子成其名!"岂谓沛公竖子乎?'余曰:'非也,伤时无刘、项也,竖子指魏、晋间人耳。'"(《东坡志林》卷二)南宋洪迈《容斋随笔》也说:"盖叹是时无英雄如昔人者,俗士不达,以为籍讥汉祖,虽李太白亦有是言,失之矣。"

阮籍话中"竖子"不仅指刘邦,也指项羽,同时还有借古讽今的意味。秦末的英雄不是如项羽般缺乏远见、刚愎自用,就是如刘邦般视父子骨肉如无物,无赖得志。魏晋之际的历史也是如此,最终得志的都是恬不知耻的人,可谓竖子横行! 这是阮籍感觉世事不可为后,表达出的愤怒和无奈。史籍记载阮籍本有"济世志",有理想、有追求,渴望施展抱负,"达则兼善天下"。正因如此,他始终对黑暗社会抱有不满、愤恨的态度,同时也觉察到魏晋之际的险恶环境与他的政治理想之间有无法调和的激烈矛盾,但又无能为力,只能慨叹——这个世界从来就是一个"竖子成名"的世界!

先看刘邦的"无赖得志"的传奇人生,喜欢说大话,狎侮众人:

> 单父人吕公,善沛令,避仇从之客,因家沛焉。沛中豪杰吏闻令有重客,皆往贺。萧何为主吏,主进,令诸大夫曰:"进不满千钱,坐之堂下。"高祖为亭长,素易诸吏,乃给为谒曰:"贺钱万。"实不持一钱。谒入,吕公大惊,起迎之门。吕公者好相人;见高祖状貌,因重敬之,引入坐。萧何曰:"刘季固多大言,少成事。"高祖因狎侮诸客,遂坐上坐。……吕公曰:"臣少好相人,相人多矣,无如季相,愿季自爱。臣有息女,愿为季箕帚妾。"

刘邦"无赖"贪婪的嘴脸,司马迁用一句话就刻画得栩栩如生:高祖常繇咸阳,纵观,观秦皇帝,喟然太息曰:"嗟乎!大丈夫当如此也。"

对于父亲刘太公当年认为他"无赖"耿耿于怀,庆贺未央宫成的典礼上,在大庭广众之下,刘邦依然要调侃一下父亲,以报当年隐恨,他似乎早已忘记当年若不是项羽心慈手软,太公早就成为一杯肉羹矣:

> 未央宫成,高祖大朝诸侯群臣,置酒未央前殿。高祖奉玉卮,起,为太上皇寿曰:"始大人常以臣无赖,不能治产业,不如仲力。今某之业所就孰与仲多?"殿上群臣皆呼万岁,大笑为乐。(《史记·高祖本纪》)

> 当此时,彭越数反梁地,绝楚粮食,项王患之。为高俎,置太公其上,告汉王曰:"今不急下,吾烹太公。"汉王曰:"吾与项羽俱北面受命怀王,曰'约为兄弟',吾翁即若翁,必欲烹而翁,则幸分我一杯羹。"项王怒,欲杀之。项伯曰:"天下事未可知,且为天下者不顾家,虽杀之无益,只益祸耳。"项王从之。(《史记·项羽本纪》)

在刘邦眼里,父母妻子儿女都可以舍弃,毫不犹豫牺牲,唯独自己最重要,这可谓"无赖之极"的行为:

> 汉王道逢得孝惠、鲁元,乃载行。楚骑追汉王,汉王急,推堕孝惠、鲁元车下,滕公常下收载之。如是者三。曰:"虽急不可以驱,奈何弃之!"于是遂得脱。(《史记·项羽本纪》)

刘邦喜欢骂人,怒也骂,喜也骂。例如对于韩信平定齐地要挟自立为齐王,破口大骂,后来听从张良、陈平的劝诫,悔悟后,继续大骂韩信:

> (韩信)使人言汉王曰:"齐伪诈多变,反覆之国也,南边楚,不为假王以镇之,其势不定。愿为假王便。"当是时,楚方急围汉王于荥阳,韩信使者至,发书,汉王大怒,骂曰:"吾困于此,旦暮望若来佐我,乃欲自立为王!"张良、陈平蹑汉王足,因附耳语曰:"汉方不利,宁能禁信之王乎?不如因而立,善遇之,使自为守。不然,变生。"汉王亦悟,因复骂曰:"大丈夫定诸侯,即为真王耳,何以假为!"(《史记·淮阴侯列传》)

还有对郦食其的怒骂：

> 郦生至，入谒，沛公方倨床使两女子洗足，而见郦生。郦生入，则长揖不拜，曰："足下欲助秦攻诸侯乎？且欲率诸侯破秦也？"沛公骂曰："竖儒！夫天下同苦秦久矣，故诸侯相率而攻秦，何谓助秦攻诸侯乎？"郦生曰："必聚徒合义兵诛无道秦，不宜倨见长者。"于是沛公辍洗，起摄衣，延郦生上坐，谢之。（《史记·郦生陆贾列传》）

但刘邦善于听从劝诫，这一点是项羽不及的，比如对韩信和郦食其的态度前后转变巨大。

项羽和刘邦相比，虽然有时仁而爱人，但是也有致命的缺点，一则不能任用贤明之人，二则本性非常残暴，三则妇人之仁。这一点刘邦和臣子们在事后经常分析：

> 高祖曰："列侯诸将无敢隐朕，皆言其情：吾所以有天下者何？项氏之所以失天下者何？"高起、王陵对曰："陛下慢而侮人，项羽仁而爱人。然陛下使人攻城略地，所降下者因以予之，与天下同利也。项羽妒贤嫉能，有功者害之，贤者疑之，战胜而不予人功，得地而不予人利，此所以失天下也。"

> 高祖曰："公知其一，未知其二。夫运筹策帷帐之中，决胜于千里之外，吾不如子房；镇国家，抚百姓，给馈饷，不绝粮道，吾不如萧何；连百万之军，战必胜，攻必取，吾不如韩信。此三者皆人杰也，吾能用之，此吾所以取天下也。项羽有一范增而不能用，此其所以为我擒也。"（《史记·高祖本纪》）

> （韩信）曰："大王自料勇悍仁强孰与项王？"汉王默然良久，曰："不如也。"信再拜贺曰："惟信亦为大王不如也。然臣尝事之，请言项王之为人也。项王喑恶叱咤，千人皆废，然不能任属贤将，此特匹夫之勇耳。"

> 项王见人恭敬慈爱，言语呕呕，人有疾病，涕泣分食饮，至使人有功当封爵者，印刓弊，忍不能予，此所谓妇人之仁也。……项王所过无不残灭者，天下多怨，百姓不亲附，特劫于威强耳。名虽为霸，实失天下心。（《史记·淮阴侯列传》）

《史记》中用互见法，点明项羽的残暴：

> 怀王诸老将皆曰："项羽为人僄悍猾贼。项羽尝攻襄城，襄城无遗类，皆坑之，诸所过无不残灭。且楚数进取，前陈王、项梁皆败。不如更遣长者扶义而西，告谕秦父兄。秦父兄苦其主久矣，今诚得长者往，毋侵暴，宜可下。今项羽僄悍不可遣，独沛公素宽大长者，可遣。"（《史记·高祖本纪》）

司马迁最后总结：

> 太史公曰："吾闻之周生曰：'舜目盖重瞳子'，又闻：'项羽亦重瞳子。'羽岂其苗裔邪？何兴之暴也！夫秦失其政，陈涉首难，豪杰蜂起，相与并争，不可胜

数。然羽非有尺寸,乘势起陇亩之中,三年遂将五诸侯灭秦,分裂天下而封王侯,政由羽出,号为"霸王",位虽不终,近古以来未尝有也。及羽背关怀楚,放逐义帝而自立,怨王侯叛己,难矣。自矜功伐,奋其私智而不师古,谓霸王之业,欲以力征经营天下,五年卒亡其国,身死东城,尚不觉寤而不自责,过矣。乃引'天亡我,非用兵之罪也',岂不谬哉!"

总结项羽的失败原因有以下几点:

第一,妒贤嫉能,刚愎自用,不能举贤任能,有谋士、名将不能用,如韩信、范增等。

第二,崇尚和迷信武力,不善计谋。如全无心机将机密告诉刘邦,约刘邦单打独斗等,表现出政治上的幼稚和匹夫之勇。相比之下,刘邦更足智多谋。

第三,对于民众过于残暴,"所过无不残灭",失去人心。

第四,不善于与他人分享权力,笼络人心,只有所谓的"妇人之仁"。

第五,无自知之明。笃信"天之亡我,非战之罪",不愿忍辱负重,等待时机,东山再起。

三、 侠客群像

《游侠列传》和《伯夷列传》一样,开头没有写人物,而是发表了一长段的议论。司马迁从韩非子的法家立场出发,引用"儒以文乱法,而侠以武犯禁",点明儒和侠都是法家主张用强权建立的完美社会的破坏之源。儒借助知识、语言和文字,让人有自己的思想,而不是一味屈服于权力和法律,这样一来法家理想社会的理念势必会被质疑;侠所凭借的是武力,同样会造成法家理想社会的不稳定。

将儒和侠对举之后,司马迁指出到了汉代儒和侠有了截然不同的命运,儒生中达者"以术取宰相卿大夫,辅翼其世主,功名俱著于《春秋》",不达者"读书怀独行君子之德,义不苟合当世,当世亦笑之"。但历经四百多年,孔门弟子仍然"志之不倦",可见儒在社会上很有影响。而侠,更值得公平的注视。司马迁写《游侠列传》,就是要挖掘那些埋没的游侠人物,指出他们的特点和可贵之处,"其行虽不轨于正义,然其言必信,其行必果,已诺必诚,不爱其躯,赴士之厄困,既已存亡死生矣,而不矜其能,羞伐其德,盖亦有足多者焉"。

司马迁列举"虞舜、伊尹、傅说、吕尚、夷吾、百里奚、仲尼"这些历史上大名鼎鼎的人物,指出他们也都曾经遭遇困厄,何况中等之人遭遇乱世呢!这段话中也隐含了太史公自己遭遇李陵之祸,慨无人相助的悲愤之情。

"窃钩者诛,窃国者侯,侯之门仁义存",司马迁为游侠打抱不平,在权力和法律秩序的世界中,一切以权力为中心,小偷小摸的人遭受诛戮,而窃国大盗却成为权贵,博得仁义之名,假仁假义。

司马迁感觉遗憾,不能寻觅秦之前的侠客的事迹,只能以自己听闻的一系列侠客的名字,为侠客勾勒群像,"自秦以前,匹夫之侠湮灭不见,余甚恨之。以余所闻,汉兴有朱家、田仲、王公、剧孟、郭解之徒,虽时扞当世之文罔,然其私义廉洁退让,有足称者"。

侠客急人之难。其中朱家以侠闻名,"鲁人皆以儒教,而朱家用侠闻。所藏活豪士以百数,其余庸人不可胜言。然终不伐其能,歆其德,诸所尝施唯恐见之"。

其中季布就是朱家救过的著名人物,当时季布因为得罪汉高祖刘邦,变身奴隶,隐藏于民间,靠着朱家为他向夏侯婴说情,才从困厄中解脱。后来季布成名了,朱家"终身不见也",不想接受对方的报恩。当时朱家名闻天下,"自关以东,莫不延颈愿交焉"。朱家"家无余财,衣不完采,食不重味,乘不过軥牛",专以救助他人为责任,成为司马迁仰慕之侠。

接下来,楚国有田仲,之后洛阳又有剧孟。吴楚七国之乱时,周亚夫为太尉,路过河南觅得剧孟,大喜过望:"吴楚举大事而不求孟,吾知其无能为已矣。"司马迁用夸张的笔调称颂,"天下骚动,宰相得之若得一敌国云"。

游侠是一类特别的人,他们最重要的原则是"急人之难",看到别人遭受苦难或不公,就一定会去帮忙,甚至把别人的危难看得比自己的利益更重要。这种特殊的精神,就是侠义之风。司马迁写这篇传记目的就是弘扬这种急公好义的精神。侠义精神类似于现在的见义勇为,在今日社会,也值得大力弘扬。侠像强力的磁铁,牢牢吸引周围的人,在当时社会具有极大的影响力,"剧孟母死,自远方送丧盖千乘"。

其后有名的侠客还有王孟、䞐氏、周庸等人,但因为侠客的名声太大,行为往往触犯王朝的法律,甚至威胁到皇权,对帝国的统治构成了现实的威胁,因此他们被统治者视为眼中钉,必欲拔之而后快,"景帝闻之,使使尽诛此属"。

《史记》中最着力描写的侠客是郭解。其出身底层,年少时滥杀无辜,但年长之后,折节任侠:

> 解父以任侠,孝文时诛死。解为人短小精悍,不饮酒。少时阴贼,慨不快意,身所杀甚众。以躯借交报仇,藏命作奸,剽攻不休,及铸钱掘冢,固不可胜数。……及解年长,更折节为俭,以德报怨,厚施而薄望。然其自喜为侠益甚。
> (《史记·游侠列传》)

郭解转变为一个"振人之命,不矜其功"的大侠,但是他依然有睚眦必报的阴暗心理,"阴贼著于心,卒发于睚眦如故"。

郭解的外甥仗着舅舅的影响力,与人喝酒,要人喝光酒,甚至强行灌人家酒,被人所杀。其姐姐弃其尸于道,逼迫郭解为她报仇。郭解找到凶手,了解前后情况,说:"公杀之固当,吾儿不直。"他认为外甥做错了,被杀是咎由自取,就把凶手放了,收葬外甥。作为一个舅舅,面对外甥之死,居然不讲私情,秉持是非之心,人们听到这件事更加佩服郭解的侠义之风,"诸公闻之,皆多解之义,益附焉"。

司马迁还写了一件小事,郭解势力极大,进出时大家都恭恭敬敬回避他,只有一个人例外,"独箕倨视之"。郭解的门客想要杀掉他,郭解说:"居邑屋至不见敬,是吾德不修也,彼何罪!"甚至暗地里为他向官吏打招呼照顾他,让他避过应该服的劳役。这人了解事实之后，非常感动，向郭解谢罪。本来对郭解有意见的人也被郭解收服。郭解的侠义之风，更加名扬天下，"少年闻之，愈益慕解之行"。

郭解有很多地方值得后人学习，他不因亲戚之情影响自己的是非判断、以德报怨，都是很高尚的人格。司马迁着力描写郭解，似乎还有更重要的原因。当年司马迁在武帝面前为李陵辩解，他和李陵非亲非故，纯粹是出于一个史官的公道之心。这种急人之难的做法，也体现了一种侠义精神。通过郭解的为人，司马迁寄托了自己对任侠之风的欣赏，也是为自己所受冤屈的有力辩白。

郭解为人低调，为了调解洛阳的一对仇家，当地很多豪杰之士去做中间人说和，都没用。他偷偷晚上去，"仇家曲听解"，愿意接受郭解的调解。郭解不愿意居功自傲，更不愿意夺去洛阳豪杰之士的功劳，秘密夜晚离开，还叮嘱这对仇家，等后面豪杰之士居间调解，再和好，"'吾闻雒阳诸公在此间，多不听者。今子幸而听解，解奈何乃从他县夺人邑中贤大夫权乎！'乃夜去，不使人知，曰：'且无用待我。待我去，令雒阳豪居其间，乃听之。'"

郭解名气越来越大，成为地方的豪强，按照汉代法律，应当迁徙到首都长安附近，官吏畏惧法律，不敢不迁徙郭解。大将军卫青在汉武帝面前为郭解求情，结果武帝认为普通百姓能够让大将军说情，其家不贫，"及徙豪富茂陵也，解家贫，不中资，吏恐，不敢不徙。卫将军为言：'郭解家贫不中徙。'曰：'布衣权至使将军为言，此其家不贫。'解家遂徙。诸公送者出千余万"。

因为郭解被迁徙，其身边的人迁怒于主张迁徙郭解的县掾杨季主之子，把他砍头，"轵人杨季主子为县掾，举徙解。解兄子断杨掾头。由此杨氏与郭氏为仇"。后来有人又杀了杨季主，以及为杨季主告状的亲戚。这样一来，事情闹得很大，皇帝都下令逮捕郭解，郭解逃跑，但游侠势力再大，也难于和皇权相抗衡，长久之后，郭解还是被逮捕。后来又发生了一件事，众人讨论郭解的罪名时，有人抨击郭解，被郭解门客所杀，割断舌头，"轵有儒生侍使者坐，客誉郭解，生曰：'郭解专以奸犯公法，何谓贤！'解客闻，杀此生，断其舌。吏以此责解，解实不知杀者。杀者亦竟绝，莫知为谁。"

案件递交到御史大夫公孙弘手里，虽然断案的官吏认为郭解不知情，无罪，但公孙弘认为"解布衣为任侠行权，以睚眦杀人，解虽弗知，此罪甚于解杀之。当大逆无道"，郭解因此被灭族。

司马迁甚至列了一个名单，这些人是真正的侠客：

> 关中长安樊仲子、槐里赵王孙、长陵高公子、西河郭公仲、太原卤公孺、临淮倪长卿、东阳田君孺，虽为侠，而逡逡有退让君子之风。

指出以下这些人欺世盗名：

> 至若北道姚氏、西道诸杜、南道仇景、东道赵他羽公子，南阳赵调之徒，此盗跖居民间者耳，曷足道哉！此乃乡者朱家之羞也。

司马迁最后论赞中，认为郭解虽然其貌不扬，言语也没有可取之处，然而当时天下人,都仰慕他,称颂他,树立了侠客的典型,为他的不幸结局叹息不已,"吾视郭解,状貌不及中人,言语不足采者。然天下无贤与不肖,知与不知,皆慕其声,言侠者皆引以为名。谚曰:'人貌荣名,岂有既乎!'於戏,惜哉!"

四、 名将成败

《淮阴侯列传》是一篇名文,韩信年轻时非常穷,而且"无行",在地方上名声狼藉,所以不可能被推荐去当官,又不会做生意,经常寄人篱下,靠着别人施舍过活,惹得很多人讨厌他。韩信在一个亭长家里寄食,过了几个月,亭长的老婆受不了他,故意早起做饭,让家人在床上吃,等到韩信去吃饭时,发现没什么吃的,他只好一怒之下离开了。

没饭吃,他就在城墙下钓鱼,巧遇漂母,也就是专门给人洗衣服为生的女工。其中一个漂母看见韩信饿着肚子很可怜,就分食物给他吃。这样过了几十天,韩信很高兴,对漂母说:"有一天我发达了,一定会好好报答你!"漂母不仅不感动,反而很生气,说:"你这样一个男子汉,居然没法养活自己。我是可怜你,才给你吃的,难道是为了求得你的报答?"文章开篇,韩信就是副落魄模样,连亭长妻、漂母等人都看不起他。

不单单是女人,甚至地方上的流氓也看不起韩信。因为韩信喜欢带着刀剑,有个当屠夫的小无赖看他很不顺眼,当面挑衅他:"你长得高高大大,却总带着刀剑,是胆小如鼠吧? 如果你不怕死,就拿刀剑来刺我,怕死的话,就从我的胯下爬过去。"韩信看了他一会儿,居然乖乖地从无赖胯下爬了过去。这一下"一市人皆笑信,以为怯",当地人都嘲笑韩信,觉得他是胆小鬼。

《淮阴侯列传》中司马迁用这些细微的琐事,刻画出韩信的穷困潦倒。如果在正常社会,他很可能无所事事,浑浑噩噩度过一生。但他偏偏遇上的是风云激荡的秦末大乱,乘势而起,居然成就了一番大业。

韩信作为一代名将,他的成功与失败,特别具有典型性。

动乱初期,韩信投靠了项梁,不过没有得到重视。项梁死后,他又跟着项羽。项羽虽然任命他为郎中,但韩信的很多建议并不被项羽采纳。加之项羽入关后,烧杀掳掠,大失民心,所以韩信审时度势,投奔了汉王刘邦。他开始只当了一个司马一类的小官"连敖",没过多久还因为犯了法,要被斩首。同案的人都被斩杀了,轮到韩信时,只见他高昂着头,瞪着主持死刑的夏侯婴,说:"主公不是想要争夺天下吗,为什么要杀壮士呢?"所以滕公"奇其言,壮其貌,释而不斩。与语,大说之。言于上,上拜以为治粟都尉,上未之奇也"。刘邦虽然听了夏侯婴的话,拜韩信为"治粟都尉",但没有重视他。

韩信很久不受刘邦重用,决心逃走,萧何来不及禀报刘邦,连忙去追,终于追回,民间故事中尚流传有"萧何月下追韩信"的佳话。这一段故事,司马迁叙述时语言生动活泼,如见其人,如闻其语:

人有言上曰:"丞相何亡。"上大怒,如失左右手。居一二日,何来谒上,上且怒且喜,骂何曰:"若亡,何也?"何曰:"臣不敢亡也,臣追亡者。"上曰:"若所追者谁?"何曰:"韩信也。"上复骂曰:"诸将亡者以十数,公无所追;追信,诈也。"何曰:"诸将易得耳。至如信者,国士无双。王必欲长王汉中,无所事信;必欲争天下,非信无所与计事者。顾王策安所决耳。"王曰:"吾亦欲东耳,安能郁郁久居此乎?"何曰:"王计必欲东,能用信,信即留;不能用,信终亡耳。"王曰:"吾为公以为将。"何曰:"虽为将,信必不留。"王曰:"以为大将。"何曰:"幸甚。"于是王欲召信拜之。何曰:"王素慢无礼,今拜大将如呼小儿耳,此乃信所以去也。王必欲拜之,择良日,斋戒,设坛场,具礼,乃可耳。"王许之。诸将皆喜,人人各自以为得大将。至拜大将,乃韩信也,一军皆惊。(《史记·淮阴侯列传》)

司马迁通过这些故事,告诉我们韩信的专长不在于武艺高强,而是足智多谋。比如他遇到无赖少年的挑衅,就知道与流氓拼命不值得,可以暂且忍让;不受项羽重用,就去投奔刘邦;要被斩杀,可以说服夏侯婴;不受刘邦重用,可以另谋出路。

萧何建议刘邦用隆重的方式拜韩信为大将,也是想要树立一个榜样,证明刘邦并非总是对人不尊重、不礼貌;也给其他人一个念想——像韩信这样的人都能拜为大将,我努力干,还是大有机会的;还可以借此打消一些人逃亡的念头——刘邦既往不咎,逃跑被追回来的韩信尚且得到重用,我何必逃跑呢? 真是一石三鸟的主意。

韩信和刘邦的对话,充分展现了他的远见卓识:

信拜礼毕,上坐。王曰:"丞相数言将军,将军何以教寡人计策?"信谢,因问王曰:"今东向争权天下,岂非项王邪?"汉王曰:"然。"曰:"大王自料勇悍仁强孰与项王?"汉王默然良久,曰:"不如也。"信再拜贺曰:"惟信亦以为大王不如也。然臣尝事之,请言项王之为人也。项王喑恶叱咤,千人皆废,然不能任属贤将,此特匹夫之勇耳。项王见人恭敬慈爱,言语呕呕,人有疾病,涕泣分食饮,至使人有功当封爵者,印刓弊,忍不能予,此所谓妇人之仁也。项王虽霸天下而臣诸侯,不居关中而都彭城,有背义帝之约,而以亲爱王,诸侯不平。诸侯之见项王迁逐义帝置江南,亦皆归逐其主而自王善地。项王所过无不残灭者,天下多怨,百姓不亲附,特劫于威强耳,名虽为霸,实失天下心。故曰其强易弱。今大王诚能反其道,任天下武勇,何所不诛! 以天下城邑封功臣,何所不服? 以义兵从思东归之士,何所不散!

且三秦王为秦将,将秦子弟数岁矣,所杀亡不可胜计,又欺其众降诸侯,至新安,项王诈坑秦降卒二十余万,唯独邯、欣、翳得脱,秦父兄怨此三人,痛入骨髓。今楚强以威王此三人,秦民莫爱也。大王之入武关,秋毫无所害,除秦苛法,与秦民约法三章耳,秦民无不欲得大王王秦者。于诸侯之约,大王当王关中,关中民咸知之。大王失职入汉中,秦民无不恨者。今大王举而东,三秦可传檄而定也。"于是汉王大喜,自以为得信晚。遂听信计,部署诸将所击。(《史记·淮阴侯列传》)

　　韩信一针见血地指出刘邦的目标就是打倒西楚霸王项羽,夺取天下,进而分析项羽的优点和弱点——项羽虽然勇猛无敌,但不过是"匹夫之勇耳"。他只有小恩小惠的"妇人之仁",却不能从大义上尊崇义帝,反而驱逐并暗杀他;屠城杀戮众多,"所过无不残灭者,天下多怨,百姓不亲附,特劫于威强耳,名虽为霸,实失天下心"。这些就是项羽最致命的弱点。

　　韩信最后指出,目前最紧要的任务是占据秦地。秦将章邯、司马欣、董翳此前率大军投降项羽,被坑杀二十多万人,秦地民众痛恨他们深入骨髓,项羽反而任命他们为秦地的三王,这就是一个致命失策。发兵夺取附近的三秦之地,这是刘邦争夺天下的首要目标。这仿佛是后世刘备和诸葛亮的"隆中对"的预演。

　　韩信得到萧何的推荐而受刘邦重用,最后却还是因为谋叛,死在萧何和吕后的合谋中,这就是后世谚语"成也萧何,败也萧何"的由来。

　　项羽身边有一个将领钟离眜,原本就与韩信有私交,项羽兵败后,就投奔了韩信。韩信被封为楚王,刘邦要求韩信逮捕钟离眜,韩信拖延没有处理。后来有人上书告发韩信谋反,陈平为刘邦出谋划策,准备云梦相会时逮捕韩信。韩信面临两难选择,他想发兵谋反,但是又自觉师出无名,自己也没有什么确凿的罪行。想去见刘邦,又怕被擒。智谋出众的韩信,左右为难。这时有人劝他,杀了钟离眜,拿头去见刘邦。韩信就逼迫钟离眜自杀,拿头去见刘邦,刘邦还是把他逮捕了。韩信喟叹,留下几句千古名言:

　　　　信曰:"果若人言,'狡兔死,良狗烹;高鸟尽,良弓藏;敌国破,谋臣亡。'天下已定,我固当烹!"(《史记·淮阴侯列传》)

　　韩信知道刘邦猜疑和厌恶自己,但没有做出积极行动来消除猜疑和厌恶,反而采用一系列手段进行消极对抗,"信知汉王畏恶其能,常称病不朝从。信由此日夜怨望,居常鞅鞅"。这也是导致他最后被杀的重要原因。

　　韩信被杀的根本原因在于他想谋反,与陈豨密谋造反:

　　　　淮阴侯曰:"公所居,天下精兵处也;而公,陛下之信幸臣也。人言公之畔,陛下必不信;再至,陛下乃疑矣;三至,必怒而自将。吾为公从中起,天下可图也。"陈豨素知其能也,信之,曰:"谨奉教!"

　　　　汉十年,陈豨果反。上自将而往,信病不从。阴使人至豨所,曰:"弟举兵,吾从此助公。"信乃谋与家臣夜诈诏赦诸官徒奴,欲发以袭吕后、太子。部署已定,待豨报。(《史记·淮阴侯列传》)

　　韩信手下有个舍人得罪了韩信,韩信就囚禁了他,想要杀了他。舍人之弟就告发了韩信的逆谋。吕后和萧何合谋,诱骗韩信入宫,杀了韩信,并诛灭其三族。

　　　　假令韩信学道谦让,不伐己功,不矜其能,则庶几哉,于汉家勋可以比周、召、太公之徒,后世血食矣。不务出此,而天下已集,乃谋畔逆,夷灭宗族,不亦

宜乎!(《史记·淮阴侯列传》)

司马迁一方面称赞韩信布衣时就志向远大,一方面又谴责他不懂得大道理,为人不能谦虚谨慎,喜欢夸耀自己的功劳和能力,被人嫉恨,终究遭杀身灭族之祸,否则功勋巨大,可比周代的召公、周公等人,真是可惜!

推荐书目

司马迁《史记》(点校本二十四史修订本),中华书局 2014 年

王伯祥《史记选》,人民文学出版社 2018 年

张大可《史记选评》,上海古籍出版社 2003 年

来新夏《史记选注》,齐鲁书社 1998 年

张大可《史记研究》,商务印书馆 2011 年

吴见思、李景星著,陆永品点校整理《史记论文 史记评议》,上海古籍出版社 2008 年

司马迁著,泷川资言考证《史记会注考证》,上海古籍出版社 2016 年

朱东润《史记考索》(外二种),华东师范大学出版社 1997 年

第八章　《世说新语》导读

一、　刘义庆与《世说新语》

关于《世说新语》的作者,自《隋书·艺文志》至《四库全书总目》,历代著录均记载为南朝刘宋临川王刘义庆,然而鲁迅先生在《中国小说史略》一书中提出了异议。他认为:"《宋书》言义庆才词不多,而招聚文学之士,远近必至,则诸书或成于众手,未可知也。"

研究《世说新语》的两部主要专著:王能宪《世说新语研究》,认为《世说新语》作者为刘义庆;范子烨《世说新语研究》,认为《世说新语》乃成于众手,作者除刘义庆,还有袁淑、陆展、何长瑜、鲍照等人。

现在来看,《世说新语》为"采缉旧文"之作,所涉材料宏富。刘义庆广招文学之士,他编撰《世说新语》一书时,委托手下文士为之搜罗材料,乃至润色整饰,很有可能。不妨这样认为:《世说新语》是刘义庆担任主编,袁淑、陆展、何长瑜、鲍照等人参与编辑的一部著作。

刘义庆(403—444),祖籍彭城(今江苏徐州),京口(今江苏镇江)人。曾任荆州刺史,爱好文学,本为宋武帝刘裕之弟长沙王刘道怜的儿子,13岁时被封为南郡公,后过继给叔父临川王刘道规,18岁袭封临川王。刘义庆自幼喜好文学、聪敏过人,深得宋武帝、文帝的信任,备受礼遇。

刘义庆18岁即被征为侍中,22岁任散骑常侍、任秘书监(皇帝高级秘书),有机会接触、博览皇家珍藏的历代典籍,为《世说新语》编撰奠定了良好基础。元嘉六年(429),27岁任尚书左仆射(副宰相)。后其堂兄文帝刘义隆对群臣颇有猜忌,刘义庆惧祸,元嘉八年(431)请求解除职务外调。元嘉九年至十六年(432—439),刘义庆担任荆州刺史(荆州主管官员),颇有政绩。荆州地广兵强,是长江中游的军事重镇,可以控制下游城市。刘义庆在此过了八年安定的生活。元嘉十六年(439)转任江南江州刺史,到任一年,因事触怒文帝,责调回京,后又任南兖州刺史。元嘉二十一年(444),42岁病逝,谥号康王。

《世说新语》具体编撰年代不是很清楚,研究者有不同看法,折衷各家意见,大概是在宋文帝元嘉九年至十六年(432—439)。这段时间刘义庆相继任荆州、江州刺史,以宗室藩王身份坐镇长江中下游重地,拥有颇具规模的幕僚机构,大量征聘文人学士,这应是他主持编撰书籍最为合适的时期。这一段时间他与当时众多文人、僧人往来频繁,

"招聚才学之士,近远必至。袁淑文冠当时,请为卫军咨议参军。吴郡陆展、东海何长瑜、鲍照等引为佐史"(《金楼子·说蕃》)。

刘义庆"为性简素,寡嗜欲,爱好文义,为宗室之表",一生虽历任要职,但政绩乏善可陈,本质上是一个文人而非政治家。除个性不热衷政治外,最重要的原因就是不愿卷入血腥、残酷的刘宋皇室权力争斗。宋武帝刘裕篡夺东晋皇位:义熙十四年(418),刘裕鸩杀晋安帝,立司马德文为傀儡皇帝。元熙二年(420),刘裕逼迫晋恭帝司马德文禅让,夺取皇帝宝位。武帝死后,长子刘义符继位(少帝),年仅17岁。朝政由世家大族徐羡之、傅亮、谢晦等把持。刘义符继位后荒淫无度,徐羡之等谋废少帝,接着应立的是刘裕次子、庐陵王刘义真。由于徐羡之等人与刘义真有旧怨,故先将其废为庶人,随后废黜少帝。为绝后患,又派人将刘义符、刘义真兄弟杀死,立刘裕第三子刘义隆为帝(即宋文帝)。刘义隆当然无法容忍权臣擅行废黜、杀主的行为,但他不露声色,暗中积蓄力量。元嘉三年(426),宋文帝见时机成熟,即公布徐羡之、傅亮、谢晦等人擅杀少帝和庐陵王的罪行,捕杀徐羡之、傅亮及谢晦子弟,随后又发兵擒杀谢晦。檀道济功高盖主,宋文帝对他渐生猜疑。元嘉十二年(435),文帝病重,怕死后檀道济反叛,就召其入朝,将他和子弟八人一起捕杀:

> (檀)道济见收,愤怒气盛,目光如炬,俄尔间引饮一斛,乃脱帻投地曰:"乃坏汝万里长城。"魏人闻之,皆曰:"道济已死,吴子辈不足复惮。"自是频岁南伐,有饮马长江之志。……二十七年,魏军至瓜步,文帝登石头城望,甚有忧色,叹曰:"若道济在,岂至此!"(《南史·檀道济传》)

瓜步山,在今南京六合区东南,南临大江。南北朝时为军事要地。元嘉二十七年(450),好大喜功的宋文帝发动"元嘉北伐",但名将檀道济早已被冤杀,宋军被北魏太武帝拓跋焘打得大败。北魏反攻,击溃宋军多路主力,一路南下势如破竹,大肆烧杀,隔江直逼建康(今南京),耀武扬威。宋文帝无可奈何,叹息道:如果檀道济还在,我怎么会落得如此下场?

《世说新语》是一部笔记小说集,记载了自东汉末年至东晋士族阶层的言谈、轶事,反映了当时士大夫的思想、生活和清谈放诞的风气,其语言简练、文字鲜活,因此自问世以来,便广受文人喜爱和重视,后世还有很多仿照《世说新语》体裁写作的书籍。历代"世说体"小说很多,如明清之际李清《女世说》、王晫《今世说》、民国易宗夔《新世说》等,可见《世说新语》影响之大。《世说新语》对中国文化的影响很大,历代文人及其文学作品、文学思想,多受到《世说新语》影响。比如《世说新语》中很多典故与词语演变为耳熟能详的成语,只是我们未必知道它的最早出处是《世说新语》而已。

> 殷中军被废,在信安,终日书空作字。扬州吏民寻义逐之,窃视,唯作"咄咄怪事"四字而已。(《世说新语·黜免》)

东晋殷浩(曾任扬州刺史、中军将军)因为北伐失败,遭到桓温的弹劾被废,从不说抱怨的话,每天用手指在空中指指点点。民众暗中观察,才看出写的是"咄咄怪事"四个字。大家这才知道，他是借这种方法来表达心中的愤懑。

"一往情深"这个成语，大家都非常熟悉。最早也来自《世说新语》：

> 桓子野每闻清歌，辄唤"奈何！"谢公（谢安）闻之曰："子野可谓一往有深情。"（《世说新语·任诞》）

桓伊是东晋时期著名将领，字叔夏，小字子野。公元383年，前秦皇帝苻坚率近百万大军南下，攻打东晋。桓伊起豫州之兵攻击前秦军队，与谢玄一起在淝水之战中大破前秦军队，立下功勋。桓伊是一个驰骋疆场的武将，但十分喜爱音乐，会作曲，善吹笛，是著名音乐家。每当听到优美的歌声，他就击节赞叹，随声唱和。谢安听说桓子野如此喜欢音乐，赞赏说："桓子野对音乐的感情发自内心，激动得难以控制。"

> 王安丰（即王戎）妇，常卿安丰。安丰曰："妇人卿婿，于礼为不敬，后勿复尔。"妇曰："亲卿爱卿，是以卿卿；我不卿卿，谁当卿卿？"遂恒听之。（《世说新语·惑溺》）

按照礼教制度，男尊女卑，妇人应以"君"称其夫，以示尊重，"卿"原是上对下的亲昵称呼。

《世说新语》原名《世说》，因西汉大学者刘向曾著《世说》（已亡佚），后人为区别，故又名《世说新书》。《隋书·经籍志》《旧唐书·经籍志》《新唐书·艺文志》等皆作《世说》，这也是最早的称谓。到唐代，《世说新书》（见段成式《酉阳杂俎》）、《世说新语》（见刘知几《史通》等皆见于史籍。宋代，此书经晏殊删定，通称《世说新语》。

《世说新语》通行本分为上中下三卷，共三十六门（或称"篇"），是刘义庆审视人物的三十六个视点。列于卷首的"德行、言语、政事、文学"四门是古代所谓的"孔门四科"。子曰："德行：颜渊、闵子骞、冉伯牛、仲弓；言语：宰我、子贡；政事：冉有、季路；文学：子游、子夏。"（《论语·先进》）

孔子门徒数千，优秀者七十二人，而以上四科中最优异者只有十人（即所谓"孔门十哲"）。此后，便有"仲尼之门，考以四科"（《后汉书·郑玄传》）的说法，"四科"遂成为封建社会考察和品评士人的重要原则。

今人校注该书，版本众多，最流行的有余嘉锡《世说新语笺疏》、徐震堮《世说新语校笺》、杨勇《世说新语校笺》、龚斌《世说新语校释》等。

二、 王谢世家

东晋时王导、谢安两大家族，都居住在乌衣巷，人称其子弟为"乌衣郎"。

> 支道林入东，见王子猷（即王徽之）兄弟。还，人问："见诸王何如？"答曰："见一群白颈乌，但闻唤哑哑声。"（《世说新语·轻诋》）

支道林，即支遁，以字行，陈留（今河南开封附近）人。俗姓关，其师可能是西域月支僧人，按当时习俗，佛教弟子从师姓，故道林改姓"支"。东晋佛教学者、高僧。约生于晋愍帝建兴二年（314），卒于废帝太和元年（366）。二十五岁出家，后至建康讲经，与名士谢安、王羲之、殷浩、孙绰等交游，好谈玄理。注《庄子·逍遥游》，见解独到。

余嘉锡先生认为："道林之言，讥王氏兄弟作吴音耳"，"王子猷兄弟虽系出高门，而生长江左，习惯自然，竟忘旧俗。群居共语，开口便作吴音。固宜为支道林之所讥笑矣"。

> 刘真长（刘惔）始见王丞相，时盛暑之月，丞相以腹熨弹棋局，曰："何乃渹！"（刘孝标注：吴人以冷为渹）刘既出，人问：'见王公云何？'刘曰：'未见他异，唯闻作吴语耳！'（《世说新语·排调》）

琅玡王氏家族南渡后，入乡随俗，也学作吴地语言。

陈寅恪先生认为："王导、刘惔本北人，而又皆士族，导何故用吴语接之？盖东晋之初，基业未固，导欲笼络江东人心，作吴语者，亦其开济政策之一端也。"

永嘉（307—313）是晋怀帝司马炽的年号。之前，中原地区发生长达16年的八王之乱，匈奴和羯族首领刘曜、石勒等率领部众叛乱，中原陷入战乱的血海之中。于是出现了规模空前的民族大迁徙浪潮，北方汉族为逃避战乱，纷纷举族南迁，大量人口（超过百万）从中原迁往长江中下游，史称"永嘉南渡"。

永嘉元年（307），晋怀帝任命司马睿为安东将军，出镇建康。王导相随南渡，任安东将军司马。他出谋划策，联合南北士族，在西晋灭亡后拥立司马睿为帝，建立东晋政权。《晋书·王导传》称琅玡王司马睿：

> 徙镇建康，吴人不附，居月余，士庶莫有至者，导患之。会王敦来朝，导谓之曰："琅邪王仁德虽厚，而名论犹轻。兄威风已振，宜有以匡济者。"会三月上巳，帝亲观禊，乘肩舆，具威仪，导及诸名胜皆骑从。吴人纪瞻、顾荣皆江南之望，窃觇之，见其如此，咸惊惧，乃相率拜于道左。

从此南士因此应命而至，"吴会风靡，百姓归心焉。自此之后，渐相崇奉，君臣之礼始定"。

王导出身中原著名士族，是老练的政治家，东晋的实际创建者。元帝向来缺少才能和声望，在晋室中又是疏属，他能够取得帝位，主要靠王氏家族的支持，时有"王与马，共天下"之说。元帝因此把王导比作自己的"萧何"，极为倚重。

> 元帝正会，引王丞相登御床，王公固辞，中宗（元帝）引之弥苦。王公曰："使太阳与万物同晖，臣下何以瞻仰？"（《世说新语·宠礼》）
>
> 过江诸人，每至美日，辄相邀新亭，藉卉饮宴。周侯中坐而叹曰："风景不殊，正自有山河之异！"皆相视流泪。唯王丞相愀然变色曰："当共戮力王室，克复神州，何至作楚囚相对？"（《世说新语·言语》）

新亭在六朝时是建康西南的近郊军垒，新亭、白下，一南一北，为建康宫城的南北门户。南宋史正志《新亭记》记载，新亭"南去城十二里，有冈突然起于丘墟垄堑中，其势回环险阻，意古之为壁垒者，或曰此六朝所谓新亭是也"。当时新亭紧靠长江边，东吴时是饯送、迎宾、宴集之所。宋孝武帝刘骏讨伐刘劭时，曾在此修建营垒，新亭成为建康的西南要塞，凡上流举兵下都，必经新亭，所以齐高帝萧道成说"新亭既是兵冲"。但千年过去，新亭早已物是人非。有人认为古新亭，大概在今天南京市安德门菊花台附近。

> 顾和始为扬州从事。月旦当朝，未入顷，停车州门外。周侯（即周颢）诣丞相，历和车边。和觅虱，夷然不动。周既过，反还，指顾心曰："此中何所有？"顾搏虱如故，徐应曰："此中最是难测地。"周侯既入，语丞相曰："卿州吏中有一令仆才。"（《世说新语·雅量》）
>
> 王丞相枕周伯仁（即周颢）膝，指其腹曰："卿此中何所有？"答曰："此中空洞无物，然容卿辈数百人。"（《世说新语·排调》）

周颢经常和王导一起游玩，拜访王导时可以向王导推荐幕僚。两人喝醉后，王导还把头搁在周颢膝盖上，相互开玩笑，可见两人关系之密切。

> 王大将军起事，丞相兄弟诣阙谢。周侯（即周颢）深忧诸王，始入，甚有忧色。丞相呼周侯曰："百口委卿！"周直过不应。既入，苦相存救。既释，周大说，饮酒。及出，诸王故在门。周曰："今年杀诸贼奴，当取金印如斗大，系肘后。"大将军至石头，问丞相曰："周侯可为三公不？"丞相不答。又问："可为尚书令不？"又不应。因云："如此，唯当杀之耳！"复默然。逮周侯被害，丞相后知周侯救己，叹曰："我不杀周侯，周侯由我而死。幽冥中负此人！"（《世说新语·尤悔》）

谢安（320—385），字安石，祖籍陈郡阳夏（今河南太康），东晋著名政治家，死后追封太傅兼庐陵郡公。世称谢太傅、谢安石、谢相、谢公。谢安渡江后，长期寓居在会稽（今浙江绍兴）。会稽山青水秀，此地东山因谢安隐居于此而声名大振。谢安年轻时无意仕途，每天跟支道林、王羲之、许询、孙绰等名士谈文论诗，畅谈玄理，还常与诸人游赏山水。王羲之著名的《兰亭序》就是永和九年（353）三月三日与这些朋友雅会时所作。

> 初，谢安在东山居，布衣，时兄弟已有富贵者，翕集家门，倾动人物。刘夫人戏谓安曰："大丈夫不当如此乎？"谢乃捉鼻曰："但恐不免耳！"（《世说新语·排调》）
>
> 谢公始有东山之志，后严命屡臻，势不获已，始就桓公司马。于时人有饷桓公药草，中有"远志"。公取以问谢："此药又名'小草'，何一物而有二称？"谢未即答。时郝隆在坐，应声答曰："此甚易解：处则为远志，出则为小草。"谢甚有愧色。（《世说新语·排调》）

据《晋书·谢安传》记载，西晋灭亡，谢氏家族南迁，谢安隐居浙江会稽东山。之后，他离开会稽东山来南京做官,在今南京城东 30 里的土山上,造了一座别墅,并依照会稽东山的名字也把此山称为"东山"。

> 性好音乐……及登台辅,期丧不废乐。王坦之书喻之,不从,衣冠效之,遂以成俗。又于土山营墅,楼馆林竹甚盛,每携中外子侄往来游集,肴馔亦屡费百金,世颇以此讥焉,而安殊不以屑意。(《晋书·谢安传》)

> 谢太傅盘桓东山,时与孙兴公诸人泛海戏。风起浪涌,孙、王诸人色并遽,便唱使还。太傅神情方王,吟啸不言。舟人以公貌闲意说,犹去不止。既风转急,浪猛,诸人皆喧动不坐。公徐云:"如此,将无归?"众人即承响而回。于是审其量,足以镇安朝野。(《世说新语·雅量》)

> 桓公伏甲设馔,广延朝士,因此欲诛谢安、王坦之。王甚遽,问谢曰:"当作何计?"谢神意不变,谓文度曰:"晋阼存亡,在此一行。"相与俱前。王之恐状,转见于色。谢之宽容,愈表于貌。望阶趋席,方作洛生咏,讽"浩浩洪流"。桓惮其旷远,乃趣解兵。王、谢旧齐名,于此始判优劣。(《世说新语·雅量》)

谢安的风流儒雅,镇定自若,让桓温忌惮,最终逆谋没有实现就去世了。谢安的镇定,淝水之战中也有从容表现:

> 谢公与人围棋,俄而谢玄淮上信至。看书竟,默然无言,徐向局。客问淮上利害。答曰:"小儿辈大破贼。"意色举止,不异于常。(《世说新语·雅量》)

在事关东晋存亡的淝水之战中,谢安镇定自若,潇洒指挥,从容平定苻坚的入侵,建立盖世功勋:

> 苻坚强盛,疆场多虞,诸将败退相继。安遣弟石及兄子玄等应机征讨,所在克捷。拜卫将军、开府仪同三司,封建昌县公。坚后率众,号百万,次于淮肥,京师震恐。加安征讨大都督。玄入问计,安夷然无惧色,答曰:"已别有旨。"既而寂然。玄不敢复言,乃令张玄重请。安遂命驾出山墅,亲朋毕集,方与玄围棋赌别墅。安常棋劣于玄,是日玄惧,便为敌手而又不胜。安顾谓其甥羊昙曰:"以墅乞汝。"安遂游陟,至夜乃还,指授将帅,各当其任。玄等既破坚,有驿书至,安方对客围棋,看书既竟,便摄放床上,了无喜色,棋如故。客问之,徐答云:"小儿辈遂已破贼。"既罢,还内,过户限,心喜,甚不觉屐齿之折,其矫情镇物如此。(《晋书·谢安传》)

三、竹林七贤

竹林七贤是魏晋时期七位名士的合称,包括嵇康、阮籍、山涛、向秀、刘伶、王戎及阮咸。他们常聚集当时山阳县(今河南修武县附近)竹林之下,肆意酣畅,故世谓"竹林七贤"。

　　"竹林七贤与荣启期"画像砖,20世纪60年代南京南朝西善桥陵墓出土,长244厘米,宽88厘米,由300多块古墓砖组成,分南北两部分,南为嵇康、阮籍、山涛、王戎,北为向秀、刘伶、阮咸、荣启期。砖画发挥了线条的表现能力,人物造型简练传神,八人席地而坐,或抚琴啸歌,或颔首倾听,性格特征鲜明,人物之间以树木相隔,完美地体现了对称美学。

　　南京考古学界权威专家罗宗真先生《南京西善桥南朝墓及其砖刻壁画》称,该画"估计是先在整幅绢上画好,分段刻成木模,印在砖坯上,再在每块砖的侧面刻就行次号码,待砖烧就,依次拼对而成的。南壁壁画自外而内为嵇康、阮籍、山涛、王戎四人,北壁自外而内为向秀、刘伶、阮咸、荣启期四人。各人之间以树木分隔,成各自独立的画面"①。而作为墓葬壁画,仅画七人墓壁两侧无法对称,须添一人。"竹林七贤"是魏晋之际的高士,旷达而逍遥,增加的人物必须与"竹林七贤"在性格上保持一致,荣启期当之无愧。

　　七贤的名号始见于东晋孙盛《魏氏春秋》:"(嵇)康寓居河内之山阳县,与之游者,未尝见其喜愠之色。与陈留阮籍,河内山涛,河内向秀,籍兄子咸,琅邪王戎,沛人刘伶相与友善,游于竹林,号为七贤。"(陈寿《三国志·王粲传》裴松之注)

　　刘义庆《世说新语·任诞》亦云:"陈留阮籍、谯国嵇康、河内山涛,三人年皆相比,康年少亚之。预此契者,沛国刘伶、陈留阮咸、河内向秀、琅邪王戎。七人常集于竹林之下,肆意酣畅,故世谓竹林七贤。"

　　现在学术界主流意见认为"竹林七贤"之得名,与"集于竹林之下"的竹林之游密切相关。《中国大百科全书·中国文学卷》"竹林七贤"条和《中国大百科全书·中国历史卷》"竹林七贤"条均持这种观点。

　　七贤经常游玩的竹林何在? 北魏郦道元《水经注》卷九"清水"条注云:

　　　　又径七贤祠东,左右筠篁列植,冬夏不变贞萋。魏步兵校尉陈留阮籍、中散大夫谯国嵇康、晋司徒河内山涛、司徒琅邪王戎、黄门郎河内向秀、建威参军沛国刘伶、始平太守阮咸等同居山阳,结自得之游,时人号之为'竹林七贤',向子期所谓山阳旧居也。后人立庙于其处。庙南又有一泉,东南流,注于长泉水。郭缘生《述征记》所云白鹿山东南二十五里,有嵇公故居,以居时有遗竹焉,盖谓此也。

但国学大师陈寅恪先生认为"竹林七贤"命名与"竹林之游"无关:

　　　　寅恪尝谓外来之故事名词,比附于本国人物事实,有似通天老狐,醉则见尾。如袁宏《竹林名士传》、戴逵《竹林七贤论》、孙盛《魏氏春秋》、臧荣绪《晋书》及唐修《晋书》等所载嵇康等七人,固皆支那历史上之人物也。独七贤所游之"竹林",则为假托佛教名词,即"Velu"或"Veluvana"之译语(梵语,即竹园精舍),乃释迦牟尼说法处,历代所译经典皆有记载,而法显、玄奘所亲历之地。(陈寅恪《〈三国志〉曹冲、华佗传与佛教故事》)

<hr>

① 罗宗真:《南京西善桥南朝墓及其砖刻壁画》,1960年第8、9期合刊。

对于七贤的优劣排名,古人因其名高位重,不敢随意品评,谢安就劝阻侄儿谢玄(小名遏)等人随意臧否竹林诸人:"谢遏诸人共道竹林优劣,谢公云:'先辈初不臧贬七贤。'"(《世说新语·品藻》)

对于七贤的评价,余嘉锡先生的按语值得参看:

> 竹林诸人,在当时齐名并品,自无高下。若知人论世,考厥生平,则其优劣,亦有可言。
>
> 叔夜人中卧龙,如孤松之独立。乃心魏室,菲薄权奸,卒以亢直不容,死非其罪。际正始风流之会,有东京节义之遗。虽保身之术疏,而高世之行著。七子之中,其最优乎!
>
> 嗣宗阳狂玩世,志求苟免,知括囊之无咎,故纵酒以自全。然不免草劝进之文词,为马昭之狎客,智虽足多,行固无取。宜其慕浮诞者,奉为宗主;而重名教者,谓之罪人矣。
>
> 巨源之典选举,有当官之誉。而其在霸府,实入幕之宾。虽号名臣,却为叛党。平生善与时俯仰,以取富贵。迹其终始,功名之士耳。
>
> 仲容借驴追婢,偕猪共饮,贻讥清议,直一狂生。徒以从其叔父游,为之附庸而已。子期以注庄显,伯伦以酒德著。流风余韵,蔑尔无闻,不足多讥,聊可备数。
>
> 浚冲居官则阘茸,持身则贪吝。王夷甫辈承其衣钵,遂致神州陆沉。斯真窃位之盗臣,抑亦王纲之巨蠹。名士若兹,风斯下矣。[①]

其中对嵇康的褒扬和对阮籍、山涛、王戎等人的贬斥,除了受到儒家传统思想的影响,当然与余嘉锡先生撰《世说新语笺疏》一书时,处于抗日战争的特殊情势有关,抗战中叛变投敌、觍颜事敌、暗通款曲的人太多了,余先生借贬斥阮籍、山涛、王戎等人,加以痛斥。

嵇康、阮籍等人为何"作达",后世许多人只会学其皮毛,无端空谈和饮酒,只是东施效颦罢了,对此鲁迅先生有深刻分析,指出嵇、阮由于处于特殊的时代背景下,其思想和行为之间存在深刻的矛盾,"作达"有不得已的苦衷:

> 因此我们知道,嵇康自己对于他自己的举动也是不满足的。所以批评一个人的言行实在难,社会上对于儿子不像父亲,称为"不肖",以为是坏事,殊不知世上正有不愿意他的儿子像自己的父亲哩。试看阮籍嵇康,就是如此。这是,因为他们生于乱世,不得已,才有这样的行为,并非他们的本态。但又于此可见魏晋的破坏礼教者,实在是相信礼教到固执之极的。
>
> 不过何晏、王弼、阮籍、嵇康之流,因为他们的名位大,一般的人们就学起来,而所学的无非是表面,他们实在的内心,却不知道。因为只学他们的皮毛,于是社会上便很多了没意思的空谈和饮酒。许多人只会无端的空谈和饮酒,

---

① 余嘉锡:《世说新语笺疏》中册,中华书局,2007,第636页。

无力办事,也就影响到政治上,弄得玩"空城计",毫无实际了。在文学上也这样,嵇康阮籍的纵酒,是也能做文章的,后来到东晋,空谈和饮酒的遗风还在,而万言的大文如嵇阮之作,却没有了。①

竹林名士均为博学多才之人,他们对玄学、儒学,以及文学、音律声乐,皆有相当高深的造诣。嵇、阮、向等人均有高水平著作传世,如嵇康的《声无哀乐论》,在音乐史上成一家言;向秀《庄子注》,在玄学领域成一家言;阮籍的论著和诗歌,亦称不朽之作。《世说新语·品藻》"谢遏诸人共道竹林优劣"条刘注引《魏氏春秋》称"(向)秀、(阮)咸、(王)戎、(刘)伶朗达有俊才"。

后人仿效七贤行为,只能学其皮毛,喝酒纵欲,傲慢无礼,后世一些所谓"名士",正如王恭所言,只会闲来无事,喝酒,读读《离骚》:

> 王孝伯言:"名士不必须奇才。但使常得无事,痛饮酒,熟读离骚,便可称名士。"(《世说新语·任诞》)

对此同时代的人就屡有批判。戴逵《竹林七贤论》曰:籍之抑浑,盖以浑未识己之所以为达也。……是时竹林诸贤之风虽高,而礼教尚峻,迨元康(晋惠帝年号,291—299)中,遂至放荡越礼。乐广讥之曰:"名教中自有乐地,何至于此?"乐令之言有旨哉!谓彼非玄心,徒利其纵恣而已。

葛洪《抱朴子外篇·刺骄》中对东施效颦者,即"作达"者进行了尖锐讽刺:"今世人无戴、阮之自然,而效其倨慢,亦是丑女暗于自量之类也。"

四、女子群像

《世说新语》全书描绘的五六百人中,各式各样的妇女形象占四分之一之多。还专门列出《贤媛》这一门类,记载女性的生活片段。

"贤媛"以封建社会的观点看,就是贤良、贤德、贤惠的女性。《周礼》认为的"贤"是:妇德、妇言、妇容、妇功。东汉班昭《女诫·妇行》中对四德有更为详细具体的说明:

> 清闲贞静,守节整齐,行己有耻,动静有法,是谓妇德。择辞而说,不道恶语,时然后言,不厌于人,是谓妇言。盥浣尘秽,服饰鲜洁,沐浴以时,身不垢辱,是谓妇容。专心纺绩,不好戏笑,洁齐酒食,以奉宾客,是谓妇功。

《世说新语》中的女性形象是独树一帜的女性群体。从中,我们可以看到不同于先前对于妇人形象的定义,《世说新语·贤媛》为我们展示了一种别具一格的女性风貌。

品行端正者,如王昭君:

---

① 鲁迅:《魏晋风度及文章与药及酒之关系》,见《魏晋风度及其他》上,上海古籍出版社,2019,第239页。

汉元帝宫人既多，乃令画工图之，欲有呼者，辄披图召之。其中常者，皆行货赂。王明君姿容甚丽，志不苟求，工遂毁为其状。后匈奴来和，求美女于汉帝，帝以明君充行。既召见而惜之。但名字已去，不欲中改，于是遂行。

后世文人墨客大多同情昭君的悲惨遭遇，为汉元帝失去昭君而叹息，而王安石曾为此做翻案文章，比如《明妃曲》二首其一：

明妃初出汉宫时，泪湿春风鬓脚垂。低徊顾影无颜色，尚得君王不自持。归来却怪丹青手，入眼平生未曾有。意态由来画不成，当时枉杀毛延寿。一去心知更不归，可怜著尽汉宫衣。寄声欲问塞南事，只有年年鸿雁飞。家人万里传消息，好在毡城莫相忆。君不见，咫尺长门闭阿娇，人生失意无南北。

这是咏昭君的名诗，好在立意新，作者认为专制帝王对嫔妃只有玩弄而并无真实的爱情，这是酿成昭君悲剧的真正原因，尚有弦外之音，对宋神宗对新政首鼠两端，未能始终如一支持的态度，似隐隐有不满之意。

敏而善辩者，如许允妇。魏晋时期，崇尚清谈，人们往往依据玄理而展开辩论，并且以此来判定人物水平的高低：

许允妇是阮卫尉（阮共）女，德如妹，奇丑。交礼竟，允无复入理，家人深以为忧。会允有客至，妇令婢视之，还答曰："是桓郎。"桓郎者，桓范也。妇云："无忧，桓必劝入。"桓果语许云："阮家既嫁丑女与卿，故当有意，卿宜察之。"许便回入内。既见妇，即欲出。妇料其此出，无复入理，便捉裾停之。许因谓曰："妇有四德，卿有其几？"妇曰："新妇所乏唯容尔。然士有百行，君有几？"许云："皆备。"妇曰："夫百行以德为首，君好色不好德，何谓皆备？"允有惭色，遂相敬重。

临危不乱者，如班婕妤、李势妹等：

汉成帝幸赵飞燕，飞燕谗班婕妤祝诅，于是考问。辞曰："妾闻死生有命，富贵在天。修善尚不蒙福，为邪欲以何望？若鬼神有知，不受邪佞之诉；若其无知，诉之何益？故不为也。"

桓宣武（桓温）平蜀，以李势妹为妾，甚有宠，常著斋后。主（桓温妻，晋明帝女南康长公主）始不知，既闻，与数十婢拔白刃袭之。正值李梳头，发委藉地，肤色玉曜，不为动容。徐曰："国破家亡，无心至此。今日若能见杀，乃是本怀。"主惭而退。

后世"我见犹怜"的成语出自此处故事，刘孝标注引《妒记》曰："温平蜀，以李势女为妾，郡主凶妒，不即知之。后知，乃拔刃往李所，因欲斫之。见李在窗梳头，姿貌端丽，徐徐结发，敛手向主，神色闲正，辞甚凄惋。主于是掷刀前抱之曰：'阿子，我见汝亦怜，何况老奴。'遂善之。"

明理有智者,如许允妇、庾玉台子妇等。这类"贤媛"之"贤"不在于她们能从父、从夫或从子,而在于她们拥有的过人见识与智慧,能言巧辩,于危难之际保护了家人,拯救了家庭,成为家庭中的支柱:

> 许允为吏部郎,多用其乡里,魏明帝遣虎贲收之。其妇出诫允曰:"明主可以理夺,难以情求。"既至,帝核问之。允对曰:"'举尔所知。'臣之乡人,臣所知也。陛下检校为称职与不?若不称职,臣受其罪。"既检校,皆官得其人,于是乃释。允衣服败坏,诏赐新衣。初,允被收,举家号哭。阮新妇自若云:"勿忧,寻还。"作粟粥待,顷之允至。
>
> 许允为晋景王所诛,门生走入告其妇。妇正在机中,神色不变,曰:"蚤知尔耳!"门人欲藏其儿,妇曰:"无豫诸儿事。"后徙居墓所,景王遣钟会看之,若才流及父,当收。儿以咨母。母曰:"汝等虽佳,才具不多,率胸怀与语,便无所忧。不须极哀,会止便止。又可少问朝事。"儿从之。会反,以状对,卒免。
>
> 庾玉台(庾友),希(庾冰之子,庾亮之侄)之弟也。希诛,将戮玉台。玉台子妇,宣武弟桓豁女也。徒跣求进,阍禁不内。女厉声曰:"是何小人?我伯父门,不听我前!"因突入,号泣请曰:"庾玉台常因人,脚短三寸,当复能作贼不?"宣武笑曰:"婿故自急。"遂原玉台一门。

慧眼识人者,如山涛妻:

> 山公与嵇、阮一面,契若金兰。山妻韩氏觉公与二人异于常交,问公,公曰:"我当年可以为友者,唯此二生耳。"妻曰:"负羁之妻亦亲观狐、赵,意欲窥之,可乎?"他日,二人来,妻劝公止之宿,具酒肉。夜穿墉以视之,达旦忘反。公入曰:"二人何如?"妻曰:"君才致殊不如,正当以识度相友耳。"公曰:"伊辈亦常以我度为胜。"

山涛妻如春秋时僖负羁妻,善于识人。《左传·僖公二十三年》:晋公子重耳逃亡路过曹国,曹共公闻其"骈胁",欲观其裸,大夫僖负羁谏,不听。重耳浴,薄而观之。僖负羁的妻子说:"吾观晋公子之从者(狐偃、赵衰等),皆足以相国。重耳必反晋国,得志于诸侯而诛无礼,曹其首也。"劝丈夫结好重耳,乃馈盘飧殖置璧。后重耳回晋国即位,为晋文公,加兵于曹,执曹伯,令军队无入僖负羁之宫,且免其族。后世常用"负羁妻"典故,指有远见卓识的妇女。

气度不凡者,如谢道韫等。魏晋士人对名士的品评中,大多将容止与精神结合起来,名士风度潇洒、超脱淡泊,忘怀得失,以沉静清虚为至美。在这种审美风尚下,魏晋女性也着力追求内在气质与外在风姿相和谐的气度,形成一种安详和雅、宁静闲适之态。

> 谢遏(谢玄)绝重其姊,张玄常称其妹,欲以敌之。有济尼者,并游张、谢二家。人问其优劣,答曰:"王夫人神情散朗,故有林下风气。顾家妇清心玉映,

自是闺房之秀。"

> 王江州夫人(谢道韫)语谢遏曰:"汝何以都不复进,为是尘务经心,天分有限。"

一往情深者,如郗超妻。

> 郗嘉宾丧,妇兄弟欲迎妹还,终不肯归。曰:"生纵不得与郗郎同室,死宁不同穴?"

魏晋女性风气的转变,大概有几个原因:

第一,魏晋时期是"精神史上极解放、极自由、富于智慧,最浓于热情的一个时代",社会价值取向由重人伦、礼节与节操向重生命、自然与才情转换。"人的觉醒"势必带来女性自我意识的觉醒。

第二,士林风气极大地渗透到妇女生活中,对女性人格的重塑产生了深刻的影响,使得女性能够突破传统道德规范的束缚。

第三,在男女地位上,初步出现了追求平等的倾向,士人对女性亦表现出一定程度的尊重。

李泽厚说过:"魏晋是一个'人的觉醒'的时代,所谓的'人的觉醒'即人们在怀疑乃至否定旧有传统标准和信仰价值的条件下,对自己的生命、意义、命运的重新发现、思索、把握和追求。"(《美的历程》)

《世说新语》中的女性就是处于人的觉醒的时期,她们勇敢地表现自己的思想、表达自己的爱憎,是当时自由气氛折射出的一个亮点。

推荐书目

余嘉锡《世说新语笺疏》,中华书局 2016 年

徐震堮《世说新语校笺》,中华书局 1984 年

杨勇《世说新语校笺》,中华书局 2019 年

张㧑之《世说新语译注》,上海古籍出版社 2012 年

朱碧莲《世说新语详解》,上海古籍出版社 2013 年

周兴陆《世说新语汇校汇注汇评》,凤凰出版社 2017 年

龚斌《世说新语校释》(增订本),上海古籍出版社 2019 年

蒋凡《蒋凡讲世说新语》,东方出版中心 2019 年

第九章 《资治通鉴》导读

一、 司马光与《资治通鉴》

我国古代的许多封建王朝建国后,都注意通过修史来总结过去的历史经验,以探求长治久安的办法。司马光主编的《资治通鉴》,正是适应这种需要而产生的。

司马光(1019—1086),字君实,陕州夏县(今山西夏县)人,世称涑水先生。宋仁宗宝元元年中进士,初任华州(今陕西渭南市华州区)判官,后任宣德郎、将作监主簿,权知丰城县事。庆历六年(1046),司马光迁大理评事、国子直讲。后又经枢密副使庞籍的推荐,为馆阁校勘、同知太常礼院。至和元年(1054),随庞籍到并州(今山西太原)为官,后改并州通判。嘉祐二年(1057)庞籍因事获罪,司马光引咎离开并州。嘉祐三年(1058),司马光迁开封府推官。宋仁宗末年,历任天章阁待制兼侍讲、知谏院,神宗时任翰林学士、御史中丞等职。他在政治上反对王安石的新政,认为祖宗之法不可变。哲宗时曾任宰相,尽废新法。

司马光自少就爱好历史,出仕以后,仍治史不懈。《资治通鉴》的编撰,最早应当从《历年图》说起。英宗即位第二年改元治平,治平元年(1064)三月,司马光进其所编《历年图》。《记历年图后》述其初衷:"光顷岁读史,患其文繁事广,不能得其纲要,又诸国分列,岁时先后,参差不齐,乃上采共和以来,下讫五代,略记国家兴衰大迹,集为五图。每图为五重,每重为六十行,每行纪一年之事。其年取一国为主,而以朱书他国元年缀于其下。盖欲指其元年,以推二、三、四、五,则从可知矣。凡一千八百年,命曰《历年图》。其书杂乱无法,聊以私便于讨论,不敢广布他人也。"(《传家集》卷十七《记历年图后》)此时司马光主要考虑的是旧史"文繁事广,不能得其纲要""诸国分列,岁时先后,参差不齐",集为五图,用朱、墨两色文字,是为了"聊以私便于讨论"。而且其起始之年为"共和",并非战国"三家分晋"。随后不久,司马光奏进《通志》八卷,进书表这样写:"臣有先所述《通志》八卷,起周威烈王二十三年,尽秦二世三年。《史记》之外,参以他书,于七国兴亡之迹,大略可见。"(《传家集》卷十七《进通志表》)《通志》八卷,大约即《资治通鉴》周纪五卷、秦纪三卷。

奏呈英宗,受到赏识。英宗命他再编《历代君臣事迹》一书,设书局于崇文院,允许他借阅宫廷藏书,并赐予御府笔墨、缯帛及果饵钱等。司马光奏曰:"其书上下贯穿千余载,固非愚臣所能独修。"(《续资治通鉴长编》卷二百零八)于是他亲自挑选当时有名的史学家刘攽、刘恕、范祖禹等人作为助手，并由其子司马康总任检阅文字之责。他们花了 19 年的时间，到元丰七年（1084），完成《资治通鉴》，进呈皇帝。神宗认为"鉴于往事，有资于治道"，为它写了序言，并赐名为《资治通鉴》。

《资治通鉴》是按历史年代顺序编写的编年体通史，上起韩、赵、魏三家分晋，下迄五代后周政权的灭亡，把公元前 403 年（周威烈王二十三年）到公元 959 年（后周世宗显德六年）的 1362 年的历史，按年代编成二百九十四卷。司马光编撰《资治通鉴》，"不特纪治乱之迹而已，至于礼乐、历数、天文、地理，尤致其详"（胡三省《资治通鉴音注》卷二百一十二）。全书 300 万字左右，但叙事周详，文浅意明。

司马光自言：

> 每患迁、固以来，文字繁多，自布衣之士，读之不遍，况于人主，日有万机，何暇周览？臣常不自揆，欲删削冗长，举撮机要，专取关国家盛衰，系生民休戚，善可为法，恶可为戒者，为编年一书，使先后有伦，精粗不杂。（《进资治通鉴表》）

《资治通鉴》叙事或先提其纲，后详原委，或先溯由来，再述本事，或书一事而连及他事，或因叙事又兼及时人言行，或在叙述相关史实之后加以分析、评论。其评论之语，引他人者皆著其姓名，如"班固论曰""袁宏论曰"，本人的评论则用"臣光曰"，使"资治"这一主题更加突出明确。《四库全书总目》指出："其书网罗宏富，体大思精，为前古之所未有。"

《资治通鉴》的文笔也很好，特别是对战争写得十分生动，独具匠心。司马光善于综合众多材料，抓住中心线索，于大处着笔，写出交战双方的战略方针和将帅的谋略。如官渡之战就着力描写曹袁双方人物的言论和精神风貌，以展示曹胜袁败的原因，赤壁之战则着力刻画诸葛亮的放眼天下，成竹在胸，周瑜的精明果决，风采不凡，以及孙权的知人善任，曹操的骄横跋扈等，从而揭示这次战役发展的必然趋势。同时，作者又善于选择一些精彩的细节表现人物的思想性格。

对于吕蒙，孙权还劝导他好好读书学习，增长智慧：

> 初，权谓吕蒙曰："卿今当涂掌事，不可不学！"蒙辞以军中多务。权曰："孤岂欲卿治经为博士邪！但当涉猎，见往事耳。卿言多务，孰若孤？孤常读书，自以为大有所益。"蒙乃始就学。及鲁肃过寻阳，与蒙论议，大惊曰："卿今者才略，非复吴下阿蒙！"蒙曰："士别三日，即更刮目相待，大兄何见事之晚乎！"（《资治通鉴》卷六十六）

通过孙权劝学，吕蒙折节读书，鲁肃的敬佩，阐明了人须读书明理的道理，成为脍炙人口的名篇。总之，《资治通鉴》叙事简洁又有文采，一些片断广为传诵。

司马光对编修《资治通鉴》的态度是严肃认真的。对于全书体例的裁定和史料的考订，文章的剪裁，乃至句法的锤炼，他都亲自动笔，不肯稍有轻忽。他自述为人做事"视地然后敢行，顿足然后敢立"（《答刘贤良蒙书》）。他做学问也这样谨慎踏实，无征不信。他搜集史料力求完备,全书除采录正史外,旁及野史、传状、文集等资料三百二十多种,而辨别史料则力求精审。一件史实,往往根据几处资料纂成。他的《考异》一书的写作,尤为一种创举。在这部书中,他将自己比较各项史料的过程和选定的理由做了扼要的说明,既使读者避免某些讹传,又提示了某些尚待考证的线索。这种治学方法被后世学者称为"考异法"。此外,《资治通鉴》还吸收了北宋刚刚兴起的金石之学的研究成果,如用《刘继颐神道碑》定刘曼病卒年月等。

司马光编撰《资治通鉴》,不仅自己态度认真,还采取了集体写作的方法,采众之长。写这部书前,他和助手们广泛搜集材料,先做出"丛目(提纲)",再把大量资料,按照帝王在位年月,一条一条地摘录下来,编在一起,叫作"长编"。据说"通鉴长编"成书之后,底稿堆存在洛阳一处,就有两大屋之多。司马光后在长编的基础上,去粗存精,由繁到简,修成《资治通鉴》。因此《资治通鉴》篇幅虽巨,又经众手,然而全书博约得宜,体例统一,文字也很精练生动,前后如出一手。

修《资治通鉴》的目的是"资治",即让封建统治者借此来"鉴前世之兴废,考当今之得失",当然有其阶级和时代的局限性。但是为了提醒统治阶级不再蹈前人的覆辙,《资治通鉴》用了不少篇幅对错综复杂的社会矛盾和斗争做了深刻的揭露。如写兄弟之间为争夺统治权而展开了你死我活斗争的"玄武门之变";写少数民族争夺全国统治权而进行的规模宏大的"淝水之战";写农民为推翻封建王朝而英勇战斗的"黄巾起义"和"黄巢入长安";写人民拥护清官的"赵广汉治京兆"等。这些材料,有助于了解当时的政治和社会实际。《资治通鉴》对那些励精图治,促使国家安定和强盛的统治者,如燕昭王、赵武灵王、唐太宗等人的业绩,尤其着意介绍。《资治通鉴》重视人事,反对附会灾异,对各种灾异或削而不书,或书而不联系人事,对范缜的《神灭论》,韩愈的《谏迎佛骨表》等皆存录原文。这也反映了司马光的重视人事的思想。

《资治通鉴》自成书以来,历代帝王将相、文人骚客、学者专家非常欣赏,点评、批注《资治通鉴》的人物不胜枚举。如南宋史学家王应麟评价说:"自有书契以来,未有如《通鉴》者。"胡三省认为:"为人君而不知《通鉴》,则欲治而不知自治之源,恶乱而不知防乱之术;为人臣而不知《通鉴》,则上无以事君,下无以治民;为人子而不知《通鉴》,则谋身必至于辱先,作事不足以垂后。"清代学者王鸣盛说:"此天地间必不可无之书,亦学者必不可不读之书。"总之,《资治通鉴》这部历史巨著,系统完整地保存了我国古代的历史资料,在它的基础上,南宋袁枢创造了"记事本末体"这种新的史书体裁。因此,《资治通鉴》本身的成就和对后世的影响,都是非常巨大的。

二、秦皇汉武

秦始皇嬴政,庄襄王之子,公元前 259 年出生于赵都邯郸,前 246 年 13 岁即立为秦王,22 岁亲政。自公元前 236 年至公元前 221 年,秦国先后灭掉韩、赵、魏、楚、燕、齐,结束群雄割据的历史,建立了中国历史上第一个统一的、多民族、中央集权制的封建王朝——秦王朝。

秦皇扫六合，虎视何雄哉！挥剑决浮云，诸侯尽西来。明断自天启，大略驾群才。（李白《古风五十九首》其三节选）

关于秦始皇可说的很多，这里就《资治通鉴》的记载，简单谈谈其功过评价。

李斯上《谏逐客书》，嬴政看了以后，马上撤回逐客令。嬴政作为君王，勇于收回成命，说明他知错能改，胸怀宽广。另外郑国以修渠为名，实际上行疲秦之计，但被发觉之后，嬴政继续让他修渠，这说明他考虑问题很有大局观，不斤斤计较细枝末节。

总之，嬴政在统一天下之前，的确表现出极高的领导能力，具有大局观，知错能改，气量很大。

但秦始皇死后，从胡亥继位到子婴向刘邦投降，后被项羽所杀，秦朝灭亡，这中间只有短短的15年。为什么嬴政统一天下后十几年，秦帝国就分崩离析，二世而亡？

贾谊《过秦论》说，"一夫作难而七庙堕，身死人手，为天下笑者，何也？仁义不施而攻守之势异也"。秦的速亡有两个原因，第一是不实行仁义之道。第二是不应该用平定天下的暴力方法来治理天下"攻守之势异也"。

秦国的措施和制度，值得我们去讨论。

重视基础建设，比较轻视思想领域，往往一禁了之。

嬴政修驰道、修长城，收六国兵器铸造金人，但意识形态方面，却大为专制，禁绝异端，采用严刑峻法。

秦始皇三十四年（前213），李斯建议采取强硬措施，"非秦纪皆烧之；非博士官所职，天下敢有藏《诗》《书》、百家语者，悉诣守尉杂烧之；有敢偶语《诗》《书》者弃市；以古非今者族；吏见知不举者与同罪；令下三十日不烧，黥为城旦。所不去者，医乐卜筮种树之书。若欲有学法令，以吏为师"。秦始皇采纳后"下焚书之命，行偶语之刑"，造成文化史上的空前浩劫。战国以来百家争鸣的自由学术空气被窒息，万马齐喑。

思想的专制必然引起反抗，就连为秦始皇求仙药的方士都不满其刚愎自用，背后议论纷纷。秦始皇知道后大怒，将"犯禁者四百六十余人，皆坑之咸阳，使天下知之，以惩后"。"焚书坑儒"开历史上君主思想专制的恶例。

秦始皇虽然暴虐，遭到后世儒家的贬斥，但在中华文化共同体的形成方面，还是做出了不朽的功绩：书同文、车同轨、度同制（统一度量衡）、行同伦（统一文化心理）、地同域（粉碎地区壁垒，移民开发边疆）。

秦始皇统一文化的措施主观上以强化专制君主集权政治为目的，但客观上也为中华文化共同体的形成奠定了坚实的基础。

秦始皇善于做表面的功夫，到处出巡，刻石勒功，宣扬皇帝功德，但统治者要真正得民心，必须实实在在为民众谋福利，所以民众愤慨万分，有"始皇帝死而地分""今年祖龙死"等谣言流传（《史记·秦始皇本纪》）。他的一些浩大工程建设，比如营造骊山陵墓、修筑长城等，尽管有利于国家，但事实上奴役了上百万民众，导致民众痛苦不堪。

秦统一六国后，大将军蒙恬奉命率30万大军北击匈奴。其后修筑西起陇西的临洮

（今甘肃岷县），东至辽东（今辽宁境内）的万里长城，把原燕、赵、秦长城连为一体。长城利用地形，借着天险，设置要塞，有力遏制了匈奴的南进。据记载，秦始皇使用了近百万劳动力修筑长城，约占全国人口的1/20。当时没有任何机械，全部都得靠人力，而工作环境又是崇山峻岭、峭壁深壑。可以想象，这项工程的巨大与艰辛。民众因此遭受了巨大的痛苦，孟姜女哭长城等故事的流传，代表了后世对秦始皇的批评。

下面再说说汉武帝。汉武帝一生做的最有影响的事情，就是采纳董仲舒的建议，罢黜百家、独尊儒术。从此儒家思想被奉为主流意识形态。虽然刘邦听取了陆贾的建议，但也没有在意识形态上把儒家奉为治国的原则，汉初近70年，依然是以黄老之术为主流思想。

> 陆生时时前说称《诗》《书》，帝骂之曰："乃公居马上而得之，安事《诗》《书》！"陆生曰："居马上得之，宁可以马上治之乎？且汤、武逆取而以顺守之；文武并用，长久之术也。昔者吴王夫差、智伯、秦始皇，皆以极武而亡。乡使秦已并天下，行仁义，法先圣，陛下安得而有之！"帝有惭色，曰："试为我著秦所以失天下、吾所以得之者及古成败之国。"陆生乃粗述存亡之征，凡著十二篇。每奏一篇，帝未尝不称善，左右呼万岁，号其书曰《新语》。（《资治通鉴》卷十二）

《新语》对历代治理国家的经验和教训进行总结，主张"无为而治"的黄老思想，"行仁义，法先圣"，对西汉前期政治有很大影响。根据现在学术界的主流看法，汉武帝"罢黜百家，独尊儒术"，并不是真的不要百家，而是以儒家思想为核心，融合诸子百家的思想精华，成了当时大一统国家所需要的主流意识形态。

秦朝崇尚霸道，用刑法，用法家思想来治国。汉朝讲王道政治，从武帝开始，明确提出以儒家治国，可是汉武帝刻薄寡恩，热衷穷兵黩武，开疆拓土，并不完全按照儒家的方式行事。汉武帝对内加强集权，对外开疆拓土，这就是外儒内法、儒表法里的路数。

比如大臣汲黯就曾当面批评汉武帝"内多欲而外施仁义"：

> 黯为人，性倨少礼，面折，不能容人之过。时天子方招文学儒者，上曰："吾欲云云。"黯对曰："陛下内多欲而外施仁义，奈何欲效唐、虞之治乎！"上默然，怒，变色而罢朝，公卿皆为黯惧。上退，谓左右曰："甚矣，汲黯之戆也！"群臣或数黯，黯曰："天子置公卿辅弼之臣，宁令从谀承意，陷主于不义乎！且已在其位，纵爱身，奈辱朝廷何！"（《资治通鉴》卷十七）

汉武帝重孙汉宣帝也指出"汉家自有制度，本以霸王道杂之"：

> 皇太子柔仁好儒，见上所用多文法吏，以刑绳下，常侍燕从容言："陛下持刑太深，宜用儒生。"帝作色曰："汉家自有制度，本以霸王道杂之，奈何纯任德教，用周政乎！且俗儒不达时宜，好是古非今，使人眩于名实，不知所守，何足委任！"乃叹曰："乱我家者太子也！"（《资治通鉴》卷二十七）

汉宣帝讲不能用"纯任德教"，就是说儒家可以作为主流意识形态，但在国家治理的操作上,还需要融汇诸子百家,尤其是法家霸道的治国之策。汉宣帝提到的"汉家自有制度",其实就是汉武帝开创的制度。

汉武帝的用人实践,绝对是不拘一格的,比如董仲舒、公孙弘、卜式、倪宽、司马迁、司马相如、李延年、桑弘羊、张骞、苏武、卫青、霍去病、霍光、金日磾等等,其中称得上儒学出身的,似乎只有公孙弘、董仲舒和倪宽。但是是否儒学出身,儒学水平的高低,不是汉武帝用人的绝对标准,公孙弘有处理实际政务的能力,得到汉武帝重用,担任宰相,而言论迂阔的董仲舒,汉武帝重视其学说,并不加以重用。

这些官员虽然不都是儒生出身,但他们的道德品行,大多不悖儒家价值观,或努力向儒家价值观靠拢。比如石建、石庆为人笃厚,汲黯、卜式为人正直,韩安国、郑当时为人忠厚。张汤,本出身文法吏,为人刻薄残忍,自从部下兒宽以经书判案,得到汉武帝的肯定,"汤由是乡学,以(倪)宽为奏谳掾,以古法义决疑狱,甚重之。及汤为御史大夫,以宽为掾,举侍御史"(《汉书·倪宽传》)。

当西汉王朝进入盛世,统一思想的要求再次被提出,董仲舒向武帝建议:"今师异道,人异论,百家殊方,指意不同,是以上亡以持一统,法制数变,下不知所守。臣愚以为诸不在六艺之科、孔子之术者,皆绝其道,勿使并进。邪辟之说灭息,然后统纪可一而法度可明,民知所从矣。"(《资治通鉴》卷十七)就禁绝异端、巩固君主专制制度而言,董仲舒和李斯的主张可谓异曲同工,不过董仲舒远比李斯高明,寻找到了与专制君主政体吻合的理论——儒学,其主张被武帝采纳,成为盛行两千多年的主流思潮。从治国理念来看,汉武帝也远比秦始皇出色。

三、 孙权偏霸

孙氏在江东的基业其实是孙策奠定的,遗憾的是在官渡决战前夕,孙策被吴郡太守许贡的门客暗箭射杀,年仅26岁。司马光分析孙策死后的形势,"时策虽有会稽、吴郡、丹阳、豫章、庐江、庐陵,然深险之地,犹未尽从,流寓之士,皆以安危去就为意,未有君臣之固"(《资治通鉴》卷六十三)。孙策在征服江东的过程中,善于团结当地豪强,也获得了南下士族和当地豪族的拥戴与支持。比如张昭是流寓之士的代表,周瑜是当地势力的代表,降华歆,赦魏腾,说明孙策是很有战略头脑的人。孙权继承了父兄善于得人死力的领袖魅力。他的优势不是战场上勇猛杀敌,冲锋陷阵,而是能像勾践一样忍辱负重,笼络人才,善用计谋,"孙权屈身忍辱,任才尚计,有勾践之奇,英人之杰矣。故能自擅江表,成鼎峙之业"(《三国志·吴主传》)。

孙权能成为一方霸主,主要有以下几方面原因:

第一,对于发展战略心中有数。

《资治通鉴》记载,孙权初次与鲁肃见面的一番对话,堪比刘备和诸葛亮的《隆中对》,奠定了孙吴政权的奋斗目标:

　　权即见肃,与语,悦之。宾退,独引肃合榻对饮,曰:"今汉室倾危,孤思有桓、文之功,君何以佐之?"肃曰:"昔高帝欲尊事义帝而不获者,以项羽为害也。今之曹操,犹昔项羽,将军何由得为桓、文乎!肃窃料之,汉室不可复兴,曹操不可卒除,为将军计,惟有保守江东以观天下之衅耳。若因北方多务,剿除黄祖,进伐刘表,竟长江所极,据而有之,此王业也。"

胡三省注曰:"江东君臣上下,本谋不过此耳。"(《资治通鉴》卷六十三)

第二,善用人才,尤其善用江东人士。

孙权重要的部下周瑜、鲁肃和吕蒙都是吴地人。《资治通鉴》记载了孙权的一些人事安排,体现了他善于用人的特点:

　　权料诸小将兵少而用薄者,并合之。别部司马汝南吕蒙,军容鲜整,士卒练习。权大悦,增其兵,宠任之。功曹骆统劝权尊贤接士,勤求损益,饩赐之日,人人别进,问其燥湿,加以密意,诱谕使言,察其志趣。权纳用焉。(《资治通鉴》卷六十三)

孙权能够偏霸江东,除了江东化策略,在宗教信仰方面也有创举。

孙坚、孙策父子对待巫觋鬼道的态度一贯是严厉镇压。如孙坚就是靠镇压"会稽妖贼"发家:"会稽妖贼许昌,起于句章,自称阳明皇帝。与其子韶,扇动诸县,众以万数。坚以郡司马募召精勇,得千余人。与州郡合,讨破之。是岁熹平元年也。刺史臧旻列上功状,诏书除坚盐渎丞"。(《三国志·孙坚传》)此后孙坚又积极参与镇压"托有神灵""以善道教化天下"的黄巾起义,以军功被封为乌程侯。

孙策平定江东时,依然对巫觋鬼道采取排斥、镇压政策,曾诛杀当时往来吴、会传道的著名道士于吉。虽然当时"诸事之者,悉使妇女,入见策母,请救之",策母也以为"不可杀之",但孙策怒斥:"此子妖妄,能幻惑众心,远使诸将不复相顾君臣之礼,尽委策下楼拜之,不可不除也。"他对交州刺史张津"常著绛帕头,鼓琴烧香,读邪俗道书,云以助化"崇信鬼道的行为嗤之以鼻,认为"此甚无益,诸君但未悟耳",不顾民众强烈反对,杀掉了于吉。孙策认为鬼道之术蛊惑人心,对于其初创的江东政权具有严重危害性,故对此必须进行暴力压制和打击。这种做法和他诛杀江东名士高岱如出一辙,"恶其收众心,遂杀之"。于吉虽死,但"诸事之者,尚不谓之死,而云尸解焉,复祭祀求福"(《三国志·孙策传》裴松之注引《吴录》)。这说明当时江东吴、会之地崇信巫觋鬼道之风浓厚,信徒众多,虽然孙策企图加以抑制,依然收效甚微。

孙权时,孙氏统治集团对江东的控制,依靠孙坚、孙策的武力征服已渐趋巩固,转而寻求以文武并用的手段来扩大统治基础,求得对江东的长久统治。孙策临终的遗言正反映了孙氏统治集团这一政策转变的端倪:"(孙策)呼权佩以印绶,谓曰:'举江东之众,决机于两陈之间,与天下争衡,卿不如我。举贤任能,各尽其心,以保江东,我不如卿。'"孙权此后延揽江东诸多名士以及徙治秣陵,都是其"以保江东"的有力举措。王永平认为:"在侨寓儒学士人的代表张昭等人的辅助下,孙权在黄武年间逐步起用了江东大族名士代表陆逊、顾雍等执掌军、政大权,实现了所谓的孙吴政权的'江东化'。"①在孙权这一政策的转变过程中,江东世家大族无疑发挥了极大作用。孙权的做法,也正符合前贤"居马上得之,宁可以马上治乎?……文武并用,长久之术也"的统治理论。这一"江东化"政策,具体来说就是在政治上大量起用江东大族名士,而在宗教信仰上则改变了以往对江东盛行的巫觋鬼道信仰的排斥、拒绝态度,转而寻求迎合民众的信仰需要。

孙权起初对待蒋子文显灵一事,延续了孙氏对巫觋鬼道的一贯排斥态度,但是在其江东名士的智囊集团劝说下,态度发生前后巨大转变,由"未之信""以为妖言",转为册封蒋子文,并为之立庙堂,鼓励百姓大事之。以册封蒋子文为契机,孙权转变了孙氏一向对江东民间信仰的高压宗教政策,反而迎合民众的普遍巫觋鬼神信仰,令鬼神为其所用。蒋子文通过巫师祝之口传达的"吾将大启祐孙氏,宜为我立祠"的信息最终还是打动了孙权。册封蒋子文,无疑是孙权巩固江东统治,取得偏霸局面的一个有效举措,也是其"江东化"政策在宗教信仰方面的体现。

第三,迁都南京,目光远大。

建安十三年(208),孙权在赤壁之战中获胜:

> 曹公新得表众,形势甚盛,诸议者皆望风畏惧,多劝权迎之。惟(周)瑜、(鲁)肃执拒之议,意与权同。(周)瑜、(程)普为左右督,各领万人,与备俱进。遇于赤壁,大破曹公军。公烧其余船,引退,士卒饥疫,死者大半。(《三国志·孙权传》)

三年后,孙权将其政治中心从京口(今江苏镇江)迁到秣陵,第二年,就在南京城西秦淮河边,修筑了著名的石头城,并将"秣陵"改名为"建业",表达在此建功立业的决心。

张纮建议:"秣陵,楚武王所置,名为金陵。地势冈阜连石头,访问故老,云昔秦始皇东巡会稽经此县,望气者云,金陵地形有王者都邑之气,故掘断连冈,改名秣陵。今处所具存,地有其气,天之所命,宜为都邑。"(《三国志·张纮传》裴松之注引《江表传》)此后刘备"宿于秣陵,周观地形,亦劝权都之。权曰:'智者意同。'遂都焉"。

这些记载好像是说孙权迁都南京的原因是看中了南京的王气,其实不然,真正的原因是孙权看中了南京乃山水形胜之地,有秦淮河可以训练水军。

《献帝春秋》记载,"权曰:'秣陵有小江百余里,可以安大船。吾方理水军,当移据之。'"(《三国志·张纮传》裴松之注引《江表传》)这才是打动孙权的主要原因,此前赤壁之战的巨大胜利,给孙权以莫大的激励,促使他定都南京,训练其强大的江东水军,以抵抗北方强敌。

第四,足智多谋,有胆有识。

考察"草船借箭"故事原型,可见孙权的足智多谋。

《三国演义》描写诸葛亮"草船借箭",借着满天大雾,把二十只战船开到曹军寨前擂

---

① 王永平:《略论孙权父子之"轻脱"——从一个侧面看孙吴政权之性质》,台湾《汉学研究》2004年第1期。

鼓呐喊。曹操怕有埋伏不敢妄动，便派弓弩手放箭。结果，诸葛亮轻易得到了 10 万多支箭，不仅挫败了周瑜的陷害阴谋，更直接削弱了曹操的军事力量。《三国演义》作为一部历史小说，对诸葛亮过于夸大，把他描写成智慧的化身、忠贞的代表，神化成了半人半神的形象。

其实"草船借箭"的原型乃是孙权，考之历史记载：建安十八年（213），孙权与曹操两军在濡须口相持一个多月没分胜负。某日为观察曹军动静，权亲自乘船观察曹军动静，"（孙）权乘大船来观军。（曹）公使弓弩乱发，箭著其船。船偏重将覆。权因回船，复以一面受箭。箭均船平，乃还"（《三国志·孙权传》裴松之注引《魏略》）。孙权没料到船身会中这么多箭，眼看船要倾覆，急中生智，设法让船身得到平衡，逍遥而退。《吴历》曰：

> 权数挑战，公坚守不出。权乃自来，乘轻船，从濡须口入公军。诸将皆以为是挑战者，欲击之。公曰："此必孙权欲身见吾军部伍也。"敕军中皆精严，弓弩不得妄发。权行五六里，回还作鼓吹。公见舟船、器仗、军伍整肃，喟然叹曰："生子当如孙仲谋。刘景升儿子，若豚犬耳。"权为笺与曹公说："春水方生，公宜速去。"别纸言："足下不死，孤不得安。"曹公语诸将曰："孙权不欺孤。"乃撤军还。

孙权数次挑战曹操，见曹军不敢动，遂凭借强悍的江东水军，亲自指挥战船入曹军中，观察动向。曹操无可奈何，发出了"生子当如孙仲谋"的感喟，无奈撤军。

故近千年后，辛弃疾《南乡子·登京口北固亭有怀》怀念孙权：

> 何处望神州？满眼风光北固楼。千古兴亡多少事？悠悠。不尽长江滚滚流。　　年少万兜鍪，坐断东南战未休。天下英雄谁敌手？曹刘。生子当如孙仲谋。

四、西晋乱局

俗话说，"司马昭之心，路人皆知"。但司马昭没有篡位，灭掉了蜀国后，他的权势进一步得到巩固和提高，之后他把权力传给长子司马炎，逼迫魏元帝曹奂退位，登上了皇帝宝座。

后世唐太宗，对西晋的事迹很关注，《晋书》就是他指示编写的，其中《武帝纪》的评论，就是唐太宗亲自撰写的。唐太宗肯定了司马炎有统一之功。为什么统一不久，西晋就灭亡了呢？

首先要归咎于晋武帝的妇人之仁，纵容骄奢淫逸之风。

《资治通鉴》和《晋书·刘毅传》都记载了这样一件事情，晋武帝有一次去南郊祭祀，办完事后，他就问大臣刘毅，他可以和汉代哪个帝王相比。刘毅回答说，您可以和汉桓帝、汉灵帝相比。武帝大吃一惊，说自己平定江南，统一天下，何至于此？刘毅回答说，桓、灵时卖官鬻爵的钱入国库,陛下卖官的钱都进入私人腰包,由此看来恐怕还不如桓、灵时。晋武帝不仅不生气,还大笑,说桓、灵时听不到这样的直言,现在能听到,说明我比桓、灵要强啊:

> 帝亲祀南郊。礼毕,喟然问司隶校尉刘毅曰:"朕可方汉之何帝?"对曰:"桓、灵。"帝曰:"何至于此?"对曰:"桓、灵卖官钱入官库,陛下卖官钱入私门,以此言之,殆不如也。"帝大笑曰:"桓、灵之世,不闻此言,今朕有直臣,固为胜之。"(《资治通鉴》卷八十一)

司马炎为人温和,不轻易动怒,但也比较窝囊,有点"妇人之仁"。西晋的权贵生活骄奢淫逸,大家喜欢比富。羊琇、王恺、石崇都很有钱,互相攀比,你用饴糖来刷锅,我就用蜡烛来当柴火烧,你做四十里的紫丝布障,我就用锦的布障五十里。你用香料涂满屋子,我就用赤石脂来涂屋。司马炎不仅不禁止这种比富的奢靡作风,反而用珍宝给舅舅王恺助阵。开国皇帝都如此纵容骄奢淫逸的风气,西晋王朝如何不短命?

> 琇,景献皇后之从父弟也;后将军王恺,文明皇后之弟也;散骑常侍、侍中石崇,苞之子也。三人皆富于财,竞以奢侈相高:恺以粘澳釜,崇以蜡代薪;恺作紫丝步障四十里,崇作锦步障五十里;崇涂屋以椒,恺用赤石脂。帝每助恺,尝以珊瑚树赐之,高二尺许。恺以示崇,崇便以铁如意碎之。恺怒,以为疾己之宝。崇曰:"不足多恨,今还卿!"乃命左右悉取其家珊瑚树,高三四尺者六七株,如恺比者甚众,恺恍然自失。(《资治通鉴》卷八十一)

其次,在接班人及辅政大臣的选择上,司马炎充满私心,犯下大错。

司马炎与皇后杨艳生了三个儿子,一个夭折,只剩下大儿子司马衷、二儿子司马柬。可司马衷智力低下,这一点司马炎是知道的。为什么还立他为太子?

第一,司马衷是嫡长子。杨皇后认为,孩子傻,是父母的错,因此不让他做太子,岂不是错上加错?司马炎当年也是嫡长子,可其父司马昭因为觉得次子司马攸更贤明,想要立为继承者,只是众大臣反对才作罢。司马炎一想起来就耿耿于怀,后来还借故逼死了弟弟司马攸。这一点大概对司马炎影响很大,导致他不愿意做出废兄立弟的决策。

第二,司马衷生了一个聪明的儿子。司马衷有点傻,但是生了一个孩子司马遹,非常聪明:

> 宫中尝夜失火,帝登楼望之,遹年五岁,牵帝裾入暗中曰:"暮夜仓猝,宜备非常,不可令照见人主。"帝由是奇之。尝对群臣称遹似宣帝,故天下咸归仰之。帝知太子不才,然恃遹明慧,故无废立之心。(《资治通鉴》卷八十二)

第三,司马炎为太子选妃失误。贾南风的母亲叫郭槐,送杨皇后很多钱,进呈画像时,把贾南风画成一个大美女,成功骗过晋武帝。直到婚后拜见,大家才知道贾南风粗黑短胖,实在不堪为太子妃。司马炎并没追究这些人欺君罔上的罪行。

贾南风性格强悍善妒忌,对怀孕的妃嫔下毒手,也赶走了司马遹的生母。司马炎想

废掉她,又被杨皇后等人劝阻。司马炎的妇人之仁,使此事不了了之,埋下了后来"八王之乱"的祸根:

> 初,贾后之为太子妃也,尝以妒,手杀数人,又以戟掷孕妾,子随刃堕。武帝大怒,修金墉城,将废之。荀勖、冯统、杨珧及充华赵粲共营救之,曰:"贾妃年少,妒者妇人常情,长自当差。"杨后曰:"贾公闾有大勋于社稷,妃亲其女,正复妒忌,岂可遽忘其先德邪!"妃由是得不废。(《资治通鉴》卷八十二)

第四,辅政大臣选择失误。司马炎选辅政大臣,一个是汝南王司马亮,一个是皇后之父杨骏。杨骏无才又无名望,只是因为女儿相继为皇后,才飞黄腾达。司马炎觉得杨骏出身小官,平庸无能,没有野心,况且没有儿子"孤公无子",没有什么非分之想。

不料,晋武帝病重期间,杨骏却野心勃勃,想独揽朝政,排挤司马亮,撤换武帝身边的侍从,武帝发现司马亮没来,侍从也都更换了,只是对杨骏说了一句:"你怎么能这么干?"因为武帝神志不清,杨皇后宣口谕,命杨骏为"太尉、太子太傅、都督中外诸军事、侍中、录尚书事",武帝"视而无言",不久驾崩。就这样留下一个傻子皇帝晋惠帝,一个强悍善妒的皇后贾南风,一个志大才疏,却野心勃勃的辅政大臣杨骏。这无疑为后面的大动乱局面,埋下了导火索。

武帝死后司马衷继位,成了皇后贾南风的傀儡。杨骏独揽大权,用小恩小惠收买人心,可并不奏效。永平元年(291)贾南风利用宗室诸王的不满,矫诏引楚王玮领兵入朝,诛杀杨骏。又利用楚王玮杀死汝南王亮,转手又杀死楚王玮,独揽大权。之后,元康九年(299)贾南风又废掉司马遹,既而杀之。这些恶行,激起了诸王和朝廷大臣的强烈不满,永康元年(300),赵王伦杀贾南风,八王之乱的矛盾进入激化阶段。从永平元年(291)到光熙元年(306),汝南王司马亮、楚王司马玮、赵王司马伦、齐王司马冏、长沙王司马乂、成都王司马颖、河间王司马颙、东海王司马越等八王先后卷入疯狂的权力之争,史称"八王之乱"。"八王之乱",消耗了西晋的势力,永安元年(304)蜀中的成氏和山西的匈奴人刘渊,率先起来造反,揭开了"五胡十六国"大乱的序幕。

直到光熙元年(306),东海王越迎晋惠帝入洛阳,成都王颖、河间王颙相继为其所杀,"八王之乱"才算终结。次年,司马越又毒死晋惠帝,立其弟司马炽为晋怀帝,独揽大权。16年中,诸王旋起旋败,无数民众被杀,社会经济遭到严重破坏,西晋统治集团力量消耗殆尽,隐伏的阶级、民族矛盾迅速爆发,进入"五胡乱华"时代,中国由此进入大分裂时代,直到隋朝开皇九年(581)才重新统一。

八王之乱的原因,除了贾南风的弄权挑拨之外,也在于西晋立国的制度安排,有致命的缺陷。

曹魏时曹爽当政,有人指出若不分封宗室诸王,政权可能转入异姓之手,曹爽不听。之后,司马氏家族果然夺取了曹魏政权。因此,西晋建国初期,晋武帝恢复了古代分封制,大封27个同姓王,并不断扩大宗室诸王的权力,诸王可自行选用国中文武官员,收取封国租税,这埋下了"八王之乱"的内因,导致诸王纷争,酿成一场大动乱。可见分封或不分封各有利弊,关键要看历史条件,不能简单地非此即彼。

再好的制度,关键还在于人执行,这就必须要选拔贤明的接班人。晋武帝以一己之私,选择有智力障碍的儿子作为接班人,加上诸王跋扈,内有权力欲望极强的悍妻,野心勃勃的辅政外戚,加上对内迁的少数民族缺乏戒心,疏于管理,西晋的灭亡,也就不可避免了。

《徙戎论》是西晋文人江统的著名政论文,写于元康九年(299)。江统鉴于当时游牧民族大量内迁,与汉人杂居,提出"此等皆可申谕发遣,还其本域,慰彼羁旅怀土之思,释我华夏纤介之忧"的主张。当时西晋贾后当政,不予理睬,不到十年即进入"五胡乱华"时代。

> 太子洗马陈留江统,以为戎、狄乱华,宜早绝其原,乃作《徙戎论》以警朝廷曰:"……夫为邦者,忧不在寡而在不安,以四海之广,士民之富,岂须夷虏在内然后取足哉!此等皆可申谕发遣,还其本域,慰彼羁旅怀土之思,释我华夏纤介之忧,'惠此中国,以绥四方',德施永世,于计为长也!"朝廷不能用。(《资治通鉴》卷八十三)

> 帝不能用。未及十年,而夷狄乱华,时服其深识。(《晋书·江统传》)

推荐书目

司马光《资治通鉴》(第2版),中华书局2011年
王夫之《读通鉴论》,中华书局1975年
张国刚《资治通鉴与家国兴衰》,中华书局2016年
张国刚《资治通鉴启示录》,中华书局2019年
柏杨《柏杨版资治通鉴》,人民文学出版社2020年
王仲荦等编注《资治通鉴选》,中华书局1965年

第十章 《水浒传》导读

一、《水浒传》其书

《水浒传》是白话长篇英雄传奇小说的开山之作,也是明清英雄传奇小说的代表作。英雄传奇小说与以《三国演义》为代表的历史演义小说同源,都来自宋代"说话"艺术中的"讲史",鲁迅《中国小说史略》将其归于"讲史",称"叙一时故事而特置重于一人或数人者"。清代人另称为"英雄传奇"。

关于《水浒传》的作者,明代高儒的《百川书志》题作"钱塘施耐庵的本,罗贯中编次"。其意是说施耐庵写的底稿,罗贯中进行了加工整理。而一般认为罗贯中为《三国演义》的作者。这里颇有几个疑问:一是高儒的说法真实性、可靠性有多大? 如果高儒所言为真,则两书作者应为同时代人,两书也基本产生于同一时代,若一部定为明代前期的作品,则另一部也应是。但《水浒传》非明代前期的作品,而极有可能是明代嘉靖后的作品,则《三国演义》也应是明代后期的产物;二是罗贯中与施耐庵及《水浒传》之间是否真有这样的关系,若是,为何《水浒传》平方腊部分的集团战争描写,远不如《三国志演义》精彩? 三是罗贯中、施耐庵是否真为《三国演义》《水浒传》的作者? 这原本就未形成定谳。所以,从严格学术意义上讲,以上这些疑惑,实际至今都还没有得到很好地解决。关于施耐庵的籍贯,有说扬州兴化(今属泰州),有说钱塘杭州,也有说籍贯兴化,曾于杭州为官而定居。关于其生活时代,有人说是元末,有人说是明代。

《水浒传》的版本相当复杂,繁简、回数不一。繁本有七十一回本、一百回本、一百二十回本三种。简本则有一百零二回本、一百一十回本、一百一十五回本、一百二十四回本等;另外,简本中也有一百二十回本和不分卷本。七十一回本为金圣叹"腰斩"本。最好的版本是容与堂刻本,书名叫《忠义水浒传》,一百回,一般认为最接近创作原貌。一百二十回本增加的平田虎、平王庆的二十回,是明末书商为赚钱而加上去的,插入痕迹明显。

《水浒传》的创作年代与作者都还存疑,一般认为是明初作品,但有学者考证,自明初至明嘉靖150余年间,未见有该书的刻本,社会上并未见该书的传播。日本学者研究发现,《水浒传》与元杂剧中的"水浒戏",无论从人物到故事差距都很大,因此《水浒传》不可能是元末明初的作品。亦有学者根据该小说中的一些内证资料,证明《水浒传》不是元末明初的作品,如石昌渝先生通过该书中对土兵的描写、银子的使用,以及子母炮等武器的出现,考证该书极有可能创作于明代嘉靖年间。如《水浒传》中写到武松身边带一个土兵,这个土兵似乎成了武松的仆人,为之做饭浆洗等。土兵制始于宋代,以边民征作守边土兵,因他们熟悉适应其环境,但非国家正规军事建制,故曰土兵。明初仍有其制,明中期后则土兵制名存实亡,已非边地守土守关者,沦为内地杂差杂役等类角色,正与小说中的土兵相印证。再如,《水浒传》中的人物无论酒馆饮酒吃饭还是日常交易,皆用白银作为货币,白银俨然已成为广泛使用的流通币种了,但明代嘉靖之前,流通所用货币还是以铜钱为主,银子一般不作为流通货币用。到明后期,银矿的发现与开采,使得白银产量大增,银子才开始作为流通货币大量使用。由此来看,《水浒传》也不可能产生于嘉靖之前。随着《水浒传》产生年代的存疑,其作者亦相应存疑。

作为英雄传奇小说的代表作,《水浒传》写江湖好汉,写草莽英雄。鲁迅先生曾说:"中国确也还盛行着《三国志演义》和《水浒传》,但这是为了社会还有'三国气'和'水浒气'的缘故。"(《中国小说史略》)"三国气"是说社会需要重整河山的仁明君主,需要一种民族精神;"水浒气"是说民间需要除暴安良的侠义之士,需要一种人间正气。这可以说是《水浒传》这部书的思想价值的体现。当然,这里要明确一个问题,即《水浒传》中这些日后上梁山者为"江湖好汉"或"草莽英雄","好汉"与"英雄"大致同义,"江湖"与"草莽"义亦相当。但关键是"江湖""草莽"所指代的内涵,是说这些人在归梁山之前,大都不同程度地存有江湖习气、狭义义气观,往往表现为快意恩仇。即有恩必报,而不论是非与曲直;有仇必报,而不择策略与手段。如上梁山之前的武松就很具有这方面的典型性。往往表现为个人之间、小团体之间的"私义",而非完全道德层面上的"正义",更非民族国家层面上的"大义""公义",虽然也经常表现为"杀富济贫"式的正义自觉,但也有很强的自我意识裹挟其中,所以"英雄"与"好汉"前才加上"江湖"与"草莽"等来修饰。这使得这些人物不像《三国演义》中的人物那样成为道德正义等的化身式人物、标签式人物,他们身上既有很浓的传奇色彩,又有社会普通饮食男女的本真的一面;对他们的塑造,既以传奇性刻塑其英雄主色,又以市井气皴染其世俗杂色,因而显得更有生活之真与历史之真。这些从市井走出来的英雄,既让我们看到了英雄好汉的养成,和从私义小义到公义大义的真实成长过程,又看到了丰富鲜活的市井百态。

从宏观层面看,《水浒传》虽然也写了很多大大小小的战争,也指向了国家政治层面,但它的民间色彩、市井意味之浓之重,却是掩盖不了的,它走的是与《三国演义》不同的路子。

二、 一幅社会风情画

鲁迅《中国小说史略》中称《水浒传》是"为市井细民写心"。从表面上看,小说写的是江湖好汉与官府之间的对立,写的是打打杀杀。但小说的主体性质,小说的最大看点,在于市井气,在于勾画出一幅社会风情画。尤其是第七十一回"梁山泊英雄排座次"之前的部分,市井气最浓。

"三国故事"有更多历史事实的依据,主要是在说书艺人"讲史"范围内渐次丰富、有序积累并最后形成定本的。而"水浒故事"由于只有一个模糊的历史事件和历史人物作为起点,无论是故事情节,还是场景人物,都是在吸纳"小说"技艺的创造中累积的。即使到了《水浒传》成书,经过了数百年艺人和文人的增删加工,其缀合拼凑的痕迹还是存在的。以百回本而言,不仅七十一回以前演述众多英雄好汉的出身经历的故事主要源于"小说"艺人的创造,甚至七十一回以后受招安、征方腊,也只是根据模糊的"历史记忆"和"讲史""平话"的需要敷衍而成的,征辽则完全是没有历史根据的虚构。

值得注意的是,《水浒传》最吸引读者的部分,即所描写的草莽英雄的传奇故事,基本上谈不上是关系国家、民族命运的军国大事或重大历史事件。这是因为宋元时期"说话"艺人创作的素材,多是来自民间的传闻,不过是城乡生活中出现的奇人异事,艺人们以此为出发点"随意据事演说",也只能是根据当时城乡社会生活加以艺术创造。因此,"说话"艺人们的创造首先是对时代社会生活的描摹和对现实人物的刻画,并在《水浒传》中得到了较多的保留。

打开《水浒传》,首先呈现在我们面前的是一幅幅中国两宋以来城乡各地,特别是从京都到大小城镇的"社会风情画"。比如,东京浮浪子弟高俅因为球踢得好的发迹史;鲁智深照看东京大相国寺菜园子,及与泼皮无赖们的故事;高衙内调戏林冲娘子,导致的林冲的悲剧等。这些都发生于东京,京师各色人等的众生相,东京的街道、酒楼、寺庙等,描绘得如在眼前。

同样,"宋江怒杀阎婆惜"和"武松怒杀西门庆"等故事的描写,又把郓城、阳谷这样的小县城中的市井生活、邻里关系、人生百态等世相民风生动地刻画出来。这种描写本来就是宋元说唱艺人,特别是"小说"讲唱者基于当时社会生活的口头创作,保留着大量的对社会生活"原生态"的描写。

即使写到梁山好汉们,写他们行侠仗义的同时,也没有违背生活的原貌将其拔高,也写了他们杀人放火、为达目的不择手段的暴力行径,也在很多地方写了他们对金钱物欲的渴求,以及种种人性中的弱点,这些都是世俗的社会的民生的。英雄好汉的"仗义疏财"主要是"市井细民"心目中的"仗义疏财",英雄好汉的"义"也主要是"市井细民"心目中的"义"。

比如围绕武松形象塑造的一系列事件中,呈现出来的主色调始终是市井风情。潘金莲故事,串联起的是阳谷县小城风情,走街串巷、靠卖炊饼养家的武大郎,银匠何九叔,开茶铺的王婆,挎着篮子卖梨的乔郓哥,一个个都是鲜活的再普通不过的市井小商人。像乔郓哥,甚至连小商人都算不上,只不过是以卖梨为幌子,实际靠卖穷以得大户富豪的赏赐为生,让我们看到了市井中人不依赖土地而谋生的艰难。同样,孤独无依的王婆,仅以区区一茶馆,似也难以过上宽裕的生活,也借茶馆做起了茶馆之外的买卖。而银匠何九叔,不但眼细活细,而且心也细,被逼为武大治丧,却能偷藏骨殖以备他日所用,主观自保、客观为武大鸣冤的复杂心思展露无遗,这就是市井的历炼。

像晁盖等七条好汉劫持生辰纲事件,其原动力并非缘于梁中书上供生辰之物是来自民脂民膏,他们不是为民请命才去劫财,而只是缘于一种浅层面的直观式的判断——

不义之财,即不必深究其财因何"不义",反正是不义之财即可劫得,故劫得不义之财后,也就理所当然地私分了。实际也是占他人之财而已,因为他们并没有从不义之根上去寻找劫后处理之道,故财来得容易,自然也不珍惜,就有了白胜的豪赌,并从这一戏剧性的关节上事发。这显然体现了市井小民的一种义利观。

所以,读《水浒传》的前七十回,市井气扑面而来。后半部分的集团战争,因为是在史书记载基础上的想象,不但市井气基本看不到了,就是集团战争描写,也远没有《三国演义》有看点。所以,《水浒传》这部小说前后呈现出不平衡性。前半部分,写的虽然是一个个刚勇甚至凶狠的"草寇"形象,打家劫舍,杀人越货,应该有很浓的血腥气、杀伐气,却反而导向了丰富而鲜活的市井中,充满着浓浓的市井气,现实画面、俗世色彩给人以如临其境之感,江湖味反而变淡。而后半部分,虽然写的是战争,且是集团战争,大跨度、大场面、大气魄,却又写得平平,既无奇计妙计的充分展现,也无特色鲜明的模范战例,更未描绘出辉煌史诗式的战争风云画卷。比如打方腊的二十回,梁山七八十名兄弟或战死、或病死,要在短短的二十回中一一安排交代他们的结局,故战争描写多注重于过程叙述,既不曲折也不生动;在人物刻画上,一次战斗动辄安排十数员甚至更多的梁山好汉出阵,所以这些临阵好汉完全没有个性化的形象塑造,只是仓促交代一下而已,有的好汉在战斗中的表现及结局,也只是靠他人的简单叙述带出,几无精彩可言;吴用等军师级的人物,也无扣人心弦之奇计妙计的谋划,显得那么暗淡无光,甚至显得可有可无。所以,《水浒传》不但前后写作氛围不统一,而且艺术处理上也有轩轾之别。这恰说明此题材在长期的民间演绎中,书商的介入太多,而导致艺术水准存在参差。

三、 好汉背后的女推手

《水浒传》前台好汉写得热闹,后台女性也写得不凡。《水浒传》中写得最精彩的好汉形象多由女性引出,女性成为其走进故事的有力推手。水浒女性不仅具有叙事学意义,而且决定着该书的主题性质,助推着该书的思想高度,体现着作者的"为市井细民写心"的艺术深度。

"好汉背后的女推手"意义之一:具有叙事学意义——将好汉推向故事的中心,推向江湖前台。

《水浒传》中,鲁智深因金翠莲,林冲因娘子,宋江因阎婆惜,武松因潘金莲,王英、花荣因刘高之妻,杨雄、石秀因潘巧云,雷横、朱仝因白秀英,燕青、卢俊义因贾氏,而被推向小说的故事中心,并逐步走向江湖前台。在这一走向中,所关涉的女性,不仅起了重要作用,而且与女性相关联的案件,也都明确限定在民事案件、刑事案件中。女性成了男性英雄好汉上山的一股助推力量。

基本写作定式是:塑造英雄好汉的事件不只一桩,但与女性关联的事件一般是重头戏而写足,好汉的人生转折与形象提升从重头戏中来;关联女性的事件有意避开政治引向市井,或淡化政治性质加重民事色彩;女性一旦介入,便开启好汉个体或群体塑造的情节上的紧密逻辑演进,与形象内涵上的层级递进模式。作者找到了一个很好的写作支点而方寸不乱。

宋江本身做着郓城县押司,属于体制中人,于官场、于江湖都混得风生水起。屈居底层小吏,又处遍地江湖之世,造就了他的精明,他为自己的人生铺开了多条道,甚至这些道是不相联通的,但他始终清醒地沿着自己认定的"平衡"之道走。劫持生辰纲事件暴露后,他一方面冒着生命危险给晁盖送信,一方面又努力置身事外,收信却金的行为,表明他内心深处也在努力抵挡着江湖的诱惑,寻求自我平衡,这种强大的定力,非常人可比拟。既与晁盖暗通,作为刀笔小吏出身的宋江,自然能明判其事件性质,更明白自己已置身于这一重大政治事件中了。但作者偏偏不让他按政治事件走,而硬拉回一般刑事案件里,以怒杀阎婆惜作为他人生转折之始,用市井情色来包裹他的政治心机。而宋江对阎婆惜的包养,与阎婆惜的相处,充满浓郁的市井气。二人没有婚姻之实,难有家庭之象,"情"的背后是金钱,一者需要金钱安身立命,一者需要金钱买"情"享受,一种很典型的露水夫妻状态。而宋江却又表现得"好色"气并不见长,英雄气也不见消。唯其如此,又造成了阎婆惜的"滥情",以宋江提供之金银养"小白脸"张文远,而张文远还是宋江的"同事",宋江明知却又不解除"包养"关系。这可能就是商品经济气息充溢其间的市井生活的"时髦"模式。阎婆惜事件后的宋江,虽没有一步而跨向江湖前台,但投奔清风寨的花荣,已不幸卷入江湖风浪中。所以,杀惜之后的宋江,尽管主观上远离江湖,而客观上却无时不在靠向江湖。正是这种纠缠与反复,才塑造出一个多面的、复杂的宋江。

所以,《水浒传》女性在叙事学上的价值与意义是:人物与故事情节的衔接链条作用。如果没有有关女性,某些英雄好汉的出场及故事情节的展开,就失去了衔接链条,也失去了现实基础;而且,以市井饮食男女日常生活习见现象,一步步导出被逼上梁山的结局,比以惊天动地的大事导出,更能强化小说的现实意义。

"好汉背后的女推手"意义之二:决定着小说的性质——"为市井细民写心"。

从表面上看,《水浒传》中,男性在前台,女性在后台,但在实际写作中,作者又巧妙地临时转换着女性前台写法和男性后台写法,笔墨转换间始终紧扣着世情。但作者的终极目的很明确,一切都是为英雄好汉造势,为好汉培养生长的土壤,因而也就决定着小说的"为市井细民写心"的性质。

潘金莲事件中,潘金莲直接走向了前台,西门庆、王婆成为配角,甚至武松也被暂时隐到了后台,当然这一切是为武松的人生走向做铺垫,是"背面敷粉"写法。其实,市井俗世生活最普遍的无非是饮食男女之事,食、色加金钱的催化剂,就滋生出市井百态与人生百相。潘金莲的身与心的偏离、贞与淫的导向,王婆类角色的变异,武大郎人格的扁平化,西门庆欲望膨胀的球型化个性,以及武松自证其正的心气,都因市井社会这个大染缸而杂色纷披。

潘巧云形象也基本是前台写法。在杨雄、石秀上梁山前的情节中,一直是以潘巧云为主角。杨雄总是早出晚归,甚至还不及石秀给人的印象深刻,二人被潘巧云的偷情描写夺去了光彩,最后也只来了个残忍血腥的翠屏山剖腹挖心,旋即走向了梁山。不过,潘巧云的偷情之笔，丝毫不减潘金莲，偷情的信息量太大，因为偷情对象是出家和尚；偷情的手段"精彩绝伦"，有相约暗号，这暗号竟是头陀敲梆子；和尚诱导的手段也不亚于王婆的"十件挨光计"，密室看佛牙，大白昼私会；巧云之毒也不亚于金莲，泼脏水于石秀，离间兄弟关系，有一石二鸟之效。虽然将偷情写至无以复加，但这样的事件恰恰是市井世俗的产物。于是一个操刀刽子手，一个流落砍柴汉，同样由一桩市井通奸事件而变成梁山好汉。

结论是，《水浒传》中的女性，决定着"为市井细民写心"的主导性质。《水浒传》的最大看点，在于市井气，在于勾画出一幅"社会（市井）风俗画"。它的打打杀杀，置于前半部分的单个或群体好汉的描写中，因为与市井气相渗相融，写得精彩有看点；后半部分的集团战争，正是因为少了这种市井气，反而少有看点。

"好汉背后的女推手"意义之三：助推着小说的思想高度——"官逼民反""逼上梁山"。

这方面林冲是最典型的代表。作为东京八十万禁军教头的林冲，有较高的社会地位，幸福的小家庭，加之事件出于高俅之子，高俅又是他的顶头上司，所以也就有充分理由理解林冲在威逼乃至恶毒陷害之下，仍然一忍再忍的处理方式了。事件起因无非是一恶少调戏良家妇女，当然调戏的是一中上层军官之妻，性质更加恶劣，但再恶劣也仍属民事性质，上升不到政治高度，受害者林冲反而还曾试图息事宁人。高衙内调戏林冲娘子，高俅发现后如果就此打住，哪怕出于护子私心而不了了之，林冲即使恶气难出，但事件也就只停留在民事层面了。高俅偏偏积极介入，并进一步引导事件性质转变，白虎节堂毒计的设立，计虽出于害人，行计环境却有意以军事重地渲染，而为害林冲一命，又火烧大军草料场，直接动用国器以逞私欲，从某种角度讲，是高俅亲手导演了一场大戏：由普通民事案件向重大政治案件转移，那么林冲的"雪夜上梁山"就有了不寻常的意义了。

第三十二回起的清风寨一段，这场事件所围绕的核心人物是宋江，但使事件走向复杂化、事件性质朝着官方期待的结局逆转的，则是一个普通女人——清风寨知寨刘高之妻。从小说描述看，青州的三处恶山，各有一伙强盗霸占，为此朝廷特设军寨，以维护青州三山地区的治安。但军寨并未见积极缉盗，山盗自强，而军寨自安，彼此划界自治。偏偏这清风寨文寨主刘高与武寨主花荣又不和，刘高是个贪鄙无能而又"不识字"的文官，刘高之妻又"极不贤，只是调拨他丈夫行不仁的事，残害良民，贪图贿赂"；青州知府慕容彦达是徽宗贵妃之兄，"倚托妹子的势，要在青州横行，残害良民，欺罔僚友，无所不为"。一个知府，一个知寨，再加一个邪恶妇人，就把青州搞得天地颠倒。而作者偏偏让一个妇人在其中起了巨大的催化作用：宋江从好色的王英手里救了刘高妻，刘妻向丈夫隐瞒实情，反诬其为劫人贼首，宋江被刘高捉拿，花荣与刘高之间矛盾加剧，再加上慕容知府的昏庸，结果青州都监黄信、兵马统制秦明等都成了这恶毒妇人搅局的工具，秦明一家妻小还被慕容知府杀死，结果本是为朝廷效命的政府军官花荣、黄信、秦明等纷纷倒戈，与清风山强盗成为一家，齐投梁山。这一段描写，涉及人物众多，事件纷繁，但决定事件性质逆转的关键因素，却是一个女人，可见作者写作的机巧。

结论是,《水浒传》中的女性,对该小说"官逼民反""替天行道"的思想高度起助推作用;梁山好汉的养成,并非一开始就从政治和体制上与统治者进行对立,恰恰是从情情色色、道德伦常、柴米油盐等人性最基本、生活最本色处出问题。好汉涉案,多由民事、刑事而逼升至政治,于是,小说的思想就有了新高度。

《水浒传》中的女性,既让小说摇曳生姿,也是作者相当缜密的深度安排。从某种角度讲,读懂了小说中的女性,就读懂了《水浒传》。

四、 水浒气与受招安

"水浒气"也就是草莽英雄气,江湖作风。一是重义气,二是快意恩仇。处事方式是:有恩必报,而不论是非曲直;有仇必报,而不问何种手段,典型形象如武松。英雄的正面是路见不平,拔刀相助;扶危助困,劫富济贫,典型形象如鲁智深。社会有不平,人生有不幸,政治有黑白,当国家机器不能很好地伸张正义时,需要这样的草莽英雄站出来,即社会需要"水浒气"。

武松与"好汉"的称谓连接在一起,称好汉武二郎,是典型的江湖好汉。景阳冈打虎,怒杀西门庆,十字坡打店,醉打蒋门神,大闹飞云浦,血溅鸳鸯楼,一系列武打事件打出了典型性格。一是强烈的复仇意识,是武松的性格基调。有仇必报是江湖习气的一种典型体现,作为从江湖中历炼出的人物,报仇也不冲动莽撞,而是胆大中透出心细。如武松为兄长武大郎报仇杀潘金莲、西门庆事件,是先寻找证人、收集证据,找到了深谙其事的何九叔、乔郓哥等人,掌握证据后,先经官府断案,官府因收受西门庆贿赂而不管,这才采取个人复仇方式,而个人复仇也是做得滴水不漏,把邻居、证人找来,安排下记录人员,一切做足,才真正开始杀人复仇。作为英雄好汉,明人不做暗事,也是其行为方式,武松在血溅鸳鸯楼事件中,杀死张都监、张团练、蒋门神后,蘸着死者的鲜血,在墙上写下了"杀人者打虎武松也"几个大字,的确有敢做敢当的勇气。江湖复仇方式,有时不择手段,如血溅鸳鸯楼中,该杀的只有张都监等三人,其他人本不该死,但武松一夜杀死十余口,这就非常血腥了。二是知恩必报、敢为朋友两肋插刀。武松为施恩夺快活林事件中,作者用了一个"义"字,其实这个"义"在这里颇值得商榷,快活林地盘、快活林酒店,原属施恩的,后被蒋门神恃强抢夺,蒋门神的行为肯定是要受谴责的,但为施恩再夺回来,就属于正义吗? 很难说,至少这只是一种帮朋友的私义行为。武松就是这样的一个江湖好汉,豪侠中夹杂着蛮勇,仗义中包容着威胁;报仇务要彻底痛快,不管是否残忍;报恩必定全心全意,不论是非曲直。这就是好汉武二郎的个性,是典型江湖作风的体现,这种以强治暴、以强治恶式的好汉,民间需要。

鲁智深则是一个"赤条条来去无牵挂""路见不平一声吼,该出手时就出手"的充满正义感的江湖好汉。主导性格是慷慨豪爽,嫉恶如仇,主动出击,好打抱不平。在他身上,真正体现着"路见不平,拔刀相助"的义勇精神,他的响亮口号是:"杀人须见血,救人须救彻""禅杖打开危险路,戒刀杀尽不平人"(容与堂百回本《水浒传》第二回)。为搭救本不相干的金氏父女,而去拳打镇关西,将鲁智深的这种公义个性刻画得鲜活丰满而生动无限。当封建国家机器运转不灵时,处在社会底层的弱者,呼唤武松的出现,更呼唤鲁智深的出现,社会需要"水浒气"。

宋江是一个双面角色,他既是促进梁山事业兴旺发达的重要因素,又是导致梁山事业因招安而失败的重要因素。他在上不上梁山问题上一直存在一种矛盾心态,这决定了他反抗、动摇,再反抗、再动摇,二者在不同阶段互有消长。而最终还是走向妥协道路,葬送了梁山事业,也断送了个人生命。

宋江走的是一条劣化选择的道路,这里所说之劣化选择,是相对而言的。从反抗腐朽政府、反抗黑暗官僚层面而言,上梁山走上起义道路是最优选择,宋江却在人生的每一个十字路口,都选择的是下策,尽量避免上梁山,所以初期走的路,是一种劣化选择之路。宋江杀阎婆惜后开始亡命生涯,但他不去梁山,而是投奔花荣、柴进;大闹清风寨后,走投无路只能上梁山,但途中得父诈死假信,于是跑回家去,结果束手就擒,被发配江州充军;经过梁山,却坚持不上山,宁愿去江州,结果因题反诗而被判死刑。众好汉劫了法场,无可选择了,才勉强去梁山。

宋江改"聚义厅"为"忠义堂"的用意是将"忠"置于"义"之前,让兄弟之义服从于对朝廷之忠。这里的"义",有保本固元,团结义军兄弟,壮大梁山事业的作用;这里的"忠",有为义军兄弟寻找出路与归宿的预做准备之意。而"义"与"忠"的结合就是"替天行道"。这里涉及宋江的途径选择、时机选择与策略选择。

宋江有三大选择:途径选择、时机选择、策略选择。首先是途径选择,通过向朝廷表"忠"以通向招安之路,这个选择既有宋江个人的主观意愿,也有梁山事业发展至一定规模后的实际考量,还有对其他梁山好汉出路的思虑。如果没有准备好改朝换代、建立新政权的条件,没有远大的理想与抱负,就只能局限在现有政权与朝代框架下,在不动摇最高统治者的前提下做文章、寻出路,受招安则是一个既现实又理性的选择。所以,宋江的途径选择有很大的局限性与目光短浅性,但置于具体的历史环境中,是可以理解的,也难说要厚非之批判之。其次是时机选择,梁山政权虽给了大宋政权以震撼性的触动与打击,但朝廷上层始终将其作为反叛者的角色加以对待,而并未对自身进行反观内省,体制及治世理念一如既往,奸谗之辈仍立而不倒。梁山好汉的愿望、梁山政权的追求,并未与大宋朝廷的治世理念形成交叉点,更未有共鸣处。而在此种情况下,宋江等即急于受招安,显然时机不成熟。时机的选择错误,又必然导致策略选择的不当。招安大计,关乎身家性命,关乎事业成败,却靠一个皇帝的"粉头"(李师师)疏通。梁山数十万大军,加一智多星军师,却不及一私妓凭色通天。宋江尽忠之举靠施之以小伎俩,皇帝万乘之尊却行之以偷香术,草寇谈大义,皇帝逞私欲,不但极具讽刺意味,而且这种策略选择简直是荒唐可笑的,近乎儿戏。

从深刻层面上讲,宋江接受招安显示的是宋江既要保住梁山事业,又要为梁山众兄弟寻找出路的良苦用心。从某种角度讲,也是作者的一种探索。历史上还没有这种起义不变质而成功的先例。

推荐书目

施耐庵《水浒传》,人民文学出版社 2016 年

金圣叹著,周锡山编校《贯华堂第五才子书水浒传》,万卷出版公司 2009 年

施耐庵、罗贯中著,李贽评《李卓吾评本水浒传》,上海古籍出版社 1988 年

朱一玄、刘毓忱编《水浒传资料汇编》,南开大学出版社 2012 年

侯会《〈水浒〉源流新证》,华文出版社 2002 年

马幼垣《水浒论衡》,生活·读书·新知三联书店 2007 年

马幼垣《水浒二论》,生活·读书·新知三联书店 2007 年

陈洪、孙勇进《漫说水浒》,人民文学出版社 2000 年

阳建雄《水浒传研究》,江西人民出版社 2010 年

第十一章 《西游记》导读

一、《西游记》其书

《西游记》是中国古代白话长篇神怪小说的开山作和代表作。

《西游记》取材于玄奘取经故事。玄奘原名陈祎，河南缑氏县（今洛阳市偃师区境内）人。唐贞观初，玄奘偷越国境，只身去天竺取经，历时 17 年，行程 5 万余里，历经 130 多个国家和城邦，取回梵文佛经 657 部，在大慈恩寺翻译佛经 10 余年，译出佛经 1000 余卷。

玄奘回国后，由他口述，弟子辩机记录整理成《大唐西域记》，其后再传弟子慧立等人又写成《大慈恩寺三藏法师传》。《大唐西域记》记录玄奘西行取经的艰苦经历，和西域邦国的神奇风土人情，由于那个时代人们的信息闭塞，对外国的风土人情知之甚少，故这本书的内容，对于中国人而言，就充满着很强的神秘色彩，激发人们的无限想象；《大慈恩寺三藏法师传》为弘扬佛法，光大玄奘锐意取经、不畏艰难的精神，自然在里面夸大了玄奘沿途的所历所闻，不乏神奇怪异色彩。这样一来，本是历史人物、历史事件，却在慢慢向神怪性方向发展，并经民间的再创作，而向神怪题材转变。

到南宋，有话本《大唐三藏取经诗话》，主角已是猴行者，另外还有一个"深沙神"。元代有《西游记平话》，又增加了黑猪精"猪八戒"。元杂剧还有大量的取经戏曲。这些都是《西游记》成书的主要素材来源。"一师三徒"格局，在《西游记》成书前基本出现。

《西游记》作者吴承恩，字汝忠，号射阳山人，淮安山阳人。但存疑，其他说法，有长春真人丘处机，已被否定。近年又有唐顺之后代唐光禄等说法。吴承恩，是明后期淮安府的文人，有诗文集传世，应属明代淮安府最有名的诗文家。虽然《西游记》作者是否为吴承恩尚存疑，但该小说的确有很强的淮河文化因素的呈现。《西游记》师徒西行取经所历众多妖魔鬼怪，所历众多凶山险川，当然是浪漫主义的想象，但淮安盱眙的一座山的名字就曾在该小说中真实出现过，也是一个例证。

《西游记》一百回，现存明清版本 14 种，其中以金陵世德堂刻《新刻出像官板大字西游记》为最早与最好版本，简称世德堂本或世本。

《西游记》体裁为神怪小说，此类小说又有神魔小说、神话小说之称，科学的称呼应是神怪小说。神怪小说在中国有四种类型：

一是神怪史话类。源头是先秦的史话。借一定的历史人物或历史大背景作为由头，演述虚构的神怪人物的神怪故事,抽象地反映特定历史时期的社会心态。如《封神演义》。

二是神怪世情类。作品中的主要人物是鬼妖物怪,但作品的旨趣是叙人情世态。这类作品在神怪小说中不多,以清代为多,因为清代的神怪小说有与世情小说合流的趋势。如《雷峰塔奇传》《绿野仙踪》。

三是神怪寓意类。源头是先秦的寓言。通过荒诞的情节,以幽默、嘲讽、谐谑的笔调,来抒发作者的寄托,似寓言又非寓言,故而称神怪寓意类。寓意性是富有生命力的,成就也最高。《西游记》是代表。

四是神怪仙佛类。这类小说占比重很大,原因是中国小说受佛、道两教影响很深。一方面,"佛道入小说",即小说中演佛、道故事与佛道人物;另一方面,"小说入佛道",即佛、道二教借小说进行宣传。如《济公传》等。

神怪小说在形象上又形成五大神怪体系:

第一,天人感应的神仙体系。此体系以道教为主,主要角色是神和仙。常见的是玉帝和天神、老君与八仙、天师和真人以及洞府散仙。神仙又大体分为两类:一是资历很老、法力奇特的神仙,地位、权力都特殊;二是普通神仙,常做些扶正除邪、抑恶扬善的好事。自《西游记》之后,神仙世界就出现了一个以玉帝为中心的上层。八仙则是一个特殊的神仙群体,八仙之名是在明中叶吴元泰的《东游记》中才出现的。他们既是道祖太上老君的嫡传弟子,又是玉帝器重的上洞之仙。既在天庭上层有地位,又活跃于平民百姓之间。住在地上的普通神仙有两类:一类是替天行道的神仙;一类是思凡下界的女仙。后者始于《搜神记》,形成了人仙之恋、人鬼之恋、人妖之恋系统。

第二,幽冥世界的鬼魅体系。这一体系晚于上一体系,曹丕的《列异传》是滥觞。具体又有三个小类:第一类,追求幸福的情鬼。《聊斋志异》是集大成者。尽管人鬼之恋千姿百态,但结局大都是悲剧。人鬼殊途、阴阳两隔,实则是封建婚姻的写照。特例是人仙之恋最后人也成仙,人鬼之恋最后人也成鬼。第二类,醒世警俗的冤魂恶鬼。这类作品佛道两教常常介入,借以夸张其道力佛法,自神其教。容易产生迷信与因果轮回、因果报应思想。所以作品良莠不齐。第三类,特殊的阴间世界——地狱。阎王、判官、鬼役、鬼形成了鬼国。地狱首见于晋刘义庆的《幽明录》。地狱本佛教产物,后来道教也借用了。

第三,变化莫测的妖异体系。妖异在文化源上与鬼魅同时出现。动物、植物、矿物都可幻化出精怪。缘于古人的"万物有灵"思想。也有三个细类:第一类,幻化通灵的狐。有天狐、仙狐、妖狐。唐人沈既济的《任氏传》是小说中写狐之开端。《聊斋志异》《夜谭随录》《子不语》《淞隐漫录》中妖狐、义狐、情妖层出不穷;《瑶华传》《狐狸缘》则专以狐妖为题材。第二类,亦仙亦妖的猿。始于《吴越春秋》中的白猿,《西游记》及其续书里的孙悟空则写到了巅峰。第三类,既恶又善的蛇(龙)。蛇多为恶者,唯《雷峰塔奇传》中的白蛇则是义蛇、情蛇。龙则以《西游记》中的四海龙王为代表,有专职,善的居多。

第四,法力无边的僧佛体系。这一系统产生较晚,是佛教传入、道教兴起之后的产物。早期的神佛小说有两个特点:第一,宣扬信教的好处,报应说。第二,夸饰灵异。有"佛入小说",如观世音;有"小说入佛",如济公,佛教经典中原本就没有这么一尊罗汉,由于小说的子虚乌有的创造,他竟然成为殿堂供奉的神佛了。

第五，空灵虚幻的魂梦体系。古人观念中，人由魂来支配。魂附于肉体，则人活着；魂离开了肉体，则人就成了鬼。如果人的魂只是暂时游离于肉体之外，那就是梦。梦的好处是可以沟通阴阳两界，可以介乎人鬼之间。于是就形成了一个瑰丽多彩的梦幻世界。既然魂可暂时游离于肉体，于是又产生了一个角色——游魂。离魂、游魂又催生了古代作品中的人死而复生和人成仙过程中的蜕化、羽化主题。

二、 生命观与救赎主题

《西游记》吸取宗教智慧，又跳出了说教樊篱，拓展了主体审美思维空间。它从宗教的神圣感中还原出人间性，使一切神魔皆具人性；它超越了依附于山川地缘之上的原始神话的局限，发展了人文思想神话。从而成为寓意类神怪小说的杰出代表。

《西游记》的作者是非常聪明的，他充分理解神怪这类题材的性质特点，也懂得如何去更好地表现这类题材。从题材性质上讲，神怪题材是受众普及率最高的一类题材，老少咸宜，中外皆好，不分阶层，不分贵贱，人人喜读，人人喜听。正因为此类题材有此广泛性特点，所以，借此种题材表现更具普世价值性的主题，从关系到每个人切身所思所想所关注的方面落笔，无疑是上上之选。因此作者一是在显性层面突出了生命意识、生命观的主题，一是在隐性层面突出了救赎意识、救赎观的主题。

生命是第一位的，是人的切身问题。小说在神仙阶层的表现是：瑶池蟠桃会、太上老君的仙丹、镇元大仙的人参，皆有助寿、长生之功效。而妖魔存在的意义：第一是阻挠考验取经人，第二是剥夺他人生命的权力。因此，无论神佛、妖魔还是凡人都求长生。再就是唐僧肉的功效与价值，长生与缩短修行时间，吃了唐僧肉，能够做到一步登天修成正果。

取经队伍组成的特点是：包括唐僧，人人皆有问题，皆有缺点，皆有原罪，皆犯过错误，正是因为有这样一些问题，才组成了这样一支取经队伍。因此，取经的过程，就是不断克服缺点、脱去罪责、修成真身的过程，亦即实现救赎的过程。

救赎包括救赎与自我救赎：相互间的帮助，与自我的提高，二者结合。如唐僧，他的前世原为如来佛的第二个弟子金蝉子，因不认真听佛祖讲经，故转世为人。也就是说，他前世也是欠下了一笔债，需要今世修行弥补。从这个角度讲，他与犯有不同错误需要自我拯救的几个弟子是一致的。西行途中，他还有两个救赎工作要做，一是他自身要不断克服"心魔"，战胜"心魔"；二是根除三个弟子的"魔性"，增强他们的"佛性"，这其中也包括白龙马。

救赎的根本在于救"心"：孙悟空被形象化为"心猿"（心猿意马）。孙悟空的老师须菩提祖师，住在"灵台方寸山，斜月三星洞"，"灵台方寸"形容人的精神领域，指的是"心"；"斜月三星"是"心"字的形象化组合，指的还是"心"，可见这个须菩提祖师重在修"心"、炼"心"。与其说他教给悟空的是七十二般变化、十万八千里的筋斗云本领，倒不如说他对孙悟空的潜在教育更厉害更重要，那就是修"心"、炼"心"。

救"心"就是去心中之"魔",去心中"六贼"。"心生,种种魔生;心灭,种种魔灭。"魔无处不在,又不易去除,甚至"佛魔一体""妖精菩萨,菩萨妖精"。"六贼"是眼耳鼻舌身意。要做到:眼不视色,耳不听声,鼻不嗅香,舌不尝味,身不知寒暑,意不存妄想。"六贼"不除,真佛难见。

所以,第十九回中,乌巢禅师专门向唐僧传授《摩诃般若波罗蜜多心经》,也就是成为此后唐僧西行精神支柱的《多心经》。乌巢禅师住在浮屠山,浮屠亦作浮图,佛陀之异译,意为"觉""觉者""知者","觉"又包括"自觉""他觉""觉行圆满","觉者"才达佛之最高境界,才真正成佛。八戒向唐僧介绍乌巢"有些道行",但唐僧首先关心的不是向其问"道",而是向其问"路":"请问西天大雷音寺还在那里。"禅师显然对唐僧执着于结果与形式的问法有所失望,只回答:"远哩! 远哩! 只是路多虎豹,难行。"唐僧仍然追问:"路途果有多远?"禅师不得不点出根本:"路途虽远,终须有到之日,却只是魔瘴难消。"于是传授《多心经》,虽然唐僧"耳闻一遍""即能记忆",但仍执迷于"定要问个西去的路程端的"。可见此时唐僧的求名之心是很重的。禅师怕唐僧不重视这卷《多心经》,临别还以歌诀形式预告他们前途的吉凶,八戒提示"这禅师也晓得过去未来之事"。果然很快就有了"水怪前头遇"。这不由得唐僧不重视《多心经》了。此后,唐僧经历了一个由常常默诵此经,到逐渐求得实解,到真正参悟的过程,悟出了乌巢禅师所说的"若遇魔瘴之处,但念此经,自无伤害"的真正含义。因此,可以说,取经的过程,也是唐僧参悟《多心经》的过程,亦即完成心灵救赎的过程,这也是最终修成正果的必须过程。第九十三回,有一个悟彻《多心经》的交代:

> 行者道:"师父,你好是又把乌巢禅师《心经》忘记了也?"三藏道:"《般若心经》是我随身衣钵。自那乌巢禅师教后,那一日不念,那一时得忘? 颠倒也念得来,怎会忘记!"行者道:"师父只是念得,不曾求那师父解得。"三藏说:"猴头! 怎又说我不曾解得! 你解得么?"行者道:"我解得,我解得。"自此,三藏、行者再不作声。……三藏道:"悟能悟净,休要乱说,悟空解得是无言语文字,乃是真解。"

唐僧从一开始对悟空多有指责,并三番两次地驱逐悟空,到后来与悟空默契配合,不断战胜自己内心的恐惧与懦弱,甚至也听得进去悟空对他的劝告,实现了很好的自我救赎。所谓"胜人者有力,自胜者强",在唐僧身上也有很好的体现。西行途中,师徒多次讨论此经,唯唐僧与悟空参悟最彻,甚至悟空彻悟在前,唐僧觉醒在后。

生命观,人人皆关注生命,人人都关注生老病死;救赎观,人人都有缺点,人人都需要改正缺点。这是带有普世价值的东西,不分政体,不分阶层,不分年齿,人人都会感兴趣,这也是妇孺老幼都喜欢《西游记》的一个重要原因。

三、 猪八戒的世俗性

猪八戒,一个形、名与实际结合充满无限滑稽色彩的角色,一个生存于真实社会关系中的凡人,又是唯一能自由穿梭于神佛世界与世俗社会的双面人。

猪八戒形象虽是《西游记》的一个杰出创造,但他身上同样也积淀着中华文化的丰富内涵。猪八戒形象与猪有密切关系,在中国文化中,猪有性与生殖力强的文化内涵,这关联着猪八戒的食与色;在中国文化中,猪属水,又关联着猪八戒的天蓬元帅之职及水中神通。

猪八戒是一个矛盾的统一体,其形象的细腻性、丰富性、多面性、真实性、典型性高过了书中任何一个角色。

1. 理想追求与所负责任的矛盾

猪八戒混迹人世不见得久,但练达人情却异常地深。观音劝化前他为妖,为妖他有为妖的法则,或者说他有为妖的理想:"常言道:'依着官法打杀,依着佛法饿杀。'去也!去也! 还不如捉个行人,肥腻腻的吃他家娘! 管甚么二罪,三罪,千罪,万罪!"透出的是"自由"二字,根本就不把戴罪改造放在心上,蔑视"官法""佛法",在妖精的世界里也就是无视神、佛的权威,这些在曾作为天界正神的他这里,是极度的叛逆。

收为佛门弟子,当妖精的事,猪八戒只能搁置一边。但走上一条光明的成佛大道,八戒是不是就有一个崇高的理想追求呢? 非也,他的理想仍落在现实人间,那就是:一个温暖的家,一个热炕头上的妻,一份满足衣食住行的产业。八戒的这个理想唯其不高而实在,曾一度走进了实践层面。我们先看八戒对"家"的经营。八戒到高老庄倒插门,这高老庄是个山青水秀的好地方,竹篱茅檐,小桥流水。高老庄的高太公,身上穿的是绫罗,家中使的是奴仆,为感激悟空收了他女婿,一下子就拿出了二百两金银,可见家底殷实富有。太公无儿,只生三个女儿,两女嫁于本村,小女招赘养老女婿以承家业。可见,如果认真做下去,这偌大的家业就是八戒的了。八戒上门后,也懂得守业发家,岳父也有肯定:"一进门时,倒也勤谨,耕田耙地,不用牛具;收割田禾,不用刀杖。昏去明来,其实也好。"虽然八戒食肠大了些,早点百十来个烧饼,正餐三五斗米,但因吃素也足以吃得起。对于高家屡屡请人拿他,他也有怨言:"我也曾替你家扫地通沟,搬砖运瓦,筑土打墙,耕田耙地,种麦插秧,创家立业。"般般会,样样能,是一个老实能干的地地道道的庄稼汉子。

再看八戒对"爱情"的经营。如果说八戒是强做高家的上门女婿,实实在在讲是冤枉了他,为求得婚姻,他只是变成了一个模样能看得过去的"黑胖汉",仅是玩弄了一个爱情小骗术,虽有不道德的成分,但出发点是善意的,也是无奈的,他是妖精,几曾见拿着妖精的名帖上门求亲的? 而且是先有高太公放口风招婚在前,才有八戒上门应聘在后。高太公提出的条件很明确:"指望他与我同家过活,做个养老女婿,撑门抵户,做活当差。"看似很普通,实际很苛刻:一则无条件做上门女婿,八戒无亲一身轻,倒插门正好是两厢情愿;二则要撑起门户,八戒身强力壮一身武艺,正副所望;三则虽主家但不掌权,像长工那样干活,像家仆那样听差,这个八戒也认了。所以高太公一见八戒:"模样儿倒也精致""上无父母,下无兄弟",加上一身好活计,就爽快地招在家里。不料婚姻出了点小波折,八戒被爱情冲昏了头脑,时间一长,渐渐露出了原形,一表人才换成了长嘴大耳的呆子，一出嘴成千古恨，搞得左邻右舍都知道高家招了个"会弄风"的妖精女婿。八戒也知趣，就把高翠兰小姐关进后宅里，将门用一把无匙锁锁了，反正他本人无须从大门出入，害得岳父女也不能见，婿也不敢近。本来一场好姻缘，八戒妖形一露，反弄得不尴不尬。

但八戒对高家小姐的爱，却并未因此打了折扣。他对"浑家"说："如今你身上穿的锦，戴的金，四时有花果享用，八节有蔬菜烹煎，你还有那些儿不趁心处？"不要责怪八戒太"物质"化，太缺乏精神追求，他所说的虽然除了穿就是吃，但一个"趁心"就把爱情的精神内涵从物质层面潜移过来了。民间夫妻不玩虚的，俗话说：不看吃的看穿的，不看穿的看戴的。民家女田家夫，爱情就躲在这一吃一穿一戴的背后。一颗情欲之心种于月宫，让八戒一点真性未泯。二世为妖，又让他有幸遇上了卵二姐，夫妻之情，人伦之乐，再次点燃了他那颗真性未泯的心。而扎根高老庄农村，进一步让他陷于"俗"，乐于"俗"，以至于他染"俗气"太重，失去了孙悟空式的童真，也无法保持沙僧式的单纯，于是就做了一个柴米油盐酱醋茶的猪八戒。猪八戒的这种生长于世俗社会的小民理想，与神圣庄严的取经事业存在着巨大落差，但取经，是他实现自我救赎的唯一出路，而他的理想落在了高老庄，他就处在这样的矛盾中。

2. 八戒捆身与一戒难守的矛盾

佛家讲求戒、定、慧，八戒是指：不杀生，不偷盗，不淫欲，不妄语，不饮酒，不眠坐华丽之床，不打扮及观听歌舞，正午过后不食。佛家的戒律很多，并不限于八戒。书中以"五荤三厌"来为八戒释名，集中指向了他的吃，别有意味。唐僧曰："你既是不吃五荤三厌，我再与你起个别名，唤为八戒。"对于八戒来讲，几乎一戒也守不住。他是一有机会就睡，一见吃的就流口水，一见财就想贪，一见女性就眼冒火；能抢的功则抢，能躲的祸则躲，能推的过则推；有时胆壮气粗，有时藏头缩尾；有时自高自傲，有时自卑自贬；有时心直口快，有时小肚鸡肠；精明中冒着傻气，世故中透着俗气，做作中露出滑稽。虽然无不矛盾，但也无不可爱。

因而，八戒身上缺点不少，弱点不少，问题不少，但这些都达不到严重级，只可以"毛病"二字概括之。这些"毛病"主要有：色心重。刚走出高老庄不久，观音菩萨与黎山老母等就设下了一道色欲关来考验他。这是难忘的第一课，菩萨以案例来考验，可惜八戒并没有吸取教训，在以后的实践环节中屡屡出问题。一见白骨精变成的"花容月貌"的女儿，他就"跑了个猪颠风"；一见女儿国的国王，他就"忍不住口嘴流涎，心头撞鹿，一时间骨软筋麻，好便似雪狮子向火，不觉的都化去"。私心重。八戒的私心，是世俗小人物式的私心，有时是泄点私愤，有时是争点小名利，在大是大非问题上还能把握得住，还不至于因一己之私而伤大局根本，也不至于因一己之私而毫无原则。贪心重。贪心再重八戒也还是一般俗人的贪，是小贪，贪小便宜。意志力薄弱、责任心不强。八戒的责任心不强，与他的私心有关，多表现为大局意识不强，需要他的时候他却躲起来。八戒就是这样，遇事先私心盘算一番，私心一动，工作的责任心便大大降低。

3. 戴罪修行与虚幻目标的矛盾

八戒与悟空、沙僧还不一样，他们没有世俗的牵累，要么为妖，要么成佛。而八戒的理想扎根世俗,退路也在世俗,如果神佛们同意,他未尝就不能做一个褪去妖性的世俗人。取经非他所愿,也非他境界所达之高。

作者给了八戒这个形象两个世界:神魔世界与世俗世界。在神魔世界里,尽管八戒有如此多的缺点,但他仍不失为孙悟空降妖除魔的得力助手。另一个世界中的世俗化的猪八戒却更真实、更丰富、更有血有肉,也更精彩。这两个世界实际上是性质不同的世界,是不相交的,甚至是对立的。

《西游记》是作者将自己对生活的体验、对社会政治的评判,尽最大可能地通过神魔题材表现出来,这也是猪八戒这一形象的世俗性得以在小说中立足的思想基础。因此,即使在取经涉及的神魔世界里,小说着重展现的还是猪八戒世俗性的一面,这样才保证了这一形象的完整统一性,这与小说的主题和氛围也是统一的。

四、 牛魔王家族的创设意义

《西游记》中虽也有妖子妖孙组成的妖精家族,但都是乌合之众。真正由纯妖精血缘组成的家族只有一个牛魔王家族。

牛魔王家族已进入妖魔世界的"文明"层面,其表现是:

1. 妖魔阶层中婚姻意识的成熟

牛魔王一妻一妾 ,典型的封建婚姻模式。一者婚姻对象是真正身份、地位相当的同类;二者结合是为了妖精家族的繁衍和事业发展;三者夫妻、妻妾之间不仅有夫妻之名,而且行夫妻之实,有一套成熟的观念层面和实践层面的夫妻间关系的处理方式。

其实,作者是把自己所处时代的一套处理夫妻、妻妾间关系的模式,搬到了牛魔王夫妻身上。这表现在:牛魔王被定型为一个封建家长形象,演绎着夫为妻纲的伦理观念;铁扇仙是一个恪守封建礼教的贤妻良母,玉面公主则定位为妾的角色;铁扇仙享有"主内"之权,享有被牛魔王称为"山妻"的名份上的满足,同时也不得不默默忍受着丈夫移情别恋和被冷落的痛苦;玉面公主虽享受着生活与爱情的甜蜜,但与牛魔王关系的维持,主要靠的是"财"与"色",充其量也不过是以"财大"暗地里向铁扇仙发一发"气粗",名份上永远是做小伏低的妾;做妾的玉面公主可以被八戒一钯打死,狐魂无归,做妻的铁扇公主则修得正果。

2. 妖魔阶层中家庭意识的成熟

有了妻妾儿女,就有了家庭,有了家庭,妖魔世界就向文明迈进了一大步。牛魔王动不动就神前佛后地称"山妻""爱妾",这不只是流于口头形式的炫耀,也不只是别于土妖俗怪的吹嘘,而是向神界、魔界宣称他建立了真正意义上的家庭。这个家庭的"真正意义"就在于妻有妻道,妾有妾规。作为一个负责任的好丈夫,牛魔王也尽量维持着家庭内的平衡,他可以伪装得像个饱读诗书、与世无争的家长。做妾的玉面公主,有色有财又年轻,她就专职撒娇,活跃家庭气氛;作为正妻的铁扇公主,规定好的作风只能是

"严谨",虽也风情万种,只能借酒"半酣",在夫妻两人的私密空间里才可"挨挨擦擦,搭搭拈拈。携着手,俏语温存;并着肩,低声俯就"。妻比妾,即使私下,动作也收敛得多。妻与妾,两下里都被老牛摩弄得波澜不惊。

妻与妾对待丈夫的态度也不同,妻在丈夫陷入绝境时,布衣素发,与丈夫同甘苦共患难;妾在丈夫冲锋时,她也组织妖仆助阵。她们都爱丈夫,但一个爱在表面,重在形式;一个爱在内心,思长虑远。为什么呢? 悟空向牛魔王借扇,是一种义举,如土地所说:"一则扇息火焰,可保师父前进;二来永除火患,可保此地生灵;三者赦我(土地)归天,回缴老君法旨。"但牛魔王见义不为。理性告诉铁扇公主,不能再去助恶;一味感性的小妾当然只顾眼前,而不考虑后果。关键的差别在于妻主家政,对家庭自然有高度的责任心;妾以财色买爱情,以家产换幸福,自然就缺乏对家庭的责任心。封建妻妾制在妖精家庭演绎,也丝丝入扣。

3. 妖魔阶层中经济意识的成熟

对于一般妖怪而言,钱财对他们无用,因而他们也没有钱财概念,更没有经济意识。只要有魔法有魔力,地盘可占,吃人可抢,因而他们也就落在了原始野蛮的层面。《西游记》中有大量的吃人之妖,吃唐僧之妖,也有一部分不吃人之妖,尤其是不吃唐僧之妖,往往别有深义。牛魔王家族除了想吃唐僧外似乎没有吃人的记录,他们别有"养妖"之术。

"家私"与"家当"概念从妖精口中提出来颇为新鲜,牛魔王家族非常重视这一方面,妾打动牛魔王之心使之主动做上门女婿的主要是家私,牛魔王说动妻子使之心理平衡的还是家私。图治外产,守好家私,牛魔王就可以亿万富翁的身价傲视群魔,当然也就没有衣食上的后顾之忧。不像那些穷妖魔,捉了人,不但食其肉,还要扒其衣,食其肉也不敢饕餮一尽,要省下些腌起来,以防天阴下雨。

牛家的四块地盘有一个共同特点,那就是都有财富的来源,而且得天独厚。尤其是火焰山与落胎泉的生意,独家经营,想不形成垄断都不可能。红孩儿的号山经营滴着血和肮脏的东西,象征着牛氏资本原始积累时期的特点。铁扇仙、如意仙的火焰山、落胎泉的经营,则是在成熟经济理念指导下的有序运转。铁扇仙手中有芭蕉扇这个招财之宝,靠着火焰山这片八百里滚滚财源,做的是火的生意,生意当然也火。对于牛家,这把扇子重于生命。如何守如何用要动脑筋,守则口中含之,任你孙悟空与我有叔嫂之分,任你取经是不可阻挡的佛家伟业,我就是不外借,因为借了就断了财源;至于用,则更有学问:"铁扇仙有柄芭蕉扇。求得来,一扇息火,二扇生风,三扇下雨,我们就布种,及时收割,故得五谷养生。不然,诚寸草不能生。"千里范围内的百姓,要活命就得唯扇是瞻,一扇动则万民生,一扇不动则万民死,真是五谷易种,一扇难求!"我这里人家,十年拜求一度。四猪四羊,花红表里,异香时果,鸡鹅美酒,沐浴虔诚,拜到那仙山,请他出洞,至此施为。"求之不易,才会引来源源不断的"供品"。如果永远煽熄火焰,风调雨顺,则万民不供,铁扇仙无财可得;如果永远不动扇,则五谷不生,万民不存,铁扇仙也无财可得;如果频求频应,五谷常登,民有积粟,则敬之不惧,供之不厚,铁扇仙聚财无多。所以,铁扇仙手里的这把扇子,拿捏得恰到好处。

子母河水,浩浩荡荡,无穷无尽,不论男女,不论僧俗,不论老少,饮之皆可成胎;破儿洞的落胎泉则只有一个,细流涓涓,滴水成油,要落胎又非此不可,诚可谓千胎易得,一水难求。原本是天成之物,无主之泉,如意真仙慧眼识财,发现了商机,"把那破儿洞改作聚仙庵,护住落胎泉水,不肯善赐与人。但欲求水者,须要花红表礼,羊酒果盘,志诚奉献,只拜求得他一碗儿水"。他与尊嫂一样的精明:都懂得商机紧攥,财源独占,都懂得细水长流的经营之道。供品再丰,心志再诚,也只求得一碗。公益事业,用于经营赚钱,重利盘剥,这是奸商;公益事物,据为已有,图谋私利,这是"霸商"。

为何收服牛魔王时天界、佛域众主力不请自来,齐心上阵呢? 这不只是牛魔王不敬神、不尊佛的缘故。神佛与妖魔是对立的两极,玉帝与如来、皇天与西天,治不同域,道不同轨,但在对付妖魔上是一致的:允许你人间妖魔即生,但决不允许你永存,只有神佛才可以不生也不灭。因而,妖魔必须断子绝孙,一代而亡,妖业无存。既生之无形,又何以存形?

牛魔王呢,偏偏在长期的为妖生涯中头脑有了进化,不仅娶了妖妻妖妾,生了妖子,建立起妖精家庭,还建立起家族产业,妄图让妖精家族繁衍发展下去,万代其昌。在这之上,必然有一种明确的指导思想,那就是要在天地人之间、神佛鬼之外,建立起他的妖精独立王国。而且势力已经做大,不仅威胁到人权,更威胁到了神权、佛权。因而,他想在天地人三界外,再创造一个永恒的"魔界",这当然不被允许。也就是说,牛魔王是妖魔阶层中唯一一个在意识形态领域以思想为武器向神佛世界提出挑战的"妖雄",无论用之于善,还是用之于不善,都是难得的。

推荐书目

吴承恩《西游记》(第 3 版),人民文学出版社 2010 年

吴承恩著,李卓吾批评《李卓吾批评西游记》,齐鲁书社 2014 年

李时人、张兵、刘廷乾《西游记鉴赏辞典》,上海辞书出版社 2013 年

刘荫柏编《西游记研究资料》,上海古籍出版社 1990 年

蔡铁鹰编《西游记资料汇编》,中华书局 2010 年

曹炳建《〈西游记〉版本源流考》,人民出版社 2012 年

蔡铁鹰《西游记成书研究》,中国文联出版社 2001 年

[日]中野美代子《西游记的秘密》,中华书局 2002 年

[日] 太田辰夫《西游记研究》,复旦大学出版社 2017 年

张静仁《西游记人物研究》,台湾学生书局有限公司 1984 年

胡胜、赵毓龙校注《西游戏曲集》,人民文学出版社 2018 年

胡胜、赵毓龙辑校《西游说唱集》,上海古籍出版社 2020 年

第十二章 《红楼梦》导读

一、《红楼梦》其书

《红楼梦》是中国古代现实主义文学的最高峰,是中国的世界级名著。

作者曹雪芹,名霑,字梦阮,号雪芹、芹圃、芹溪。约生于康熙五十四年(1715),卒年有两说:一是壬午说,即乾隆二十七年(1763)除夕;一是癸未说,即乾隆二十八年(1764)除夕。后说较为统一,当然一直存疑,但从小说内部看,小说作者为康熙至雍正初担任江宁织造官的曹寅家族中人的可能性还是相当大的。

曹家先世是汉人,明朝末年被满军俘虏,编入满州旗籍,身份是"包衣"(家奴),据考证曹家是做了多尔衮的家奴。以多尔衮在明末清初的势力,曹家便从曹雪芹高祖曹振彦开始,以军功当差内务府。其曾祖曹玺、祖父曹寅、父辈曹颙、曹頫祖孙三代相继担任"江宁织造官"达六十多年,曹家便成为显赫一时的大贵族。江宁织造官,负责督理采办皇家丝织品及生活日用品,同时又暗中兼做监视东南沿海治安民情等的耳目,直接向皇帝密奏,其利益权势非同一般。曹家的鼎盛时期是曹寅担任江宁织造官的二十年,真正达到了"烈火烹油"的豪富境地。康熙一生六次南巡,一次在曹玺任内,四次在曹寅任内,可见曹家与皇族关系非同寻常,主要是曹玺之妻孙氏是康熙乳母,其子曹寅又曾是康熙的东宫伴读。雍正五年(1727),曹頫押解丝织品进京,沿途"苛索银两,骚扰驿站",被山东巡抚塞楞额参劾,加之曹家亏空公款,以及雍正上台等政治因素,曹家被抄家,到乾隆初年再遭一次打击,于是便彻底败落,家世"一败涂地"。其时曹雪芹十三四岁,曹家举家迁回北京。

迁居北京后,曹雪芹先是在皇族学校谋得一个小官职,晚年居北京西山,生活陷入困顿,过着"蓬牖茅椽,绳床瓦灶"的生活,甚至到了"举家食粥"的境地。又因唯一的儿子不幸夭折而感伤成疾,五十岁左右即去世。

《红楼梦》创作于雪芹移居北京西郊的晚年,逝世前十年,前八十回基本创作完毕,并加以修改。脂砚斋评语说"雪芹于悼红轩中,披阅十载,增删五次""字字看来皆是血,十年辛苦不寻常"。曹雪芹卒前此书最后定名为《石头记》,称为《红楼梦》是作者去世若干年后的事了。

《红楼梦》的版本分八十回抄本和一百二十回刻本两大系统。八十回的抄本皆名《石头记》,皆附脂砚斋评语,故全称《脂砚斋重评石头记》,简称"脂评本"或"脂本"。此抄本颇多,但大多残缺,少者数回,多者二三十回,有一抄本八十回只少了两回,此称"脂京本",因藏于北京大学图书馆而得名,十分珍贵。脂砚斋何许人,至今尚难定论,红学界一般认为脂砚斋是《红楼梦》的第一个读者,甚至他(她)的建议影响到作者的创作。也有人认为,从"脂砚斋"三个字看,似乎是一个女性。

一百二十回的刻本系统。1791 年、1792 年,程伟元、高鹗二人两次刻印此书,改名《红楼梦》,分别称"程甲本""程乙本"。程伟元是书商,很可能找到了原作者后四十回的初稿;高鹗为乾隆年间的进士,后四十回由高鹗续成。根据脂砚斋等评语提供的信息,《石头记》之前,此书曾有《风月宝鉴》《金陵十二钗》《情僧录》等名,最后才定名《石头记》。如果为真,前几书与后之《石头记》绝不是一个量级,篇制应该都不大。

对《红楼梦》的研究已经形成一门显学——红学。红学研究也存在一些弊端:一是重作者轻文本。重在研究的到底是"红学"还是"曹学"。二是重历史与文化研究,轻文学本体与文学传统研究。三是研究领域、研究方式混乱,"戏说""臆断"者多。四是自我"固化"严重,缺乏开放包容心态,缺乏肯定真正新发现、新研究成果的勇气。《红楼梦》有以下多种读法:

(1)结构上的进入:结构人物,结构安排。

结构人物。神话故事阶段有空空道人、跛足道人、癞头和尚。梦幻与现实阶段有甄士隐、贾雨村。另外还有贫民看兴亡的刘姥姥。

结构安排。一是石头开篇:神瑛侍者与顽石、绛珠仙草的故事;二是冷子兴演说荣国府:概括介绍贾府,以西府荣国府为重点;三是一张"护官符"引出四大家族:略谈"四大家族"及其姻亲与荣损关系;四是贾宝玉梦游太虚幻境:引出"金陵十二钗",正册、副册、又副册等小说中的众多女性;五是林黛玉进贾府:以特定镜头,正式开场;六是刘姥姥三进荣国府:结构的阶段式提示。

(2)环境上的进入:三大典型环境——宁国府、荣国府、大观园。

宁国府。宁、荣二府,即小说中习称的东、西二府,西府是重点,小说以西府人事为重。宁国府重在突出其腐朽与罪恶:"箕裘颓堕皆从敬,家事消亡首罪宁。"

荣国府。重在揭示其维护封建正统性的一面,富气、贵气、衰亡性的重点展现。

大观园。一是爱情主题的主要演绎中心;二是年轻有活力群体的活跃舞台;三是进步势力、叛逆精神的根据地和发布平台;四是大的典型环境又包含若干小的典型环境:贾宝玉住怡红院,林黛玉住潇湘馆,薛宝钗住蘅芜院,贾探春住秋爽斋,李纨住稻香村——典型环境生活着典型人物。

(3)人物上的进入:十二钗判词。

金陵十二钗正册,钗黛合为一首判词,其余每人一首判词。金陵十二钗又副册也涉及袭人、晴雯等几个丫鬟的判词。判词与所配画的解释,是探讨小说主要人物尤其是女性人物塑造趋势与人生命运的重要伏笔。如王熙凤判词中的"一从二令三人木,哭向金陵事更哀",是王熙凤人生的重要三个阶段及其悲惨归宿的暗示;香菱判词中的"自从两地生孤木,致使香魂返故乡",是薛蟠娶夏金桂后,香菱被迫害致死的结局的暗示。

二、名著风范

一般对《红楼梦》的总体评价是：中国古代现实主义文学的最高峰，这是从创作手法角度而言的；中国古典长篇小说的最高峰，这是从文体分类角度而言的；中国古典文学的世界名著，这是从成就及声誉影响角度而言的；讲唱文学向案头文学转变、故事型小说向生活型小说转变的成熟标志，这是从小说发展史角度而言的。这些赞誉，铸就了《红楼梦》的名著风范。

《红楼梦》主要写了两大主题：爱情主题、盛衰主题。小说中，尤其是长篇小说中展现出多方面的思想内涵是常见现象，但一书中明确书写并重的两大主题，并做到两大主题之间和谐相融、相辅相成、相互深化，且两大主题皆具非凡力度，这在明清小说中是独一无二的。

爱情主题的高度。第一，爱情追求中的明确思想意识，并且达到封建叛逆思想的新高度，演绎的是封建叛逆者的爱情。《红楼梦》中，人性解放与对自由爱情的追求，首先是建立在一种明确的思想意识基础之上的，这种思想意识就是反封建，贾宝玉背叛了他的家族为其定好的人生道路，成为封建叛逆者的典型，所以他与同道的林黛玉的爱情，就是封建叛逆者的爱情，他们的爱情悲剧，同时也是封建叛逆者的悲剧。第二，中国古代真正成熟意义上的恋爱小说。封建时代爱情与婚姻是两码事，婚姻正当，而爱情则不被允许。以往的这类文学作品，即使如王实甫的《西厢记》、汤显祖的《牡丹亭》，大书大写对自由爱情、对人性解放的追求，但往往男女主人公没有实质性的交流几次，就走向私下结合，而私下结合也等于事实上的婚姻。所以，真正写恋爱过程的作品极少见。明清时期的才子佳人小说，算是小说史上真正的恋爱小说，因为这类小说的写作主体，是才子佳人的交往交流与爱情的培植发展过程，但其恋爱方式并不接"地气"，而是以逞才斗艺作为恋爱方式。而《红楼梦》却是将恋爱植根于生活之"真"中，既有"三日好了，两日恼了"式的生活化恋爱描写，也有叛逆思想的升华式爱情支撑，因而才是真正意义上的高品位的恋爱小说。

盛衰主题的高度。第一，聚焦角度处理得好，抨击力度增强。小说将盛衰主题的书写核心聚焦于贾府这个大家族之内，聚焦度高而写作力度强。同时，又处理了一个外围聚焦——四大家族，以四大家族联系时代社会，这样又有了广度。第二，腐朽必自内而外。《红楼梦》作者的眼光敏锐之处在于，揭示一个家族的盛衰，进而推广到一个时代的盛衰，内因的揭示最重要，也最关键，并且找到了腐朽与罪恶两大支撑点，从而写出了别样的深度。正如局中人贾探春所说："可知这样大族人家，若从外头杀来，一时是杀不死的，这是古人曾说的'百足之虫，死而不僵'，必须先从家里自杀自灭起来，才能一败涂地！"贾府主子们"一个个不像乌鸡眼似的，恨不得你吃了我，我吃了你"。这是最清醒的认识。

立体网状结构的新高度。小说以两大主题形成两大结构主线：爱情结构主线，盛衰结构主线。围绕两条结构主线,人物、事件纵横交织,构成大大小小的结构网眼,人物与事件就在网眼上展开。

这样的立体网状结构的好处是:第一,多个人物或事件可以同时展开,人物、事件的密度增大,表现力度增强。第二,事件与人物成辐射状,同一人物事件往往具有多种功能。如"抄检大观园":一是王夫人与邢夫人家庭派系之争的公开化展示,连奴才也分出营垒;二是封建正统势力与大观园进步势力的正面交锋;三是丫鬟奴婢命运的一次大浩劫;四是宝黛爱情向悲剧方向发展的转折点;五是贾府由盛转衰的转折点。第三,立体网状结构,是"生活型"小说的最佳书写模式。因为日常生活的特点是千头万绪,同一时间内可能展现多重人物多重事件,同一事件可能连续进行,亦可能断续式向前发展,这种网状立体结构恰恰适应于这种生活实际。《红楼梦》同以往小说在结构上的最大不同点在于,它的人物形象的塑造、人物性格的发展,是连续性的,但构成这些人物个性的事件,则可能是非连续性的,甚至是中断的,这样的好处是既能展现纷繁生活中的人物,又以最经济的笔墨展现最丰富的内涵,情节与语言的张力加大。

高度个性化的语言新高度。金圣叹评价《水浒传》的人物形象塑造,能达到"人有其声口"的地步。而《红楼梦》则能够达到"未见其人,先闻其声,闻其声如同见其人"的艺术功效。这在于人物语言的高度个性化,林黛玉有林黛玉的说话风格,刘姥姥有刘姥姥的说话风格。王熙凤的伶牙利齿无人能比,被贾母起绰号"猴儿",意即不但聪明,而且像猴子那样,善于顺着竿往上爬。如贾母说她太聪明伶俐,但聪明的人活不长久,此话出自老祖宗之口,晚辈恐难于接话荏,也难于反驳,而王熙凤不但恭维了老祖宗的聪明与长寿,还捎带肯定了自己的聪明与长寿,说话的艺术性实在太高了。此外,不同于以往小说中使用诗词游离于人物性格刻画之外,《红楼梦》安排给人物的诗词能"自写身份"。如同是写白海棠,宝钗的是:"珍重芳姿昼掩门。"显示其城府深的个性。湘云的是:"也宜墙角也宜盆。"显示其洒脱的个性。而黛玉的是:"半卷湘帘半掩门。"恰好是介于以上两者之间的个性。

写实达到生活之"真"的高度。《红楼梦》正面人物并非一切皆善,反面人物并非一切皆恶。写出了带有缺点的美人,却比以往小说中的"闭月羞花、沉鱼落雁"式的套语描写,不知要高多少倍,给人的感觉反而更美。甚至细节不细,细节亦直指生活之"真",如在钗、黛、云三者中,从贾母角度而言,第一偏爱黛玉,第二偏爱湘云,而宝钗在贾母眼里是当作客人看待,此是从血缘关系角度书写的。贾母为宝钗成人礼大摆宴席,而黛、云未有此待遇,恰恰是把二者看作自家人,而自家人则无须客气,这就是生活之"真"。

《红楼梦》大、小人物都写出了典型个性,这缘于作者的写人手法的高超。《红楼梦》写人手法尤其在对比、映衬、渲染、铺垫等多种艺术手法的综合运用上见功力。贾赦与贾敬,贾珍与贾琏,宝玉与贾环,钗与黛,钗与凤,黛玉与晴雯,晴雯与袭人,袭人与平儿,相辅相成、相互补充、相互深化,都是运用这些手法的生动例证。

三、 贾探春的作用

贾探春是《红楼梦》中的一个至为关键的人物,前八十回伏笔太多,故后几十回可创作的余地也非常多。

贾探春是《红楼梦》中另一类的重要女性人物,这个"另一类"主要是指,她与黛玉、宝钗、湘云等重要女性形象,作者主要着眼于爱情这个角度去塑造、去演绎不同,主要表现的是她的持家理政的才干,和类于男性的志向,她曾说:"但凡是个男人,可以出得去,我必早走了,立一番事业。"加之前八十回中,又暗示了她将来"远嫁"的不凡经历,与"王妃"的不凡身份。所以这就预示着这个人物在小说中,有除去爱情描写之外的,另一个层面上的重要意义。

但前八十回中的贾探春,描写并不充分,赋予她的典型情节,也只有两个:一个是探春理家,一个是她在抄检大观园中的表现。

探春理家:第五十六回,表现了探春持家理政的才干。她将大观园分片承包给那些老妈子们,无疑,这个改革是正确的有成效的,比那些醉生梦死的男主子们要清醒高明得多。而且她是最先看清这个大家族的内部矛盾及其走向衰败的一个,她是在家族管理、家族政治方面有非凡才干的。

抄检大观园:抄检大观园探春扇了王善保家的一记响亮的耳光,这还是从维护家族利益角度而言的,在她看来,这些高等级老资格的奴才们,挑唆主子,搞帮派、分营垒,破坏了家族团结,是家族和谐的大忌,这是她扇王善保家的的真正出发点。

但前八十回的探春,根据伏笔与暗示,毕竟写得还很不充分,尤其是远嫁与王妃身份所承载的内涵并没有展开,高鹗没有完全按前定的套路来写,并且也没写充分,这就留下了去探讨这个人物的很大空间。

"才自精明志自高,生于末世运偏消。清明涕送江边望,千里东风一梦遥。"这是贾探春的判词,判词之下配一画:一艘大海船,船上一女子掩面而泣。判词及画中的"末世""千里东风"及"大海船"等概念,留下了无限迷雾。高续本中,探春并未嫁到国外,而是嫁给西海沿子上的一个将军,显然,这与判词所透露出的信息不符。

探春的远嫁有几个文本中的关键点:

一是第五十六回探春理家中提到了姬子,其与探春有何关系? 二是第七十一回贾母过八十大寿,南安太妃忽然来祝寿,为何特意关心探春? 三是高续本第一百一十四回中,甄家甄老爷起复,同贾政说的话:"近来越寇猖獗,海疆一带小民不安,派了安国公征剿贼寇。"这个"越寇"是否有所本?

《红楼梦》第五十六回中提到了姬子:

> 探春笑道:"你这样一个通人(指宝钗),竟没看见子书? 当日姬子有云:'登利禄之场,处运筹之界者,窃尧舜之词,背孔孟之道。'"宝钗笑道:"底下一

句呢?"探春笑道:"如今只断章取意,念出底下一句,我自己骂我自己不成?"宝钗道:"天下没有不可用的东西;既可用,便值钱。难为你是个聪明人,这些正事大节目事竟没经历,也可惜迟了。"李纨笑道:"叫了人家来,不说正事,你们且对讲学问。"宝钗道:"学问中便是正事。此刻于小事上用学问一提,那小事越发作高一层了。"(程乙本一百二十回《红楼梦》,下同)

这段话在《红楼梦》原著中,是前八十回原作者在后来修改时加上去的,插入的痕迹十分明显:因为它在原文中是强行断开原说话人(探春)的话语,硬塞入的,即在最不该断开的地方而断开,只能说明加入的这段话很重要,作者很可能借这种生硬的方式,暗示隐藏的重要创作信息。这段话留下了几个谜团:第一,探春所言的姬子是谁? 第二,探春为何说:"念出底下一句,我自己骂我自己不成?"第三,李纨嫌二人不讲"正事"讲"学问",宝钗为何说学问才是"正事"而其他是"小事"?

姬子虽然不明其确切所指,但在北宋,宋徽宗当政时曾将皇家女儿称为"帝姬"。而元末明初袁华的诗《哀宋姬》和秦约的诗《宋姬怨》,曾同咏一个宋代"靖康之难"时期的"帝姬"人物,其人生之特殊际遇,袁华诗《哀宋姬》诗前"序"说:

> 宋姬者,宋肃王枢之女也。幼戏水滨,得玉印一,文曰"金妃之印"。靖康之难入金,金主强纳为妃,或云符印之谶。夫父仇不共戴天,况国亡家灭之余,犹委质以求全者? 君子不取也。吾观姬之心则不然,欲求其死以不死耳。故甘屈身为巾栉之侍、箕帚之奉,冀一言以悟主听,庶几二帝生还,虽血溅北庭,骨糜鼎镬,亦不惜也。否则,蓄谋藏机,俾其祸生于衽席间,以雪大辱大耻。然则不幸而诛戮,虽死犹不死也。至后又徙二帝于五国城,姬骤谏而主怒,以匕首杀之。予哀姬之志不克信(伸),而嘉姬之死得其所。呜呼! 处变而不失常道者,其惟宋姬乎? 乃作辞以哀之。(顾瑛《草堂雅集》)

其中提到的"宋姬"是宋徽宗的孙女,宋徽宗第五子赵枢的女儿,儿时于野外水边捡到一颗金印,上刻"金妃之印"四字。靖康之变被强行掳到北庭,被金国国主强行纳为王妃,三年后被杀。袁华等人的作品颇符合探春所说的姬子,其所写的帝姬,与《红楼梦》中贾探春形象的塑造关联性很强,给我们很大启发。一是《哀宋姬》中的宋姬是亲王的女儿,郡主的身份,小说中的贾探春是豪门大族的千金小姐。二是宋姬的"金妃之印"及"符谶",探春的花名签子上的"日边红杏倚云栽"句及在场人说其"王妃"的身份。得"印"与"符谶",得"签"与"远嫁",这是最大的相同点。三是宋姬得"印"的时间暗示,对一个居于王府深院中的郡主来说,即使是幼年,能够外出自由游玩的时间只能是古代的"上巳节"(俗称"三月三");而探春的生日是"三月初三",探春的"远嫁"是"清明涕送江边望"。这个宋姬很可能是探春远嫁命运的原型。

探春说"念出底下一句,我自己骂我自己不成?"探春是假设了一个宋姬这样的处境。"底下一句"的意思就是:假如她贾探春遇到了这样一个处境,她也会像当年的宋姬一样去做,成为第二个宋姬。即先委曲求全,委身于敌。为了最终的复仇大业,只能先

"委质"于夷狄,而并不死守所谓一时一地的"节"。但这与儒家所谓的贞节观不相符,宋姬应该被掳北上时就自杀,这才是"全节"。所以探春说她也会这样做,那也就等于自己骂自己了。至于宝钗所说谈"学问"才是"正事",其他只是"小事",实际暗示了修改时加进来的涉及"姬子"的谈"学问"的这一段是非常重要的,它提供了探春形象塑造,尤其是"远嫁"结局的来源。

《红楼梦》第七十一回南安太妃假祝寿为名,暗中物色贾探春,应是为将来收其为义女,将探春升格为郡主身份做打算。背景极有可能是国家遭受外敌入侵(比如越寇、倭寇),形势紧急,"末世"光景出现,而南安郡王带兵出击却遭遇不测,然后便有"合亲"之类运作出现,探春就是做了这样一个牺牲品,远嫁海外,被迫做王妃。所以,后四十回尤其是末几回的贾探春应该是挑大梁式的人物。

四、《红楼梦》八十回后怎样写

对高鹗所续后四十回,目前红学界有两种主要观点,一是考证出高鹗仅用了八个月时间就续完后四十回,在这么短的时间内完成,肯定是粗制滥造,故对高鹗续本基本持否定态度。这种判断过于武断,虽然从前八十回提供的线索来看,高鹗续本有很多不一致,及人物走样的处理,但也有颇多精彩之处,比如黛玉之死、探春出嫁,都写得相当精彩。说其粗制滥造有失公允。

二是认为很可能是程伟元得到了前八十回作者所写的后四十回的底稿,或者详细提纲,由高鹗在此基础上加工润色整理而成。这个说法不是空穴来风,是有依据的,相对比较可靠,正是在原作者的底稿或者详细提纲的基础上,高鹗才有可能在八个月的时间内完成全帙,而且写得也不算差。

《红楼梦》的后续几十回,之所以众说纷纭,褒贬不一,不仅仅是因为续写者水平低下,及处理不当等问题。笔者认为主要问题来自小说本身,确切说是前八十回所铺下的摊子太大,埋下与展开的线索太繁杂,从而造成后续很难收结的问题,这才是最大的难点所在。

至少有三个关键问题不好解决:

一是如何形成探春远嫁海外、坐实王妃这样一个身份的必然情势,即给出一个充分而合理的理由。正因为不好处理,所以我们看到高鹗续本的处理方法是探春嫁给国内将军,自然也就无法做王妃,这显然与前八十回有关探春的暗示不相符。

二是如何合理解释小说中出现的"末世"问题。有两个与贾府治理、贾府衰落密切相关的人物恰恰涉及"末世",一个是贾探春,其判词有一句"生于末世运偏消",一个是王熙凤,其判词有"凡鸟偏从末世来"句。"末世"是怎么形成的呢?有人说《红楼梦》不就产生于最后一个封建时代吗?这不就是末世?这是作者的一个预示。这话说得其实很不负责任,《红楼梦》作者眼光再敏锐,再有先见之明,他也不知自己所处时代是历史进程中的哪一环。

三是如何处理家族"内外"的问题：小说写的是贾家这样一个大家族，基本限定在这个家族内部来进行创作。如果涉及末世、涉及探春远嫁海外，是不是要写向贾府之外？因为只有写向家族之外，才能显示出宏大的"末世"光景，但这与整个小说前半部分、或者说主体部分始终限定在家族之内，是不是有不协调之处，或者说与整个小说的写作基调有不协调之处？

鉴于以上分析，《红楼梦》原作者，不可能写完八十回，只在那里修改，"批阅十载，增删五次"。一部未完之书为何要大费时间与精力，先忙着去修改完善呢？之所以频繁修改，恐怕有一个更大的目的，即与八十回之后的后几十回取得统一。由前观后，指导后几十回创作；由后观前，那么已写出来的前几十回就要修改，这个目的应该说更合理、更真实。

也就是说，原作者前八十回写完后，应该是写了后几十回的初稿或详细提纲的，我们认为他甚至写了不止一种，很可能是两种，由于某种原因没有最终定稿，这个某种原因不外乎两个：一个是作者写有不同形式的后几十回初稿，他自己始终举棋不定；一个是作者不幸去世而未能定稿。如此，不同形式的初稿散落人世，被不同的人得到，而续成全书。

为何猜测有两种呢？一是只限定在家族内部，这个可能就是高鹗续本式的，那么探春就无法嫁到海外，也无法做海外王妃。这就有无法照应前文的局限。二是超出家族，如小说中的国家突遭外敌入侵，比如"越寇"（倭寇），国家形势危急，派亲王或郡王出师，结果出师不利，统帅被俘，需要以"合亲"形式以求得统帅被释放和国家的苟安，这样就能解释南安太妃为何借上寿关注探春，这是物色合亲人选，于是就有了探春远嫁海外，并且做了海外王妃，于是就解释通了"清明涕送江边望，千里东风一梦遥"的探春判词中的关键两句，也就解释通了"末世"的概念。但这样一来，小说的最后部分就会走出贾府，大写特写国家局势了，以时代走向末世，再伴随贾家被抄家，这样的悲剧意义可能更深刻，但这样势必与小说整体的写作基调不相协调。

这样说是不是属于不负责任的妄加猜测呢？并非如此，有佐证，高鹗续写的后四十回，这是人人能看到的；另外，有一种蒙古人藏的《红楼梦》抄本，日本有学者有幸看到过，这个抄本叫"三多六桥本"，据日本学者透露，这个本子中，贾探春远嫁海外，做了王妃，而且史湘云也曾嫁给贾宝玉。

如此看来，高鹗续写的，可能依据的是后几十回的一个底本；"三多六桥本"，则可能依据的是后几十回的另一个底本。

还有一些证据，可以证明以上推论。如《红楼梦》高鹗续本的第九十四回，回目有一句叫"宴海棠贾母赏花妖"，写"怡红院里的海棠本来萎了几棵，也没人去浇灌他。昨日宝玉走去，瞧见枝头上好像有了骨朵儿似的。人都不信，没有理他。忽然今日开得很好的海棠花，众人诧异，都争着去看"。这一事件借鉴自元末明初昆山诗人顾瑛诗集中的一段记载，顾家的海棠花也是在非正常季节开放，也被认为是怪异的。从两处海棠花开的时间书写、花开的情形颜色，到两处对待违时花开的态度、禳解之法、赏花的行为与结果等，以及安排给贾宝玉、贾环、贾兰等人的海棠诗，和顾瑛诗集中所写的海棠诗等的比较，皆能看出明显的借鉴痕迹。而前文所言的探春提到的"姬子"问题，袁华等人所写的《哀宋姬》诗，也是出自顾瑛的诗集。而《红楼梦》前八十回作者的时代与续者高鹗的时代，已相去几十年的时光，不同时代、互不相通的两者，不可能这么巧地同向顾瑛的作品中寻找借鉴，只能说明高鹗续本中的海棠花描写是前八十回作者的底稿中就有的，因而高鹗续本非自我新创，但探春的人物形象走向显然变了；而"姬子"所涉及的探春原型问题，很显然又暗示了其远嫁海外、做王妃的结局，与高鹗续本大不相同。由此则可证，《红楼梦》原作者很可能对后几十回尝试了不同处理，而初拟了不同稿子。

《红楼梦》原作者设计的是一个闭环式但又有新变的无限往复循环结构，青埂峰下的那块顽石，被携带到红尘走了一遭，最后仍回到青埂峰下，依然是一块顽石，只不过上面新增了些文字，而新增的这些文字，就是红尘中的所历所闻。但仅仅是这样一个结构的话，那就跌进一个单一循环模子里去了。难得的是作者有创新，即太虚幻境的设立，警幻仙姑的职能的定性，她在这个空间里只做一件事，那就是管理着红尘中男女之"情"，是为"情债"的欠与还做一个评判与了结。所以，小说中的宝玉在去大荒山青埂峰下之前，首先要去太虚幻境了结情债，而后方归于青埂峰下一顽石。这样的《红楼梦》结构，可以无限循环，但每次循环又有着新的变化。这样的一个完美结构，也给了小说续书部分以很大的难度。比如，从细节处理而言，前有元春省亲之时贾府富贵宏大的开端，之后是否也会有探春海外归省以结贾府盛衰，以对应宝玉的青埂峰结局的处理呢？

推荐书目

曹雪芹《红楼梦》(第 3 版)，人民文学出版社 2008 年

曹雪芹著，脂砚斋评点《脂砚斋批评本红楼梦》，岳麓书社 2015 年

朱一玄编《红楼梦资料汇编》，南开大学出版社 2001 年

周汝昌《周汝昌点评红楼梦》，团结出版社 2004 年

周汝昌著，周伦苓整理《梦解红楼》，中国工人出版社 2017 年

周汝昌著，周伦玲编《红楼夺目红》，湖南文艺出版社 2018 年

王昆仑《红楼梦人物论》，北京出版社 2004 年

周思源《周思源正解金陵十二钗》，中华书局 2006 年

李希凡、李萌《传神文笔足千秋——〈红楼梦〉人物论》，东方出版中心 2017 年

蔡义江《红楼梦诗词曲赋鉴赏》，中华书局 2001 年

周中明《红楼梦的语言艺术》(第 2 版)，广西人民出版社 2007 年

下　编

作品选读

一、《周易》选读

《系辞》（节选）

易之兴也，其当殷之末世，周之盛德邪？当文王与纣之事邪①？是故其辞危②，危者使平，易者使倾③；其道甚大，百物不废④。惧以终始，其要无咎⑤，此之谓易之道也。

易与天地准⑥，故能弥纶天地之道⑦。仰以观于天文⑧，俯以察于地理⑨，是故知幽明之故⑩；原始反终⑪，故知死生之说；精气为物，游魂为变⑫，是故知鬼神之情状。与天地相似，故不违；知周乎万物而道济天下，故不过⑬；旁行而不流⑭，乐天知命，故不忧；安土敦乎仁⑮，故能爱。范围天地之化而不过⑯，曲成万物而不遗，通乎昼夜之道而知，故神无方而易无体。

易有圣人之道四焉：以言者尚其辞，以动者尚其变，以制器者尚其象，以卜筮者尚其占。是以君子将有为也，将有行也，问焉而以言，其受命也如向⑰。无有远近幽深，遂知

---

① 文王：商纣时为西伯，治理周族，国势强盛，故称"周之盛德"。纣：商代最后的君主，故称"殷之末世"。

② 其辞危：作《易》者处殷末衰世，故所撰卦爻辞多含危惧警戒之义。

③ 危者：犹言"谨慎危惧"。易者：犹言"掉以轻心"。

④ 其道：指前文所言"危者使平，易者使倾"之理。百物不废：言以此理处之，能使天下之事不致废置。

⑤ 要：要旨。

⑥ 准：相等。

⑦ 弥纶：普遍包涵。弥，大；纶，包络。

⑧ 天文：指天象，如日月星辰

⑨ 地理：指地形，如山川原野。

⑩ 幽明：无形谓幽，有形谓明。

⑪ 原始反终：原，推原；反，反求。

⑫ 精气：阴阳凝聚之气。游魂：魂气游散所生的变异。精气指下文之"神"，游魂指"鬼"。

⑬ 过：偏差过失。

⑭ 流：流溢泛滥。

⑮ 安土：安处其环境。

⑯ 范围：拟范周备。

⑰ 受命：指《周易》承受占筮者的蓍命。向：即"响"。

来物。非天下之至精,其孰能与于此? 参伍以变①,错综其数。通其变,遂成天下之文②;极其数,遂定天下之象。非天下之至变,其孰能与于此? 易无思也,无为也③,寂然不动,感而遂通天下之故④。非天下之至神,其孰能与于此? 夫易,圣人之所以极深而研几也。唯深也,故能通天下之志;唯几也,故能成天下之务;唯神也,故不疾而速,不行而至⑤。子曰"易有圣人之道四焉"者,此之谓也。

大衍之数五十,其用四十有九⑥。分而为二以象两⑦,挂一以象三⑧,揲之以四以象四时⑨,归奇于扐以象闰;五岁再闰,故再扐而后挂⑩。天数五,地数五⑪,五位相得而各有合⑫。天数二十有五,地数三十,凡天地之数五十有五⑬。此所以成变化而行鬼神也。乾之策二百一十有六,坤之策百四十有四⑭,凡三百有六十,当期之日⑮。二篇之策,万有一千五百二十⑯,当万物之数也。是故四营而成易⑰,十有八变而成卦⑱,八卦而小成⑲。引而伸之⑳,触类而长之,天下之能事毕矣㉑。显道神德行㉒,是故可与酬酢,可与祐神矣㉓。子曰:"知变化之道者,其知神之所为乎?"

---

① 参伍:犹言"三番五次"。

② "通其变"二句:天地的文采是因事物的会通变化而形成的。

③ "易无思也"二句:易理出乎自然,非思、为所致。

④ "寂然不动"二句:易理静中有动,阴阳交感则万事皆通。

⑤ 不疾而速,不行而至:指不费气力而能成事。

⑥ 大:广。衍:演绎。数:蓍数,在占筮中以蓍草之策代表。大衍筮法用五十根蓍策,其中一根不用,实用四十九根。

⑦ 象两:象征天地两仪。

⑧ 挂一:从所分的两部分中抽取一策挂于左手小指间。三:指天地人三才。

⑨ 揲:用手成束地分数蓍策。演算蓍策是以四为单位揲数,象征"四季"。

⑩ 奇:指揲数至最后剩余的策数。扐:夹于手指之间。这是说,在两部分蓍策分别揲数之后,各有剩余,将此余策先后并扐于左手无名指、中指、食指的三指之间,犹如岁历五年有两次闰月。

⑪ 天数五,地数五:指一至十的数目中,奇数为天的象征数,偶数为地的象征数。

⑫ 五位相得而各有合:指五奇五偶相配相得。

⑬ 天数二十有五:指五奇数相加得二十五。地数三十:指五偶数相加得三十。天地之数五十有五:指天数与地数两者相加,和为五十五。

⑭ "乾之策"二句:指乾卦由老阳爻组成,凡老阳爻皆从三变揲算过的三十六策得来,故六爻共含二百一十六策;坤卦由老阴爻组成,凡老阴爻皆从三变揲算过的二十四策得来,故六爻共含一百四十四策。

⑮ 期:一年。乾坤之策共三百六十,犹一年的日数。

⑯ 二篇:指上下经六十四卦。六十四卦阴阳爻各一百九十二爻,阳爻乘以三十六,阴爻乘以二十四,其和即为"万有一千五百二十"。

⑰ 四营:即上文所言"分二""挂一""揲四""归奇"这四道揲筮程序。依此而作,即可筮得《周易》卦形,故称"四营而成易"。

⑱ "十有八变"句:四营为一变,三变得一爻,一卦六爻,故十八变成卦。

⑲ 八卦而小成:九变而成三画,得八卦之一。

⑳ 引而伸之:指朝着六十四卦推广演绎。

㉑ "触类"二句:占筮配合易理相为用,触类而发挥其义,天下之事无不能明。

㉒ 显:彰显。神:此处用作动词,犹言"神奇地成就"。

㉓ 酬酢:应对。祐神:祐助神灵。

《说卦传》（节选）

昔者圣人之作易也，幽赞于神明而生蓍①，参天两地而倚数②，观变于阴阳而立卦③，发挥于刚柔而生爻④，和顺于道德而理于义⑤，穷理尽性以至于命⑥。

昔者圣人之作易也，将以顺性命之理。是以立天之道，曰阴与阳；立地之道，曰柔与刚；立人之道，曰仁与义。兼三才而两之，故易六画而成卦⑦。分阴分阳，迭用柔刚，故易六位而成章⑧。

天地定位，山泽通气，雷风相薄⑨，水火不相射⑩，八卦相错⑪。数往者顺，知来者逆⑫，是故易逆数也。

《乾·文言》（节选）

夫大人者⑬，与天地合其德，与日月合其明，与四时合其序，与鬼神合其吉凶。先天而天弗违⑭，后天而奉天时⑮。天且弗违，而况于人乎？况于鬼神乎？

---

① 幽：深。赞：祝。蓍：蓍草，这里指用蓍草揲筮演算的方法。
② 参天：指采取天"三"之数，即奇数。两地：指采取地"二"之数，即偶数。倚数：创立阴阳数字象征。
③ "观变"句：作《易》者观阴阳之变而演立卦形。
④ "发挥"句：卦立之后，作《易》者又推展其刚柔爻的变迁。
⑤ 理：犹言"治理"。义：宜也。
⑥ 性：本性。命：天命。
⑦ "兼三才"二句：《易》由六画构成六十四卦卦形，来自三画的八卦两两相重，兼合了"三才"的象征。
⑧ 章：章理，由刚柔交错而成。六画排列位次分阴阳，所居之爻分刚柔；如是交错，蔚然成章。
⑨ 雷风相薄：指雷风兴动虽各异方，却能交相潜入应和。
⑩ 射：厌弃。此指水火虽异性却不相厌弃而相资助。
⑪ 相错：既矛盾又和谐地相错杂。
⑫ "数往者顺"二句：依据阴阳八卦变化之道，可顺推往事，逆知来事。
⑬ 夫大人者：乾九五爻辞：飞龙在天，利见大人。
⑭ 先天：先于天象，此指在自然界发生变化之前，就预先采取措施。
⑮ 后天：后于天象，此指在自然界出现变化之后，及时采取适当措施。

《坤·文言》(节选)

　　积善之家,必有余庆;积不善之家,必有余殃。臣弑其君,子弑其父,非一朝一夕之故,其所由来者渐矣! 由辩之不早辩也①。《易》曰:"履霜,坚冰至"②,盖言顺也③。

---

① 辩:同"辨",辨别。
② "《易》曰"句:坤卦初六爻辞。
③ 顺:顺沿。

二、《老子》选读

论　道

1. 道可道，非常道①。名可名，非常名。无名天地之始，有名万物之母②。故常无欲以观其妙，常有欲以观其徼③。此两者同出而异名，同谓之玄④。玄之又玄，众妙之门⑤。

14. 视之不见名曰夷，听之不闻名曰希，搏之不得名曰微⑥。此三者不可致诘⑦，故混而为一。其上不皦，其下不昧⑧，绳绳不可名⑨，复归于无物。是谓无状之状，无物之象，是谓惚恍。迎之不见其首，随之不见其后。执古之道，以御今之有。能知古始⑩，是谓道纪⑪。

25. 有物混成，先天地生。寂兮寥兮⑫，独立不改，周行而不殆⑬，可以为天下母。吾不知其名，字之曰道，强为之名曰大。大曰逝⑭，逝曰远，远曰反⑮。故道大、天大、地大、王亦大。域中有大⑯，而王居其一焉。人法地，地法天，天法道，道法自然。

----

① "道可道"二句：第一个"道"是人们习称之道，即所谓"道理"；第二个"道"为"言说"之意；第三个"道"，指老子哲学的最高范畴。

② 无：天地的本始。有：万物的根源。

③ "故常无欲"二句：常体"无"，以观照道的奥妙；常体"有"，以观照"道"的边际。

④ 玄：幽昧深远。

⑤ 众妙之门：一切奥妙的门径，即指"道"。

⑥ "视之不见"三句：无色为夷，无声为希，无形为微。此三者，皆用来形容感官所不能捕捉的"道"。

⑦ 致诘：究诘，追究。

⑧ 皦：光明。昧：阴暗。

⑨ 绳绳：纷纭不绝。

⑩ 古始：宇宙的原始。

⑪ 道纪：道的纲纪。

⑫ 寂：静而无声。寥：动而无形。

⑬ 不殆：不息。"殆"，同"怠"。

⑭ 逝：指道的行进，周流不息。

⑮ 反：返回。

⑯ 域中：空间之中。

论　法

2. 天下皆知美之为美,斯恶已①;皆知善之为善,斯不善已。故有无相生,难易相成,长短相形,高下相倾,音声相和,前后相随。是以圣人处无为之事,行不言之教,万物作焉而不辞,生而不有,为而不恃,功成而弗居。夫唯弗居,是以不去。

11. 三十幅共一毂,当其无,有车之用。埏埴以为器②,当其无,有器之用。凿户牖以为室,当其无,有室之用。故有之以为利,无之以为用。

22. 曲则全,枉则直③,洼则盈,敝则新,少则得,多则惑。是以圣人抱一为天下式④。不自见故明,不自是故彰,不自伐故有功,不自矜故长。夫唯不争,故天下莫能与之争。古之所谓曲则全者,岂虚言哉! 诚全而归之。

23. 希言自然⑤。故飘风不终朝⑥,骤雨不终日。孰为此者? 天地。天地尚不能久,而况于人乎? 故从事于道者,道者同于道⑦,德者同于德,失者同于失。同于道者,道亦乐得之;同于德者,德亦乐得之;同于失者,失亦乐得之。信不足,焉有不信焉⑧。

76. 人之生也柔弱,其死也坚强。万物草木之生也柔脆,其死也枯槁。故坚强者死之徒⑨,柔弱者生之徒。是以兵强则不胜,木强则兵⑩。强大处下,柔弱处上。

78. 天下莫柔弱于水。而攻坚强者莫之能胜,以其无以易之⑪。弱之胜强,柔之胜刚,天下莫不知,莫能行。是以圣人云,受国之垢,是谓社稷主;受国不祥,是为天下王。正言若反⑫。

论　政

57. 以正治国,以奇用兵,以无事取天下⑬。吾何以知其然哉? 以此。天下多忌讳,

---

① 恶:丑。
② 埏埴:即和陶土做成饮食的器皿。埏,和;埴,土。
③ 枉:屈。
④ 抱一:抱道。式:法式,范式。
⑤ 希言:无言。
⑥ 飘风:强风,大风。
⑦ "故从事"二句:应作"故从事于道者,同于道"。
⑧ 第一个"焉",才;第二个"焉",语气词。
⑨ 徒:类。
⑩ 木强则兵:当作"木强则折"。
⑪ 易:替代。
⑫ 正言若反:正道之言好像反话一样。
⑬ 取:治理。

而民弥贫。民多利器,国家滋昏;人多伎巧①,奇物滋起;法令滋彰,盗贼多有。故圣人云:我无为而民自化,我好静而民自正,我无事而民自富,我无欲而民自朴。

58. 其政闷闷②,其民淳淳③。其政察察④,其民缺缺⑤。祸兮,福之所倚。福兮,祸之所伏。孰知其极,其无正⑥。正复为奇,善复为妖⑦。人之迷,其日固久。是以圣人方而不割⑧,廉而不刿⑨,直而不肆⑩,光而不耀⑪。

80. 小国寡民,使有什伯之器而不用⑫,使民重死而不远徙⑬。虽有舟舆,无所乘之;虽有甲兵,无所陈之。使人复结绳而用之。甘其食,美其服,安其居,乐其俗。邻国相望,鸡犬之声相闻,民至老死不相往来。

论　言

43. 天下之至柔,驰骋天下之至坚⑭。无有入无间⑮,吾是以知无为之有益。不言之教,无为之益,天下希及之。

56. 知者不言,言者不知。塞其兑,闭其门⑯,挫其锐;解其分,和其光,同其尘⑰,是谓玄同⑱。故不可得而亲,不可得而疏;不可得而利,不可得而害;不可得而贵,不可得而贱⑲。故为天下贵。

81. 信言不美⑳,美言不信㉑。善者不辩,辩者不善。知者不博,博者不知。圣人不积,既以为人己愈有㉒,既以与人己愈多。天之道,利而不害,圣人之道,为而不争。

---

① 伎巧:技巧,即智巧。
② 闷闷:昏昏昧昧,含有宽厚的意思。
③ 淳淳:淳厚的意思。
④ 察察:烦碎严苛。
⑤ 缺缺:狡诈。
⑥ 正:定准。指祸福变化无端。
⑦ "正复为奇"二句:正再转变为邪,善再转变为恶。
⑧ 方而不割:方正而不割伤人。
⑨ 廉而不刿:锐利而不伤害人。
⑩ 直而不肆:直率而不放肆。
⑪ 光而不耀:光亮而不耀眼。
⑫ 什伯之器:当作"什伯人之器"。十倍百倍人工之器。
⑬ 不远徙:当作"远徙",远弃迁徙,即不随便迁徙。
⑭ 驰骋:驾驭。
⑮ 无有:无形之物。无间:没有间隙。
⑯ "塞其兑"二句:塞住嗜欲的孔窍,闭起嗜欲的门径。
⑰ "挫其锐"四句:不露锋芒,消解纷扰,含敛光耀,混同尘世。
⑱ 玄同:玄妙齐同的境界。
⑲ "故不可得"六句:指玄同的境界超出了亲疏利害贵贱的区别。
⑳ 信言:真实的话。
㉑ 美言:华美的话。
㉒ 既:穷尽。

三、《庄子》选读

《人间世》(节选)

　　颜回见仲尼,请行。曰:"奚之?"曰:"将之卫。"曰:"奚为焉?"曰:"回闻卫君,其年壮,其行独①;轻用其国,而不见其过;轻用民死,死者以国量乎泽若蕉②,民其无如矣③。回尝闻之夫子曰:'治国去之,乱国就之,医门多疾。'愿以所闻思其则庶几其国有瘳乎?④"

　　仲尼曰:"嘻!若殆往而刑耳!夫道不欲杂,杂则多,多则扰,扰则忧,忧而不救。古之至人,先存诸己而后存诸人。所存于己者未定,何暇至于暴人之所行!……

　　且德厚信矼⑤,未达人气,名闻不争,未达人心。而强以仁义绳墨之言术暴人之前者,是以人恶有其美也⑥,命之曰灾人⑦。灾人者,人必反灾之,若殆为人灾夫?且苟为悦贤而恶不肖,恶用而求有以异⑧?若唯无诏⑨,王公必将乘人而斗其捷⑩。而目将荧之⑪,而色将平之,口将营之⑫,容将形之⑬,心且成之。是以火救火,以水救水,名之曰益多。顺始无穷⑭,若殆以不信厚言,必死于暴人之前矣!

　　且昔者桀杀关龙逢,纣杀王子比干,是皆修其身以下伛拊人之民⑮,以下拂其上者

---

①　行独:行为专断。
②　"死者"句:此句言死者遍地而未葬者如蕉之枕藉,不可计数。"国",为衍文;量,满。
③　"民其"句:百姓无所依归。
④　"思其"下缺"所行",当补。则该句为"愿以所闻,思其所行,则庶几其国有瘳乎?"
⑤　矼:坚实。
⑥　"是以"句:所以人厌恶他卖弄自己之美。有,当作"育",卖弄。
⑦　灾:害。
⑧　"恶用"句:何用你来寻求自己的不同呢?而:你。
⑨　若:你。唯:只。诏:告,指向卫君进言。
⑩　王公:指卫君。乘人:抓住说话人说错的机会。捷:指言语快捷。
⑪　荧:眩惑。
⑫　营:营救,指用言语自我解脱。
⑬　形:显露,表现。
⑭　顺始无穷:他的恶既多,你又跟从而增加,开始既已如此,其后将顺之而无尽。
⑮　下:下位,居于臣下之位。伛(yǔ)拊(fǔ):怜爱抚育。人:人君的省称。

也,故其君因其修以挤之①。是好名者也。昔者尧攻丛枝、胥敖②,禹攻有扈,国为虚厉③,身为刑戮;其用兵不止,其求实无已④。是皆求名实者也,而独不闻之乎?名实者,圣人之所不能胜也,而况若乎!虽然,若必有以也⑤,尝以语我来!"

颜回曰:"端而虚⑥,勉而一⑦。则可乎?"曰:"恶⑧,恶可!夫以阳为充孔扬⑨,采色不定⑩,常人之所不违,因案人之所感⑪,以求容与其心⑫,名之曰日渐之德不成⑬,而况大德乎!将执而不化,外合而内不訾⑭,其庸讵可乎!⑮"

"然则我内直而外曲,成而上比⑯。内直者,与天为徒。与天为徒者,知天子之与己皆天之所子⑰。而独以己言蕲乎而人善之⑱,蕲乎而人不善之邪?若然者,人谓之童子,是之谓与天为徒。外曲者,与人之为徒也。擎跽曲拳⑲,人臣之礼也,人皆为之,吾敢不为邪?为人之所为者,人亦无疵焉,是之谓与人为徒。成而上比者,与古为徒,其言虽教,谪之实也⑳;古之有也,非吾有也。若然者,虽直而不病㉑,是之谓与古为徒。若是则可乎?"仲尼曰:"恶,恶可!大多政法而不谍㉒,虽固亦无罪。虽然,止是耳矣,夫胡可以及化!犹师心者也。㉓"

颜回曰:"吾无以进矣,敢问其方。"仲尼曰:"斋,吾将语若!有心而为之,其易邪?易之者,暤天不宜㉔。"颜回曰:"回之家贫,唯不饮酒不茹荤者数月矣。如此,则可以为

---

① 修:美好,这里专指很有道德修养。挤:排斥。
② 丛枝、胥敖:帝尧时代的两个部落小国的国名。
③ 虚:同"墟",废墟。厉:人死而无后代。
④ 实:实利。已:止。
⑤ 有以:有所依凭。
⑥ 端:端庄,正派。虚:虚豁,谦逊。"端"指外表,"虚"指内心。
⑦ 勉:勤恳努力。一:这里是始终如一,忠贞不二。
⑧ 恶(wū):叹词,驳斥之声。
⑨ 阳:指刚猛之盛气。充:满,充斥于心。孔:甚,很。扬:露于外表。
⑩ 采色:这里指面部表情。
⑪ 案:压抑,压制。
⑫ 容与:放纵。
⑬ 渐:浸渍,润泽。
⑭ 外合:外表赞同。訾(zǐ):非议。
⑮ 其:那,那样。庸讵:怎么。
⑯ 成:成就,指心中有数,已有成熟的主张和看法。上:上世,指古代。"上比"是跟古代的做法相比较。
⑰ 所子:所养育的子女。
⑱ 蕲:祈求,希望得到。善之:以之为善。
⑲ 擎:举,这里指手里拿着朝笏(hù)。跽:长跪。曲拳:躬身屈体。
⑳ 谪:谴责,责备。
㉑ 病:怨恨,祸害。
㉒ 大:太。政:同"正",端正、纠正的意思。谍:当。
㉓ 师:以……为师。心:这里指内心的定见。
㉔ 暤(hào):同"昊",广大的意思。"暤天"就是"大天"。宜:当,合适。

斋乎?"曰:"是祭祀之斋,非心斋也。"回曰:"敢问心斋。"仲尼曰:"若一志①,无听之以耳而听之以心,无听之以心而听之以气!听止于耳,心止于符。气也者,虚而待物者也。唯道集虚。虚者,心斋也。"

颜回曰:"回之未始得使,实自回也;得使之也,未始有回也。可谓虚乎?"夫子曰:"尽矣。吾语若!若能入游其樊而无感其名②,入则鸣③,不入则止。无门无毒④,一宅而寓于不得已⑤,则几矣。绝迹易,无行地难。为人使易以伪,为天使难以伪。闻以有翼飞者矣,未闻以无翼飞者也;闻以有知知者矣,未闻以无知知者也。瞻彼阕者⑥,虚室生白⑦,吉祥止止⑧。夫且不止,是之谓坐驰⑨,夫徇耳目内通而外于心知⑩,鬼神将来舍,而况人乎!是万物之化也,禹舜之所纽也⑪,伏戏几蘧之所行终⑫,而况散焉者乎⑬!"

叶公子高将使于齐,问于仲尼曰:"王使诸梁也甚重⑭,齐之待使者,盖将甚敬而不急,匹夫犹未可动,而况诸侯乎!吾甚栗之。子常语诸梁也曰:'凡事若小若大,寡不道以欢成⑮。事若不成,则必有人道之患⑯;事若成,则必有阴阳之患⑰。若成若不成而后无患者,唯有德者能之。'吾食也执粗而不臧⑱,爨无欲清之人⑲。今吾朝受命而夕饮冰,我其内热与!吾未至乎事之情⑳,而既有阴阳之患矣;事若不成,必有人道之患。是两也,为人臣者不足以任之,子其有以语我来!"

仲尼曰:"天下有大戒二:其一命也,其一义也。子之爱亲,命也,不可解于心;臣之事君,义也,无适而非君也㉑,无所逃于天地之间。是之谓大戒。是以夫事其亲者,不择地而安之,孝之至也;夫事其君者,不择事而安之,忠之盛也;自事其心者,哀乐不易施乎

---

① 一志:凝寂虚忘,摒除杂念,心思高度专一。一,专一。
② 樊:篱笆,喻指卫君统治的范围。感其名:为名利地位所动。
③ 入:采纳进谏。
④ 毒:累积土石用作保卫门栏的土台,喻指索求门径的标的。
⑤ 一:心思高度集中。宅:这里指心灵的位置。
⑥ 瞻(zhān):望。阕(què):空虚。
⑦ 虚室:空灵的精神世界。白:洁净。
⑧ 止止:意思是止于凝静的心境。
⑨ 坐驰:形体坐在那里而心理却驰骋于他处。
⑩ 徇:使。内通,向内通达。外:这里是排除的意思。心知:心智。
⑪ 纽:枢纽,关键。
⑫ 伏戏、几蘧(qú):传说中的远古帝王。"伏戏"多写为"伏羲"。
⑬ 散焉者:指疏散的人,即普通、平常的人。
⑭ 诸梁:叶公子高,名诸梁,字子高。
⑮ 寡:少。道:由,通过。欢成:圆满的结果。
⑯ 人道之患:人为的祸害,指国君的惩罚。
⑰ 阴:事未办成时的忧惧。阳:事已办成时的喜悦。这里是说忽忧忽喜而交集于心,势必身心失调以致患病。
⑱ 执粗:食用粗茶淡饭。不臧:指不精美的食品。臧,好。
⑲ 爨(cuàn):炊,烹饪食物。这句话颇费解,联系上下文大意是,烹饪食物也就无须解凉散热的人。
⑳ 情:真实。
㉑ 适:往,到。

前,知其不可奈何而安之若命,德之至也。为人臣子者,固有所不得已。行事之情而忘其身,何暇至于悦生而恶死!夫子其行可矣!

丘请复以所闻:凡交近则必相靡以信①,远则必忠之以言,言必或传之。夫传两喜两怒之言,天下之难者也。夫两喜必多溢美之言,两怒必多溢恶之言。凡溢之类妄②,妄则其信之也莫③,莫则传言者殃。故法言曰:'传其常情,无传其溢言,则几乎全。'且以巧斗力者,始乎阳,常卒乎阴④,泰至则多奇巧⑤;以礼饮酒者,始乎治,常卒乎乱,泰至则多奇乐⑥。凡事亦然:始乎谅,常卒乎鄙⑦;其作始也简,其将毕也必巨。

言者,风波也;行者,实丧也⑧。夫风波易以动,实丧易以危。故忿设无由⑨,巧言偏辞。兽死不择音,气息茀然⑩,于是并生心厉⑪。克核大至⑫,则必有不肖之心应之,而不知其然也。苟为不知其然也,孰知其所终!故法言曰:'无迁令,无劝成⑬,过度益也。'迁令劝成殆事⑭,美成在久⑮,恶成不及改,可不慎与!且夫乘物以游心,托不得已以养中,至矣。何作为报也⑯!莫若为致命⑰,此其难者!"

颜阖将傅卫灵公太子⑱,而问于蘧伯玉曰:"有人于此,其德天杀⑲。与之为无方,则危吾国;与之为有方,则危吾身。其知适足以知人之过,而不知其所以过。若然者,吾奈之何?"

蘧伯玉曰:"善哉问乎!戒之慎之,正女身也哉!形莫若就⑳,心莫若和㉑。虽然,之二者有患。就不欲入㉒,和不欲出㉓。形就而入,且为颠为灭,为崩为蹶。心和而出,且

① 靡:同"縻",维系的意思。
② 妄:虚假。
③ 信之也莫:真实程度值得怀疑。莫,薄。
④ 阳:指公开地争斗。阴:指暗地里使计谋。
⑤ 泰至:大至,达到极点。奇巧:指玩弄阴谋。
⑥ 奇乐:放纵无度。
⑦ 谅:指相互信任。鄙:恶,欺诈。
⑧ 实丧:得失。
⑨ 设:发作,产生。
⑩ 茀然:气息急促的样子。茀(bó),同"勃"。
⑪ 心厉:指伤害人的恶念。
⑫ 克核:即苛责。
⑬ 迁:改变。劝:劝勉。
⑭ 殆事:犹言"坏事"。殆,危险。
⑮ 美成:意思是美好的事情要做成功。下句"恶成"对文,意思是坏事做成了。
⑯ 作:作意。
⑰ 命:天命,即自然的意思。
⑱ 傅:给……做师傅。
⑲ 天杀:生就凶残嗜杀。
⑳ 形:外表。与下句"心"相对文。就:靠拢,亲近。
㉑ 和:顺,含有顺其本性的意思。
㉒ 入:关系太深。
㉓ 出:超出,过于显露,与上句"入"字对文。

为声为名，为妖为孽。彼且为婴儿，亦与之为婴儿；彼且为无町畦①，亦与之为无町畦；彼且为无崖②，亦与之为无崖。达之③，入于无疵。

汝不知夫螳螂乎？怒其臂以当车辙④，不知其不胜任也，是其才之美者也⑤。戒之，慎之！积伐而美者以犯之⑥，几矣⑦。汝不知夫养虎者乎？不敢以生物与之，为其杀之之怒也⑧；不敢以全物与之，为其决之之怒也。时其饥饱，达其怒心。虎之与人异类而媚养己者⑨，顺也；故其杀者，逆也。夫爱马者，以筐盛矢，以蜃盛溺⑩。适有蚊虻仆缘⑪，而拊之不时⑫，则缺衔毁首碎胸⑬。意有所至而爱有所亡⑭，可不慎邪！"

匠石之齐，至于曲辕，见栎社树⑮。其大蔽数千牛，絜之百围⑯，其高临山，十仞而后有枝，其可以为舟者旁十数。观者如市，匠伯不顾，遂行不辍。弟子厌观之⑰，走及匠石，曰："自吾执斧斤以随夫子，未尝见材如此其美也。先生不肯视，行不辍，何邪？"曰："已矣，勿言之矣！散木也，以为舟则沉，以为棺椁则速腐，以为器则速毁，以为门户则液樠⑱，以为柱则蠹。是不材之木也，无所可用，故能若是之寿。"

匠石归，栎社见梦曰："女将恶乎比予哉⑲？若将比予于文木邪⑳？夫柤梨橘柚，果蓏之属，实熟则剥，剥则辱㉑；大枝折，小枝泄㉒。此以其能苦其生者也，故不终其天年而中道夭，自掊击于世俗者也。物莫不若是。且予求无所可用久矣，几死，乃今得之，为予大用。使予也而有用，且得有此大也邪？且也若与予也皆物也，奈何哉其相物也？而几死之散人，又恶知散木！"

---

① 町(tǐng)畦(qí)：田间的界路，喻指分界、界线。

② 无崖：喻指无边，没有约束。崖，山边或岸边。

③ 达：通达，指通过疏导与卫太子思想相通，逐步地使他走上正途。

④ 怒：奋起。当：阻挡。这个意义后世写作"挡"。车辙犹言"车轮"。辙，车轮行过的印记。

⑤ 是其才之美：即"以其才之美为是"，即自恃才能太高。

⑥ 积：长期不断地。伐：夸耀。而：你。

⑦ 几：危险。

⑧ 为其杀之之怒也：唯恐它扑杀活物时诱发残杀生物的怒气。

⑨ 异类：不同类。媚：喜爱。

⑩ 蜃(shèn)：大蛤，这里指蛤壳。溺：尿。

⑪ 仆缘：附着，指叮在马身上。

⑫ 拊(fǔ)：拍击。

⑬ 衔：马勒口，"缺衔"指咬断了勒口。首：辔头，"毁首"指挣断了辔头。胸：胸饰，"碎胸"指弄坏了络饰。

⑭ 意有所至：本意在于爱马。爱有所亡：失其所爱，适得其反。

⑮ 栎社树：把栎树当作社神。栎(lì)，树名；社，土神。

⑯ 絜(xié)：用绳子计量周围。围：周长一尺。

⑰ 厌观：看了个够。厌，满足。

⑱ 户：单扇的门。液：浸渍。液樠：像松木心那样液出树脂。樠(mán)，松木心。

⑲ 比予：跟我相提并论。比，比并，相提并论。

⑳ 文木：可用之木。

㉑ 辱：果树摘落果实后枝干就随意受人摧残。

㉒ 泄(yè)：被牵扭。

匠石觉而诊其梦。弟子曰:"趣取无用①,则为社何邪?"曰:"密②!若无言!彼亦直寄焉,以为不知己者诟厉也③。不为社者,且几有剪乎!且也彼其所保与众异,而以义喻之④,不亦远乎!"

南伯子綦游乎商之丘,见大木焉有异,结驷千乘,隐将芘其所藾⑤。子綦曰:"此何木也哉?此必有异材夫!"仰而视其细枝,则拳曲而不可以为栋梁;俯而视其大根,则轴解而不可以为棺椁⑥;咶其叶⑦,则口烂而为伤;嗅之,则使人狂酲⑧,三日而不已。

子綦曰:"此果不材之木也,以至于此其大也。嗟乎神人,以此不材!"宋有荆氏者,宜楸柏桑。其拱把而上者⑨,求狙猴之杙者斩之⑩;三围四围,求高名之丽者斩之⑪;七围八围,贵人富商之家求樿傍者斩之⑫。故未终其天年,而中道之夭于斧斤,此材之患也。故解之以牛之白颡者与豚之亢鼻者,与人有痔病者不可以适河⑬。此皆巫祝以知矣,所以为不祥也。此乃神人之所以为大祥也。

支离疏者,颐隐于脐⑭,肩高于顶,会撮指天⑮,五管在上⑯,两髀为胁⑰。挫针治繲⑱,足以糊口;鼓策播精⑲,足以食十人。上征武士,则支离攘臂而游于其间;上有大役,则支离以有常疾不受功⑳;上与病者粟,则受三钟与十束薪。夫支离其形者,犹足以养其身,终其天年,又况支离其德者乎?

孔子适楚,楚狂接舆游其门曰:"凤兮凤兮,何如德之衰也㉑!来世不可待,往世不可追也。天下有道,圣人成焉;天下无道,圣人生焉。方今之时,仅免刑焉。福轻乎羽,

---

① 趣取:意在求取。
② 密:默,犹言"闭嘴"。
③ 诟厉:辱骂,伤害。
④ 义:常理。喻:了解。
⑤ 芘(pí):同"庇",荫庇的意思。藾(lài):荫蔽。
⑥ 轴解:从木心向外裂开。一说"解"讲作"散",指纹理松散不可用。轴,指木心。解,裂开。椁:外棺。
⑦ 咶(shì):同"舐",用舌头舔。
⑧ 酲(chéng):酒醉。
⑨ 拱:两手相合。把:一手所握。
⑩ 杙(yì):小木桩,用来系牲畜。斩:指砍伐。
⑪ 高名:指地位高贵名声显赫的人家。丽:屋之中梁。
⑫ 樿(shàn)傍:指由独幅做成的棺木左右扇。
⑬ 解之:指祈祷神灵以消灾。颡(sǎng):额。亢:高。"亢鼻"指鼻孔上仰。古人以高鼻折额、毛色不纯的牲畜和痔漏的人为不洁净,因而不用于祭祀。
⑭ 颐:下巴。脐:肚脐。
⑮ 会撮:发髻。因为脊背弯曲,所以发髻朝天。
⑯ 五管:五官。旧说指五脏的腧穴。
⑰ 髀(bì):股骨,这里指大腿。胁(xié):腋下肋骨所在的部位。
⑱ "挫针"即缝衣。繲(xiè):洗衣。
⑲ 鼓:簸动。策:小簸箕。播:扬去灰土与糠屑。
⑳ 功:通"工",指劳役之事。
㉑ 何如:如何,怎么。之:往。全句大意是,怎么怀有圣德却来到这衰乱之国。

莫之知载;祸重乎地,莫之知避。已乎已乎。临人以德! 殆乎殆乎,画地而趋①! 迷阳
迷阳②,无伤吾行! 吾行郤曲③,无伤吾足。"

山木自寇也④,膏火自煎也⑤。桂可食,故伐之;漆可用,故割之。人皆知有用之用,
而莫知无用之用也。

《逍遥游》

北冥有鱼,其名为鲲。鲲之大,不知其几千里也;化而为鸟,其名为鹏。鹏之背,不
知其几千里也;怒而飞,其翼若垂天之云。是鸟也,海运则将徙于南冥⑥。南冥者,天池
也。《齐谐》者,志怪者也。《谐》之言曰:"鹏之徙于南冥也,水击三千里,抟扶摇而上者
九万里⑦,去以六月息者也⑧。"野马也⑨,尘埃也,生物之以息相吹也。天之苍苍,其正色
邪? 其远而无所至极邪? 其视下也,亦若是则已矣。且夫水之积也不厚,则其负大舟也
无力。覆杯水于坳堂之上⑩,则芥为之舟;置杯焉则胶⑪,水浅而舟大也。风之积也不
厚,则其负大翼也无力。故九万里,则风斯在下矣,而后乃今培风⑫;背负青天,而莫之
夭阏者⑬,而后乃今将图南。蜩与学鸠笑之曰:"我决起而飞,抢榆枋而止⑭,时则不至,
而控于地而已矣,奚以之九万里而南为?"适莽苍者⑮,三餐而反,腹犹果然;适百里者,
宿舂粮;适千里者,三月聚粮。之二虫又何知! 小知不及大知,小年不及大年。奚以知
其然也? 朝菌不知晦朔,蟪蛄不知春秋,此小年也。楚之南有冥灵者⑯,以五百岁为春,
五百岁为秋;上古有大椿者,以八千岁为春,八千岁为秋。此大年也。而彭祖乃今以久
特闻,众人匹之,不亦悲乎?

---

① 画地:在地面上画出道路来。喻指人为的规范让人们去遵循。

② 迷阳:指荆棘。

③ 郤曲:屈曲,指道路曲折难行。根据上句结构特点,"吾行郤曲"当与"迷阳迷阳"结构相同,而"吾行"
很可能是传抄时误迭,则全句当是"郤曲郤曲"。

④ 自寇:自取砍伐。寇,侵犯,掠夺。

⑤ 膏:油脂。自煎:自取熔煎。

⑥ 海运:海水运动,此处指汹涌的海涛。徙:迁移。

⑦ 抟(tuán):盘旋上升。扶摇:旋风。

⑧ 去:离开。息:气息,指风。

⑨ 野马:云雾之气变化腾涌成野马的样子。

⑩ 覆:倒。坳(ào)堂:屋前地上的洼坑。

⑪ 胶:动词,粘住地面动不了。

⑫ 培风:乘风。培,凭。

⑬ 夭(yāo):挫折。阏(è):阻碍。

⑭ 抢:撞到,碰到。一作"枪"。榆枋(fāng):泛指树木。榆,榆树。枋,檀木。

⑮ 适:去,往。莽(mǎng)苍:草色苍苍的郊野。

⑯ 冥灵:大树名,一说大龟名。

汤之问棘也是已①："穷发之北②，有冥海者，天池也。有鱼焉，其广数千里，未有知其修者，其名为鲲。有鸟焉，其名为鹏，背若泰山，翼若垂天之云；抟扶摇羊角而上者九万里③，绝云气，负青天，然后图南，且适南冥也。斥鷃笑之曰：'彼且奚适也？我腾跃而上，不过数仞而下，翱翔蓬蒿之间，此亦飞之至也。而彼且奚适也？'"此小大之辩也。

故夫知效一官④、行比一乡⑤、德合一君、而征一国者⑥，其自视也，亦若此矣。而宋荣子犹然笑之⑦。且举世誉之而不加劝，举世非之而不加沮，定乎内外之分⑧，辩乎荣辱之境，斯已矣。彼其于世，未数数然也⑨。虽然，犹有未树也⑩。夫列子御风而行，泠然善也⑪，旬有五日而后反⑫。彼于致福者，未数数然也。此虽免乎行，犹有所待者也⑬。若夫乘天地之正⑭，而御六气之辩⑮，以游无穷者⑯，彼且恶乎待哉？故曰：至人无己，神人无功，圣人无名⑰。

尧让天下于许由⑱，曰："日月出矣，而爝火不息⑲，其于光也，不亦难乎！时雨降矣，而犹浸灌，其于泽也，不亦劳乎！夫子立而天下治，而我犹尸之⑳，吾自视缺然㉑！请致天下㉒。"许由曰："子治天下，天下既已治也，而我犹代子，吾将为名乎？名者，实之宾也㉓。吾将为宾乎？鹪鹩巢于深林㉔，不过一枝；偃鼠饮河，不过满腹。归休乎君㉕，予无

---

① 棘：人名，相传是商汤时的大夫。是已：就是这样。
② 穷发：草木不生的地方。发，草木。
③ 羊角：像羚羊角的旋风。
④ 效：功效，此处引申为胜任。
⑤ 行：品行。比：团结。
⑥ 而：同"能"，能力。
⑦ 宋荣子：战国中期的思想家。犹然：讥笑的样子。
⑧ 内：主观。外：客观。分：分际。
⑨ 数（shuò）数然：急切追求的样子。
⑩ 树：树立，建树。
⑪ 泠（líng）然：轻妙的样子。善：美妙。
⑫ 旬有（yòu）五日：十五天。旬，十天。有，通"又"。
⑬ 有所待：有所凭借。待，依靠。庄子的"有待"与"无待"是哲学范畴，指的是事物有无条件性。
⑭ 若夫：至于。乘：顺。天地之正：天地万物的本性。正，自然本性。
⑮ 六气：指阴、阳、风、雨、晦、明。辩：通"变"，变化。与"正"相对。"正"为本根，"辩"为派生。
⑯ 以游无穷：行游于绝对自由的境界。无穷，绝对自由的境界。
⑰ 至人、神人、圣人：三者名异实同，均为庄子心目中境界最高的人。无己，不突出自己；无功，不示功名；无名，不求名望。
⑱ 许由：尧时隐士，《庄子》中还有《徐无鬼》《外物》等篇，皆记述许由拒位之事。
⑲ 爝火：火把，火炬。
⑳ 尸：掌管，主持。
㉑ 缺然：缺乏能力的样子。
㉒ 致：赠与，送给。
㉓ 宾：派生物。
㉔ 鹪鹩（jiāoliáo）：一种小鸟。
㉕ 归休乎君："君归休乎"的倒装。

所用天下为!① 庖人虽不治庖②,尸祝不越樽俎而代之矣。③"

肩吾问于连叔曰:"吾闻言于接舆,大而无当④,往而不返⑤。吾惊怖其言犹河汉而无极也⑥,大有径庭⑦,不近人情焉。"连叔曰:"其言谓何哉?""曰'藐姑射之山⑧,有神人居焉。肌肤若冰雪,淖约若处子⑨;不食五谷,吸风饮露;乘云气,御飞龙,而游乎四海之外;其神凝⑩,使物不疵疠而年谷熟⑪。'吾以是狂而不信也。"连叔曰:"然,瞽者无以与乎文章之观,聋者无以与乎钟鼓之声。岂唯形骸有聋盲哉? 夫知亦有之。是其言也,犹时女也⑫。之人也,之德也⑬,将旁礴万物以为一⑭,世蕲乎乱⑮,孰弊弊焉以天下为事!⑯之人也,物莫之伤,大浸稽天而不溺⑰,大旱金石流、土山焦而不热。是其尘垢秕糠⑱,将犹陶铸尧舜者也⑲,孰肯以物为事⑳!"

宋人资章甫而适诸越㉑,越人断发文身㉒,无所用之。尧治天下之民,平海内之政,往见四子藐姑射之山㉓,汾水之阳,窅然丧其天下焉㉔。

惠子谓庄子曰:"魏王贻我大瓠之种㉕,我树之成,而实五石㉖。以盛水浆,其坚不能自举也。剖之以为瓢,则瓠落无所容㉗。非不呺然大也㉘,吾为其无用而掊之。"庄子曰:

---

① "予无所用"句:天下对我一点用也没有。

② 庖人:厨师。

③ 尸祝:古代祠庙中掌管祭祀的司仪。樽:酒器。俎:盛肉的器具。

④ 大而无当:宏大而不切实际。

⑤ 往而不反:一往无前而不回头。

⑥ 河汉:天上的银河。极:边。

⑦ 大有径庭:径,门外路径。庭,庭院,比喻差别极大。

⑧ 藐:通"邈",遥远。姑射:传说中的仙山名。

⑨ 淖约:柔美的姿态。处子:处女。

⑩ 凝:凝聚专一。

⑪ 疵疠:指疾病,灾害。年谷:指庄稼。

⑫ 时:同"是",这。女:同"汝",你。

⑬ 之:这样。

⑭ 旁礴万物以为一:混同天地万物为纯一。旁,同"磅"。

⑮ 世蕲乎乱:世人祈求纷纷扰扰。

⑯ 孰:谁,指神人。弊弊:劳神苦思貌。

⑰ 大浸:指大洪水。稽:到达。溺:淹。

⑱ 尘垢秕糠:尘土、污垢,秕谷、糠皮,指糟粕。

⑲ 陶铸:原指烧制陶器、熔铸金属,这里指造就培育。

⑳ 物:指世俗事务。

㉑ 资章甫:贩卖衣帽。资,买卖。章,冠、帽。甫,衣服。适诸越:到越国去。

㉒ 断发:剪发。文身:往身上刺花纹。

㉓ 四子:旧注指王倪、啮缺、被衣、许由四人,实为虚构的人物。

㉔ 窅(yǎo)然丧其天下焉:怅怅然忘却了天下。窅然,怅然自失的样子。

㉕ 大瓠(hù)之种:大葫芦的种子。瓠,葫芦。

㉖ 实:容纳。石(dàn):古代重量单位,相当于一百二十斤。

㉗ 落:平浅的样子。无所容:无可容之物。

㉘ 呺(xiāo)然:空空的样子。

"夫子固拙于用大矣。宋人有善为不龟手之药者①，世世以洴澼绕为事②。客闻之，请买其方百金。聚族而谋曰：'我世世为洴澼绕，不过数金，今一朝而鬻技百金，请与之。'客得之，以说吴王。越有难，吴王使之将，冬，与越人水战，大败越人。裂地而封之。能不龟手一也，或以封，或不免于洴澼绕，则所用之异也。今子有五石之瓠，何不虑以为大樽③，而浮于江湖，而忧其瓠落无所容？则夫子犹有蓬之心也夫④！"

惠子谓庄子曰："吾有大树，人谓之樗⑤。其大本臃肿而不中绳墨⑥，其小枝卷曲而不中规矩。立之涂⑦，匠者不顾。今子之言，大而无用，众所同去也。"庄子曰："子独不见狸狌乎⑧？卑身而伏，以候敖者⑨；东西跳梁⑩，不避高下；中于机辟⑪，死于罔罟。今夫斄牛⑫，其大若垂天之云。此能为大矣，而不能执鼠⑬。今子有大树，患其无用，何不树之于无何有之乡⑭，广莫之野⑮，彷徨乎无为其侧⑯，逍遥乎寝卧其下。不夭斤斧⑰，物无害者，无所可用，安所困苦哉！"

《齐物论》

南郭子綦隐机而坐⑱，仰天而嘘，荅焉似丧其耦⑲。颜成子游立侍乎前，曰："何居乎？形固可使如槁木，而心固可使如死灰乎？今之隐机者，非昔之隐机者也？"子綦曰："偃⑳，不亦善乎，而问之也！今者吾丧我，汝知之乎？女闻人籁而未闻地籁，女闻地籁而未闻天籁夫！"

---

① 不龟手之药：防止冻伤的药。龟，同"皲"，皮肤冻裂。
② 洴(píng)澼(pì)：漂洗。绕(kuàng)：同"纩"，絮衣服的丝绵。
③ 何不虑：为什么不系缚。樽：腰舟，可以捆在腰间漂浮在水上。
④ 蓬之心：即蓬心，心有茅塞，比喻不能通达，见识肤浅。
⑤ 樗：一种木质低劣的乔木。
⑥ 大本：主干。臃肿：肥粗不端正。绳墨：木匠画直线的工具。
⑦ 涂：同"途"，道路上。
⑧ 狸：野猫。狌：黄鼠狼。
⑨ 敖：同"遨"，遨游。
⑩ 跳梁：梁，同"踉"，跳跃腾挪。
⑪ 机辟：弩机陷阱，捕猎走兽的工具。
⑫ 斄牛：即牦牛。
⑬ 执：捕捉。
⑭ 无何有：什么都没有。
⑮ 广莫：即广漠。
⑯ 彷徨：游逸自得。
⑰ 夭：折断，砍伐。斤：大斧头。
⑱ 隐机：依凭着案几。机，通"几"，地上的或床榻上的矮桌。
⑲ 荅：形体破坏的样子，这里指生气索然。耦(ǒu)：躯体。
⑳ 偃(yǎn)：子游的名。

子游曰:"敢问其方。"子綦曰:"夫大块噫气①,其名为风。是唯无作,作则万窍怒号。而独不闻之翏翏乎②? 山陵之畏佳③,大木百围之窍穴,似鼻,似口,似耳,似枅,似圈,似臼,似洼者,似污者。激者、謞者、叱者、吸者、叫者、譹者、宎者、咬者④,前者唱于而随者唱喁⑤,泠风则小和,飘风则大和,厉风济则众窍为虚⑥。而独不见之调调之刁刁乎⑦?"

子游曰:"地籁则众窍是已,人籁则比竹是已⑧,敢问天籁。"子綦曰:"夫吹万不同⑨,而使其自已也。咸其自取,怒者其谁邪?

大知闲闲,小知间间⑩。大言炎炎,小言詹詹⑪。其寐也魂交,其觉也形开⑫。与接为构,日以心斗⑬。缦者,窖者,密者⑭。小恐惴惴,大恐缦缦。其发若机栝,其司是非之谓也⑮;其留若诅盟,其守胜之谓也⑯;其杀如秋冬,以言其日消也⑰;其溺之所为之,不可使复之也⑱;其厌也如缄,以言其老洫也⑲;近死之心,莫使复阳也。喜怒哀乐,虑叹变慹⑳,姚佚启态㉑。乐出虚,蒸成菌㉒。日夜相代乎前而莫知其所萌。已乎,已乎! 旦暮得此,其所由以生乎!

非彼无我㉓,非我无所取。是亦近矣,而不知其所为使。若有真宰,而特不得其

---

① 大块噫(yī)气:大地吐气。块,土地。
② 翏翏(liù):拟声词,风的声音。
③ 山陵之畏佳(wēicuī):指山林的高大,这里意为山林被风吹得摇来动去。陵,同"林"。畏佳,同"巍崔"。
④ 激:激流声。謞(xiāo):箭射出的声音。叱(chì):叱骂声。吸:呼吸声。叫:叫喊声。譹(háo):哭声。宎(yǎo):深谷之声。咬:细语声。
⑤ 于、喁:表示相应和之声。前者指风,随者指孔穴。
⑥ 厉风济:猛烈的风停止。济,停止。
⑦ 调调、刁刁:均为树摇之声。
⑧ 比竹:排列竹管,泛指乐器。
⑨ 夫吹万不同:大道之吹,万物声音各不相同。吹,指大道的物化表现。
⑩ 闲闲:广博貌。间间:有所间别。
⑪ 炎炎:"炎"当作"淡"。老子曰:"道之出口,淡乎其无味。"詹詹:小辩貌。
⑫ 魂交:精神交错。形开:目开意悟。
⑬ 与接为构,日以心斗:言日与世人接合,而以心计相角斗。
⑭ 缦者:宽心。窖者:深心。密者:精心。
⑮ "其发若机栝"二句:形容口齿伶俐者,发言尖巧,每伺隙以生起是非。
⑯ 诅:犹祝。盟:誓。守胜:谓操必胜之权。这是说,或隐留不发,郑重若诅祝盟誓者,然其静待机宜,正所以求必胜也。
⑰ 杀:衰杀。秋冬之气衰杀。这是说日以心斗凿丧天性的样子。
⑱ 溺:沉溺。言其沉溺于所为,一往而不可复返。
⑲ 厌:闭藏。缄:密固。洫:深。这是说闭藏老而愈深。
⑳ 变:变化。慹:固执。
㉑ 姚:姚冶。佚:纵逸。启:高兴。态:作态。
㉒ 乐出虚:言无声而有声。蒸成菌:言无形而有形。这是说事变之异。
㉓ 彼:上文"旦暮得此"的"此",指自然造化。我:上文"日夜相代乎前"的现象,与"彼"相对。

朕^①。可行己信,而不见其形,有情而无形^②。百骸、九窍、六藏,赅而存焉^③,吾谁与为亲^④?汝皆说之乎?其有私焉?如是皆有为臣妾乎?其臣妾不足以相治乎?其递相为君臣乎?其有真君存焉!如求得其情与不得,无益损乎其真。一受其成形,不亡以待尽。与物相刃相靡^⑤,其行尽如驰而莫之能止,不亦悲乎!终身役役而不见其成功^⑥,苶然疲役而不知其所归^⑦,可不哀邪!人谓之不死,奚益!其形化,其心与之然,可不谓大哀乎?人之生也,固若是芒乎?其我独芒,而人亦有不芒者乎?^⑧

夫随其成心而师之,谁独且无师乎?奚必知代而心自取者有之?愚者与有焉!未成乎心而有是非,是今日适越而昔至也^⑨。是以无有为有。无有为有,虽有神禹且不能知^⑩,吾独且奈何哉!

夫言非吹也^⑪,言者有言^⑫。其所言者特未定也^⑬。果有言邪?其未尝有言邪?其以为异于鷇音^⑭,亦有辩乎^⑮?其无辩乎?道恶乎隐而有真伪?言恶乎隐而有是非?道恶乎往而不存?言恶乎存而不可?道隐于小成^⑯,言隐于荣华^⑰。故有儒墨之是非,以是其所非而非其所是。欲是其所非而非其所是,则莫若以明^⑱。

物无非彼^⑲,物无非是^⑳。自彼则不见^㉑,自知则知之^㉒。故曰:彼出于是,是亦因

---

① 朕(zhèn):迹象,征兆。
② 情:实。形:迹。
③ 赅:完备。
④ 吾谁与为亲:正序为"吾与谁为亲",我同哪一部分最亲近呢?
⑤ 相刃:交锋,互相竞斗。相靡:互相摩擦。靡,同"磨"。
⑥ 役役:劳劳碌碌。
⑦ 苶(nié):疲惫不堪的样子。
⑧ 芒:茫然。
⑨ 今日适越而昔至也:今日去越国而昨天已经到了。
⑩ 神禹:神明的大禹。
⑪ 言非吹:风吹出自天然,言论出自成心成见。言,言论、言说。吹,风吹。
⑫ 言者有言:发表言论的人各有说法。
⑬ 特未定:还不足以成为定则。
⑭ 鷇(kòu)音:初生小鸟的叫声。比喻不带成见的话语。鷇,雏鸟。
⑮ 辩:同"辨",辨别。
⑯ 小成:小的、片面的认识成果。
⑰ 荣华:华美的辞藻。
⑱ 莫若以明:不如用明澈的心境去观照事物的本然。
⑲ 彼:指两个对立的方面。
⑳ 物无非是:天下万物没有不是"此"方面的。
㉑ 自彼则不见:从"彼"的角度看就看不到这方面。
㉒ 自知:文意难通,似应为"自是",为"自是则知之",意为从自身这方面的角度来看就知道了。

彼①。彼是方生之说也。虽然,方生方死,方死方生②;方可方不可,方不可方可③;因是因非,因非因是④。是以圣人不由而照之于天⑤,亦因是也⑥。是亦彼也,彼亦是也。彼亦一是非,此亦一是非⑦,果且有彼是乎哉⑧?果且无彼是乎哉?彼是莫得其偶⑨,谓之道枢。枢始得其环中⑩,以应无穷。是亦一无穷,非亦一无穷也⑪。故曰:莫若以明。

以指喻指之非指,不若以非指喻指之非指也⑫;以马喻马之非马,不若以非马喻马之非马也⑬。天地一指也,万物一马⑭。

可乎可,不可乎不可。道行之而成,物谓之而然⑮。有自也而可,有自也而不可;有自也而然,有自也而不然⑯。恶乎然?然于然。恶乎不然?不然于不然。物固有所然⑰,物固有所可。无物不然,无物不可⑱。故为是举莛与楹⑲,厉与西施,恢诡谲怪⑳,道通为一。

其分也,成也㉑;其成也,毁也㉒。凡物无成与毁,复通为一。唯达者知通为一,为是不用而寓诸庸。庸也者,用也;用也者,通也;通也者,得也;适得而几矣㉓。因是已。已

---

① "彼出于是"二句:"彼"是出于"是"相对而立的,"是"也是依存于"彼"而存在的。

② "方生方死"二句:一方出生的同时另一方也在死灭,一方在死灭的同时另一方也在出生。即万物随起随灭,随灭随起。

③ "方可方不可"二句:正确的同时出现错误,错误的同时出现正确。可,肯定、正确。不可,否定、错误。

④ "因是因非"二句:正确就任由它正确,错误就任由它错误。因,任由。

⑤ 照之于天:观照自然大道。照,观照、反映。天,自然大道。

⑥ 亦因是也:也是任由如此。是,这个自然之道。

⑦ "彼亦一是非"二句:彼有它的是非,此也有它的是非。

⑧ 果且有彼是乎哉:果真有彼与此的分别吗?

⑨ 莫得其偶:不能互相对立。偶,相对立。

⑩ 枢始得其环中:合乎道的枢纽关键才能如进入环之中心般空空如也。环中,环之中心,环之中心是空的。空空如也才能应变无穷。

⑪ "是亦一无穷"二句:"是"是变化无穷的,"非"也是变化无穷的。

⑫ "以指喻指"二句:以拇指来譬喻拇指不是手指,不如以不是拇指来譬喻拇指不是手指。喻,譬喻、说明。

⑬ "以马喻马"二句:以白马来譬喻白马不是马,不如以不是白马来譬喻白马不是马。马,每句的前两个"马"字意为白马,后一个"马"字为马的概念。

⑭ "天地一指"二句:以其同万物的观点来看,天地就是"一指",万物就是"一马"。

⑮ 物谓之而然:事物的名称是人叫出来的。物,某一事物。谓之而然,人叫了而这样。

⑯ "有自也而可"四句:"可"有"可"的来由,"不可"有"不可"的来由。"是"有"是"的来由,"不是"有"不是"的来由。自,来自、原因。

⑰ 物固有所然:万物都固有"是"的地方。

⑱ "无物不然"二句:没有一物"不是",没有一物"不可"。

⑲ 莛(tíng):草茎。楹:房柱。莛在此喻"小",楹在此喻"大"。小大之别,与下文丑关之别相对。

⑳ 恢诡谲(jué)怪:泛指诡异奇怪的事物。

㉑ 其分也,成也:有所分散,必有所聚成。分,分开、分解。成,生成、形成。

㉒ 其成也,毁也:有所聚成,必有所毁灭。毁,毁灭,指失去了原有的状态。"毁"与"成"也是相对立的。

㉓ 适得:达到德。

而不知其然，谓之道。劳神明为一而不知其同也，谓之"朝三"。何谓"朝三"？狙公赋芋①，曰："朝三而暮四。"众狙皆怒。曰："然则朝四而暮三。"众狙皆悦。名实未亏而喜怒为用，亦因是也。是以圣人和之以是非而休乎天钧②，是之谓两行③。

古之人，其知有所至矣。恶乎至？有以为未始有物者，至矣，尽矣，不可以加矣！其次以为有物矣，而未始有封也④。其次以为有封焉，而未始有是非也。是非之彰也，道之所以亏也。道之所以亏，爱之所以成。果且有成与亏乎哉？果且无成与亏乎哉？有成与亏，故昭氏之鼓琴也；无成与亏，故昭氏之不鼓琴也⑤。昭文之鼓琴也，师旷之枝策也⑥，惠子之据梧也⑦，三子之知几乎皆其盛者也，故载之末年⑧。唯其好之也，以异于彼⑨，其好之也，欲以明之。彼非所明而明之，故以坚白之昧终⑩。而其子又以文之纶终⑪，终身无成。若是而可谓成乎，虽我亦成也；若是而不可谓成乎，物与我无成也。是故滑疑之耀⑫，圣人之所图也。为是不用而寓诸庸，此之谓"以明"。

今且有言于此，不知其与是类乎？其与是不类乎？类与不类⑬，相与为类，则与彼无以异矣。虽然，请尝言之：有始也者，有未始有始也者，有未始有夫未始有始也者；有有也者，有无也者，有未始有无也者，有未始有夫未始有无也者。俄而有无矣⑭，而未知有无之果孰有孰无也。今我则已有谓矣，而未知吾所谓之其果有谓乎？其果无谓乎？

天下莫大于秋豪之末，而太山为小；莫寿乎殇子⑮，而彭祖为夭。天地与我并生，而万物与我为一⑯。既已为一矣，且得有言乎？既已谓之一矣，且得无言乎？一与言为二，二与一为三。自此以往，巧历不能得⑰，而况其凡乎！故自无适有，以至于三⑱，而况自有适有乎！无适焉，因是已！

---

① 狙公：养猴的人。赋芋：分发橡栗。
② 天钧：天然均衡的状态。
③ 两行：任由对立双方自然演化。
④ 封：界限，界域。
⑤ "有成与亏"四句：即使最完备的乐队也不能同时将所有乐音全演奏出来，总有乐音被遗漏。所以一奏乐，就有所成也有所亏，不奏乐也就无成无亏。昭氏，昭文，著名琴师。
⑥ 枝策：指师旷敲打节奏。
⑦ 据梧：指惠子依靠在梧桐树下与人辩论。
⑧ 载之末年：从事这项技术直到晚年。末年，晚年。
⑨ 以异于彼：宾语前置句，即以其好之也异于彼。异，炫耀于他人。彼，他人。
⑩ 故以坚白之昧终：所以玩弄"离坚白"的眩惑之论而自愚终身。
⑪ 其子又以文之纶(lún)终：指昭文的儿子后来继承了父亲的余绪。
⑫ 滑疑：混乱诡异。
⑬ 类与不类：无论是类同还是不类同。
⑭ 俄而有无矣：突然一下子产生了"有"和"无"。俄而，突然，表示时间之快速与偶然。
⑮ 殇(shāng)子：夭折的孩子。
⑯ "天地与我并生"二句：天地万物与我共生并存，都合为一体。
⑰ 巧历：工于计算的人。
⑱ "自无适有"二句：从"无"到"有"还推断出个"三"来。

夫道未始有封,言未始有常,为是而有畛也①。请言其畛:有左有右,有伦有义,有分有辩,有竞有争,此之谓八德。六合之外,圣人存而不论;六合之内,圣人论而不议;春秋经世先王之志,圣人议而不辩。

故分也者,有不分也;辩也者,有不辩也。曰:"何也?""圣人怀之,众人辩之以相示也②。故曰:辩也者,有不见也。"夫大道不称,大辩不言,大仁不仁,大廉不嗛③,大勇不忮④。道昭而不道,言辩而不及,仁常而不成,廉清而不信,勇忮而不成。五者圆而几向方矣!故知止其所不知,至矣。孰知不言之辩,不道之道?若有能知,此之谓天府。注焉而不满,酌焉而不竭,而不知其所由来,此之谓葆光⑤。

故昔者尧问于舜曰:"我欲伐宗、脍、胥敖,南面而不释然⑥。其故何也?"舜曰:"夫三子者,犹存乎蓬艾之间。若不释然何哉!昔者十日并出⑦,万物皆照,而况德之进乎日者乎!⑧"

啮缺问乎王倪曰:"子知物之所同是乎?"曰:"吾恶乎知之!""子知子之所不知邪?"曰:"吾恶乎知之!""然则物无知邪?"曰:"吾恶乎知之!虽然,尝试言之:庸讵知吾所谓知之非不知邪⑨?庸讵知吾所谓不知之非知邪?且吾尝试问乎女:民湿寝则腰疾偏死⑩,鳅然乎哉?木处则惴栗恂惧⑪,猿猴然乎哉?三者孰知正处?民食刍豢,麋鹿食荐⑫,蝍蛆甘带⑬,鸱鸦耆鼠,四者孰知正味?猿猵狙以为雌,麋与鹿交,鳅与鱼游。毛嫱丽姬,人之所美也;鱼见之深入,鸟见之高飞,麋鹿见之决骤⑭,四者孰知天下之正色哉?自我观之,仁义之端,是非之涂,樊然淆乱⑮,吾恶能知其辩!"啮缺曰:"子不知利害,则至人固不知利害乎?"王倪曰:"至人神矣!大泽焚而不能热,河汉冱而不能寒⑯,疾雷破山、飘风振海而不能惊。若然者,乘云气,骑日月,而游乎四海之外,死生无变于己⑰,而况利害之端乎!"

---

① 畛(zhěn):界限。

② 相示:互相夸示。

③ 嗛:同"歉",不足。

④ 忮:害。

⑤ 葆光:其光内蕴,不轻外露。

⑥ 南面:临朝,古时帝王坐向为面南背北。

⑦ 十日并出:十个太阳一齐出升,古代神话里处于后羿之前的时代。

⑧ 进乎:超过、胜过。

⑨ 庸讵(jù)知:怎么知道。

⑩ 偏死:半身不遂。

⑪ 惴栗恂(xún)惧:恐惧害怕不安。

⑫ 荐:好草。

⑬ 蝍蛆(jíqū):蜈蚣。

⑭ 决(kuài):同"快"。骤:疾走。

⑮ 樊(fán)然淆(xiáo)乱:纷乱错杂。

⑯ 冱(hù):冰冻。

⑰ 死生无变于己:生死对自身毫无作用。

瞿鹊子问乎长梧子曰："吾闻诸夫子①：圣人不从事于务，不就利，不违害，不喜求②，不缘道③，无谓有谓，有谓无谓，而游乎尘垢之外。夫子以为孟浪之言④，而我以为妙道之行也。吾子以为奚若？"

长梧子曰："是皇帝之所听荧也⑤，而丘也何足以知之！且女亦大早计，见卵而求时夜⑥，见弹而求鸮炙。予尝为女妄言之，女以妄听之。奚旁日月，挟宇宙，为其吻合⑦，置其滑涽⑧，以隶相尊⑨？众人役役，圣人愚芚⑩，参万岁而一成纯。万物尽然，而以是相蕴。予恶乎知说生之非惑邪！予恶乎知恶死之非弱丧而不知归者邪！⑪

丽之姬艾封人之子也。晋国之始得之也，涕泣沾襟⑫，食刍豢，而后悔其泣也。予恶乎知夫死者不悔其始之蕲生乎⑬？梦饮酒者，旦而哭泣；梦哭泣者，旦而田猎。方其梦也，不知其梦也。梦之中又占其梦焉，觉而后知其梦也。且有大觉而后知此其大梦也，而愚者自以为觉，窃窃然知之⑭。'君乎！牧乎⑮！'固哉！丘也与女皆梦也，予谓女梦亦梦也。是其言也，其名为吊诡⑯。万世之后而一遇大圣知其解者，是旦暮遇之也。

既使我与若辩矣，若胜我，我不若胜，若果是也，我果非也邪？我胜若，若不吾胜，我果是也，而果非也邪？其或是也，其或非也邪⑰？其俱是也，其俱非也邪？我与若不能相知。则人固受其黮暗⑱，吾谁使正之？使同乎若者正之，既与若同矣，恶能正之？使同乎我者正之，既同乎我矣，恶能正之？使异乎我与若者正之，既异乎我与若矣，恶能正之？使同乎我与若者正之，既同乎我与若矣，恶能正之？然则我与若与人俱不能相知也，而待彼也邪？"

"何谓和之以天倪⑲？"曰："是不是，然不然。是若果是也，则是之异乎不是也，亦无

---

① 夫子：指孔子。
② 喜求：热衷于妄求。
③ 缘道：拘泥于俗道。
④ 孟浪：荒诞而不着实际。
⑤ 听荧：疑惑不明。
⑥ 时夜：守夜，意喻司职守夜的公鸡。
⑦ 吻（wěn）合：符合。
⑧ 滑涽（hūn）：纷繁杂乱。
⑨ 以隶相尊：以贱奴卑隶为尊贵。指混同尊卑贵贱。
⑩ 芚（dùn）：同"沌"，混沌。
⑪ 弱丧：弱，少年。丧，亡失，离开家乡。
⑫ 筐（kuāng）床：方床。
⑬ 蕲（qí）：追求。
⑭ 窃窃然：自以为明察的样子。
⑮ 牧：牧人，指卑贱之人。
⑯ 吊诡：怪异，诡奇。
⑰ 或：一方。后一个"或"为另一方。
⑱ 黮（dàn）暗：暗昧不明，所见偏颇。
⑲ 天倪（ní）：自然的分别。

辩；然若果然也，则然之异乎不然也，亦无辩。化声之相待①，若其不相待。和之以天倪，因之以曼衍②，所以穷年也③。忘年忘义④，振于无竟⑤，故寓诸无竟⑥。"

罔两问景曰⑦："曩子行⑧，今子止；曩子坐，今子起。何其无特操与⑨？"景曰："吾有待而然者邪⑩？吾所待又有待而然者邪？吾待蛇蚹蜩翼邪⑪？恶识所以然？恶识所以不然？"

昔者庄周梦为胡蝶，栩栩然胡蝶也。自喻适志与⑫！不知周也。俄然觉，则蘧蘧然周也⑬。不知周之梦为胡蝶与？胡蝶之梦为周与？周与胡蝶则必有分矣。此之谓物化⑭。

---

① 化声：是非之辩。待：对立。
② 因之以曼衍：因顺万物的自然演化。因，因顺、随任。曼衍，自然的变化。
③ 穷年：享尽天年。
④ 忘年忘义：忘却时间和仁义。年，年月，这里指时间。
⑤ 振于无竟：畅游无穷之境。竟，同"境"。
⑥ 寓诸无竟：寄托于无穷之境。
⑦ 罔两：影子外围的淡影。景：同"影"，影子。
⑧ 曩（nǎng）：先前。
⑨ 特操：独特的操守。
⑩ 有待而然：有所依凭才这样。
⑪ 蛇蚹（fù）蜩（tiáo）翼：蛇依凭鳞片，蝉依凭薄翼。
⑫ 喻：晓，觉得。适志：得意顺畅。
⑬ 蘧蘧（qú）然：惶恐的样子。
⑭ 物化：化为物。

四、《诗经》选读①

《大雅·生民》

厥初生民②,时维姜嫄③。生民如何?克禋克祀④,以弗无子⑤。履帝武敏歆⑥,攸介攸止⑦,载震载夙⑧。载生载育,时维后稷。

诞弥厥月⑨,先生如达⑩。不坼不副⑪,无灾无害,以赫厥灵⑫。上帝不宁⑬,不康禋祀⑭,居然生子。

诞置之隘巷,牛羊腓字之⑮。诞置之平林⑯,会伐平林⑰。诞置之寒冰,鸟覆翼之。鸟乃去矣,后稷呱矣⑱。实覃实訏⑲,厥声载路⑳。

---

① 选文均录自高亨《诗经今注》(第2版),上海古籍出版社,2009。
② 厥初:其初。民:指周部族的人民。
③ 时:是。姜嫄(yuán):传说中有邰氏之女,周始祖后稷之母。
④ 克:能。禋(yīn):一种祭天的仪式。点火烧烤牺牲,使烟气上升于天。
⑤ 弗:"祓"的假借,除灾求福的祭祀。一说"以弗无"是以避免没有之意。
⑥ 履:践踏。帝:上帝。武:足迹。敏:同"拇",大拇趾。歆:心有所感的样子。
⑦ 攸:乃。介:同"祄",神保佑。止:同"祉",神降福。
⑧ 载:则。震:同"娠"。夙(sù):或为"孕"字。
⑨ 诞:发语词。弥:满。
⑩ 先生:头胎。如:而。达:滑利。一说同"蛋"。
⑪ 坼(chè):裂开。副(pì):破裂。
⑫ 赫:告。
⑬ 不宁:丕宁,大宁。不,丕。
⑭ 不康:丕康。不,丕,大。
⑮ 腓(féi):庇护。字:哺育。
⑯ 平林:大林,森林。
⑰ 会:值,适逢。
⑱ 呱(gū):小儿哭声。
⑲ 实:是。覃(tán):长。訏(xū):大。
⑳ 载:充满。

诞实匍匐，克岐克嶷①，以就口食②。艺之荏菽③，荏菽旆旆④。禾役穟穟⑤，麻麦幪幪⑥，瓜瓞唪唪⑦。

诞后稷之穑，有相之道⑧。茀厥丰草⑨，种之黄茂⑩。实方实苞⑪，实种实褎⑫。实发实秀⑬，实坚实好⑭。实颖实栗⑮，即有邰家室⑯。

诞降嘉种，维秬维秠⑰，维穈维芑⑱。恒之秬秠⑲，是获是亩⑳。恒之穈芑，是任是负㉑，以归肇祀㉒。

诞我祀如何？或舂或揄㉓，或簸或蹂㉔。释之叟叟㉕，烝之浮浮㉖。载谋载惟㉗，取萧祭脂㉘。取羝以軷㉙，载燔载烈㉚，以兴嗣岁㉛。

---

① 岐：知意。嶷：识。
② 就：趋，往。
③ 艺：种植。荏菽：大豆。
④ 旆(pèi)旆：草木茂盛貌。
⑤ 役：同"颖"。颖，禾苗之末。穟(suì)穟：谷穗下垂貌。
⑥ 幪(méng)幪：茂密的样子。
⑦ 瓞(dié)：小瓜。唪(fěng)唪：果实累累貌。
⑧ 有相之道：谓有种植庄稼的方法。
⑨ 茀：拂，拔除。
⑩ 黄茂：嘉谷，指优良品种，即黍、稷。
⑪ 实：是。方：大。苞：茂盛。
⑫ 种：或同"丛"。褎(yòu)：禾苗渐渐长高。
⑬ 发：发茎。秀：长穗。
⑭ 坚：谷粒灌浆饱满。
⑮ 颖：禾穗末稍下垂。栗：栗栗，形容收获众多貌。
⑯ 邰：或读作"颐"，养。谷物丰茂，足以养家室之意。
⑰ 秬(jù)：黑黍。秠(pī)：黍的一种，一个黍壳中含有两粒黍米。
⑱ 穈(mén)：赤苗，红米。芑(qǐ)：白苗，白米。
⑲ 恒：遍，满。
⑳ 亩：堆在田里。或谓除去庄稼上的叶子。
㉑ 任：挑起。负：背起。
㉒ 肇：开始。
㉓ 揄：舀，从臼中取出舂好之米。
㉔ 簸：扬米去糠。蹂：以手搓剩余的谷皮。
㉕ 释：淘米。叟叟：淘米的声音。
㉖ 烝：同"蒸"。浮浮：热气上升貌。
㉗ 惟：考虑。
㉘ 萧：香蒿。脂：牛羊等的油脂。
㉙ 羝(dī)：公羊。軷：读为"拔"，即剥去羊皮。或为祭祀路神。
㉚ 燔(fán)：将肉放在火里烧炙。烈：将肉贯穿起来架在火上烤。
㉛ 嗣岁：来年。

卬盛于豆①,于豆于登②,其香始升。上帝居歆③,胡臭亶时④。后稷肇祀,庶无罪悔,以迄于今。

《小雅·楚茨》

楚楚者茨⑤,言抽其棘⑥,自昔何为？我蓺黍稷⑦。我黍与与⑧,我稷翼翼⑨。我仓既盈,我庾维亿⑩。以为酒食,以享以祀⑪。以妥以侑⑫,以介景福⑬。

济济跄跄⑭,絜尔牛羊⑮,以往烝尝⑯。或剥或亨⑰,或肆或将⑱。祝祭于祊⑲,祀事孔明⑳。先祖是皇㉑,神保是飨㉒。孝孙有庆㉓,报以介福㉔,万寿无疆！

执爨踖踖㉕,为俎孔硕㉖,或燔或炙㉗。君妇莫莫㉘,为豆孔庶㉙。为宾为客,献酬交

---

① 卬:仰,举。或作"我"。豆:古代一种高脚容器。
② 登:古代的食器,似豆而浅。
③ 居:安。歆:享受。
④ 胡:大。臭(xiù):气味。亶(dǎn):诚然,确实。时:善,好。
⑤ 楚楚:植物丛生貌。茨:蒺藜,草本植物,有刺。
⑥ 言:犹爱,于是。抽:除去。棘:刺,指蒺藜。
⑦ 蓺:种植。
⑧ 与与:茂盛貌。
⑨ 翼翼:整齐貌。
⑩ 庾(yǔ):露天粮囤,以草席围成圆形,上面加盖。维:是,一训"已"。亿:形容多。一说"亿"犹"盈",满。
⑪ 享:飨,祭献。
⑫ 妥:安坐。侑:劝酒。
⑬ 介:求。景:大。
⑭ 济济:庄严恭敬貌。跄跄:步趋有节貌。
⑮ 絜(jié):同"洁"。
⑯ 烝:冬祭名。尝:秋祭名。
⑰ 剥:宰割。亨:同"烹"。
⑱ 肆:陈列,指陈肉于案上。将:装肉于鼎中。
⑲ 祝:司祭礼的人。祊(bēng):宗庙门内设祭的地方。
⑳ 孔:很。明:备,指仪式完备。一解为勤勉。
㉑ 皇:往。一说为彷徨,即神灵徘徊。
㉒ 神保:神灵,指祖先之灵。飨:享受祭祀。
㉓ 孝孙:主祭之人。庆:福。
㉔ 介福:大福。
㉕ 爨(cuàn):炊,烧菜煮饭。踖(jí)踖:敏捷貌。
㉖ 俎(zǔ):祭祀时盛牲肉的铜制礼器。孔硕:很丰盛。
㉗ 燔(fán):烧肉。炙:烤肉。
㉘ 君妇:主妇,此指天子、诸侯之妻。莫莫:恭谨。
㉙ 豆:古代食器,形似高脚盘。庶:多。

错①。礼仪卒度②,笑语卒获③。神保是格④,报以介福,万寿攸酢⑤!

我孔熯矣⑥,式礼莫愆⑦。工祝致告⑧,徂赉孝孙⑨。苾芬孝祀⑩,神嗜饮食。卜尔百福⑪,如畿如式⑫。既齐既稷⑬,既匡既敕⑭。永锡尔极⑮,时万时亿⑯!

礼仪既备,钟鼓既戒⑰,孝孙徂位⑱,工祝致告,神具醉止⑲,皇尸载起⑳。鼓钟送尸,神保聿归㉑。诸宰君妇㉒,废彻不迟㉓。诸父兄弟㉔,备言燕私㉕。

乐具入奏㉖,以绥后禄㉗。尔殽既将㉘,莫怨具庆㉙。既醉既饱,小大稽首㉚。神嗜饮食,使君寿考㉛。孔惠孔时㉜,维其尽之㉝。子子孙孙,勿替引之㉞!

———————————

① 献:敬酒。酬:指宾客向主人回敬。

② 卒:尽,完全。度:法度。

③ 获:得时,恰到好处。一说借为"矱",规矩。

④ 格:至,来到。

⑤ 攸:乃。酢(zuò):报。

⑥ 熯(nǎn):同"戁",敬惧。

⑦ 式:发语词。愆(qiān):过失,差错。

⑧ 工祝:祝官。致告:代神致词,以告祭者。

⑨ 徂(cú):往,一说通"祖"。赉(lài):赐予。

⑩ 苾(bì)芬:浓香。孝祀:犹享祀,指神享受祭祀。

⑪ 卜:给予,赐予。

⑫ 如:合。畿(jī):借为法。式:法,制度。

⑬ 齐(zhāi):同"斋",庄敬。稷:肃穆。

⑭ 匡:正,端正。敕:同"饬",严正。

⑮ 锡:赐。极:至,指最大的福气。或同"稘",年。

⑯ 时:是,一说训或。

⑰ 戒:准备。一说训告。

⑱ 徂位:指孝孙回到主祭的原位。

⑲ 具:俱,皆。止:语气词。

⑳ 皇尸:代表神祇受祭的人。皇,大,赞美之词。载:则,就。

㉑ 聿(yù):乃。

㉒ 宰:膳夫,厨师。

㉓ 废彻:谓撤去祭品。废,去。彻,同"撤"。不迟:不慢。

㉔ 诸父:伯父、叔父等长辈。兄弟:同姓之叔伯兄弟。

㉕ 备:尽,完全。言:语中助词。燕:同"宴"。燕私,指同姓亲属宴饮。

㉖ 具:俱。入奏:进入后殿演奏。祭在宗庙前殿,祭后到后面的寝殿举行家族私宴。

㉗ 绥(suí):安,此指安享。后禄:祭后的口福。禄,福,此指饮食口福。祭后所余之酒肉被认为神所赐之福,故称福酒、胙肉。

㉘ 殽:同"肴"。将:美好。

㉙ 莫怨具庆:指参加宴会的人皆相庆贺而无怨词。

㉚ 小大:大人小孩。稽(qǐ)首:磕头。

㉛ 考:老。寿考,长寿。

㉜ 孔:甚,很。惠:顺利。时:善,好。

㉝ 维:同"唯",只有。其:指神。尽之:尽其礼仪,指主人完全遵守祭祀礼节。

㉞ 替:废。引:延长。

《小雅·宾之初筵》

宾之初筵①,左右秩秩②。笾豆有楚③,殽核维旅④。酒既和旨⑤,饮酒孔偕⑥。钟鼓既设,举酬逸逸⑦。大侯既抗⑧,弓矢斯张⑨。射夫既同,献尔发功⑩。发彼有的⑪,以祈尔爵⑫。

籥舞笙鼓⑬,乐既和奏。烝衎烈祖⑭,以洽百礼⑮。百礼既至,有壬有林⑯。锡尔纯嘏⑰,子孙其湛⑱。其湛曰乐,各奏尔能⑲。宾载手仇⑳,室人入又㉑。酌彼康爵㉒,以奏尔时㉓。

宾之初筵,温温其恭。其未醉止㉔,威仪反反㉕。曰既醉止㉖,威仪幡幡㉗。舍其坐

---

① 初筵:宾客初入席时。筵,铺在地上的竹席。

② 左右:席位东西,主人在东,客人在西。秩秩:有序之貌。

③ 笾(biān)豆:古代食器。笾,竹制,盛瓜果干脯等。豆,木制或陶制,也有铜制的,盛鱼肉醢酱等,供宴会祭祀用。有楚:即"楚楚",陈列整齐貌。

④ 殽:同"肴",肉类食品。核:果类食品。旅:陈放。

⑤ 和旨:醇和美味。

⑥ 孔:很。偕:同"皆",遍。

⑦ 举酬:举杯献酒。逸逸:同"绎绎",连续不断。

⑧ 侯:射箭用的靶子,用虎、熊、豹三种皮制成,也有用布制的。抗:树起。

⑨ 斯:语助词。张:张弓搭箭。

⑩ 发:射箭。功:本领。

⑪ 有:语助词。的:靶心,也常指靶子。

⑫ 祈:求。爵:饮酒器,此处指酒。此句或谓:祈求射中而让别人饮罚酒之意。

⑬ 籥(yuè)舞:执籥而舞。籥是一种竹制管乐器,据考形如排箫。

⑭ 烝(zhēng):进。衎(kàn):娱乐。

⑮ 洽:合。此谓依照百礼行事。

⑯ 有:同"又"。壬:大。林:多。

⑰ 锡:赐。纯嘏(gǔ):大福。

⑱ 湛:喜乐。

⑲ 奏:进献。

⑳ 载(zài):则,便。手:取,择。仇:匹,指对手。

㉑ 室人:家人。入又:又入,指主人亦随宾客入射以耦宾,即耦射。

㉒ 康爵:大杯。

㉓ 时:善。

㉔ 止:语气助词。

㉕ 反反:有序貌。

㉖ 曰:语助词。

㉗ 幡幡:杂乱貌。

迁①，屡舞仙仙②。其未醉止，威仪抑抑③。曰既醉止，威仪怭怭④。是曰既醉，不知其秩⑤。

宾既醉止，载号载呶⑥。乱我笾豆，屡舞僛僛⑦。是曰既醉，不知其邮⑧。侧弁之俄⑨，屡舞傞傞⑩。既醉而出，并受其福。醉而不出，是谓伐德⑪。饮酒孔嘉，维其令仪⑫。

凡此饮酒，或醉或否。既立之监⑬，或佐之史⑭。彼醉不臧⑮，不醉反耻。式勿从谓⑯，无俾大怠⑰。匪言勿言⑱，匪由勿语⑲。由醉之言，俾出童羖⑳。三爵不识㉑，矧敢多又㉒。

《小雅·鹿鸣》

呦呦鹿鸣㉓，食野之苹㉔。我有嘉宾㉕，鼓瑟吹笙㉖。吹笙鼓簧㉗，承筐是将㉘。人

---

① 舍：离开。坐：同"座"，座位。
② 仙(qiān)仙：同"跹跹"，飞舞貌。
③ 抑抑：缜密貌。
④ 怭(bì)怭：轻薄貌。
⑤ 秩：过失。
⑥ 号(háo)：大叫。呶(náo)：喧哗。
⑦ 僛(qī)僛：身体歪斜倾倒貌。
⑧ 邮：同"尤"，过失。
⑨ 弁(biàn)：皮帽。俄：倾斜不正。
⑩ 傞(suō)傞：醉舞不止貌。
⑪ 伐德：败德。
⑫ 令仪：美好的仪节。
⑬ 监：监督礼仪的官吏。
⑭ 史：记录饮酒时言行的官吏。
⑮ 臧(zāng)：好。
⑯ 式：发语词。勿从谓：勿从而劝之，使更饮也。
⑰ 俾(bǐ)：使。大怠：太轻慢失礼。
⑱ 匪言：错误的话。
⑲ 匪由：错误的理。
⑳ 童羖(gǔ)：没角的公羊。
㉑ 三爵：三杯。不识：不知，谓神志不清。
㉒ 矧(shěn)：何况。又：再。或谓同"侑"，劝酒。
㉓ 呦呦：鹿的叫声。朱熹《诗集传》："呦呦，声之和也。"
㉔ 苹：藾蒿。一说为扫帚草。
㉕ 宾：受招待的宾客，或本国之臣，或诸侯使节。
㉖ 瑟：古代弦乐。笙：古代吹奏乐。
㉗ 簧：笙上的簧片。或以为形似摇鼓的乐器。
㉘ 承筐：指奉上礼品。承，双手捧着。将：送，献。

之好我①,示我周行②。

呦呦鹿鸣,食野之蒿③。我有嘉宾,德音孔昭④。视民不恌⑤,君子是则是效⑥。我有旨酒⑦,嘉宾式燕以敖⑧。

呦呦鹿鸣,食野之芩⑨。我有嘉宾,鼓瑟鼓琴。鼓瑟鼓琴,和乐且湛⑩。我有旨酒,以燕乐嘉宾之心。

《周南·关雎》

关关雎鸠⑪,在河之洲⑫。窈窕淑女⑬,君子好逑⑭。
参差荇菜⑮,左右流之⑯。窈窕淑女,寤寐求之⑰。
求之不得,寤寐思服⑱。悠哉悠哉⑲,辗转反侧⑳。
参差荇菜,左右采之。窈窕淑女,琴瑟友之㉑。
参差荇菜,左右芼之㉒。窈窕淑女,钟鼓乐之㉓。

---

① 好我:爱我。
② 周行(háng):大道,引申为大道理。
③ 蒿:又叫青蒿、香蒿,菊科植物。
④ 德音:美好的品德声誉。孔:很。昭:明。
⑤ 视:同"示"。恌(tiāo):同"佻",轻薄,轻浮。
⑥ 则:法则,楷模。
⑦ 旨酒:美酒。
⑧ 式:语气助词。燕:同"宴"。以:语气助词。敖:同"遨",嬉游。
⑨ 芩(qín):草名,蒿类植物。
⑩ 湛:深厚。
⑪ 关关:鸟鸣声。雎鸠(jūjiū):一种水鸟,即鱼鹰。
⑫ 洲:水中的陆地。
⑬ 窈窕(yǎotiǎo):容貌美好貌。淑:品德善良。
⑭ 好逑(hǎoqiú):好的配偶。逑,同"仇",配偶。
⑮ 参差:长短不齐貌。荇(xìng)菜:水草类植物。圆叶细茎,根生水底,叶浮在水面,可供食用。
⑯ 流:义同"求",这里指摘取。
⑰ 寤寐(wùmèi):醒和睡,指日夜。
⑱ 思服:思念。服,想。
⑲ 悠哉悠哉:意谓思念绵绵不断。悠,感思。
⑳ 辗:古字作"展"。反:翻身。侧:侧身。
㉑ 友:亲近之意。
㉒ 芼(mào):择取,挑选。
㉓ 钟鼓乐之:用钟鼓奏乐使她快乐。

《秦风·蒹葭》

蒹葭苍苍①，白露为霜。所谓伊人②，在水一方③。溯洄从之④，道阻且长。溯游从之⑤，宛在水中央⑥。

蒹葭凄凄⑦，白露未晞⑧。所谓伊人，在水之湄⑨。溯洄从之，道阻且跻⑩。溯游从之，宛在水中坻⑪。

蒹葭采采⑫，白露未已⑬。所谓伊人，在水之涘⑭。溯洄从之，道阻且右⑮。溯游从之，宛在水中沚⑯。

---

① 蒹葭：芦苇。苍苍：青苍。
② 伊人：那个人。
③ 一方：一边。
④ 溯洄(huí)：逆流而上。洄，弯曲的水道。从：追寻。
⑤ 溯游：顺流而下。游，一说指直流的水道。
⑥ 宛：宛然，好像。
⑦ 凄凄：同"萋萋"，茂盛貌。
⑧ 晞(xī)：晒干。
⑨ 湄(méi)：水和草交接的地方，即岸边。
⑩ 跻(jī)：登，升高。
⑪ 坻(chí)：水中的小高地。
⑫ 采采：茂盛貌。
⑬ 已：止，干。
⑭ 涘(sì)：水边。
⑮ 右：弯曲迂回。
⑯ 沚(zhǐ)：水中的小块陆地。

五、《左传》选读①

鲁展喜犒齐师

夏,齐孝公伐我北鄙,卫人伐齐,洮之盟故也。

公使展喜犒师②,使受命于展禽③。齐侯未入竟④,展喜从之,曰:"寡君闻君亲举玉趾⑤,将辱于敝邑,使下臣犒执事⑥。"齐侯曰:"鲁人恐乎?"对曰:"小人恐矣,君子则否。"齐侯曰:"室如县罄⑦,野无青草⑧,何恃而不恐?"对曰:"恃先王之命。昔周公、大公股肱周室⑨,夹辅成王。成王劳之,而赐之盟,曰:'世世子孙无相害也!'载在盟府⑩,大师职之⑪。桓公是以纠合诸侯,而谋其不协,弥缝其阙⑫,而匡救其灾,昭旧职也⑬。及君即位,诸侯之望曰:'其率桓之功!'⑭我敝邑用不敢保聚⑮,曰:'岂其嗣世九年,而弃命废职? 其若先君何? 君必不然。'恃此以不恐。"齐侯乃还。

---

① 选文均录自杨伯峻《春秋左传注》(第2版),中华书局,1990。
② 公:指鲁僖公。展喜:鲁国大夫。此事发生在鲁僖公二十六年。
③ 受命:请教。展禽:鲁国大夫,姓展,名获,字禽,又称柳下惠。
④ 齐侯:齐孝公,齐桓公之子。竟:同"境"。
⑤ 玉趾:表示礼节的套话,意思是贵足、亲劳大驾。
⑥ 执事:左右办事的官员,用作对对方的敬称。
⑦ 县:同"悬"。罄:或作"磬"。
⑧ 野无青草:指旱情严重。
⑨ 大公:太公,齐国始祖姜尚。股肱(gōng):大腿和手臂,意谓辅佐。
⑩ 载:盟约。
⑪ 大师:太师,当为太史,主管盟誓的官。职:掌管。
⑫ 弥缝:填满缝隙。这里的意思是补救。
⑬ 昭:发扬光大。旧职:指大公的旧职。
⑭ 率:遵循。桓:指齐桓公。
⑮ 保聚:保城聚众。

驹支不屈于晋

十四年春，吴告败于晋。会于向①，为吴谋楚故也……将执戎子驹支②。范宣子亲数诸朝③。曰："来！姜戎氏！昔秦人迫逐乃祖吾离于瓜州④，乃祖吾离被苫盖⑤，蒙荆棘⑥，以来归我先君。我先君惠公有不腆之田⑦，与女剖分而食之⑧。今诸侯之事我寡君不如昔者，盖言语漏泄，则职女之由⑨。诘朝之事⑩，尔无与焉！与，将执女。"

对曰："昔秦人负恃其众，贪于土地，逐我诸戎。惠公蠲其大德⑪，谓我诸戎是四岳之裔胄也⑫，毋是剪弃。赐我南鄙之田，狐狸所居，豺狼所嗥。我诸戎除剪其荆棘，驱其狐狸豺狼，以为先君不侵不叛之臣，至于今不贰。昔文公与秦伐郑，秦人窃与郑盟而舍戍焉，于是乎有殽之师⑬。晋御其上，戎亢其下⑭，秦师不复，我诸戎实然。譬如捕鹿，晋人角之⑮，诸戎掎之⑯，与晋踣之⑰。戎何以不免？自是以来，晋之百役，与我诸戎相继于时，以从执政，犹殽志也⑱，岂敢离逷⑲？今官之师旅，无乃实有所阙，以携诸侯⑳，而罪我诸戎！我诸戎饮食衣服不与华同，贽币不通㉑，言语不达，何恶之能为？不与于会，亦无瞢焉㉒。"赋《青蝇》而退㉓。

---

① 向：吴地，在今安徽省怀远县西南。此事发生在襄公十四年。

② 戎子驹支：姜戎族的首领，名驹支。姜戎，戎族的一个部落。

③ 范宣子：晋国大夫。范文子士燮之子。本姓士氏，名匄，因祖父辈受封于范地而改姓范氏，名宣子。数（shǔ）：责。

④ 乃祖：你的祖父。瓜州：地名，在今甘肃敦煌西。

⑤ 被：披。苫（shān）盖：用草编成的覆盖物。

⑥ 蒙：冒。

⑦ 不腆（tiǎn）：不丰厚，不多。

⑧ 女：同"汝"，你。

⑨ 职：当。

⑩ 诘朝：明日。

⑪ 蠲（juān）：明。

⑫ 四岳：传说为尧舜时四方部落首领。裔胄：后嗣。

⑬ 殽之师：指僖公三十二年的秦晋殽之战。

⑭ 亢：抗。

⑮ 角：执其角。谓正面攻击。

⑯ 掎（jǐ）：拉住，拖住。谓从后面牵制。

⑰ 踣（bó）：同"仆"。

⑱ 犹殽志也：还是像在殽作战时那样忠心。

⑲ 逷（tì）：远。

⑳ 携：离，疏远。

㉑ 贽币不通：喻没有往来。贽币，古人见面时所赠送的礼物。

㉒ 瞢（méng）：闷，不舒畅。

㉓ 《青蝇》：《诗经·小雅》中的一篇，主旨是希望君子莫信谗言。

宣子辞焉①,使即事于会,成恺悌也②。

秦晋城濮之战

夏四月戊辰,晋侯、宋公、齐国归父、崔夭、秦小子懃次于城濮③。楚师背酅而舍④,晋侯患之。听舆人之诵曰⑤:"原田每每⑥,舍其旧而新是谋⑦。"公疑焉。子犯曰:"战也!战而捷,必得诸侯。若其不捷,表里山河⑧,必无害也。"公曰:"若楚惠何?"栾贞子曰:"汉阳诸姬⑨,楚实尽之。思小惠而忘大耻,不如战也。"晋侯梦与楚子搏⑩,楚子伏己而盬其脑⑪,是以惧。子犯曰:"吉。我得天⑫,楚伏其罪⑬,吾且柔之矣⑭!"

子玉使斗勃请战⑮,曰:"请与君之士戏⑯,君冯轼而观之,得臣与寓目焉⑰。"晋侯使栾枝对曰:"寡君闻命矣。楚君之惠,未之敢忘,是以在此。为大夫退,其敢当君乎!既不获命矣,敢烦大夫谓二三子⑱:戒尔车乘⑲,敬尔君事,诘朝将见⑳。"

晋车七百乘,鞌、靷、鞅、鞥㉑。晋侯登有莘之虚以观师㉒,曰:"少长有礼,其可用也。"遂伐其木,以益其兵。

---

① 辞:道歉。

② 成:成全。恺悌:和乐平易。

③ 晋侯:指晋文公重耳。宋公:宋成公,襄公之子。国归父、崔夭:均为齐国大夫。秦小子懃(yìn):秦穆公之子。城濮:卫国地名,在今河南陈留。此事发生在僖公二十八年。

④ 背:背着。酅(xī):城濮附近一个险要的丘陵地带。

⑤ 诵:不配乐曲的歌曲。

⑥ 原田:原野。每每:青草茂盛的样子。

⑦ 舍其旧:除掉旧草的根子。新是谋:谋新,指开辟新田耕种。

⑧ 表:外。里:内。山:指太行山。河:黄河。

⑨ 汉阳:汉水北面。

⑩ 搏:徒手对打,格斗。

⑪ 伏己:伏在晋文公身上。盬(gǔ):吮吸。

⑫ 得天:面朝天,意思是得到天助。

⑬ 伏其罪:面朝地像认罪。

⑭ 柔之:软化他,意思是使他驯服。

⑮ 斗勃:楚国大夫。

⑯ 戏:较量。

⑰ 得臣:子玉的字。寓目:观看。

⑱ 大夫:指斗勃。二三子:指楚军将领子玉、子西等人。

⑲ 戒:准备好。

⑳ 诘朝:明天早上。

㉑ 鞌(xiǎn):马背上的皮件。靷(yìn):马胸部的皮件。鞅(yāng):马腹的皮件。鞥(bàn):马后的皮件。

㉒ 有莘(shēn):古代国名,在今河南陈留东北。虚:同"墟",旧城废址。

己巳,晋师陈于莘北,胥臣以下军之佐当陈、蔡①。子玉以若敖之六卒将中军②,曰:"今日必无晋矣!"子西将左③,子上将右④。胥臣蒙马以虎皮,先犯陈、蔡。陈、蔡奔,楚右师溃。狐毛设二旆而退之⑤,栾枝使舆曳柴而伪遁⑥,楚师驰之,原轸、郤溱以中军公族横击之⑦。狐毛、狐偃以上军夹攻子西,楚左师溃。楚师败绩。子玉收其卒而止,故不败。

晋师三日馆谷⑧,及癸酉而还。甲午,至于衡雍⑨,作王宫于践土⑩。

乡役之三月⑪,郑伯如楚致其师⑫。为楚师既败而惧,使子人九行成于晋⑬。晋栾枝人盟郑伯。五月丙午,晋侯及郑伯盟于衡雍。丁未,献楚俘于王⑭:驷介百乘⑮,徒兵千。郑伯傅王⑯,用平礼也⑰。己酉,王享醴,命晋侯宥⑱。王命尹氏及王子虎、内史叔兴父策命晋候为侯伯⑲,赐之大辂之服、戎辂之服⑳,彤弓一,彤矢百,玈弓矢千㉑,秬鬯一卣㉒,虎贲三百人㉓。曰:"王谓叔父㉔:'敬服王命,以绥四国,纠逖王慝㉕。'"晋侯三辞,从命,曰:"重耳敢再拜稽首,奉扬天子之丕显休命㉖。"受策以出。出入三觐㉗。

---

①　陈、蔡:陈、蔡两国军队属于楚军右师。
②　中军:楚军分为左、中、右三军,中军是最高统帅。
③　子西:楚国左军统帅斗宜申的字。
④　子上:楚国右军统帅斗勃的字。
⑤　旆(pèi):装饰有飘带的大旗。
⑥　舆曳柴:战车后面拖着树枝。
⑦　中军公族:晋文公统率的亲兵。横:拦腰。
⑧　馆:驻扎,这里指住在楚国军营。谷:吃粮食,指吃楚军丢弃的军粮。
⑨　衡雍:郑国地名,在今河南原阳西。
⑩　践土:郑国地名,在今河南原阳西南。
⑪　乡(xiàng):不久之前。役:指城濮之战。
⑫　致其师:将郑国军队交给楚军指挥。
⑬　子人九:郑国大夫,姓子人,名九。行成:休战讲和。
⑭　王:指周襄王。
⑮　驷介:四马披甲。
⑯　傅:主持礼节仪式。
⑰　用平礼:用周平王的礼节。
⑱　宥:同"侑",劝酒。
⑲　严氏、王子虎:周王室的执政大臣。内史:掌管爵禄策命的官。策命:在竹简上写上命令。侯伯:诸侯之长。
⑳　大辂(lù)之服:与礼车相配套的服饰仪仗。戎辂之服:乘兵车时的服饰仪仗。
㉑　玈(lú):黑色。
㉒　秬鬯(jùchǎng):用黑黍米和香草酿成的香酒。卣(yǒu):盛酒的器具。
㉓　虎贲(bēn):勇士。
㉔　叔父:天子对同姓诸侯的称呼。这里指晋文公重耳。
㉕　纠:检举。逖(tì):惩治。慝(tè):坏人。
㉖　丕:大。显:明。休:美。
㉗　出入:来回。三觐:进见了三次。

　　卫侯闻楚师败，惧，出奔楚，遂适陈，使元咺奉叔武以受盟①。癸亥，王子虎盟诸侯于王庭，要言曰②："皆奖王室，无相害也。有渝此盟，明神殛之③，俾队其师④，无克祚国⑤，及而玄孙，无有老幼。"君子谓是盟也信，谓晋于是役也，能以德攻。

　　初，楚子玉自为琼弁玉缨⑥，未之服也。先战，梦河神谓己曰："畀余⑦！余赐女孟诸之麋⑧。"弗致也。大心与子西使荣黄谏⑨，弗听。荣季曰："死而利国，犹或为之，况琼玉乎！是粪土也，而可以济师，将何爱焉？"弗听。出，告二子曰："非神败令尹，令尹其不勤民，实自败也。"既败，王使谓之曰："大夫若入，其若申、息之老何？"子西、孙伯曰："得臣将死，二臣止之，曰：'君其将以为戮。'"及连谷而死⑩。

　　晋侯闻之，而后喜可知也。曰："莫余毒也已⑪！蒍吕臣实为令尹⑫，民奉己而已，不在民矣⑬。"

秦晋崤之战

　　冬⑭，晋文公卒⑮。庚辰⑯，将殡于曲沃⑰。出绛⑱，柩有声如牛。卜偃使大夫拜⑲，曰："君命大事⑳：将有西师过轶我㉑。击之，必大捷焉。"

---

① 元咺(xuān)：卫国大夫。奉：拥戴。叔武：卫成公的弟弟。
② 要(yāo)言：约言，立下誓言。
③ 殛(jí)：惩罚。
④ 俾：使。队：同"坠"，灭亡。
⑤ 克：能。祚：享有。
⑥ 琼弁：用美玉装饰的马冠。缨：套在马脖子上的革带。
⑦ 畀(bì)：送给。
⑧ 孟诸：宋国地名，在今河南商丘东北。孟诸之麋：指宋国的土地。麋，同"湄"，水边草地。
⑨ 大心：孙伯，子玉的儿子。荣黄：荣季，楚国大夫。
⑩ 连谷：楚国地名。
⑪ 莫余毒：莫毒余。毒，危害。
⑫ 蒍吕臣：楚国大夫，在子玉之后任楚国令尹。
⑬ 奉己：奉养自己。不在民：不为民事着想。
⑭ 冬：鲁僖公三十二年冬天。
⑮ 晋文公：名重耳，"春秋五霸"之一。
⑯ 庚辰：古代以干支相配记日，这一天是鲁僖公三十二年十二月初十日。
⑰ 殡：停柩待葬。曲沃：今山西闻喜东北，晋君祖坟所在地，故停柩于此。
⑱ 绛：晋都城，故城在今山西翼城东南。
⑲ 卜偃：晋国掌管卜筮的官员，姓郭名偃。太卜郭偃让诸大夫跪拜，接受君命。
⑳ 君：指刚去世的晋文公。大事：战争之事。
㉑ 西师：西方的军队，指秦军。过轶：指越境而过，秦军袭郑必定要路过晋国。轶，超前跃过，后车超过前车。

　　杞子自郑使告于秦曰①："郑人使我掌其北门之管②，若潜师以来③，国可得也④。"穆公访诸蹇叔⑤。蹇叔曰："劳师以袭远⑥，非所闻也。师劳力竭，远主备之，无乃不可乎⑦？师之所为，郑必知之。勤而无所⑧，必有悖心⑨。且行千里，其谁不知！"公辞焉⑩。召孟明、西乞、白乙⑪，使出师于东门之外。蹇叔哭之，曰："孟子⑫！吾见师之出，而不见其入也！"公使谓之曰："尔何知⑬？中寿，尔墓之木拱矣⑭！"

　　蹇叔之子与师⑮，哭而送之，曰："晋人御师必于崤⑯，崤有二陵焉⑰。其南陵⑱，夏后皋之墓也⑲；其北陵，文王之所辟风雨也⑳。必死是间㉑，余收尔骨焉㉒。"

　　秦师遂东㉓。

　　三十三年，春，秦师过周北门㉔，左右免胄而下㉕，超乘者三百乘㉖。王孙满尚幼㉗，

---

① 杞子：秦大夫。僖公三十年，他和逢孙、杨孙受秦穆公指派，戍守于郑。

② 管：钥匙。

③ 潜师：秘密派遣部队。

④ 国：郑国。

⑤ 穆公：秦穆公。访：询问。蹇叔：秦国的老臣。

⑥ 劳师：使军队劳苦跋涉。袭远：偷袭远方的国家。

⑦ 无乃：表示委婉语气的副词，恐怕，大概。

⑧ 无所：指无所得。所，着落。

⑨ 悖心：叛离怨恨之心。

⑩ 辞：推辞，谢绝，不接受。焉：代词，指蹇叔的意见。

⑪ 孟明、西乞、白乙：均为秦国名将。古人常以名与字并称，孟明、西乞、白乙皆是他们的字。孟明，秦贤相百里奚之子，名视。西乞，名术。白乙，名丙。

⑫ 孟子：孟明视。

⑬ 何知：知何，知道什么。

⑭ "中寿"二句：秦穆公骂蹇叔老而不死，早就该死了。因蹇叔以哭送师，穆公以为不吉利，故咒之。中寿，次于上寿为中寿，说法不一，指中等寿命。拱，两手合抱，指树木长得很粗。

⑮ 与(yù)：参加。

⑯ 御师：阻击秦国的军队。御，抵抗，阻击。崤：山名，在今河南洛宁西北六十里，地势险峻。

⑰ 二陵：两座高大的山，崤山的两座主峰。

⑱ 南陵：即西崤山，北陵即东崤山，其间相距三十五里。

⑲ 夏后皋：夏天子皋，夏桀的祖父。后，君王。

⑳ 文王：周文王，姓姬，名昌，周武王的父亲。殷时诸侯，居于岐山之下，受到其他诸侯的拥护，曾被纣王囚于羑里。后获释，为西方诸侯之长，称西伯。辟：同"避"，躲避。

㉑ 是间：这中间。

㉒ 焉：于此，在那里。

㉓ 东：用作动词，向东进发。

㉔ 周北门：周都洛邑(洛阳)的北门。

㉕ 左右：战车左右的武士。免胄而下：摘下头盔，下车步行，以示对周王的尊重。胄，头盔。

㉖ 超乘：一跃而登车。刚一下车就又跳上去，这是轻狂无礼的举动。乘，兵车，一车上三人，车后步兵72人。

㉗ 王孙满：周襄王的孙子。

观之,言于王曰:"秦师轻而无礼①,必败。轻则寡谋,无礼则脱②。入险而脱,又不能谋,能无败乎?"

及滑③,郑商人弦高将市于周④,遇之。以乘韦先⑤,牛十二犒师⑥。曰:"寡君闻吾子将步师出于敝邑⑦,敢犒从者⑧。不腆敝邑⑨,为从者之淹⑩,居则具一日之积⑪,行则备一夕之卫。"且使遽告于郑⑫。

郑穆公使视客馆⑬,则束载、厉兵、秣马矣⑭。使皇武子辞焉⑮,曰:"吾子淹久于敝邑⑯,唯是脯、资、饩、牵竭矣⑰。为吾子之将行也,郑之有原圃⑱,犹秦之有具囿也⑲,吾子取其麋鹿⑳,以间敝邑㉑,若何?"杞子奔齐㉒,逢孙、杨孙奔宋。

孟明曰:"郑有备矣,不可冀也㉓。攻之不克,围之不继㉔,吾其还也。"灭滑而还。

晋原轸曰㉕:"秦违蹇叔,而以贪勤民㉖,天奉我也㉗。奉不可失,敌不可纵㉘。纵敌

---

① 轻:轻佻,不庄重,指跳跃上车。
② 脱:疏忽,随便,指军纪涣散。
③ 滑:姬姓小国,在今河南滑县。
④ 市于周:到周的都城(洛阳)做买卖。市,做买卖。
⑤ 乘(shèng)韦:四张牛皮。古代一辆兵车叫一乘,每乘四匹马驾车。韦,熟牛皮。先:先送。
⑥ 犒师:犒劳秦军。先送去四张熟牛皮,随后送去十二头牛。古人送礼,先轻后重。
⑦ 寡君:对郑国国君的谦称。吾子:对秦帅的尊称。步师:行军。敝邑:郑商人弦高对本国(郑国)的谦称。
⑧ 敢:谦辞,冒昧的意思。从者:跟随秦帅的人。
⑨ 腆:丰厚,富饶。
⑩ 淹:停留。
⑪ 居:居留郑地。具:准备。积:指每天食用的东西。
⑫ 遽:原指传车,即驿站的车,引申为立即、马上。
⑬ 郑穆公:名兰。
⑭ 束载:捆束行装。厉兵:磨砺兵器。秣马:喂饱战马。
⑮ 皇武子:郑大夫。辞:辞谢,下逐客令,指要杞子等人离开。
⑯ 淹:久留,滞留。
⑰ 脯:干肉。资:同"粢",这里指干粮。饩(xì):已杀的牲畜。牵:活着的牛羊等牲畜。竭:尽。
⑱ 原圃:猎苑名,郑国的狩猎之地,在今河南中牟西北。
⑲ 具囿:猎苑名,秦国的狩猎之地,在今陕西凤翔。
⑳ 吾子:你们。
㉑ 间:同"闲",闲暇,休息。
㉒ 奔:逃往。
㉓ 冀:希望。
㉔ 继:后继之师,增援的军队。
㉕ 原轸:即先轸,晋大夫。因其封邑于原,所以又称原轸。
㉖ 勤民:使百姓劳苦,指让军队远征郑国。
㉗ 奉:送给。
㉘ 纵:放纵,放跑。

患生,违天不祥①,必伐秦师。"栾枝曰②:"未报秦施③,而伐其师,其为死君乎④?"先轸曰:"秦不哀吾丧,而伐吾同姓⑤,秦则无礼,何施之为⑥? 吾闻之:一日纵敌,数世之患也。谋及子孙,可谓死君乎!"遂发命,遽兴姜戎⑦。子墨衰绖⑧,梁弘御戎⑨,莱驹为右⑩。

夏,四月,辛巳⑪,败秦师于殽,获百里孟明视、西乞术、白乙丙以归。遂墨以葬文公⑫。晋于是始墨⑬。

文嬴请三帅⑭,曰:"彼实构吾二君⑮,寡君若得而食之不厌⑯,君何辱讨焉⑰? 使归就戮于秦,以逞寡君之志⑱,若何?"公许之。

先轸朝⑲,问秦囚。公曰:"夫人请之,吾舍之矣⑳。"先轸怒曰:"武夫力而拘诸原㉑,妇人暂而免诸国㉒,堕军实而长寇仇㉓,亡无日矣!"不顾而唾㉔。

公使阳处父追之㉕,及诸河,则在舟中矣。释左骖㉖,以公命赠孟明㉗。孟明稽首

---

① 不祥:不吉利。
② 栾枝:晋大夫。
③ 秦施:秦国的恩惠。
④ 其:副词,表反诘,难道。死君:此时晋文公已死,但还未安葬,故称。君,此指晋文公。
⑤ 吾丧:晋文公刚死,还没有下葬。同姓:指滑国。滑、郑与晋都是姬姓国,故云。
⑥ 何施之为:还说什么报答呢?
⑦ 遽:骤然,急忙。兴:征调。姜戎:晋国北境的小部族,一向为秦所逐,所以愿为晋出力。
⑧ 子:指晋文公之子襄公,因文公未葬,襄公尚未继位,故称子。墨:动词,染黑。衰绖(cuīdié):一种丧服。衰,白色丧服。绖,穿孝服时的麻腰带。行军时穿孝服显得不吉利,于是把丧服染成黑色。
⑨ 梁弘:晋将领。御戎:驾战车。
⑩ 莱驹:晋将领。为右:为车右,与国君同车,居右方持戈盾保卫君王。
⑪ 辛巳:十三日。
⑫ 墨以葬文公:穿着染黑的丧服为晋文公举行了葬礼。
⑬ 始墨:开始形成穿黑色丧服的习俗。
⑭ 文嬴:晋文公的夫人,秦穆公的女儿。请三帅:请求释放被俘的秦国三帅。
⑮ 构:使……结怨。
⑯ 不厌:不知餍足。
⑰ 何辱讨焉:何必屈尊去处罚他们呢?
⑱ 逞:使……满足。
⑲ 朝:臣子见君主。
⑳ 舍:同"赦",释放。
㉑ 原:野外,这里指战场。
㉒ 妇人:指文嬴,此为怒极时的称呼。暂:仓促之间。国:朝廷,都城。
㉓ 堕(huī):同"隳",损害,毁坏。军实:军队的战果,这里指俘获的秦将。寇仇:敌人,仇敌,指秦。
㉔ 不顾:不回头。
㉕ 阳处父:晋大夫,又称阳子。
㉖ 释:解下。左骖:车子左边的马。
㉗ 公命:晋襄公的名义。

曰①:"君之惠,不以累臣衅鼓②,使归就戮于秦,寡君之以为戮,死且不朽。若从君惠而免之③,三年将拜君赐④。"

秦伯素服郊次⑤,乡师而哭⑥,曰:"孤违蹇叔,以辱二三子⑦,孤之罪也。"不替孟明⑧。"孤之过也,大夫何罪?且吾不以一眚掩大德⑨。"

郑伯克段于鄢

初⑩,郑武公娶于申⑪,曰武姜⑫,生庄公及共叔段⑬。庄公寤生⑭,惊姜氏⑮,故名曰寤生,遂恶之⑯。爱共叔段,欲立之。亟请于武公⑰,公弗许。

及庄公即位,为之请制⑱。公曰:"制,岩邑也⑲,虢叔死焉⑳。佗邑唯命㉑。"请京㉒,使居之,谓之京城大叔㉓。祭仲曰㉔:"都城过百雉㉕,国之害也。先王之制:大都不过参

---

① 稽首:古时的一种跪拜礼,叩头到地,是九拜中最恭敬者。

② 累臣:被囚禁的臣子,孟明自称。累,同"缧",捆绑犯人的绳子。衅鼓:本指杀牲畜或以血涂鼓的仪式,此处代指杀掉自己。

③ 若从君惠而免之:我们的君王倘使尊重晋君的好意而同样赦免我们。

④ 拜君赐:拜领晋君的恩赐,言外之意是将来复仇。

⑤ 素服:因秦军战败,故穿丧服,以示哀悼。素,白色。郊次:在郊外等待。

⑥ 乡:同"向",面对。

⑦ 孤:侯王自称。

⑧ 替:废弃,撤换。

⑨ 眚(shěng):本指眼病,引申为小毛病、过失。

⑩ 初:当初,这是回述往事时的说法。此事发生在隐公元年。

⑪ 郑武公:名掘突,郑桓公的儿子,郑国第二代君主。娶于申:从申国娶妻。申,春秋时国名,姜姓。

⑫ 武姜:郑武公之妻,"姜"是她娘家的姓,"武"是她丈夫武公的谥号。

⑬ 共(gōng)叔段:郑庄公的弟弟,名段。他在兄弟之中年岁小,因此称"叔段"。

⑭ 寤(wù)生:难产的一种,胎儿的脚先生出来。一说睡梦中所生。

⑮ 惊:使姜氏惊。

⑯ 恶:厌恶。

⑰ 亟(qì):屡次。

⑱ 制:地名,即虎牢,河南荥(xíng)阳西北。

⑲ 岩邑:险要的城镇。岩,险要。邑,人所聚居的地方。

⑳ 虢(guó)叔死焉:东虢国的国君死在那里。虢,指东虢,古国名,为郑国所灭。焉,于此。

㉑ 佗:同"他",别的,另外的。唯命:只听从您的命令。

㉒ 京:地名,河南荥阳东南。

㉓ 谓之京城大(tài)叔:京地百姓称共叔段为京城太叔。大,同"太"。

㉔ 祭(zhài)仲:郑国的大夫。

㉕ 都城过百雉(zhì):都邑的城墙超过了三百丈。都,指次于国都而高于一般邑等级的城市。雉,古代城墙长一丈,宽一丈,高一丈为一堵,三堵为一雉,即长三丈。

国之一①；中，五之一②；小，九之一③。今京不度④，非制也⑤，君将不堪⑥。"公曰："姜氏欲之，焉辟害⑦？"对曰："姜氏何厌之有⑧？不如早为之所⑨，无使滋蔓⑩。蔓草犹不可除，况君之宠弟乎？"公曰："多行不义，必自毙⑪，子姑待之。"

既而大叔命西鄙北鄙贰于己⑫。公子吕曰⑬："国不堪贰，君将若之何⑭？欲与大叔，臣请事之；若弗与，则请除之。无生民心⑮。"公曰："无庸⑯，将自及⑰。"大叔又收贰以为己邑⑱，至于廪延⑲。子封曰："可矣，厚将得众⑳。"公曰："不义，不暱，厚将崩㉑。"

大叔完聚㉒，缮甲兵㉓，具卒乘㉔，将袭郑。夫人将启之㉕。公闻其期㉖，曰："可矣！"命子封帅车二百乘以伐京㉗。京叛大叔段，段入于鄢，公伐诸鄢㉘。五月辛丑㉙，大叔出

---

① 大都不过参(sān)国之一：大城市的城墙不超过国都城墙的三分之一。参，同"三"。

② 中五之一：中等城市城墙不超过国都城墙的五分之一。"五分国之一"的省略。

③ 小九之一：小城市的城墙不超过国都城墙的九分之一。"九分国之一"的省略。

④ 不度：不合法度。

⑤ 非制也：不是先王定下的制度。

⑥ 不堪：受不了，控制不住的意思。

⑦ 焉辟害：哪里能逃避祸害。辟，同"避"。

⑧ 何厌之有：有何厌之。

⑨ 为之所：给他安排个地方。

⑩ 无使滋(zī)蔓(màn)：不要让他滋长蔓延。无，同"毋"。

⑪ 多行不义，必自毙：做多了不义的事，必定会自己垮台。

⑫ 既而：不久。命西鄙北鄙(bǐ)贰于己：命令原属庄公的西部和北部的边境城邑同时也臣属于自己。鄙，边境上的城邑。贰，两属。

⑬ 公子吕：郑国大夫。

⑭ 若之何：对它怎么办？

⑮ 生民心：使民生二心。

⑯ 无庸：不用。庸，同"用"。

⑰ 将自及：将自己赶上灾难。及，本义为追赶上。

⑱ 收贰以为己邑：把两属的地方收为自己的领邑。贰，指原来贰属的西鄙北鄙。

⑲ 廪(lǐn)延：地名，河南延津北。

⑳ 厚将得众：势力雄厚，就能得到更多的百姓。众，指百姓。

㉑ 不义，不暱(nì)，厚将崩：共叔段对君不义，百姓就对他不亲，势力再雄厚，也将要崩溃。暱，同"昵"，亲近。

㉒ 完聚：修治城郭，聚集百姓。完，修茸。

㉓ 缮甲兵：修整作战用的甲衣和兵器。缮，修理。甲，铠甲。兵，兵器。

㉔ 具卒乘(shèng)：准备步兵和兵车。具，准备。卒，步兵。乘，四匹马拉的战车。

㉕ 夫人：指武姜。启之：给段开城门，即做内应。

㉖ 公闻其期：庄公听说了偷袭的日期。

㉗ 帅车二百乘：率领二百辆战车。帅，率领。古代每辆战车配备甲士三人，步卒七十二人。二百乘，共甲士六百人，步卒一万四千四百人。

㉘ 公伐诸鄢：庄公攻打共叔段在鄢邑。诸，之于。

㉙ 辛丑：干支纪日。天干：甲乙丙丁戊己庚辛壬癸。地支：子丑寅卯辰巳午未申酉戌亥。二者相配，用以纪日，汉以后亦改用以纪年。即二十三日。

奔共①。

书曰："郑伯克段于鄢。"段不弟②，故不言弟；如二君，故曰克③；称郑伯，讥失教也④；谓之郑志⑤。不言出奔，难之也⑥。

遂置姜氏于城颍⑦，而誓之曰⑧："不及黄泉⑨，无相见也。"既而悔之。颍考叔为颍谷封人⑩，闻之，有献于公⑪。公赐之食，食舍肉⑫。公问之，对曰："小人有母，皆尝小人之食矣，未尝君之羹⑬，请以遗之⑭。"公曰："尔有母遗，繄我独无⑮！"颍考叔曰："敢问何谓也⑯？"公语之故⑰，且告之悔⑱。对曰："君何患焉⑲？若阙地及泉⑳，隧而相见㉑，其谁曰不然㉒？"公从之。公入而赋㉓："大隧之中，其乐也融融㉔！"姜出而赋："大隧之外，其乐也泄泄㉕。"遂为母子如初㉖。

君子曰㉗："颍考叔，纯孝也，爱其母，施及庄公㉘。《诗》曰：'孝子不匮，永锡尔类㉙。'其是之谓乎㉚！"

---

① 出奔共：出逃到共国避难。奔，逃亡。
② 不弟：不守为弟之道。
③ 如二君，故曰克：兄弟俩如同两个国君一样争斗，所以用"克"字。克，战胜。
④ "称郑伯"二句：称庄公为"郑伯"，是讥讽他对弟弟失教。讥，讽刺。失教，庄公本有教弟之责而未教。
⑤ 谓之郑志：赶走共叔段是郑庄公的本意。志，意愿。
⑥ 不言出奔，难之也：不写共叔段自动出奔，是史官下笔有为难之处。
⑦ 置：放置，放逐。
⑧ 誓之：对她发誓。
⑨ 黄泉：地下的泉水，喻墓穴，指死后。
⑩ 颍考叔：郑国大夫，执掌颍谷（今河南登封西）。封人：管理边界的地方长官。
⑪ 有献：有进献的东西。
⑫ 食舍肉：吃的时候把肉放置一边不吃。
⑬ 羹：带汁的肉。《尔雅·释器》："肉谓之羹。"
⑭ 遗（wèi）之：赠送给她。
⑮ 繄（yī）我独无：我却单单没有啊！繄，句首语气助词。
⑯ 敢问何谓也：冒昧地问问你说的是什么意思呢？敢，表敬副词，冒昧。
⑰ 故：缘故。
⑱ 悔：后悔的心情。
⑲ 何患焉：您在这件事上忧虑什么呢？
⑳ 阙：同"掘"，挖。
㉑ 隧而相见：挖个地道，在那里见面。
㉒ 其谁曰不然：那谁能说不是这样呢？
㉓ 赋：赋诗。孔颖达疏："谓自作诗也。"
㉔ 融融：欢乐貌。
㉕ 泄泄：愉悦貌。
㉖ 遂为母子如初：从此作为母亲和儿子像当初一样。
㉗ 君子：道德高尚的人。
㉘ 施及庄公：延及庄公。施，延及。
㉙ 匮：尽。锡：同"赐"，给予。
㉚ 其：表推测语气。

六、《论语》选读①

孔门师弟

《述而》

子温而厉,威而不猛,恭而安②。

子曰:"述而不作,信而好古,窃比我于老彭③。"

子曰:"我非生而知之者,好古,敏以求之者也④。"

子曰:"志于道,据于德,依于仁,游于艺⑤。"

《公冶长》

子曰:"十室之邑⑥,必有忠信如丘者焉,不如丘之好学也。"

《子罕》

子贡曰:"有美玉于斯,韫椟而藏诸⑦? 求善贾而沽诸⑧?"子曰:"沽之哉! 沽之哉! 我待贾者也。"

《子路》

子曰:"苟有用我者,期月而已可也⑨,三年有成。"

---

① 选文均录自杨伯峻《论语译注》(第2版),中华书局,1980。

② 厉:严厉。威:威严。安:安详。

③ 述:谓传旧。作:谓创始。老彭:商之贤大夫,有人说是老子和彭祖两人。

④ 敏:勤奋。

⑤ 志:信仰,信奉。据:执守。艺:文化技艺,或以为指礼、乐、射、御、书、数六艺。

⑥ 室:户。

⑦ 韫:藏。椟:匣子。

⑧ 贾:商人。沽:出售。

⑨ 期月:一个月。

《里仁》

子曰："参乎①，吾道一以贯之。"曾子曰："唯。"子出，门人问曰："何谓也?"曾子曰："夫子之道，'忠恕'而已矣②。"

《阳货》

阳货欲见孔子③，孔子不见，归孔子豚④。孔子时其亡也，而往拜之。遇诸涂⑤。谓孔子曰："来！予与尔言。"曰："怀其宝而迷其邦，可谓仁乎?"曰："不可。""好从事而亟失时⑥，可谓知乎⑦?"曰："不可。""日月逝矣，岁不我与。"孔子曰："诺。吾将仕矣。"

《微子》

子路从而后，遇丈人，以杖荷蓧⑧。子路问曰："子见夫子乎?"丈人曰："四体不勤，五谷不分，孰为夫子?"植其杖而芸⑨。子路拱而立。止子路宿，杀鸡为黍而食之，见其二子焉。明日，子路行以告。子曰："隐者也。"使子路反见之，至则行矣。子路曰："不仕无义⑩。长幼之节，不可废也。君臣之义，如之何其废之? 欲洁其身，而乱大伦。君子之仕也，行其义也。道之不行，已知之矣。"

《为政》

子曰："吾十有五而志于学，三十而立，四十而不惑，五十而知天命⑪，六十而耳顺⑫，七十而从心所欲不逾矩⑬。"

《先进》

德行⑭：颜渊、闵子骞、冉伯牛、仲弓。言语⑮：宰我、子贡。政事：冉有、季路。文

---

① 参：曾参。孔子的学生。
② 忠：己欲立而立人，己欲达而达人。恕：己所不欲，勿施于人。
③ 阳货：阳虎，季氏家臣。
④ 归：同"馈"，赠送。豚：小猪。
⑤ 涂：同"途"。
⑥ 亟：屡次。
⑦ 知：同"智"。
⑧ 荷蓧(diào)：扛着农具。
⑨ 植：插立。
⑩ 不仕无义：谓不做官不符合义。
⑪ 知天命：知晓天命不可抗拒而听天由命。
⑫ 耳顺：能听进各种各样的话。从心：随心。
⑬ 不逾矩：不越出规矩。
⑭ 德行：道德修养。
⑮ 言语：辞令。

学①:子游、子夏。

子路、曾皙、冉有、公西华侍坐。子曰:"以吾一日长乎尔,毋吾以也。居则曰②:'不吾知也!'如或知尔,则何以哉③?"子路率尔而对曰:"千乘之国,摄乎大国之间,加之以师旅,因之以饥馑;由也为之,比及三年,可使有勇,且知方也。"夫子哂之。"求,尔何如?"对曰:"方六七十,如五六十,求也为之,比及三年,可使足民。如其礼乐,以俟君子。""赤,尔何如?"对曰:"非曰能之,愿学焉。宗庙之事,如会同,端章甫,愿为小相焉④。""点⑤,尔何如?"鼓瑟希,铿尔,舍瑟而作⑥,对曰:"异乎三子者之撰。"子曰:"何伤乎? 亦各言其志也。"曰:"莫春者,春服既成,冠者五六人,童子六七人,浴乎沂,风乎舞雩⑦,咏而归。"夫子喟然叹曰:"吾与点也!"三子者出,曾皙后。曾皙曰:"夫三子者之言何如?"子曰:"亦各言其志也已矣!"曰:"夫子何哂由也?"曰:"为国以礼,其言不让,是故哂之。""唯求则非邦也与? 安见方六七十如五六十而非邦也者?""唯赤则非邦也与?"宗庙会同,非诸侯而何? 赤也为之小,孰能为之大?"

《公冶长》

颜渊、季路侍。子曰:"盍各言尔志⑧?"子路曰:"愿车马衣轻裘,与朋友共,敝之而无憾。"颜渊曰:"愿无伐善⑨,无施劳⑩。"子路曰:"愿闻子之志。"子曰:"老者安之⑪,朋友信之,少者怀之⑫。"

《述而》

子谓颜渊曰:"用之则行,舍之则藏,唯我与尔有是夫!"子路曰:"子行三军,则谁与?"子曰:"暴虎冯河⑬,死而无悔者,吾不与也。必也临事而惧,好谋而成者也。"

---

① 文学:文献与文化。
② 居:平常家居。
③ 何以:何为。
④ 小相:小司仪。
⑤ 点:曾皙名点。
⑥ 作:站起来。
⑦ 舞雩:祭天求雨的地方。
⑧ 盍:何不。
⑨ 伐善:自夸好处。
⑩ 施劳:自夸功劳。
⑪ 安:安抚。
⑫ 怀:爱护。
⑬ 暴虎冯河:空手搏虎,徒步涉河。

夫妻父子

《公冶长》

子谓公冶长①，"可妻也。虽在缧绁之中②，非其罪也"。以其子妻之③。
子谓南容④："邦有道，不废；邦无道，免于刑戮。"以其兄之子妻之⑤。

《先进》

南容三复白圭⑥，孔子以其兄之子妻之。

《学而》

子夏曰："贤贤易色⑦；事父母，能竭其力；事君，能致其身；与朋友交，言而有信。虽曰未学，吾必谓之学矣。"

《季氏》

陈亢问于伯鱼曰⑧："子亦有异闻乎？"对曰："未也。尝独立，鲤趋而过庭⑨。曰：'学《诗》乎？'对曰：'未也。''不学《诗》，无以言。'鲤退而学《诗》……"

《阳货》

子谓伯鱼曰："女为《周南》《召南》矣乎⑩？人而不为《周南》《召南》，其犹正墙面而立也与！"

《学而》

子曰："父在，观其志。父没⑪，观其行。三年无改于父之道，可谓孝矣。"

---

① 公冶长：孔子的学生，一说为齐人，一说为鲁人。
② 缧绁：捆绑犯人的绳索，此谓监狱。
③ 子：此处指女儿。
④ 南容：南宫适，鲁人，孔门弟子。
⑤ 子：此处指女儿。
⑥ 三复：多次诵读。白圭：出自《诗经·大雅·抑》中的"质尔人民，谨尔侯度，用戒不虞。慎尔出话，敬尔威仪，无不柔嘉。白圭之玷，尚可磨也；斯言之玷，不可为也！……"
⑦ 贤贤易色：指对妻子，重视品德，不重容貌。
⑧ 陈亢（gāng）：字子禽。伯鱼：孔子的儿子，孔鲤，字伯鱼。
⑨ 趋：快走。
⑩ 《周南》《召南》：《诗经》十五国风的起首两风。
⑪ 没：同"殁"，去世。

《里仁》

子曰："父母在，不远游，游必有方①。"

《为政》

子游问孝②。子曰："今之孝者，是谓能养。至于犬马，皆能有养；不敬，何以别乎？"

兄弟朋友

《先进》

子路问："闻斯行诸？"子曰："有父兄在，如之何闻斯行之？"冉有问："闻斯行诸？"子曰："闻斯行之。"公西华曰："由也问'闻斯行诸'，子曰有父兄在。求也问'闻斯行诸'，子曰闻斯行之。赤也惑，敢问。"子曰："求也退③，故进之；由也兼人④，故退之。"

《颜渊》

司马牛忧曰⑤："人皆有兄弟，我独亡。"子夏曰⑥："商闻之矣：死生有命，富贵在天。君子敬而无失，与人恭而有礼，四海之内，皆兄弟也。君子何患乎无兄弟也？"

《子路》

子路问曰："何如斯可谓之士矣？"子曰："切切偲偲⑦，怡怡如也⑧，可谓士矣。朋友切切偲偲，兄弟怡怡。"

《学而》

子曰："学而时习之⑨，不亦说乎⑩？有朋自远方来，不亦乐乎？人不知而不愠，不亦君子乎？"

---

① 方：去处。
② 子游：孔子的学生。
③ 退：谓退缩不前。
④ 兼人：谓争强好胜。
⑤ 司马牛：孔子的学生。
⑥ 子夏：卜商，孔子的学生。
⑦ 切切偲偲（sī）：互相责善的样子。
⑧ 怡怡：和顺的样子。
⑨ 时习：按时复习。
⑩ 说：同"悦"。

曾子曰:"吾日三省吾身①:为人谋而不忠乎? 与朋友交而不信乎? 传不习乎②?"

子曰:"君子,不重则不威③,学则不固④。主忠信,无友不如己者,过则勿惮改⑤。"

《里仁》

子游曰:"事君数⑥,斯辱矣。朋友数,斯疏矣。"

政治道德

《为政》

或谓孔子曰⑦:"子奚不为政⑧?"子曰:"《书》云:'孝乎惟孝,友于兄弟,施于有政。'是亦为政,奚其为为政?"

《子路》

子曰:"诵《诗》三百,授之以政,不达⑨;使于四方,不能专对⑩;虽多,亦奚以为⑪?"

《卫灵公》

颜渊问为邦。子曰:"行夏之时⑫,乘殷之辂⑬,服周之冕⑭,乐则《韶》《舞》⑮;放郑声⑯,远佞人⑰。郑声淫,佞人殆⑱。"

---

① 省:反省。
② 传:指老师传授的内容。
③ 重:庄重。威:威仪。
④ 固:顽固不化。意谓学习以后就不会自以为是,顽固不化。
⑤ 过:过错。惮:害怕。
⑥ 数(shuò):频繁。
⑦ 或:有人。
⑧ 奚:为什么。
⑨ 达:通晓。或谓不能完成交代的任务。
⑩ 专对:独立应对。
⑪ 奚以为:有什么用。
⑫ 夏之时:夏代的历法。
⑬ 辂:天子所乘之车。
⑭ 冕:礼帽。
⑮ 舞:或谓同"武"。
⑯ 放:放逐。郑声:郑国的音乐。
⑰ 佞人:伶牙俐齿的小人。
⑱ 殆:危险。

《八佾》

子曰:"周监于二代①,郁郁乎文哉! 吾从周。"

《述而》

子曰:"甚矣吾衰也! 久矣吾不复梦见周公②!"

《子路》

子路曰:"卫君待子而为政,子将奚先?"子曰:"必也正名乎③!"子路曰:"有是哉,子之迂也。奚其正?"子曰:"野哉④,由也! 君子于其所不知,盖阙如也。名不正则言不顺,言不顺则事不成,事不成则礼乐不兴,礼乐不兴则刑罚不中,刑罚不中则民无所措手足。故君子名之必可言也,言之必可行也。君子于其言,无所苟而已矣⑤。"

子曰:"其身正⑥,不令而行;其身不正,虽令不从。"

子曰:"苟正其身矣,于从政乎何有⑦? 不能正其身,如正人何⑧?"

《阳货》

子之武城,闻弦歌之声,夫子莞尔而笑,曰:"割鸡焉用牛刀?"子游对曰⑨:"昔者偃也闻诸夫子曰:'君子学道则爱人,小人学道则易使也。'"子曰:"二三子,偃之言是也。前言戏之耳。"

《为政》

子曰:"为政以德,譬如北辰⑩,居其所,而众星共之⑪。"

---

① 监:同"鉴"。二代:夏、商。
② 周公:姬旦,周文王子,武王弟。因采邑在周,故称周公。
③ 名:名称、名义、名分。
④ 野:粗野。
⑤ 无所苟:不马虎。
⑥ 正:端正。
⑦ 何有:谓有何难。
⑧ 如正人何:谓如何去让别人端正。
⑨ 子游:言偃,字子游。
⑩ 北辰:北斗星。
⑪ 共:同"拱"。

七、《史记》选读①

《太史公自序》（节选）

昔在颛顼，命南正重以司天，北正黎以司地②。唐虞之际，绍重黎之后，使复典之，至于夏商，故重黎氏世序天地。其在周，程伯休甫其后也。当周宣王时，失其守而为司马氏。司马氏世典周史。惠襄之间，司马氏去周适晋。晋中军随会奔秦，而司马氏入少梁③。

自司马氏去周适晋，分散，或在卫，或在赵，或在秦。其在卫者，相中山。在赵者，以传剑论显，蒯聩其后也。在秦者名错，与张仪争论，于是惠王使错将伐蜀，遂拔，因而守之。错孙靳，事武安君白起。而少梁更名曰夏阳。靳与武安君坑赵长平军，还而与之俱赐死杜邮，葬于华池。靳孙昌，昌为秦主铁官，当始皇之时。蒯聩玄孙卬为武信君将而徇朝歌。诸侯之相王，王卬于殷。汉之伐楚，卬归汉，以其地为河内郡。昌生无泽，无泽为汉市长。无泽生喜，喜为五大夫，卒，皆葬高门。喜生谈，谈为太史公。

太史公学天官于唐都，受易于杨何，习道论于黄子。太史公仕于建元元封之间，愍学者之不达其意而师悖，乃论六家之要指曰：

《易大传》："天下一致而百虑，同归而殊涂。"夫阴阳、儒、墨、名、法、道德，此务为治者也，直所从言之异路，有省不省耳。尝窃观阴阳之术，大祥而众忌讳，使人拘而多所畏；然其序四时之大顺，不可失也。儒者博而寡要，劳而少功，是以其事难尽从；然其序君臣父子之礼，列夫妇长幼之别，不可易也。墨者俭而难遵，是以其事不可遍循；然其强本节用，不可废也。法家严而少恩；然其正君臣上下之分，不可改矣。名家使人俭而善失真；然其正名实，不可不察也。道家使人精神专一，动合无形，赡足万物。其为术也，因阴阳之大顺，采儒墨之善，撮名法之要，与时迁移，应物变化，立俗施事，无所不宜，指约而易操，事少而功多。儒者则不然。以为人主天下之仪表也，主倡而臣和，主先而臣随。如此则主劳而臣逸。至于大道之要，去健羡，绌聪明，释此而任术。夫神大用则竭，形大劳则敝。形神骚动，欲与天地长久，非所闻也。

---

① 选文均录自《史记》（点校本二十四史修订本），中华书局，2014。

② 北正：与南正均为上古官名。

③ 少梁：古邑名，在今陕西韩城南。

夫阴阳四时、八位、十二度、二十四节各有教令,顺之者昌,逆之者不死则亡,未必然也,故曰"使人拘而多畏"。夫春生夏长,秋收冬藏,此天道之大经也,弗顺则无以为天下纲纪①,故曰"四时之大顺,不可失也"。

夫儒者以六艺为法。六艺经传以千万数,累世不能通其学,当年不能究其礼,故曰"博而寡要,劳而少功"。若夫列君臣父子之礼,序夫妇长幼之别,虽百家弗能易也。

墨者亦尚尧舜道,言其德行曰:"堂高三尺,土阶三等,茅茨不翦②,采椽不刮。食土簋③,啜土刑④,粝粱之食⑤,藜藿之羹⑥。夏日葛衣⑦,冬日鹿裘⑧。"其送死,桐棺三寸,举音不尽其哀。教丧礼,必以此为万民之率。使天下法若此,则尊卑无别也。夫世异时移,事业不必同,故曰"俭而难遵"。要曰强本节用,则人给家足之道也。此墨子之所长,虽百家弗能废也。

法家不别亲疏,不殊贵贱,一断于法,则亲亲尊尊之恩绝矣。可以行一时之计,而不可长用也,故曰"严而少恩"。若尊主卑臣,明分职不得相逾越,虽百家弗能改也。

名家苛察缴绕,使人不得反其意,专决于名而失人情,故曰"使人俭而善失真"。若夫控名责实,参伍不失,此不可不察也。

道家无为,又曰无不为,其实易行,其辞难知。其术以虚无为本,以因循为用。无成势,无常形,故能究万物之情。不为物先,不为物后,故能为万物主。有法无法,因时为业;有度无度,因物与合。故曰"圣人不朽,时变是守。虚者道之常也,因者君之纲"也。群臣并至,使各自明也。其实中其声者谓之端,实不中其声者谓之窾。窾言不听,奸乃不生,贤不肖自分,白黑乃形。在所欲用耳,何事不成。乃合大道,混混冥冥。光耀天下,复反无名。凡人所生者神也,所托者形也。神大用则竭,形大劳则敝,形神离则死。死者不可复生,离者不可复反,故圣人重之。由是观之,神者生之本也,形者生之具也。不先定其神,而曰"我有以治天下",何由哉?

太史公既掌天官⑨,不治民。有子曰迁。

迁生龙门⑩,耕牧河山之阳。年十岁则诵古文,二十而南游江、淮。上会稽,探禹穴,窥九疑,浮于沅、湘;北涉汶、泗,讲业齐、鲁之都,观孔子之遗风,乡射邹、峄;厄困鄱、薛、彭城,过梁、楚以归。于是迁仕为郎中,奉使西征巴、蜀以南,南略邛、笮、昆明,还报命。

是岁,天子始建汉家之封,而太史公留滞周南,不得与从事,故发愤且卒。而子迁适

---

① 纲纪:法度,纲常。
② 茅茨:茅草盖的屋顶,亦指茅屋。
③ 土簋:盛饭的瓦器。
④ 土刑:即土形,盛羹的瓦器。
⑤ 粝粱:糙米。
⑥ 藜藿:即藜藿,藜和藿,泛指粗劣的饭菜。
⑦ 葛衣:用葛布制成的夏衣。
⑧ 鹿裘:鹿皮做的大衣。
⑨ 天官:研究天文、天象之官。
⑩ 龙门:即禹门口,在山西河津西北和陕西韩城东北。

使反，见父于河洛之间①。太史公执迁手而泣曰："余先周室之太史也。自上世尝显功名于虞夏，典天官事。后世中衰，绝于予乎？汝复为太史，则续吾祖矣。今天子接千岁之统，封泰山，而余不得从行，是命也夫，命也夫！余死，汝必为太史，为太史无忘吾所欲论著矣。且夫孝始于事亲，中于事君，终于立身。扬名于后世，以显父母，此孝之大者。夫天下称诵周公，言其能论歌文武之德，宣周邵之风，达太王王季之思虑，爰及公刘，以尊后稷也。幽厉之后王道缺，礼乐衰，孔子修旧起废，论《诗》《书》，作《春秋》，则学者至今则之。自获麟以来四百有余岁，而诸侯相兼，史记放绝。今汉兴，海内一统，明主贤君忠臣死义之士，余为太史而弗论载，废天下之史文，余甚惧焉，汝其念哉！"迁俯首流涕曰："小子不敏，请悉论先人所次旧闻，弗敢阙。"

......

《高祖本纪》（节选）

高祖，沛丰邑中阳里人，姓刘氏，字季。父曰太公，母曰刘媪。其先刘媪尝息大泽之陂，梦与神遇。是时雷电晦冥②，太公往视，则见蛟龙于其上。已而有身，遂产高祖。

高祖为人，隆准而龙颜③，美须髯，左股有七十二黑子。仁而爱人，喜施，意豁如也④。常有大度，不事家人生产作业。及壮，试为吏，为泗水亭长，廷中吏无所不狎侮⑤，好酒及色。常从王媪、武负贳酒⑥，醉卧，武负、王媪见其上常有龙，怪之。高祖每酤留饮，酒雠数倍。及见怪，岁竟，此两家常折券弃责。

高祖常繇咸阳，纵观⑦，观秦皇帝，喟然太息曰："嗟乎，大丈夫当如此也！"

单父人吕公善沛令，避仇从之客，因家沛焉。沛中豪桀吏闻令有重客，皆往贺。萧何为主吏，主进，令诸大夫曰："进不满千钱，坐之堂下。"高祖为亭长，素易诸吏，乃绐为谒曰"贺钱万"，实不持一钱。谒入，吕公大惊，起，迎之门。吕公者，好相人，见高祖状貌，因重敬之，引入坐。萧何曰："刘季固多大言，少成事。"高祖因狎侮诸客，遂坐上坐，无所诎。酒阑，吕公因目固留高祖。高祖竟酒，后。吕公曰："臣少好相人，相人多矣，无如季相，愿季自爱。臣有息女，愿为季箕帚妾。"酒罢，吕媪怒吕公曰："公始常欲奇此女，与贵人。沛令善公，求之不与，何自妄许与刘季？"吕公曰："此非儿女子所知也。"卒与刘季。吕公女乃吕后也，生孝惠帝、鲁元公主。

高祖为亭长时，常告归之田。吕后与两子居田中耨，有一老父过请饮，吕后因餔之。

---

① 河洛之间：指黄河与洛水两水之间的地区。
② 晦冥：昏暗，阴沉。
③ 隆准：高鼻梁。龙颜：指眉骨突起似龙形，比喻帝王的容貌。
④ 豁如：闲阔，旷达。
⑤ 狎侮：轻慢侮弄。
⑥ 贳酒：赊酒，喝酒不付钱。
⑦ 纵观：恣意观看。

老父相吕后曰："夫人天下贵人。"令相两子，见孝惠，曰："夫人所以贵者，乃此男也。"相鲁元，亦皆贵。老父已去，高祖适从旁舍来，吕后具言客有过，相我子母皆大贵。高祖问，曰："未远。"乃追及，问老父。老父曰："乡者夫人婴儿皆似君，君相贵不可言。"高祖乃谢曰："诚如父言，不敢忘德。"及高祖贵，遂不知老父处。

高祖为亭长，乃以竹皮为冠，令求盗之薛治之，时时冠之，及贵常冠，所谓"刘氏冠"乃是也。

高祖以亭长为县送徒郦山，徒多道亡。自度比至皆亡之，到丰西泽中，止饮，夜乃解纵所送徒。曰："公等皆去，吾亦从此逝矣！"徒中壮士愿从者十余人。高祖被酒，夜径泽中，令一人行前。行前者还报曰："前有大蛇当径，愿还。"高祖醉，曰："壮士行，何畏！"乃前，拔剑击斩蛇。蛇遂分为两，径开。行数里，醉，因卧。后人来至蛇所，有一老妪夜哭。人问何哭，妪曰："人杀吾子，故哭之。"人曰："妪子何为见杀？"妪曰："吾，白帝子也，化为蛇，当道，今为赤帝子斩之，故哭。"人乃以妪为不诚，欲笞之，妪因忽不见。后人至，高祖觉。后人告高祖，高祖乃心独喜，自负。诸从者日益畏之。

秦始皇帝常曰"东南有天子气"，于是因东游以厌之。高祖即自疑，亡匿，隐于芒、砀山泽岩石之间①。吕后与人俱求，常得之。高祖怪问之。吕后曰："季所居上常有云气，故从往常得季。"高祖心喜。沛中子弟或闻之，多欲附者矣。

……

高祖置酒洛阳南宫。高祖曰："列侯诸将无敢隐朕，皆言其情。吾所以有天下者何？项氏之所以失天下者何？"高起、王陵对曰："陛下慢而侮人，项羽仁而爱人。然陛下使人攻城略地，所降下者因以予之，与天下同利也。项羽妒贤嫉能，有功者害之，贤者疑之，战胜而不予人功，得地而不予人利，此所以失天下也。"高祖曰："公知其一，未知其二。夫运筹策帷帐之中，决胜于千里之外，吾不如子房。镇国家，抚百姓，给馈饷②，不绝粮道，吾不如萧何。连百万之军，战必胜，攻必取，吾不如韩信。此三者，皆人杰也，吾能用之，此吾所以取天下也。项羽有一范增而不能用，此其所以为我擒也。"

……

高祖还归，过沛，留。置酒沛宫，悉召故人父老子弟纵酒，发沛中儿得百二十人，教之歌。酒酣，高祖击筑，自为歌诗曰："大风起兮云飞扬，威加海内兮归故乡，安得猛士兮守四方！"令儿皆和习之。高祖乃起舞，慷慨伤怀，泣数行下。谓沛父兄曰："游子悲故乡。吾虽都关中，万岁后吾魂魄犹乐思沛。且朕自沛公以诛暴逆，遂有天下，其以沛为朕汤沐邑③，复其民④，世世无有所与。"沛父兄诸母故人日乐饮极欢，道旧故为笑乐⑤。十余日，高祖欲去，沛父兄固请留高祖。高祖曰："吾人众多，父兄不能给。"乃去。沛中

---

① 芒、砀：芒山、砀山的合称，在今安徽省砀山县东南，与河南省永城市接界。
② 馈饷：运送粮饷。
③ 汤沐邑：此处指国君、皇后、公主等收取赋税的私邑。
④ 复其民：免除当地民众的赋税徭役。
⑤ 旧故：往事。

空县皆之邑西献。高祖复留止,张饮三日①。沛父兄皆顿首曰:"沛幸得复,丰未复,唯陛下哀怜之。"高祖曰:"丰吾所生长,极不忘耳,吾特为其以雍齿故反我为魏。"沛父兄固请,乃并复丰,比沛。于是拜沛侯刘濞为吴王。

……

《项羽本纪》(节选)

项籍者,下相人也,字羽。初起时,年二十四。其季父项梁②,梁父即楚将项燕,为秦将王翦所戮者也。项氏世世为楚将,封于项,故姓项氏。

项籍少时,学书不成,去。学剑,又不成。项梁怒之。籍曰:"书足以记名姓而已。剑一人敌,不足学,学万人敌。"于是项梁乃教籍兵法,籍大喜,略知其意,又不肯竟学。项梁尝有栎阳逮③,乃请蕲狱掾曹咎书抵栎阳狱掾司马欣④,以故事得已。项梁杀人,与籍避仇于吴中。吴中贤士大夫皆出项梁下。每吴中有大繇役及丧,项梁常为主办,阴以兵法部勒宾客及子弟⑤,以是知其能。秦始皇帝游会稽,渡浙江,梁与籍俱观。籍曰:"彼可取而代也。"梁掩其口,曰:"毋妄言,族矣!"梁以此奇籍。籍长八尺余,力能扛鼎,才气过人,虽吴中子弟皆已惮籍矣。

……

项王已杀卿子冠军⑥,威震楚国,名闻诸侯。乃遣当阳君、蒲将军将卒二万渡河,救钜鹿。战少利,陈余复请兵。项羽乃悉引兵渡河,皆沉船,破釜甑,烧庐舍,持三日粮,以示士卒必死,无一还心。于是至则围王离,与秦军遇,九战,绝其甬道⑦,大破之,杀苏角,虏王离。涉间不降楚,自烧杀。当是时,楚兵冠诸侯。诸侯军救钜鹿下者十余壁,莫敢纵兵。及楚击秦,诸将皆从壁上观。楚战士无不一以当十,楚兵呼声动天,诸侯军无不人人惴恐。于是已破秦军,项羽召见诸侯将,入辕门,无不膝行而前⑧,莫敢仰视。项羽由是始为诸侯上将军,诸侯皆属焉。

……

沛公旦日从百余骑来见项王,至鸿门,谢曰:"臣与将军勠力而攻秦,将军战河北,臣战河南,然不自意能先入关破秦,得复见将军于此。今者有小人之言,令将军与臣有隙。"项王曰:"此沛公左司马曹无伤言之;不然,籍何以至此。"项王即日因留沛公与饮。

---

① 张饮:设帷帐以饮。张,同"帐"。

② 季父:叔父。

③ 栎阳:秦置,治所在今陕西省临潼北渭水北岸。

④ 狱掾:狱曹的属吏。

⑤ 部勒:部署,约束。

⑥ 卿子冠军:秦末楚怀王臣宋义的尊号。

⑦ 甬道:两旁有墙或其他障蔽物的驰道或通道。

⑧ 膝行:跪着行走,表示敬畏之意。

项王、项伯东向坐。亚父南向坐。亚父者,范增也。沛公北向坐,张良西向侍。范增数目项王,举所佩玉玦以示之者三,项王默然不应。范增起,出召项庄,谓曰:"君王为人不忍,若入前为寿,寿毕,请以剑舞,因击沛公于坐,杀之。不者,若属皆且为所虏。"庄则入为寿,寿毕,曰:"君王与沛公饮,军中无以为乐,请以剑舞。"项王曰:"诺。"项庄拔剑起舞,项伯亦拔剑起舞,常以身翼蔽沛公,庄不得击。

于是张良至军门,见樊哙。樊哙曰:"今日之事何如?"良曰:"甚急。今者项庄拔剑舞,其意常在沛公也。"哙曰:"此迫矣,臣请入,与之同命。"哙即带剑拥盾入军门。交戟之卫士欲止不内,樊哙侧其盾以撞,卫士仆地,哙遂入,披帷西向立,瞋目视项王,头发上指,目眦尽裂①。项王按剑而跽曰:"客何为者?"张良曰:"沛公之参乘樊哙者也。"项王曰:"壮士,赐之卮酒。"则与斗卮酒②。哙拜谢,起,立而饮之。项王曰:"赐之彘肩。"则与一生彘肩。樊哙覆其盾于地,加彘肩上,拔剑切而啗之。项王曰:"壮士,能复饮乎?"樊哙曰:"臣死且不避,卮酒安足辞!夫秦王有虎狼之心,杀人如不能举,刑人如恐不胜,天下皆叛之。怀王与诸将约曰'先破秦入咸阳者王之'。今沛公先破秦入咸阳,毫毛不敢有所近,封闭宫室,还军霸上,以待大王来。故遣将守关者,备他盗出入与非常也。劳苦而功高如此,未有封侯之赏,而听细说,欲诛有功之人。此亡秦之续耳,窃为大王不取也。"项王未有以应,曰:"坐。"樊哙从良坐。坐须臾,沛公起如厕,因招樊哙出。

沛公已出,项王使都尉陈平召沛公。沛公曰:"今者出,未辞也,为之奈何?"樊哙曰:"大行不顾细谨,大礼不辞小让。如今人方为刀俎,我为鱼肉,何辞为。"于是遂去。乃令张良留谢。良问曰:"大王来何操?"曰:"我持白璧一双,欲献项王,玉斗一双,欲与亚父,会其怒,不敢献。公为我献之。"张良曰:"谨诺。"当是时,项王军在鸿门下,沛公军在霸上,相去四十里。沛公则置车骑,脱身独骑,与樊哙、夏侯婴、靳强、纪信等四人持剑盾步走,从郦山下,道芷阳间行。沛公谓张良曰:"从此道至吾军,不过二十里耳。度我至军中,公乃入。"沛公已去,间至军中,张良入谢,曰:"沛公不胜杯勺③,不能辞。谨使臣良奉白璧一双,再拜献大王足下;玉斗一双,再拜奉大将军足下。"项王曰:"沛公安在?"良曰:"闻大王有意督过之,脱身独去,已至军矣。"项王则受璧,置之坐上。亚父受玉斗,置之地,拔剑撞而破之,曰:"唉!竖子不足与谋。夺项王天下者,必沛公也,吾属今为之虏矣。"沛公至军,立诛杀曹无伤。

居数日,项羽引兵西屠咸阳,杀秦降王子婴,烧秦宫室,火三月不灭;收其货宝妇女而东。人或说项王曰:"关中阻山河四塞,地肥饶,可都以霸。"项王见秦宫皆以烧残破,又心怀思欲东归,曰:"富贵不归故乡,如绣衣夜行,谁知之者!"说者曰:"人言楚人沐猴而冠耳④,果然。"项王闻之,烹说者。

......

---

① 目眦:眼眶。

② 卮酒:即杯酒。

③ 杯勺:酒杯与勺子,借指饮酒。

④ 沐猴而冠:沐猴,即猕猴。沐猴而冠,指猕猴性急躁,不能如人久着冠带,比喻楚人的性情暴躁,后用来讥讽徒具衣冠而没有人性的人。

项王军壁垓下,兵少食尽,汉军及诸侯兵围之数重。夜闻汉军四面皆楚歌,项王乃大惊曰:"汉皆已得楚乎?是何楚人之多也!"项王则夜起,饮帐中。有美人名虞,常幸从;骏马名骓,常骑之。于是项王乃悲歌慷慨,自为诗曰:"力拔山兮气盖世,时不利兮骓不逝。骓不逝兮可奈何,虞兮虞兮奈若何!"歌数阕,美人和之。项王泣数行下,左右皆泣,莫能仰视。

于是项王乃上马骑,麾下壮士骑从者八百余人,直夜溃围南出①,驰走。平明,汉军乃觉之,令骑将灌婴以五千骑追之。项王渡淮,骑能属者百余人耳。项王至阴陵②,迷失道,问一田父,田父绐曰"左"。左,乃陷大泽中。以故汉追及之。项王乃复引兵而东,至东城,乃有二十八骑。汉骑追者数千人。项王自度不得脱。谓其骑曰:"吾起兵至今八岁矣,身七十余战,所当者破,所击者服,未尝败北,遂霸有天下。然今卒困于此,此天之亡我,非战之罪也。今日固决死,愿为诸君快战,必三胜之,为诸君溃围,斩将,刈旗,令诸君知天亡我,非战之罪也。"乃分其骑以为四队,四向。汉军围之数重。项王谓其骑曰:"吾为公取彼一将。"令四面骑驰下,期山东为三处。于是项王大呼驰下,汉军皆披靡,遂斩汉一将。是时,赤泉侯为骑将,追项王,项王瞋目而叱之,赤泉侯人马俱惊,辟易数里与其骑会为三处③。汉军不知项王所在,乃分军为三,复围之。项王乃驰,复斩汉一都尉,杀数十百人,复聚其骑,亡其两骑耳。乃谓其骑曰:"何如?"骑皆伏曰:"如大王言。"

于是项王乃欲东渡乌江。乌江亭长舣船待④,谓项王曰:"江东虽小,地方千里,众数十万人,亦足王也。愿大王急渡。今独臣有船,汉军至,无以渡。"项王笑曰:"天之亡我,我何渡为!且籍与江东子弟八千人渡江而西,今无一人还,纵江东父兄怜而王我,我何面目见之?纵彼不言,籍独不愧于心乎?"乃谓亭长曰:"吾知公长者。吾骑此马五岁,所当无敌,尝一日行千里,不忍杀之,以赐公。"乃令骑皆下马步行,持短兵接战。独籍所杀汉军数百人。项王身亦被十余创。顾见汉骑司马吕马童,曰:"若非吾故人乎?"马童面之,指王翳曰:"此项王也。"项王乃曰:"吾闻汉购我头千金,邑万户,吾为若德。"乃自刎而死。王翳取其头,余骑相蹂践争项王,相杀者数十人。最其后,郎中骑杨喜,骑司马吕马童,郎中吕胜、杨武各得其一体。五人共会其体,皆是。故分其地为五:封吕马童为中水侯,封王翳为杜衍侯,封杨喜为赤泉侯,封杨武为吴防侯,封吕胜为涅阳侯。

……

太史公曰:吾闻之周生曰"舜目盖重瞳子",又闻项羽亦重瞳子。羽岂其苗裔邪?何兴之暴也!夫秦失其政,陈涉首难,豪杰蜂起,相与并争,不可胜数。然羽非有尺寸,乘势起陇亩之中,三年,遂将五诸侯灭秦,分裂天下,而封王侯,政由羽出,号为"霸王",位虽不终,近古以来未尝有也,及羽背关怀楚,放逐义帝而自立,怨王侯叛己,难矣。自矜

---

① 溃围:突破包围。
② 阴陵:故城在今安徽定远西北。
③ 辟易:退避,多指受惊吓后控制不住而离开原地。
④ 舣船:把船停靠在岸边。

功伐①,奋其私智而不师古。谓霸王之业,欲以力征经营天下。五年卒亡其国,身死东城,尚不觉寤而不自责,过矣。乃引"天亡我,非用兵之罪也",岂不谬哉!

《游侠列传》(节选)

韩子曰:"儒以文乱法,而侠以武犯禁。"二者皆讥,而学士多称于世云。至如以术取宰相卿大夫,辅翼其世主②,功名俱著于春秋,固无可言者。及若季次、原宪③,闾巷人也,读书怀独行君子之德,义不苟合当世,当世亦笑之。故季次、原宪终身空室蓬户,褐衣疏食不厌。死而已四百余年,而弟子志之不倦。今游侠,其行虽不轨于正义,然其言必信,其行必果,已诺必诚,不爱其躯,赴士之厄困,既已存亡死生矣,而不矜其能,羞伐其德,盖亦有足多者焉。且缓急,人之所时有也。太史公曰:昔者虞舜窘于井廪,伊尹负于鼎俎④,傅说匿于傅险,吕尚困于棘津,夷吾桎梏,百里饭牛,仲尼畏匡,菜色陈、蔡。此皆学士所谓有道仁人也,犹然遭此菑,况以中材而涉乱世之末流乎⑤?其遇害何可胜道哉!

鄙人有言曰:"何知仁义,已飨其利者为有德。"故伯夷丑周,饿死首阳山,而文武不以其故贬王;跖、蹻暴戾,其徒诵义无穷。由此观之,"窃钩者诛,窃国者侯,侯之门仁义存",非虚言也。

今拘学或抱咫尺之义⑥,久孤于世,岂若卑论侪俗,与世沉浮而取荣名哉!而布衣之徒,设取予然诺,千里诵义,为死不顾世,此亦有所长,非苟而已也。故士穷窘而得委命⑦,此岂非人之所谓贤豪间者邪?诚使乡曲之侠,予季次、原宪比权量力,效功于当世,不同日而论矣。要以功见言信,侠客之义又曷可少哉!

古布衣之侠,靡得而闻已。近世延陵、孟尝、春申、平原、信陵之徒,皆因王者亲属,藉于有土卿相之富厚,招天下贤者,显名诸侯,不可谓不贤者矣。比如顺风而呼,声非加疾,其势激也。至如闾巷之侠,修行砥名,声施于天下,莫不称贤,是为难耳。然儒、墨皆排摈不载。自秦以前,匹夫之侠,湮灭不见,余甚恨之。以余所闻,汉兴有朱家、田仲、王公、剧孟、郭解之徒,虽时扞当世之文罔,然其私义廉洁退让,有足称者。名不虚立,士不虚附。至如朋党宗强比周,设财役贫,豪暴侵凌孤弱,恣欲自快,游侠亦丑之。余悲世俗不察其意,而猥以朱家、郭解等令与暴豪之徒同类而共笑之也。

......

---

① 自矜:自负,自夸。
② 辅翼:辅佐,辅助。
③ 季次、原宪:均为孔子弟子,以高尚不仕,贫贱终身著称。
④ 鼎俎:鼎和俎,泛称割烹的用具,传说伊尹以厨艺侍奉商汤,被任用为相。
⑤ 中材:中等才能,亦指中等才能的人。
⑥ 拘学:拘泥偏执之学。
⑦ 委命:以性命相托。

　　郭解，轵人也，字翁伯，善相人者许负外孙也。解父以任侠，孝文时诛死。解为人短小精悍，不饮酒。少时阴贼①，慨不快意，身所杀甚众。以躯借交报仇，藏命作奸，剽攻不休，及铸钱掘冢，固不可胜数。适有天幸，窘急常得脱，若遇赦。及解年长，更折节为俭②，以德报怨，厚施而薄望。然其自喜为侠益甚。既已振人之命，不矜其功，其阴贼著于心，卒发于睚眦如故云③。而少年慕其行，亦辄为报仇，不使知也。解姊子负解之势，与人饮，使之嚼。非其任，强必灌之。人怒，拔刀刺杀解姊子，亡去。解姊怒曰："以翁伯之义，人杀吾子，贼不得。"弃其尸于道，弗葬，欲以辱解。解使人微知贼处。贼窘自归，具以实告解。解曰："公杀之固当，吾儿不直。"遂去其贼，罪其姊子，乃收而葬之。诸公闻之，皆多解之义，益附焉。

　　解出入，人皆避之。有一人独箕倨视之，解遣人问其名姓。客欲杀之。解曰："居邑屋至不见敬，是吾德不修也，彼何罪！"乃阴属尉史曰："是人，吾所急也，至践更时脱之④。"每至践更，数过，吏弗求。怪之，问其故，乃解使脱之。箕踞者乃肉袒谢罪。少年闻之，愈益慕解之行。

　　洛阳人有相仇者，邑中贤豪居间者以十数，终不听。客乃见郭解。解夜见仇家，仇家曲听解。解乃谓仇家曰："吾闻洛阳诸公在此间⑤，多不听者。今子幸而听解，解奈何乃从他县夺人邑中贤大夫权乎！"乃夜去，不使人知，曰："且无用，待我去，令洛阳豪居其间，乃听之。"

　　解执恭敬，不敢乘车入其县廷。之旁郡国，为人请求事，事可出，出之；不可者，各厌其意，然后乃敢尝酒食。诸公以故严重之，争为用。邑中少年及旁近县贤豪，夜半过门常十余车，请得解客舍养之。

　　及徙豪富茂陵也，解家贫，不中赀⑥，吏恐，不敢不徙。卫将军为言："郭解家贫不中徙。"上曰："布衣权至使将军为言，此其家不贫。"解家遂徙。诸公送者出千余万。轵人杨季主子为县掾，举徙解。解兄子断杨掾头。由此杨氏与郭氏为仇。解入关，关中贤豪知与不知，闻其声，争交欢解。解为人短小，不饮酒，出未尝有骑。已又杀杨季主。杨季主家上书，人又杀之阙下。上闻，乃下吏捕解。解亡，置其母家室夏阳，身至临晋。临晋籍少公素不知解，解冒，因求出关。籍少公已出解，解转入太原，所过辄告主人家。吏逐之，迹至籍少公。少公自杀，口绝。久之，乃得解。穷治所犯，为解所杀，皆在赦前。轵有儒生侍使者坐，客誉郭解，生曰："郭解专以奸犯公法，何谓贤！"解客闻，杀此生，断其舌。吏以此责解，解实不知杀者。杀者亦竟绝，莫知为谁。吏奏解无罪。御史大夫公孙弘议曰："解布衣为任侠行权，以睚眦杀人，解虽弗知，此罪甚于解杀之。当大逆无道。"遂族郭解翁伯。

---

①　阴贼：阴狠残忍。

②　折节：改变平时的志趣行为，向好的方面发展。

③　睚眦：瞋目怒视，瞪眼看人，借指微小的怨恨。

④　践更：古时一种徭役，轮到的人可以出钱雇人代替，受钱代人服役叫践更。

⑤　此间：这里，此地。

⑥　中赀：谓资产达到豪富的数额，汉武帝时资产达到三百万以上即为中赀。

自是之后，为侠者极众，敖而无足数者。然关中长安樊仲子，槐里赵王孙，长陵高公子，西河郭公仲，太原卤公孺，临淮儿长卿，东阳田君孺，虽为侠而逡逡有退让君子之风①。至若北道姚氏，西道诸杜，南道仇景，东道赵他、羽公子，南阳赵调之徒，此盗跖居民间者耳，曷足道哉！此乃向者朱家之羞也。

太史公曰：吾视郭解，状貌不及中人，言语不足采者。然天下无贤与不肖，知与不知，皆慕其声，言侠者皆引以为名。谚曰："人貌荣名，岂有既乎！"於戏，惜哉！

《淮阴侯列传》（节选）

淮阴侯韩信者，淮阴人也。始为布衣时，贫无行②，不得推择为吏③，又不能治生商贾。常从人寄食饮，人多厌之者。常数从其下乡南昌亭长寄食，数月，亭长妻患之，乃晨炊蓐食④。食时，信往，不为具食。信亦知其意，怒，竟绝去。

信钓于城下，诸母漂，有一母见信饥，饭信，竟漂数十日。信喜，谓漂母曰："吾必有以重报母。"母怒曰："大丈夫不能自食，吾哀王孙而进食，岂望报乎！"

淮阴屠中少年有侮信者，曰："若虽长大，好带刀剑，中情怯耳。"众辱之曰："信能死，刺我；不能死，出我袴下。"于是信孰视之⑤，俯出袴下，蒲伏。一市人皆笑信，以为怯。

及项梁渡淮，信杖剑从之，居麾下，未得知名。项梁败，又属项羽，羽以为郎中。数以策干项羽，羽不用。汉王之入蜀，信亡楚归汉，未得知名，为连敖。坐法当斩，其辈十三人皆已斩，次至信，信乃仰视，适见滕公，曰："上不欲就天下乎？何为斩壮士！"滕公奇其言，壮其貌，释而不斩。与语，大说之。言于上，上拜以为治粟都尉，上未之奇也。

信数与萧何语，何奇之。至南郑，诸将行道亡者数十人，信度何等已数言上，上不我用，即亡。何闻信亡，不及以闻，自追之。人有言上曰："丞相何亡。"上大怒，如失左右手。居一二日，何来谒上，上且怒且喜，骂何曰："若亡，何也？"何曰："臣不敢亡也，臣追亡者。"上曰："若所追者谁？"曰："韩信也。"上复骂曰："诸将亡者以十数，公无所追；追信，诈也。"何曰："诸将易得耳。至如信者，国士无双。王必欲长王汉中，无所事信；必欲争天下，非信无所与计事者。顾王策安所决耳。"王曰："吾亦欲东耳，安能郁郁久居此乎？"何曰："王计必欲东，能用信，信即留；不能用，信终亡耳。"王曰："吾为公以为将。"何曰："虽为将，信必不留。"王曰："以为大将。"何曰："幸甚。"于是王欲召信拜之。何曰："王素慢无礼，今拜大将如呼小儿耳，此乃信所以去也。王必欲拜之，择良日，斋戒，设坛场，具礼，乃可耳。"王许之。诸将皆喜，人人各自以为得大将。至拜大将，乃韩信也，一军皆惊。

---

① 逡逡：退让，恭顺貌。

② 无行：无善行。

③ 推择：推举，选拔。

④ 晨炊蓐食：早晨做饭，不起身，在床席上吃饭。

⑤ 孰视：注目细看。

信拜礼毕，上坐。王曰："丞相数言将军，将军何以教寡人计策？"信谢，因问王曰："今东向争权天下，岂非项王邪？"汉王曰："然。"曰："大王自料勇悍仁强孰与项王？"汉王默然良久，曰："不如也。"信再拜贺曰："惟信亦为大王不如也。然臣尝事之，请言项王之为人也。项王喑噁叱咤①，千人皆废，然不能任属贤将，此特匹夫之勇耳。项王见人恭敬慈爱，言语呕呕②，人有疾病，涕泣分食饮，至使人有功当封爵者，印刓敝③，忍不能予，此所谓妇人之仁也。项王虽霸天下而臣诸侯，不居关中而都彭城。有背义帝之约④，而以亲爱王，诸侯不平。诸侯之见项王迁逐义帝置江南，亦皆归逐其主而自王善地。项王所过无不残灭者，天下多怨，百姓不亲附，特劫于威强耳。名虽为霸，实失天下心。故曰其强易弱。今大王诚能反其道：任天下武勇，何所不诛！以天下城邑封功臣，何所不服！以义兵从思东归之士，何所不散！且三秦王为秦将，将秦子弟数岁矣，所杀亡不可胜计，又欺其众降诸侯，至新安，项王诈坑秦降卒二十余万，唯独邯、欣、翳得脱，秦父兄怨此三人，痛入骨髓。今楚彊以威王此三人，秦民莫爱也。大王之入武关，秋毫无所害，除秦苛法，与秦民约法三章耳，秦民无不欲得大王王秦者。于诸侯之约，大王当王关中，关中民咸知之。大王失职入汉中，秦民无不恨者。今大王举而东，三秦可传檄而定也⑤。"于是汉王大喜，自以为得信晚。遂听信计，部署诸将所击。

......

汉王之困固陵，用张良计，召齐王信，遂将兵会垓下。项羽已破，高祖袭夺齐王军。汉五年正月，徙齐王信为楚王，都下邳。

信至国，召所从食漂母，赐千金。及下乡南昌亭长，赐百钱，曰："公，小人也，为德不卒。"召辱己之少年令出胯下者以为楚中尉。告诸将相曰："此壮士也。方辱我时，我宁不能杀之邪？杀之无名，故忍而就于此。"

项王亡将钟离眛家在伊庐，素与信善。项王死后，亡归信。汉王怨眛，闻其在楚，诏楚捕眛。信初之国，行县邑，陈兵出入。汉六年，人有上书告楚王信反。高帝以陈平计，天子巡狩会诸侯⑥，南方有云梦，发使告诸侯会陈："吾将游云梦。"实欲袭信，信弗知。高祖且至楚，信欲发兵反，自度无罪，欲谒上，恐见擒。人或说信曰："斩眛谒上，上必喜，无患。"信见眛计事。眛曰："汉所以不击取楚，以眛在公所。若欲捕我以自媚于汉，吾今日死，公亦随手亡矣。"乃骂信曰："公非长者！"卒自刭。信持其首，谒高祖于陈。上令武士缚信，载后车。信曰："果若人言，'狡兔死，良狗烹；高鸟尽，良弓藏；敌国破，谋臣亡。'天下已定，我固当烹！"上曰："人告公反。"遂械系信。至洛阳，赦信罪，以为淮阴侯。

信知汉王畏恶其能，常称病不朝从。信由此日夜怨望，居常鞅鞅⑦，羞与绛、灌等

---

① 喑噁叱咤：指发怒而厉声喝叫，形容人物威势很大。

② 呕呕：言语温和的样子。

③ 刓敝：一作"刓弊"，摩挲致损。

④ 义帝：犹假帝，即项梁拥立的楚怀王熊心。一说，众所尊戴者曰义，故称义帝。

⑤ 传檄而定：檄，讨敌文书。比喻无须出兵，只用一纸文书，就可以降服敌方，安定局势。

⑥ 巡狩：古称天子巡行诸国。

⑦ 鞅鞅：因不平或不满而郁郁不乐。鞅，同"怏"。

列。信尝过樊将军哙,哙跪拜送迎,言称臣,曰:"大王乃肯临臣!"信出门,笑曰:"生乃与哙等为伍!"上常从容与信言诸将能不,各有差。上问曰:"如我能将几何?"信曰:"陛下不过能将十万。"上曰:"于君何如?"曰:"臣多多而益善耳。"上笑曰:"多多益善,何为为我擒?"信曰:"陛下不能将兵,而善将将,此乃信之所以为陛下擒也。且陛下所谓天授,非人力也。"

陈豨拜为钜鹿守,辞于淮阴侯。淮阴侯挈其手,辟左右与之步于庭,仰天叹曰:"子可与言乎?欲与子有言也。"豨曰:"唯将军令之。"淮阴侯曰:"公之所居,天下精兵处也;而公,陛下之信幸臣也。人言公之畔,陛下必不信;再至,陛下乃疑矣;三至,必怒而自将。吾为公从中起,天下可图也。"陈豨素知其能也,信之,曰:"谨奉教!"汉十年,陈豨果反。上自将而往,信病不从。阴使人至豨所,曰:"弟举兵,吾从此助公。"信乃谋与家臣夜诈诏赦诸官徒奴,欲发以袭吕后、太子。部署已定,待豨报。其舍人得罪于信,信囚,欲杀之。舍人弟上变,告信欲反状于吕后。吕后欲召,恐其党不就,乃与萧相国谋,诈令人从上所来,言豨已得死,列侯群臣皆贺。相国绐信曰:"虽疾,强入贺。"信入,吕后使武士缚信,斩之长乐钟室。信方斩,曰:"吾悔不用蒯通之计,乃为儿女子所诈,岂非天哉!"遂夷信三族。

高祖已从豨军来,至,见信死,且喜且怜之,问:"信死亦何言?"吕后曰:"信言恨不用蒯通计。"高祖曰:"是齐辩士也。"乃诏齐捕蒯通。蒯通至,上曰:"若教淮阴侯反乎?"对曰:"然,臣固教之。竖子不用臣之策,故令自夷于此。如彼竖子用臣之计①,陛下安得而夷之乎!"上怒曰:"亨之。"通曰:"嗟乎,冤哉亨也!"上曰:"若教韩信反,何冤?"对曰:"秦之纲绝而维弛,山东大扰,异姓并起,英俊乌集。秦失其鹿,天下共逐之,于是高材疾足者先得焉。跖之狗吠尧,尧非不仁,狗因吠非其主。当是时,臣唯独知韩信,非知陛下也。且天下锐精持锋欲为陛下所为者甚众,顾力不能耳。又可尽亨之邪?"高帝曰:"置之。"乃释通之罪。

太史公曰:吾如淮阴,淮阴人为余言,韩信虽为布衣时,其志与众异。其母死,贫无以葬,然乃行营高敞地②,令其旁可置万家。余视其母冢,良然。假令韩信学道谦让,不伐己功,不矜其能,则庶几哉,于汉家勋可以比周、召、太公之徒,后世血食矣。不务出此,而天下已集,乃谋畔逆,夷灭宗族,不亦宜乎!

……

---

① 竖子:对人的鄙称,犹今言"小子"。
② 行营:营求。

八、《世说新语》选读①

名士风流

陈仲举言为士则,行为世范,登车揽辔,有澄清天下之志。为豫章太守,至,便问徐孺子所在,欲先看之。主簿曰:"群情欲府君先入廨。"陈曰:"武王式商容之闾②,席不暇暖。吾之礼贤,有何不可!"(《德行》)

孔融被收,中外惶怖③。时融儿大者九岁,小者八岁。二儿故琢钉戏④,了无遽容。融谓使者曰:"冀罪止于身,二儿可得全不?"儿徐进曰:"大人岂见覆巢之下,复有完卵乎?"寻亦收至。(《言语》)

桓公北征经金城,见前为琅邪时种柳,皆已十围,慨然曰:"木犹如此,人何以堪!"攀枝执条,泫然流泪。(《言语》)

支公好鹤,住剡东岇山。有人遗其双鹤,少时翅长欲飞。支意惜之,乃铩其翮。鹤轩翥不复能飞⑤,乃反顾翅,垂头视之,如有懊丧意。林曰:"既有凌霄之姿,何肯为人作耳目近玩?"养令翮成,置使飞去。(《言语》)

苏峻既至石头,百僚奔散,唯侍中钟雅独在帝侧。或谓钟曰:"见可而进,知难而退,古之道也。君性亮直,必不容于寇仇,何不用随时之宜,而坐待其弊邪?"钟曰:"国乱不能匡,君危不能济,而各逊遁以求免⑥,吾惧董狐将执简而进矣!"(《方正》)

张季鹰辟齐王东曹掾,在洛见秋风起,因思吴中菰菜羹⑦、鲈鱼脍,曰:"人生贵得适意尔,何能羁宦数千里以要名爵⑧!"遂命驾便归。俄而齐王败,时人皆谓为见机。(《识鉴》)

王黄门兄弟三人俱诣谢公,子猷、子重多说俗事,子敬寒温而已。既出,坐客问谢

① 选文均录自余嘉锡《世说新语笺疏》,中华书局,2016。
② 式:扶着轼敬礼。
③ 中外:朝廷内外。
④ 琢钉戏:古时的一种儿童游戏。
⑤ 轩翥:飞举。
⑥ 逊遁:退避、退隐。
⑦ 菰菜羹:茭白制成的羹。
⑧ 羁宦:在他乡做官。

公:"向三贤孰愈?"谢公曰:"小者最胜。"客曰:"何以知之?"谢公曰:"吉人之辞寡,躁人之辞多,推此知之。"(《品藻》)

王仲宣好驴鸣。既葬,文帝临其丧,顾语同游曰:"王好驴鸣,可各作一声以送之。"赴客皆一作驴鸣。(《伤逝》)

王谢子弟

过江诸人,每至美日,辄相邀新亭,藉卉饮宴。周侯坐而叹曰:"风景不殊,正自有山河之异!"皆相视流泪。唯王丞相愀然变色曰:"当共戮力王室①,克复神州,何至作楚囚相对?"(《言语》)

元帝正会,引王丞相登御床,王公固辞,中宗(元帝)引之弥苦。王公曰:"使太阳与万物同晖,臣下何以瞻仰?"(《宠礼》)

谢公始有东山之志,后严命屡臻,势不获已,始就桓公司马。于时人有饷桓公药草,中有"远志"。公取以问谢:"此药又名'小草',何一物而有二称?"谢未即答。时郝隆在坐,应声答曰:"此甚易解:处则为远志,出则为小草。"谢甚有愧色。(《排调》)

王子猷尝行过吴中,见一士大夫家,极有好竹。主已知子猷当往,乃洒扫施设,在听事坐相待②。王肩舆径造竹下,讽啸良久。主已失望,犹冀还当通,遂直欲出门。主人大不堪,便令左右闭门不听出。王更以此赏主人,乃留坐,尽欢而去。(《简傲》)

郗太傅在京口,遣门生与王丞相书,求女婿。丞相语郗信:"君往东厢,任意选之。"门生归,白郗曰:"王家诸郎,亦皆可嘉,闻来觅婿,咸自矜持。唯有一郎,在床上坦腹卧,如不闻。"郗公云:"正此好!"访之,乃是逸少,因嫁女与焉。(《雅量》)

谢太傅盘桓东山,时与孙兴公诸人泛海戏。风起浪涌,孙、王诸人色并遽,便唱使还。太傅神情方王,吟啸不言③。舟人以公貌闲意说,犹去不止。既风转急,浪猛,诸人皆喧动不坐。公徐云:"如此,将无归?"众人即承响而回。于是审其量,足以镇安朝野。(《雅量》)

桓公伏甲设馔,广延朝士,因此欲诛谢安、王坦之。王甚遽,问谢曰:"当作何计?"谢神意不变,谓文度曰:"晋阼存亡,在此一行。"相与俱前。王之恐状,转见于色。谢之宽容,愈表于貌。望阶趋席,方作洛生咏④,讽"浩浩洪流"⑤。桓惮其旷远,乃趣解兵。王、谢旧齐名,于此始判优劣。(《雅量》)

谢公与人围棋,俄而谢玄淮上信至。看书竟,默然无言,徐向局。客问淮上利害,答曰:"小儿辈大破贼。"意色举止,不异于常。(《雅量》)

---

① 戮力:努力,尽力。
② 听事:厅堂,官府治事之所。后亦指私宅大厅。
③ 吟啸:高声吟唱,吟咏。
④ 洛生咏:指洛下书生的讽咏声,音色重浊。东晋士大夫多为中原旧族,故盛行为"洛生咏"。
⑤ 浩浩洪流:出自嵇康《赠秀才入军诗》其三:"浩浩洪流,带我邦畿。"

竹林七贤

嵇康身长七尺八寸，风姿特秀。见者叹曰："萧萧肃肃①，爽朗清举②。"或云："肃肃如松下风，高而徐引。"山公曰："嵇叔夜之为人也，岩岩若孤松之独立③；其醉也，傀俄若玉山之将崩④。"（《容止》）

陈留阮籍、谯国嵇康、河内山涛，三人年皆相比，康年少亚之。预此契者：沛国刘伶、陈留阮咸、河内向秀、琅邪王戎。七人常集于竹林之下，肆意酣畅，故世谓"竹林七贤"。（《任诞》）

钟士季精有才理，先不识嵇康。钟要于时贤俊之士，俱往寻康。康方大树下锻，向子期为佐鼓排。康扬槌不辍，傍若无人，移时不交一言。钟起去，康曰："何所闻而来？何所见而去？"钟曰："闻所闻而来，见所见而去。"（《简傲》）

刘伶病酒，渴甚，从妇求酒。妇捐酒毁器，涕泣谏曰："君饮太过，非摄生之道，必宜断之！"伶曰："甚善。我不能自禁，唯当祝鬼神，自誓断之耳！便可具酒肉。"妇曰："敬闻命。"供酒肉于神前，请伶祝誓。伶跪而祝曰："天生刘伶，以酒为名，一饮一斛，五斗解酲⑤。妇人之言，慎不可听。"便引酒进肉，隗然已醉矣。（《任诞》）

王戎七岁，尝与诸小儿游。看道边李树多子折枝。诸儿竞走取之，唯戎不动。人问之，答曰："树在道边而多子，此必苦李。"取之，信然。（《雅量》）

各色女子

桓宣武（桓温）平蜀，以李势妹为妾，甚有宠，常著斋后。主（桓温妻，晋明帝女南康长公主）始不知，既闻，与数十婢拔白刃袭之。正值李梳头，发委藉地，肤色玉曜，不为动容。徐曰："国破家亡，无心至此。今日若能见杀，乃是本怀。"主惭而退。（《贤媛》）

许允为吏部郎，多用其乡里，魏明帝遣虎贲收之⑥。其妇出诫允曰："明主可以理夺，难以情求。"既至，帝核问之。允对曰："'举尔所知。'臣之乡人，臣所知也。陛下检校为称职与不？若不称职，臣受其罪。"既检校⑦，皆官得其人，于是乃释。允衣服败坏，诏赐新衣。初，允被收，举家号哭。阮新妇自若云："勿忧，寻还。"作粟粥待，顷之允至。

---

① 萧萧肃肃：萧萧，潇洒貌。肃肃，严正貌。
② 清举：清俊超逸。
③ 岩岩：高大、高耸貌。
④ 傀俄：倾颓貌。
⑤ 解酲：解除酒醉的状态。
⑥ 虎贲：官名，掌侍卫国君及保卫王宫之官。
⑦ 检校：查核察看。

（《贤媛》）

许允为晋景王所诛，门生走入告其妇。妇正在机中，神色不变，曰："蚤知尔耳！"门人欲藏其儿，妇曰："无豫诸儿事。"后徙居墓所，景王遣钟会看之，若才流及父①，当收。儿以咨母。母曰："汝等虽佳，才具不多，率胸怀与语，便无所忧。不须极哀，会止便止。又可少问朝事。"儿从之。会反以状对，卒免。（《贤媛》）

庾玉台（庾友），希（庾冰之子，庾亮之侄）之弟也。希诛，将戮玉台。玉台子妇，宣武弟桓豁女也。徒跣求进，阍禁不内。女厉声曰："是何小人？我伯父门，不听我前！"因突入，号泣请曰："庾玉台常因人，脚短三寸，当复能作贼不？"宣武笑曰："婿故自急。"遂原玉台一门。（《贤媛》）

山公与嵇、阮一面，契若金兰②。山妻韩氏觉公与二人异于常交，问公，公曰："我当年可以为友者，唯此二生耳。"妻曰："负羁之妻亦亲观狐、赵，意欲窥之，可乎？"他日，二人来，妻劝公止之宿，具酒肉。夜穿墉以视之，达旦忘反。公入曰："二人何如？"妻曰："君才致殊不如，正当以识度相友耳。"公曰："伊辈亦常以我度为胜。"（《贤媛》）

谢遏（谢玄）绝重其姊，张玄常称其妹，欲以敌之。有济尼者，并游张、谢二家。人问其优劣，答曰："王夫人神情散朗，故有林下风气③。顾家妇清心玉映，自是闺房之秀。"（《贤媛》）

① 才流：才智。
② 金兰：牢固的友情，深交。
③ 林下风气：称颂女子闲雅飘逸的风采，与竹林七贤"竹林之游"的风气有关。

九、《资治通鉴》选读①

秦朝草创

王初并天下，自以为德兼三皇②，功过五帝③，乃更号曰"皇帝"，命为"制"，令为"诏"，自称曰"朕"。追尊庄襄王为太上皇。制曰："死而以行为谥，则是子议父，臣议君也，甚无谓。自今以来，除谥法④。朕为始皇帝，后世以计数，二世、三世至于万世，传之无穷。"

初，齐威、宣之时，邹衍论著终始五德之运；及始皇并天下，齐人奏之。始皇采用其说，以为周得火德，秦代周，从所不胜，为水德。始改年，朝贺皆自十月朔；衣服、旌旄、节旗皆尚黑⑤，数以六为纪。

丞相绾等言："燕、齐、荆地远，不为置王，无以镇之。请立诸子。"始皇下其议。廷尉斯曰："周文、武所封子弟同姓甚众，然后属疏远，相攻击如仇雠⑥，周天子弗能禁止。今海内赖陛下神灵一统，皆为郡、县，诸子功臣以公赋税重赏赐之，甚足易制。天下无异意，则安宁之术也。置诸侯不便。"始皇曰："天下共苦战斗不休，以有侯王。赖宗庙，天下初定，又复立国，是树兵也，而求其宁息，岂不难哉！廷尉议是。"

分天下为三十六郡，郡置守、尉、监。

收天下兵聚咸阳，销以为钟镰、金人十二⑦，重各千石，置宫廷中。一法度、衡、石、丈尺。徙天下豪杰于咸阳十二万户。

诸庙及章台、上林皆在渭南。每破诸侯，写放其宫室，作之咸阳北阪上，南临渭，自雍门以东至泾、渭，殿屋、复道、周阁相属⑧，所得诸侯美人、钟鼓以充入之。（《秦纪二》）

丞相李斯上书曰："异时诸侯并争，厚招游学。今天下已定，法令出一，百姓当家则

---

① 选文均录自《资治通鉴》，中华书局，2012。
② 三皇：说法不一，通常指伏羲、神农、黄帝。
③ 五帝：说法不一，通常指少昊、颛顼、帝喾、尧、舜。
④ 谥法：君王或贵族死后，按其生前事迹评定称号，称"谥法"，始于周代。
⑤ 旌旄：军中用以指挥的旗帜。
⑥ 仇雠：仇敌。
⑦ 钟镰：一种悬钟的格架，上有猛兽为饰。
⑧ 复道：楼阁或悬崖间有上下两重通道，称为复道。周阁：回环的楼阁。

力农工,士则学习法令。今诸生不师今而学古,以非当世,惑乱黔首[1],相与非法教;人闻令下,则各以其学议之,入则心非,出则巷议,夸主以为名,异趣以为高,率群下以造谤。如此弗禁,则主势降乎上,党与成乎下[2]。禁之便!臣请史官非秦记皆烧之;非博士官所职,天下有藏《诗》《书》、百家语者,皆诣守、尉杂烧之。有敢偶语《诗》《书》弃市[3];以古非今者族;吏见知不举,与同罪。令下三十日,不烧,黥为城旦[4]。所不去者,医药、卜筮、种树之书。若有欲学法令者,以吏为师。"制曰:"可。"魏人陈馀谓孔鲋曰:"秦将灭先王之籍,而子为书籍之主,其危哉!"子鱼曰:"吾为无用之学,知吾者惟友。秦非吾友,吾何危哉!吾将藏之以待其求;求至,无患矣。"(《秦纪二》)

始皇以为咸阳人多,先王之宫廷小,乃营作朝宫渭南上林苑中[5],先作前殿阿房,东西五百步,南北五十丈,上可以坐万人,下可以建五丈旗,周驰为阁道[6],自殿下直抵南山,表南山之颠以为阙。为复道,自阿房渡渭,属之咸阳,以象天极阁道、绝汉抵营室也。隐宫、徒刑者七十余万人[7],乃分作阿房宫或作骊山。发北山石椁,写蜀、荆地材,皆至;关中计宫三百,关外四百余。于是立石东海上朐界中,以为秦东门。因徙三万家骊邑,五万家云阳,皆复不事十岁[8]。(《秦纪二》)

初,始皇尊宠蒙氏,信任之。蒙恬任在外将,蒙毅常居中参谋议,名为忠信,故虽诸将相莫敢与之争。赵高者,生而隐宫,始皇闻其强力,通于狱法,举以为中车府令,使教胡亥决狱[9],胡亥幸之。赵高有罪,始皇使蒙毅治之;毅当高法应死。始皇以高敏于事,赦之,复其官。赵高既雅得幸于胡亥,又怨蒙氏,乃说胡亥,请诈以始皇命诛扶苏而立胡亥为太子。胡亥然其计。赵高曰:"不与丞相谋,恐事不能成。"乃见丞相斯曰:"上赐长子书及符玺[10],皆在胡亥所。定太子,在君侯与高之口耳。事将何如?"斯曰:"安得亡国之言!此非人臣所当议也!"高曰:"君侯材能、谋虑、功高、无怨、长子信之,此五者皆孰与蒙恬?"斯曰:"不及也。"高曰:"然则长子即位,必用蒙恬为丞相,君侯终不怀通侯之印归乡里明矣[11]!胡亥慈仁笃厚,可以为嗣。愿君审计而定之!"丞相斯以为然,乃相与谋,诈为受始皇诏,立胡亥为太子。更为书赐扶苏,数以不能辟地立功,士卒多耗,反数上书,直言诽谤[12],日夜怨望不得罢归为太子,将军恬不矫正[13],知其谋,皆赐死,以兵属

---

① 黔首:战国时期和秦代对平民的称呼。

② 党与:同党之人。

③ 偶语:相对私语。弃市:秦汉时期的弃市指斩首之刑,取"刑人于市,与众弃之"之意。

④ 城旦:秦汉时服四年劳役的刑名。

⑤ 上林苑:秦旧苑,汉初荒废,至汉武帝时重新扩建。

⑥ 周驰:曲折绵延。

⑦ 隐宫:宫刑,古代一种破坏人的生殖机能的酷刑。

⑧ 复:免除赋税徭役。不事:不服劳役。

⑨ 决狱:判决狱讼。

⑩ 符玺:印信。

⑪ 通侯:爵位名。秦二十等爵的最高一级,汉代沿用,亦称彻侯、列侯。

⑫ 诽谤:进谏。

⑬ 矫正:纠正。

裨将王离①。(《秦纪二》)

汉武霸业

冬,十月,诏举贤良方正直言极谏之士,上亲策问以古今治道,对者百余人。广川董仲舒对曰:"……《春秋》大一统者②,天地之常经③,古今之通谊也④。今师异道,人异论,百家殊方⑤,指意不同⑥,是以上无以持一统,法制数变,下不知所守。臣愚以为诸不在六艺之科、孔子之术者⑦,皆绝其道,勿使并进,邪辟之说灭息⑧,然后统纪可一而法度可明,民知所从矣!"天子善其对,以仲舒为江都相。会稽庄助亦以贤良对策,天子擢为中大夫。丞相卫绾奏:"所举贤良,或治申、韩、苏、张之言乱国政者,请皆罢。"奏可。董仲舒少治《春秋》,孝景时为博士,进退容止,非礼不行,学者皆师尊之。及为江都相,事易王。易王,帝兄,素骄,好勇。仲舒以礼匡正,王敬重焉。(《汉纪九》)

上自初即位,招选天下文学材智之士,待以不次之位⑨。四方士多上书言得失,自眩鬻者以千数⑩。上简拔其俊异者宠用之⑪。庄助最先进⑫,后又得吴人朱买臣、赵人吾丘寿王、蜀人司马相如、平原东方朔、吴人枚皋、济南终军等,并在左右,每令与大臣辨论,中外相应以义理之文⑬,大臣数屈焉。然相如特以辞赋得幸;朔、皋不根持论⑭,好诙谐,上以俳优畜之⑮,虽数赏赐,终不任以事也。朔亦观上颜色⑯,时时直谏,有所补益。(《汉纪九》)

黯为人,性倨少礼,面折⑰,不能容人之过。时天子方招文学儒者,上曰:"吾欲云云。"黯对曰:"陛下内多欲而外施仁义,奈何欲效唐、虞之治乎!"上默然,怒,变色而罢朝,公卿皆为黯惧。上退,谓左右曰:"甚矣汲黯之戆也!"群臣或数黯,黯曰:"天子置公

---

① 裨将:副使,偏将。
② 大一统:大,重视、尊重;一统,指天下诸侯皆统系于周天子。后世因称封建王朝统治全国为大一统。
③ 常经:永恒的规律。
④ 通谊:即通义,普遍适用的道理与法则。
⑤ 殊方:不同的方法、方向或旨趣。
⑥ 指意:旨意,意向。
⑦ 六艺:古代指礼、乐、射、御、书、数等六种科目。
⑧ 邪辟:乖谬不正。灭息:消亡、止息。
⑨ 不次:不依寻常次序,即超擢、破格。
⑩ 眩鬻:夸耀求售。眩,同"炫"。
⑪ 简拔:选拔、选择。
⑫ 先进:首先仕进。
⑬ 中外:宫内与宫外。
⑭ 持论:立论,提出主张。
⑮ 俳优:古代以乐舞谐戏为业的艺人。
⑯ 颜色:表情,神色。
⑰ 面折:当面批评、指责。

卿辅弼之臣①,宁令从谀承意②,陷主于不义乎?且已在其位,纵爱身,奈辱朝廷何!"黯多病,病且满三月;上常赐告者数③,终不愈。最后病,庄助为请告。上曰:"汲黯何如人哉?"助曰:"使黯任职居官,无以逾人;然至其辅少主,守城深坚,招之不来,麾之不去,虽自谓贲、育④,亦不能夺之矣。"上曰:"然,古有社稷之臣⑤,至如黯,近之矣。"(《汉纪九》)

李少君以祠灶却老方见上⑥,上尊之。少君者,故深泽侯舍人,匿其年及其生长,其游以方遍诸侯,无妻子。人闻其能使物及不死,更馈遗之,常余金钱、衣食。人皆以为不治生业而饶给,又不知其何所人,愈信,争事之。少君善为巧发奇中。尝从武安侯饮,坐中有九十余老人,少君乃言与其大父游射处⑦;老人为儿时从其大父,识其处,一坐尽惊。少君言上曰:"祠灶则致物,致物而丹沙可化为黄金,寿可益,蓬莱仙者可见;见之,以封禅则不死⑧,黄帝是也。臣尝游海上,见安期生⑨,食臣枣,大如瓜。安期生仙者,通蓬莱中,合则见人,不合则隐。"于是天子始亲祠灶,遣方士入海求蓬莱安期生之属,而事化丹沙诸药齐为黄金矣⑩。居久之,李少君病死,天子以为化去,不死;而海上燕、齐怪迂之方士多更来言神事矣⑪。(《汉纪十》)

先是,宁成为关都尉,吏民出入关者号曰:"宁见乳虎⑫,无值宁成之怒。"及义纵为南阳太守,至关,宁成侧行送迎⑬。至郡,遂按宁氏,破碎其家⑭;南阳吏民重足一迹。后徙定襄太守,初至,掩定襄狱中重罪轻系二百余人,及宾客、昆弟私人视亦二百余人,一捕,鞫曰"为死罪解脱"。是日,皆报杀四百余人。其后郡中不寒而栗。是时,赵禹、张汤以深刻为九卿⑮,然其治尚辅法而行,纵专以鹰击为治⑯。王温舒始为广平都尉,择郡中豪敢往吏十余人⑰,以为爪牙,皆把其阴重罪,而纵使督盗贼。快其意所欲得,此人虽有百罪,弗法;即有避,因其事夷之,亦灭宗。以其故,齐、赵之郊盗贼不敢近广平,广平声

---

① 辅弼:辅佐,辅助。

② 从谀:奉承。承意:秉承意旨,逢迎。

③ 赐告:汉律,官二千石者病满三月当免。"赐告"谓皇帝优赐其假,准其带印绶僚属归家治病。

④ 贲、育:战国时勇士孟贲和夏育的并称。

⑤ 社稷之臣:身负国家重任的大臣。

⑥ 祠灶:古代方术,祭祀灶神,化丹砂以为黄金,以为饮食器,可以延年益寿。

⑦ 游射:野游射猎。

⑧ 封禅:古代帝王到泰山祭祀天地的典礼。在泰山筑坛祭天叫封,在山南梁父山上辟基祭地叫禅。

⑨ 安期生:秦汉时齐人,传说他曾从河上丈人习黄帝、老子之说,卖药东海边。后秦始皇遣使入海求之,未至蓬莱山,遇风波而返。一说,他生平与蒯通友善,尝以策干项羽,未能用。后代方士称他为居海上之神仙。

⑩ 丹沙:即朱砂,古代方士炼丹的原料。药齐:即药剂,根据药方配置的药物。

⑪ 怪迂:怪异迂阔。

⑫ 乳虎:即乳子之虎,刚刚生育幼虎之母虎。猛虎产子后,为保护幼虎,凶猛异常。

⑬ 侧行:侧身而行,表示恭敬。

⑭ 破碎:毁灭,破灭。

⑮ 深刻:严峻苛刻。

⑯ 鹰击:鸷鸟扑杀其他动物,比喻严酷凶悍。

⑰ 豪敢:才能出众、性格果敢。

为道不拾遗。迁河内太守,以九月至,令郡具私马五十匹为驿,捕郡中豪猾①,相连坐千余家。上书请,大者至族,小者乃死,家尽没入偿臧。奏行不过二三日得可,事论报②,至流血十余里,河内皆怪其奏,以为神速。尽十二月,郡中毋声,毋敢夜行,野无犬吠之盗。其颇不得,失之旁郡国,追求。会春,温舒顿足叹曰:"嗟乎!令冬月益展一月,足吾事矣!"天子闻之,皆以为能,故擢为中二千石③。(《汉纪十一》)

初,司马相如病且死,有遗书,颂功德,言符瑞④,劝上封泰山。上感其言,会得宝鼎,上乃与公卿诸生议封禅。封禅用希旷绝⑤,莫知其仪,而诸方士又言:"封禅者合不死之名也,黄帝以上,封禅皆致怪物,与神通,秦皇帝不得上封。陛下必欲上,稍上即无风雨,遂上封矣。"上于是乃令诸儒采《尚书》《周官》《王制》之文,草封禅仪,数年不成。上以问左内史兒宽,宽曰:"封泰山,禅梁父,昭姓考瑞,帝王之盛节也;然享荐之义,不著于经。臣以为封禅告成,合袪于天地神祇,唯圣主所由,制定其当,非群臣之所能列。今将举大事,优游数年,使群臣得人人自尽,终莫能成。唯天子建中和之极,兼总条贯,金声而玉振之⑥,以顺成天庆,垂万世之基。"上乃自制仪,颇采儒术以文之。上为封禅祠器,以示群儒,或曰"不与古同",于是尽罢诸儒不用。上又以古者先振兵释旅,然后封禅。(《汉纪十二》)

东吴偏霸

秋,七月,汉主自率诸军击孙权,权遣使求和于汉。南郡太守诸葛瑾遗汉主笺曰:"陛下以关羽之亲,何如先帝?荆州大小,孰与海内?俱应仇疾⑦,谁当先后?若审此数,易于反掌矣。"汉主不听。时或言瑾别遣亲人与汉主相闻者,权曰:"孤与子瑜,有死生不易之誓,子瑜之不负孤,犹孤之不负子瑜也。"然谤言流闻于外⑧,陆逊表明瑾必无此,宜有以散其意。权报曰:"子瑜与孤从事积年,恩如骨肉,深相明究。其为人,非道不行,非义不言。玄德昔遣孔明至吴,孤尝语子瑜曰:'卿与孔明同产⑨,且弟随兄,于义为顺,何以不留孔明?孔明若留从卿者,孤当以书解玄德,意自随人耳。'子瑜答孤言:'弟亮已失身于人。委质定分⑩,义无二心。弟之不留,犹瑾之不往也。'其言足贯神明,今

① 豪猾:强横狡猾而不守法纪的人。
② 论报:论罪得到批准,泛指定罪判刑。
③ 中二千石:即满二千石,秩次于万石,为汉代官秩之第二级,年俸合二千一百六十斛,御史大夫、九卿、执金吾等享此秩。
④ 符瑞:吉祥的征兆。
⑤ 旷绝:空缺、断绝。
⑥ 金声玉振:比喻声名昭著远扬。
⑦ 仇疾:仇恨。
⑧ 谤言:造谣中伤的话。
⑨ 同产:同母所生者。
⑩ 委质:向君主献礼,表示献身。定分:确定名分。

岂当有此乎！前得妄语文疏，即封示子瑜，并手笔与之①。孤与子瑜可谓神交②，非外言所间，知卿意至，辄封来表以示子瑜，使知卿意。"汉主遣将军吴班、冯习攻破权将李异、刘阿等于巫，进军秭归，兵四万余人，武陵蛮夷皆遣使往请兵。权以镇西将军陆逊为大都督，假节，督将军朱然、潘璋、宋谦、韩当、徐盛、鲜于丹、孙桓等五万人拒之。（《魏纪一》）

　　吴王于武昌临钓台饮酒③，大醉，使人以水洒群臣曰："今日酺饮，惟醉堕台中，乃当止耳！"张昭正色不言④，出外，车中坐。王遣人呼昭还入，谓曰："为共作乐耳，公何为怒乎？"昭对曰："昔纣为糟丘酒池，长夜之饮，当时亦以为荣，不以为恶也。"王默然，惭，遂罢酒。吴王与群臣饮，自起行酒⑤，虞翻伏地，阳醉不持；王去，翻起坐。王大怒，手剑欲击之⑥，侍坐者莫不惶遽⑦。惟大司农刘基起抱王，谏曰："大王以三爵之后，手杀善士，虽翻有罪，天下孰知之？且大王以能容贤蓄众，故海内望风⑧；今一朝弃之，可乎？"王曰："曹孟德尚杀孔文举，孤于虞翻何有哉！"基曰："孟德轻害士人，天下非之。大王躬行德义，欲与尧、舜比隆，何得自喻于彼乎？"翻由是得免。王因敕左右："自今酒后言杀，皆不得杀。"基，繇之子也。（《魏纪一》）

　　初，吴安东中郎将孙桓别击汉前锋于夷道，为汉所围，求救于陆逊，逊曰："未可。"诸将曰："孙安东，公族⑨，见围已困，奈何不救！"逊曰："安东得士众心，城牢粮足，无可忧也。待吾计展，欲不救安东，安东自解。"及方略大施⑩，汉果奔溃⑪。桓后见逊曰："前实怨不见救；定至今日，乃知调度自有方耳！"初，逊为大都督，诸将或讨逆时旧将，或公室贵戚，各自矜恃⑫，不相听从。逊按剑曰⑬："刘备天下知名，曹操所惮，今在境界⑭，此强对也⑮。诸君并荷国恩，当相辑睦，共剪此虏，上报所受，而不相顺，何也？仆虽书生，受命主上，国家所以屈诸君使相承望者，以仆尺寸可称⑯，能忍辱负重故也。各在其事，岂复得辞！军令有常，不可犯也！"及至破备，计多出逊，诸将乃服。吴王闻之曰："公何以

① 手笔：亲手所写的书信。
② 神交：心意投合，深相结托而成忘形之交。
③ 武昌：旧县名，治所在今湖北省境内。
④ 正色：神情庄重，态度严肃。
⑤ 行酒：依次斟酒。
⑥ 手剑：持剑。
⑦ 惶遽：惊慌，惊恐。
⑧ 望风：远望，仰望。
⑨ 公族：诸侯或君王的同族。
⑩ 方略：计划、权谋、策略。
⑪ 奔溃：逃散，败逃。
⑫ 矜恃：骄矜自负。
⑬ 按剑：以手抚剑，预示击剑之势。
⑭ 境界：边界，疆界。
⑮ 强对：劲敌，有力的对手。
⑯ 尺寸：此为谦称，指自己微不足道的才能。

初不启诸将违节度者邪?"对曰:"受恩深重,此诸将或任腹心①,或堪爪牙②,或是功臣,皆国家所当与共克定大事者,臣窃慕相如、寇恂相下之义以济国事③。"王大笑称善,加逊辅国将军,领荆州牧,改封江陵侯。(《魏纪一》)

吴王使辅义中郎将吴郡张温聘于汉,自是吴、蜀信使不绝。时事所宜,吴主常令陆逊语诸葛亮;又刻印置逊所,王每与汉主及诸葛亮书,常过示逊,轻重、可否有所不安④,每令改定,以印封之。汉复遣邓芝聘于吴,吴主谓之曰:"若天下太平,二主分治,不亦乐乎?"芝对曰:"天无二日,土无二王。如并魏之后,大王未深识天命,君各茂其德,臣各尽其忠,将提枹鼓⑤,则战争方始耳。"吴王大笑曰:"君之诚款乃当尔邪⑥!"(《魏纪二》)

吴陆逊陈便宜⑦,劝吴王以施德缓刑,宽赋息调。又云:"忠谠之言⑧,不能极陈⑨;求容小臣⑩,数以利闻。"王报曰:"《书》载:'予违汝弼'⑪,而云不敢极陈,何得为忠谠哉!"于是令有司尽写科条⑫,使郎中褚逢赍以就逊及诸葛瑾,意所不安,令损益之⑬。(《魏纪二》)

西晋乱局

侍中、尚书令、车骑将军贾充,自文帝时宠任用事。帝之为太子,充颇有力,故益有宠于帝。充为人巧谄⑭,与太尉、行太子太傅荀颢,侍中、中书监荀勖,越骑校尉安平冯统相为党友⑮,朝野恶之。帝问侍中裴楷以方今得失,对曰:"陛下受命,四海承风⑯,所以未比德于尧、舜者,但以贾充之徒尚在朝耳。宜引天下贤人,与弘政道,不宜示人以私。侍中乐安任恺、河南尹颖川庚纯皆与充不协,充欲解其近职,乃荐恺忠贞,宜在东宫;帝以恺为太子少傅,而侍中如故。会树机能乱秦、雍,帝以为忧,恺曰:"宜得威望重

---

① 腹心:肚腹与心脏,比喻贤智策谋之臣。
② 爪牙:猛兽的爪与牙,比喻勇猛的武将。
③ 寇恂:东汉初年人,任颖川太守时,为严明军纪,曾将大将贾复的一个部将处死。贾复极为震怒。为避免冲突,寇恂处处忍让服低。刘秀亲自出面,设宴调解,两人握手言和。
④ 轻重:说话、做事的适当限度。
⑤ 枹鼓:战鼓,指代战争。
⑥ 诚款:忠诚,真诚。
⑦ 便宜:有利于国家,合乎时宜之事。
⑧ 忠谠:忠诚正直。
⑨ 极陈:尽力上言。
⑩ 求容:取悦。
⑪ 予违汝弼:我有过失,你就来纠正。古代帝王鼓励臣下随时纠正自己错误的话。
⑫ 有司:古代设官分职,各有专司,故称。科条:法令条文。
⑬ 损益:增减。
⑭ 巧谄:巧诈逢迎。
⑮ 党友:朋党。
⑯ 承风:接受教化。

臣有智略者以镇抚之①。"帝曰:"谁可者?"恺因荐充,纯亦称之。秋,七月,癸酉,以充为都督秦、凉二州诸军事,侍中、车骑将军如故;充患之。(《晋纪一》)

　　贾充将之镇,公卿饯于夕阳亭。充私问计于荀勖,勖曰:"公为宰相,乃为一夫所制,不亦鄙乎! 然是行也,辞之实难,独有结婚太子②,可不辞而自留矣。"充曰:"然孰可寄怀③?"勖曰:"勖请言之。"因谓冯纨曰:"贾公远出,吾等失势。太子婚尚未定,何不劝帝纳贾公之女乎!"纨亦然之。初,帝将纳卫瓘女为太子妃,充妻郭槐赂杨后左右,使后说帝,求纳其女。帝曰:"卫公女有五可,贾公女有五不可:卫氏种贤而多子,美而长、白;贾氏种妒而少子,丑而短、黑。"后固以为请,荀颛、荀勖、冯瓘皆称充女绝美,且有才德,帝遂从之。留充复居旧任。(《晋纪一》)

　　冬,十月,征征北大将军卫瓘为尚书令。是时,朝野咸知太子昏愚,不堪为嗣,瓘每欲陈启而未敢发④。会侍宴陵云台,瓘阳醉,跪帝床前曰:"臣欲有所启。"帝曰:"公所言何邪?"瓘欲言而止者三,因以手抚床曰:"此座可惜!"帝意悟,因谬曰:"公真大醉邪?"瓘于此不复有言。帝悉召东宫官属,为设宴会,而密封尚书疑事,令太子决之。贾妃大惧,倩外人代对,多引古义。给使张泓曰:"太子不学,陛下所知,而答诏多引古义,必责作草主⑤,更益谴负⑥,不如直以意对。"妃大喜,谓泓曰:"便为我好答,富贵与汝共之。"泓即具草令太子自写⑦。帝省之,甚悦,先以示瓘,瓘大蹴踖⑧,众人乃知瓘尝有言也。贾充密遣人语妃云:"卫瓘老奴⑨,几破汝家!"(《晋纪二》)

　　贾后族兄车骑司马模、从舅右卫将军郭彰、女弟之子贾谧与楚王玮、东安王繇,并预国政。贾后暴戾日甚⑩,繇密谋废后,贾氏惮之。繇兄东武公澹,素恶繇,屡谮之于太宰亮曰:"繇专行诛赏,欲擅朝政。"庚戌,诏免繇官;又坐有悖言,废徙带方⑪。于是贾谧、郭彰权势愈盛,宾客盈门。谧虽骄奢而好学,喜延士大夫。郭彰、石崇、陆机、机弟云、和郁及荥阳潘岳、清河崔基、勃海欧阳建、兰陵缪征、京兆杜斌、挚虞、琅邪诸葛诠、弘农王粹、襄城杜育、南阳邹捷、齐国左思、沛国刘瑰、周恢、安平牵秀、颍川陈眕、高阳许猛、彭城刘讷、中山刘舆、舆弟琨,皆附于谧,号曰二十四友。郁,峤之弟也。崇与岳尤诣事谧⑫,每候谧及广城君郭槐出,皆降车路左,望尘而拜⑬。(《晋纪四》)

---

① 智略:才智与谋略。
② 结婚:缔结婚姻关系。
③ 寄怀:寄托怀抱,此指转达心意。
④ 陈启:陈说启禀。
⑤ 作草主:拟稿、起草之人。
⑥ 谴负:罪责。
⑦ 具草:拟稿、起草。
⑧ 蹴踖:恭敬而不安的样子。
⑨ 老奴:对老年人的辱骂之语。
⑩ 暴戾:残暴酷虐,粗暴乖戾。
⑪ 带方:郡名,东汉建安时公孙康分乐浪郡南部置,治所在带方。
⑫ 诣事:逢迎侍奉。
⑬ 望尘而拜:看见车扬起的尘土就下拜,形容卑躬屈膝的姿态。

　　征西大将军赵王伦信用嬖人琅邪孙秀①，与雍州刺史济南解系争军事，更相表奏，欧阳建亦表伦罪恶。朝廷以伦挠乱关右②，征伦为车骑将军，以梁王肜为征西大将军、都督雍、凉二州诸军事。系与其弟御史中丞结，皆表请诛秀以谢氐、羌；张华以告梁王肜，使诛之，肜许诺③。秀友人辛冉为之说肜曰："氐、羌自反，非秀之罪。"秀由是得免。伦至洛阳，用秀计，深交贾、郭，贾后大爱信之④，伦因求录尚书事，又求尚书令；张华、裴頠固执以为不可，伦、秀由是怨之。（《晋纪四》）

　　是时，王衍为尚书令，南阳乐广为河南尹，皆善清谈，宅心事外⑤，名重当世，朝野之人，争慕效之。衍与弟澄，好题品人物⑥，举世以为仪准。衍神情明秀，少时，山涛见之，嗟叹良久，曰："何物老妪，生宁馨儿⑦！然误天下苍生者，未必非此人也！"乐广性冲约清远⑧，与物无竞⑨。每谈论，以约言析理，厌人之心，而其所不知，默如也。凡论人，必先称其所长，则所短不言自见。王澄及阮咸、咸从子修、泰山胡毋辅之、陈国谢鲲、城阳王尼、新蔡毕卓，皆以任放为达⑩，至于醉狂裸体，不以为非。胡毋辅之尝酣饮，其子谦之窥而厉声呼其父字曰："彦国！年老，不得为尔！"辅之欢笑，呼入共饮。毕卓尝为吏部郎，比舍郎酿熟⑪，卓因醉，夜至瓮间盗饮之，为掌酒者所缚，明旦视之，乃毕吏部也。乐广闻而笑之，曰："名教内自有乐地⑫，何必乃尔！"（《晋纪四》）

　　贾后淫虐日甚⑬，私于太医令程据等；又以箧箱载道上年少入宫⑭，复恐其漏泄，往往杀之。贾模恐祸及己，甚忧之。裴頠与模及张华议废后，更立谢淑妃。模、华皆曰："主上自无废黜之意，而吾等专行之，倘上心不以为然，将若之何！且诸王方强，朋党各异，恐一旦祸起，身死国危，无益社稷。"頠曰："诚如公言。然中宫逞其昏虐⑮，乱可立待也。"华曰："卿二人于中宫皆亲戚，言或见信，宜数为陈祸福之戒，庶无大悖，则天下尚未至于乱，吾曹得以优游卒岁而已⑯。"頠旦夕说其从母广城君，令戒谕贾后以亲厚太子，贾模亦数为后言祸福，后不能用，反以模为毁己而疏之。模不得志，忧愤而卒。（《晋纪五》）

---

① 嬖人：身份低下而受宠爱的人。
② 关右：潼关以西，地理上，古人以西为右。
③ 许诺：同意、应允。
④ 爱信：喜爱信任。
⑤ 宅心：用心。
⑥ 题品：品评。
⑦ 宁馨儿：晋宋时俗语，这样的孩子。
⑧ 冲约：淡泊简约。
⑨ 与物无竞：与世人无所争竞。
⑩ 任放：放纵任性。
⑪ 比舍：邻舍，邻居。
⑫ 名教：指以正名定分为主的封建礼教。乐地：快乐的境界。
⑬ 淫虐：淫乱暴虐。
⑭ 箧箱：用竹子等物编成的箱子。
⑮ 中宫：皇后所居之宫殿，指代皇后。
⑯ 吾曹：我辈，我们。优游：悠闲自得地游玩。

　　帝为人戆駃①,尝在华林园闻虾蟆,谓左右曰:"此鸣者,为官乎,为私乎?"时天下荒馑,百姓饿死,帝闻之,曰:"何不食肉糜?"由是权在群下,政出多门,势位之家,更相荐托,有如互市②。贾、郭恣横,货赂公行③。南阳鲁褒作《钱神论》以讥之曰:"钱之为体,有乾坤之象,亲之如兄,字曰孔方。无德而尊,无势而热,排金门,入紫闼。危可使安,死可使活,贵可使贱,生可使杀。是故忿争非钱不胜,幽滞非钱不拨④,怨仇非钱不解,令闻非钱不发⑤。洛中朱衣、当涂之士⑥,爱我家兄,皆无已已⑦,执我之手,抱我终始,凡今之人,惟钱而已!"(《晋纪五》)

---

① 戆駃:痴呆。
② 互市:互相买卖。
③ 货赂:贿赂。
④ 幽滞:隐沦不用于世。
⑤ 令闻:美好的声誉。
⑥ 朱衣:晋朝官制,诸王穿着朱衣,此指权贵之人。当涂之士:执政掌权之人。
⑦ 已已:已,休止,迭用表达加重的语气。

十、《水浒传》选读①

第三回　史大郎夜走华阴县　鲁提辖拳打镇关西

话说当时史进道："却怎生是好？"

朱武等三个头领跪下道："哥哥，你是干净的人，休为我等连累了。大郎可把索来绑缚我三个出去请赏，免得负累了你不好看。"

史进道："如何使得！恁地时，是我赚你们来，捉你请赏，枉惹天下人笑。若是死时，我与你们同死；活时同活。你等起来，放心，别作缘便。且等我问个来历缘故情由。"

史进上梯子问道："你两个都头，何故半夜三更来劫我庄上？"

两个都头答道："大郎，你兀自赖哩！见有原告人李吉在这里。"

史进喝道："李吉，你如何诬告平人？"

李吉应道："我本不知，林子里拾得王四的回书，一时间把在县前看，因此事发。"

史进叫王四，问道："你说无回书，如何却又有书？"

王四道："便是小人一时醉了，忘记了回书。"

史进大喝道："畜生！却怎生好！"外面都头人等惧怕史进了得，不敢奔入庄里来捉人。

三个头领把手指道："且答应外面。"

史进会意，在梯子上叫道："你两个都头都不要闹动，权退一步，我自绑缚出来解官请赏。"

那两个都头都怕史进，只得应道："我们都是没事的，等你绑出来，同去请赏。"

史进下梯子，来到厅前，先将王四带进后园，把来一刀杀了；喝教许多庄客把庄里有的没的细软等物，即便收拾，尽教打叠起了；一壁点起三四十个火把。

庄里史进和三个头领全身披挂，枪架上各人跨了腰刀，拿了朴刀，拽扎起，把庄后草屋点着；庄客各自打拴了包裹，外面见里面火起，都奔来后面看。

史进却就中堂又放起火来，大开庄门，呐声喊，杀将出来。

史进当头，朱武、杨春在中，陈达在后，和小喽罗并庄客，一冲一撞，指东杀西，正迎着两个都头并李吉，史进见了大怒。仇人相见，分外眼明！两个都头见头势不好，转身便走。李吉也却待回身，史进早到，手起一朴刀，把李吉斩做两段。两个都头正待走时，

---

① 选文均录自施耐庵《水浒传》，人民文学出版社，2016年。内容有改动。

陈达、杨春赶上，一家一朴刀，结果了两个性命。县尉惊得跑马走回去了。众士兵那里敢向前，各自逃命散了，不知去向。史进引着一行人，且杀且走，直到少华山上寨内坐下。喘息方定，朱武等忙叫小喽罗一面杀牛宰马，贺喜饮宴，不在话下。

一连过了几日，史进寻思："一时间要救三人，放火烧了庄院。虽是有些细软，家财粗重什物，尽皆没了！"心内踌躇，在此不了，开言对朱武等说道："我师父王教头在关西经略府勾当，我先要去寻他，只因父亲死了，不曾去得；今来家私庄院废尽，我如今要去寻他。"朱武三人道："哥哥休去，只在我寨中且过几日，又作商议。若哥哥不愿落草时，待平静了，小弟们与哥哥重整庄院，再作良民。"史进道："虽是你们的好情分，只是我心去意难留。我若寻得师父，也要那里讨个出身，求半世快乐。"朱武道："哥哥便只在此间做个寨主，却不快活？只恐寨小不堪歇马。"史进道："我是个清白好汉，如何肯把父母遗体来点污了！你劝我落草，再也休题。"

史进住了几日，定要去。朱武等苦留不住。史进带去的庄客都留在山寨，只自收拾了些散碎银两，打拴一个包里，余者多的尽数寄留在山寨。史进头带白范阳毡大帽，上撒一撮红缨，帽儿下裹一顶浑青抓角软头巾。顶上明黄缕带，身穿一领白丝两上领战袍，腰系一条五指梅红攒线搭，青白间道行缠绞脚，衬着踏山透土多耳麻鞋，跨一口铜钑磐口雁翎刀，背上包裹，提了朴刀，辞别朱武等三人。众多小喽罗都送下山来。朱武等洒泪而别，自回山寨去了。

只说史进提了朴刀，离了少华山，取路投关西五路。望延安府路上来。免不得饥食渴饮，夜住晓行。独自行了半月之上，来到渭州："这里也有个经略府，莫非师父王教头在这里？"史进便入城来看时，依然有六街三市。只见一个小小茶坊正在路口。史进便入茶坊里来拣一副座位坐了。问茶博士道："这里经略府在何处？"茶博士道："只在前面便是。"史进道："借问经略府内有个东京来的教头王进么？"茶博士道："这府里教头极多，有三四个姓王的，不知那个是王进。"道犹未了，只见一个大汉大踏步竟入来。

史进看他时，是个军官模样：头裹芝麻罗万字顶头巾，脑后两个太原府纽丝金环，上穿一领鹦哥绿纻丝战袍，腰系一条文武双股鸦青绦，足穿一双鹰爪皮四缝干黄靴。生得面圆耳大，鼻直口方，腮边一部落腮胡须，身长八尺，腰阔十围。

那人入到茶房里面坐下。茶博士道："客官，要寻王教头，只问这位提辖，便都认得。"史进忙起身施礼道："官人请坐拜茶。"那人见史进长大魁伟，像条好汉，便来与他施礼。两个坐下。史进道："小人大胆，敢问官人高姓大名？"那人道："洒家是经略府提辖，姓鲁，讳个达字。敢问阿哥，你姓什么？"史进道："小人是华州华阴县人氏。姓史，名进。请问官人，小人有个师父，是东京八十万禁军教头，姓王，名进，不知在此经略府中有也无？"鲁提辖道："阿哥，你莫不是史家村甚么九纹龙史大郎？"史进拜道："小人便是。"鲁提辖连忙还礼，说道："'闻名不如见面！见面胜似闻名。'你要寻王教头，莫不是在东京恶了高太尉的王进？"史进道："正是那人。"鲁达道："俺也闻他名字，那个阿哥不在这里。洒家听得说，他在延安府老种经略相公处勾当。俺这渭州却是小种经略相公镇守。那人不在这里。你即是史大郎时，多闻你的好名字，你且和我上街去吃杯酒。"鲁提辖挽了史进的手，便出茶坊来。鲁达回头道："茶钱，洒家自还你。"茶博士应道："提辖但吃不妨，只顾去。"

两个挽了胳膊，出得茶坊来，上街行得三五十步，只见一簇众人围住白地上。史进道："兄长，我们看一看。"分开人众看时，中间里一个人，仗着十来条杆棒，地上摊着十数个膏药，一盘子盛着，插把纸标儿在上面，却原来是江湖上使枪棒卖药的。史进见了，却认得他。原来是教史进开手的师父，叫做"打虎将"李忠。史进就人丛中叫道："师父，多时不见。"李忠道："贤弟如何到这里？"鲁提辖道："既是史大郎的师父，也和俺去吃三杯。"李忠道："待小子卖了膏药，讨了回钱，一同和提辖去。"鲁达道："谁奈烦等你！去便同去！"李忠道："小人的衣饭，无计奈何。提辖先行，小人便寻将来。——贤弟，你和提辖先行一步。"鲁达焦躁，把那看的人一推一跤，骂道："这厮们夹着屁眼撒开！不去的洒家便打！"众人见是鲁提辖，一哄都走了。李忠见鲁达凶猛，敢怒而不敢言，只得陪笑道："好急性的人！"当下收拾了行头药囊，寄顿了枪棒。三个人转湾抹角，来到州桥之下一个潘家有名的酒店，门前挑出望竿，挂着酒旆，漾在空中飘荡。

三人来到潘家酒楼上拣个济楚阁儿里坐下。提辖坐了主位，李忠对席，史进下首坐了。酒保唱了喏，认得是鲁提辖，便道："提辖官人，打多少酒？"鲁达道："先打四角酒来。"一面铺下菜蔬果品案酒，又问道："官人，吃甚下饭？"鲁达道："问甚么！但有，只顾卖来，一发算钱还你！这厮只顾来聒噪！"酒保下去，随即烫酒上来。但是下口肉食，只顾将来，摆一桌子。三个酒至数杯，正说些闲话较量些枪法，说得入港①，只听得隔壁阁子里有人哽哽咽咽啼哭。鲁达焦躁，便把碟儿盏儿都丢在楼板上。酒保听得，慌忙上来看时，见鲁提辖气愤愤地。鲁达道："你也须认得洒家！却怎地教甚么人在间壁吱吱的哭，搅俺弟兄们吃酒？洒家须不曾少了你酒钱！"酒保道："官人息怒。小人怎敢教人啼哭打搅官人吃酒？这个哭的是绰酒座儿唱的父女两人，不知官人们在此吃酒，一时间自苦了啼哭。"鲁提辖道："可是作怪！你与我唤得他来。"酒保去叫。

不多时，只见两个到来：前面一个十八九岁的妇人，背后一个五六十岁的老儿，手里拿串拍板，都来到面前。看那妇人，虽无十分的容貌，也有些动人的颜色，拭着泪眼，向前来，深深的道了三个万福。那老儿也都相见了。鲁达问道："你两个是那里人家？为甚么啼哭？"那妇人便道："官人不知，容奴告禀：奴家是东京人氏，因同父母来渭州投奔亲眷，不想搬移南京去了。母亲在客店里染病身故。父女二人流落在此生受。此间有个财主，叫做'镇关西'郑大官人，因见奴家，便使强媒硬保，要奴作妾。谁想写了三千贯文书，虚钱实契，要了奴家身体。未及三个月，他家大娘子好生利害，将奴赶打出来，不容完聚，着落店主人家追要原典身钱三千贯。父亲懦弱，和他争不得。他又有钱有势。当初不曾得他一文，如今那讨钱来还他？没计奈何，父亲自小教得奴家些小曲儿，来这里酒楼上赶座子，每日但得些钱来，将大半还他，留些少父女们盘缠。这两日，酒客稀少，违了他钱限，怕他来讨时，受他差耻。父女们想起这苦楚，无处告诉，因此啼哭。不想误犯了官人，望乞恕罪，高抬贵手！"鲁提辖又问道："你姓甚么？在那个客店里歇？那个镇关西郑大官人在那里住？"老儿答道："老汉姓金，排行第二。孩儿小字翠莲。郑大

---

① 入港：兴起，兴头上。

官人便是此间状元桥下卖肉的郑屠,绰号镇关西。老汉父女两个只在前面东门里鲁家客店安下。"鲁达听了道:"呸!俺只道那个郑大官人,却原来是杀猪的郑屠!这个腌臜泼才,投托着俺小种经略相公门下做个肉铺户,却原来这等欺负人!"回头看着李忠、史进,道:"你两个且在这里,等洒家去打死了那厮便来!"史进、李忠抱住劝道:"哥哥息怒,明日却理会。"两个三回五次劝得他住。

鲁达又道:"老儿,你来。洒家与你些盘缠,明日便回东京去,如何?"父女两个告道:"若是能够回乡去时,便是重生父母,再长爷娘。只是店主人家如何肯放?郑大官人须着落他要钱。""这个不妨事,俺自有道理。"便去身边摸出五两来银子,放在桌上,看着史进道:"洒家今日不曾多带得些出来;你有银子,借些与俺,洒家明日便送还你。"史进道:"值甚么,要哥哥还。"去包裹里取出一锭十两银子放在桌上。鲁达看着李忠道:"你也借些出来与洒家。"李忠去身边摸出二两来银子。鲁提辖看了,见少,便道:"也是个不爽利的人!"

鲁达只把这十五两银子与了金老,分付道:"你父女两个将去做盘缠,收拾行李。俺明日清早来发付你两个起身,看那个店主人敢留你!"金老并女儿拜谢去了。

鲁达把这二两银子丢还了李忠。三人再吃了两角酒,下楼来叫道:"主人家酒钱,洒家明日送来还你。"

主人家连声应道:"提辖只顾自去,但吃不妨,只怕提辖不来赊。"三个人出了潘家酒肆,到街上分手。史进、李忠,各自投客店去了。只说鲁提辖回到经略府前下处。到房里,晚饭也不吃,气愤愤地睡了。主人家又不敢问他。

再说金老得了这一十五两银子,回到店中,安顿了女儿,先去城外远处觅下一辆车儿;回来收拾了行李,还了房宿钱,算清了柴米钱,只等来日天明,当夜无事。次早,五更起来,父女两个先打火做饭,吃罢,收拾了,天色微明,只见鲁提辖大踏步走入店里来,高声叫道:"店小二,那里是金老歇处?"小二哥道:"金公,鲁提辖在此寻你。"金老引了女儿,挑了担儿,作谢提辖,便待出门。店小二拦住道:"金公,那里去?"鲁达问道:"他少你房钱?"小二道:"小人房钱,昨夜都算还了;须欠郑大官人典身钱,着落在小人身上看管他哩。"鲁提辖道:"郑屠的钱,洒家自还他,你放这老儿还乡去!"那店小二那里肯放。鲁达大怒,又开五指,去那小二脸上只一掌,打得那店小二口中吐血;再复一拳,打下当门两个牙齿。小二爬将起来,一道烟跑向店里去躲了。店主人那里敢出来拦他。金老父女两个忙忙离了店中,出城自去寻昨日觅下的车儿去了。

且说鲁达寻思,恐怕店小二赶去拦截他,且向店里掇条凳子坐了两个时辰,约莫金公去得远了,方才起身,径投状元桥来。

且说郑屠开着两间门面,两副肉案,悬挂着三五片猪肉。郑屠正在门前柜身内坐定,看那十来个刀手卖肉。鲁达走到门前,叫声:"郑屠。"郑屠看时,见是鲁提辖,慌忙出柜身来唱喏,道:"提辖恕罪。"便叫副手掇条凳子来:"提辖请坐。"鲁达坐下道:"奉着经略相公钧旨,要十斤精肉,切做臊子①,不要见半点肥的在上面。"郑屠道:"使头,你们快选好的切十斤去。"鲁提辖道:"不要那等腌臜厮们动手,你自与我切。"郑屠道:"说得是,

---

① 臊子:肉丁、肉沫。

小人自切便了。"自去肉案上拣了十斤精肉,细细切做臊子。那店小二把手帕包了头,正来郑屠家报说金老之事,却见鲁提辖坐在肉案门边,不敢拢来,只得远远的立住在房檐下望。这郑屠整整自切了半个时辰,用荷叶包了,道:"提辖,教人送去?"鲁达道:"送甚么!且住!再要十斤都是肥的,不要见些精的在上面,也要切做臊子。"郑屠道:"却才精的,怕府里要裹馄饨,肥的臊子何用?"鲁达睁着眼,道:"相公钧旨分付洒家,谁敢问他?"郑屠道:"是合用的东西,小人切便了。"又选了十斤实膘的肥肉,也细细的切做臊子,把荷叶来包了。

整弄了一早辰,却得饭罢时候。那店小二那里敢过来,连那正要买肉的主顾也不敢拢来。郑屠道:"着人与提辖拿了,送将府里去。"

鲁达道:"再要十斤寸金软骨,也要细细地剁做臊子,不要见些肉在上面。"郑屠笑道:"却不是特地来消遣我!"鲁达听罢,跳起身来,拿着那两包臊子在手里,睁眼看着郑屠说道:"洒家特地要消遣你!"把两包臊子劈面打将去,却似下了一阵的"肉雨"。郑屠大怒,两条忿气从脚底下直冲到顶门,心头那一把无明业火焰腾腾的按纳不住,从肉案上抢了一把剔骨尖刀,托地跳将下来。鲁提辖早拔步在当街上。众邻舍并十来个火家,那个敢向前来劝。两边过路的人都立住了脚,和那店小二也惊的呆了。

郑屠右手拿刀,左手便来要揪鲁达,被这鲁提辖就势按住左手,赶将入去,望小腹上只一脚,腾地倒在当街上。

鲁达再入一步,踏住胸脯,提着那醋钵儿大小拳头,看着这郑屠道:"洒家始投老种经略相公,做到关西五路廉访使,也不枉了叫做'镇关西'!你是个卖肉的操刀屠户,狗一般的人,也叫做'镇关西'!你如何强骗了金翠莲?"扑的只一拳,正打在鼻子上,打得鲜血迸流,鼻子歪在半边,却便似开了个油酱铺:咸的,酸的,辣的,一发都滚出来。郑屠挣不起来,那把尖刀也丢在一边,口里只叫:"打得好!"

鲁达骂道:"直娘贼!还敢应口!"

提起拳头来就眼眶际眉梢只一拳,打得眼棱缝裂,乌珠迸出,也似开了个彩帛铺的:红的、黑的、绛的,都绽将出来。两边看的人惧怕鲁提辖,谁敢向前来劝?郑屠当不过讨饶。鲁达喝道:"咄!你是个破落户!若只和俺硬到底,洒家倒饶了你!你如今叫俺讨饶,洒家却不饶你!"又只一拳,太阳上正着,却似做了一全堂水陆的道场:磬儿、钹儿、铙儿,一齐响。鲁达看时,只见郑屠挺在地下,口里只有出的气,没了入的气,动掸不得。鲁提辖假意道:"你这厮诈死,洒家再打!"只见面皮渐渐的变了。鲁达寻思道:"俺只指望打这厮一顿,不想三拳真个打死了他。洒家须吃官司,又没人送饭,不如及早撤开。"拔步便走,回头指着郑屠尸道:"你诈死!洒家和你慢慢理会!"一头骂,一头大踏步去了。街坊邻舍并郑屠的火家,谁敢向前来拦他。

鲁提辖回到下处,急急卷了些衣服盘缠,细软银两,但是旧衣粗重都弃了。提了一条齐眉短棒,奔出南门,一道烟走了。

且说郑屠家中众人,救了半日,不活,呜呼死了。老小邻人径来州衙告状,正直府尹升厅,接了状子,看罢,道:"鲁达系是经略府提辖。"不敢擅自径来捕捉凶身。府尹随即上轿,来到经略府前,下了轿子,把门军士入去报知。经略听得,教请到厅上与府尹施礼罢。经略问道:"何来?"府尹禀道:"好教相公得知,府中提辖鲁达,无故用拳打死市上郑屠。不曾禀过相公,不敢擅自捉拿凶身。"经略听了,吃了一惊,寻思道:"这鲁达虽好武艺,只见性格卤莽。今番做出人命事,俺如何护得短? 须教推问使得。"经略回府尹道:"鲁达这人原是我父亲老经略处军官。为因俺这里无人帮护,拨他来做提辖。既然犯了人命罪过,你可拿他依法度取问。如若供招明白,拟罪已定,也须教我父亲知道,方可断决。怕日后父亲处边上要这个人时,却不好看。"府尹禀道:"下官问了情由,合行申禀老经略相公知道,方敢断遣。"府尹辞了经略相公,出到府前,上了轿,回到州衙里,升厅坐下,便唤当日缉捕使臣押下文书,捉拿犯人鲁达。

当时王观察领了公文,将带二十来个做公的人,径到鲁提辖下处。只见房主人道:"却才带了些包裹,提了短棒,出去了。小人只道奉着差使,又不敢问他。"王观察听了,教打开他房门看时,只有些旧衣旧裳和些被卧在里面。王观察就带了房主人,东西四下里去跟寻,州南走到州北,捉拿不见。王观察又捉了两家邻舍并房主人同到州衙厅上回话道:"鲁提辖惧罪在逃,不知去向,只拿得房主人并邻舍在此。"府尹见说,且教监下,一面教拘集郑屠家邻佑人等,点了仵作行人①,仰着本地方官人并坊厢里正,再三检验已了,郑屠家自备棺木盛殓,寄在寺院。一面叠成文案,一壁差人杖限缉捕凶身。原告人保领回家;邻佑杖断有失救应;房主人并下处邻舍,止得个不应。

鲁达在逃,行开个海捕文书,各处追捉。出赏钱一千贯,写了鲁达的年甲贯址,画了他的模样,到处张挂。一干人等疏放听候。郑屠家亲人自去做孝,不在话下。

且说鲁达自离了渭州,东逃西奔,急急忙忙,行过了几处州府,正是"饥不择食,寒不择衣,慌不择路,贫不择妻"。鲁达心慌抢路,正不知投那里去的是。一迷地行了半月之上,却走到代州雁门县。入得城来,见这市井闹热,人烟辏集,车马骈驰,一百二十行经商买卖,诸物行货都有,端的整齐。虽然是个县治,胜如州府,鲁提辖正行之间,却见一簇人围住了十字街口看榜。

鲁达看见众人看榜,挨满在十字路口,也钻在人丛里听时,鲁达却不识字,只听得众人读道:"代州雁门县依奉太原府指挥使司,该准渭州文字,捕捉打死郑屠犯人鲁达,即系经略府提辖。如有人停藏在家宿食者,与犯人同罪;若有人捕获前来或首到告官,支给赏钱一千贯文。"鲁提辖正听到那里,只听得背后一个人大叫道:"张大哥,你如何在这里?"拦腰抱住,扯离了十字路口。

不是这个人看见了,横拖倒拽将去,有分教:鲁提辖剃除头发,削去髭须,倒换过杀人姓名,薅恼杀诸佛罗汉。直教:禅杖打开危险路,戒刀杀尽不平人。

毕竟扯住鲁提辖的是甚人,且听下回分解。

---

① 仵作:官府衙门验尸人。

第三十三回　宋江夜看小鳌山　花荣大闹清风寨

　　话说这清风山离青州不远,只隔得百里来路。这清风寨却在青州三岔路口,地名清风镇。因为这三岔路上通三处恶山,因此,特设这清风寨在这清风镇上。那里也有三五千人家,却离这清风山只有一站多路。当日三位头领自上山去了。

　　只说宋公明独自一个,背着些包裹,迤逦来到清风镇上,便借问花知寨住处。那镇上人答道:"这清风寨衙门在镇市中间。南边有个小寨,是文官刘知寨住宅;北边那个小寨正是武官花知寨住宅。"宋江听罢,谢了那人,便投北寨来。到得门首,见有几个把门军汉,问了姓名,入去通报。只见寨里走出那个年少的军官来,拖住宋江,喝叫军汉接了包裹、朴刀、腰刀,扶到正厅上,便请宋江当中凉床上坐了,纳头便拜四拜,起身道:"自从别了兄长之后,屈指又早五六年矣,常常念想。听得兄长杀了一个泼烟花①,官司行文书各处追捕。小弟闻得,如坐针毡,连连写了十数封书,去贵庄问信,不知曾到也否? 今日天赐,幸得哥哥到此,相见一面,大慰平生。"说罢又拜。宋江扶住道:"贤弟,休只顾讲礼。请坐了,听在下告诉。"花荣斜坐着。宋江把杀阎婆惜一事和投奔柴大官人并孔太公庄上遇见武松、清风山上被捉遇燕顺等事,细细地都说了一遍。花荣听罢,答道:"兄长如此多难,今日幸得仁兄到此。且住数年,却又理会。"宋江道:"若非兄弟宋清寄书来孔太公庄上时,在下也特地要来贤弟这里走一遭。"花荣便请宋江去后堂里坐,唤出浑家崔氏来拜伯伯。拜罢,花荣又叫妹子出来拜了哥哥。便请宋江更换衣裳鞋袜,香汤沐浴,在后堂安排筵席洗尘。

　　当日筵宴上,宋江把救了刘知寨恭人②的事,备细对花荣说了一遍。花荣听罢,皱了双眉,说道:"兄长,没来由救那妇人做甚么? 正好教灭这厮的口。"宋江道:"却又作怪! 我听得说是清风寨知寨的恭人,因此把做贤弟同僚面上,特地不顾王矮虎相怪,一力要救他下山。你却如何恁的说?"花荣道:"兄长不知:不是小弟说口,这清风寨是青州紧要去处,若还是小弟独自在这里守把时,远近强人怎敢把青州扰得粉碎。近日除将这个穷酸饿醋来做个正知寨:这厮又是文官,又没本事;自从到任,只把乡间些少上户诈骗③;朝廷法度,无所不坏。小弟是个武官副知寨,每每被这厮呕气,恨不得杀了这滥污贼禽兽。兄长却如何救了这厮的妇人? 打紧这婆娘极不贤,只是调拨他丈夫行不仁的事,残害良民,贪图贿赂。正好叫那贱人受些玷辱。兄长错救了这等不才的人。"宋江听了,便劝道:"贤弟差矣! 自古道:'冤仇可解不可结'。他和你是同僚官,虽有些过失,你可隐恶而扬善。贤弟,休如此浅见。"花荣道:"兄长见得极明。来日公廨内见刘知寨时,

---

　　① 泼烟花:此处为下贱女人之意。

　　② 恭人:古代命妇封号之一,北宋徽宗时定制,中散大夫到中大夫之妻所封之号,元六品、明清四品之妻封号。

　　③ 些少:少许,一点儿。

与他说过救了他老小之事。"宋江道:"贤弟若如此,也显你的好处。"花荣夫妻几口儿,朝暮精精致致,献酒供食,伏侍宋江。当晚安排床帐在后堂轩下,请宋江安歇。次日,又备酒食筵宴款待。

话休絮烦。宋江自到花荣寨里,吃了四五日酒。花荣手下有几个梯己人①,一日换一个,拨些碎银子在他身边,每日教相陪宋江去清风镇街上观看市井喧哗,村落宫观寺院,闲走乐情。自那日为始,这梯己人相陪着闲走,邀宋江去市井上闲玩。那清风镇上也有几座小勾栏并茶坊酒肆,自不必说得。当日宋江与这梯己人在小勾栏里闲看了一回,又去近村寺院道家宫观游赏一回,请去市镇上酒肆中饮酒。临起身时,那梯己人取银两还酒钱。宋江那里肯要他还钱,却自取碎银还了。宋江归来又不对花荣说。那个同去的人欢喜,又落得银子,又得身闲。自此,每日拨一个相陪,和宋江去闲走。每日又只是宋江使钱。自从到寨里,无一个不敬爱他的。宋江在花荣寨里住了将及一月有余,看看腊尽春回,又早元宵节近。

且说这清风寨镇上居民商量放灯一事,准备庆赏元宵,科敛钱物,去土地大王庙前扎缚起一座小鳌山,上面结彩悬花,张挂五七百碗花灯。土地大王庙内,逞应诸般社火。家家门前扎起灯棚,赛悬灯火。市镇上,诸行百艺都有。虽然比不得京师,只此也是人间天上。当下宋江在寨里和花荣饮酒,正值元宵。是日,晴明得好。花荣到巳牌前后②,上马去公廨内点起数百个军士③,教晚间去市镇上弹压;又点差许多军汉,分头去四下里守把栅门。未牌时分,回寨来邀宋江吃点心。宋江对花荣说道:"听闻此间市镇上今晚点放花灯,我欲去看看。"花荣答道:"小弟本欲陪侍兄长,奈缘我职役在身,不能勾闲步同往。今夜兄长自与家间二三人去看灯,早早的便回;小弟在家专待,家宴三杯,以庆佳节。"宋江道:"最好。"却早天色向晚,东边推出那轮明月。

宋江和花荣家亲随梯己人两三个跟随着缓步徐行。到这清风镇上看灯时,只见家家门前搭起灯棚,悬挂花灯;灯上画着许多故事,也有剪采飞白牡丹花灯,并芙蓉、荷花异样灯火。四五个人手厮挽着,来到土地大王庙前。

当下宋江等四人在鳌山前看了一回,迤逦投南走。不过五七百步,只见前面灯烛荧煌,一伙人围住在一个大墙院门首热闹,锣声响处,众人喝采。宋江看时,却是一伙舞鲍老的④。宋江矮矬,人背后看不见。那相陪的梯己人却认得社火队里,便教分开众人,请宋江看。那跳鲍老的,身躯纽得村村势势的⑤。宋江看了。呵呵大笑。只见这墙院里面却是刘知寨夫妻两口儿和几个婆娘在里面看。听得宋江笑声,那刘知寨的老婆于灯下却认得宋江,便指与丈夫道:"兀那个黄矮汉子,便是前日清风山抢掳下我的贼头。"刘知寨听了,吃一惊,便唤亲随六七人,叫捉那个笑的黑汉子,宋江听得,回身便走。走

---

① 梯己:同"体己",心腹,亲密人。

② 巳牌:上午九时至十一时。古时将一昼夜分为十二时辰,以子丑寅卯等标记,官府于衙前挂牌报时,故称某时为某牌。

③ 公解:公廨,即官署。

④ 鲍老:古代戏曲角色名称。

⑤ 村村势势:土头土脑,土里土气而又装腔作势的意思。

不过十余家，众军汉赶上，把宋江捉住，到寨里，用四条麻索绑了，押至厅前。那三个梯己人见捉了宋江，自跑回来报与花荣知道。

且说刘知寨坐在厅上，叫解过那厮来。众人把宋江簇拥在厅前跪下。刘知寨喝道："你这厮是清风山打劫强贼，如何敢擅自来看灯！今被擒获，有何理说？"宋江告道："小人自是郓城县客人张三，与花知寨是故友，来此间多日了，从不曾在清风山打劫。"刘知寨老婆却从屏风背后转将出来，喝道："你这厮兀自赖哩！你记得教我叫你做'大王'时？"宋江告道："恭人差矣。那时小人不对恭人说来：'小人自是郓城县客人，亦被掳掠在此间，不能够下山去？'"刘知寨道："你既是客人被掳劫在那里，今日如何能勾下山来，却到我这里看灯？"那妇人便说道："你这厮在山上时，大剌剌的坐在中间交椅上①，由我叫大王，那里睬人！"宋江道："恭人全不记我一力救你下山，如何今日倒把我强扭做贼？"那妇人听了，大怒，指着宋江骂道："这等顽皮赖骨，不打如何肯招！"刘知寨道："说得是。"喝叫："取过批头来打那厮。"一连打了两料，打得宋江皮开肉绽，鲜血迸流。便叫："把铁锁锁了。明日合个囚车，把'郓城虎'张三解上州里去。"

却说相陪宋江的梯己人慌忙奔回来报知花荣。花荣听罢，大惊，连忙写书一封，差两个能干亲随人去刘知寨处取。亲随人接了书，急忙到刘知寨门前。把门军士入去报复道："花知寨差人在门前下书。"刘高叫唤至当厅。那亲随人将书呈上。刘高拆开封皮，读道："花荣拜上僚兄相公座前：所有薄亲刘丈，近日从济州来，因看灯火，误犯尊威，万乞情恕放免，自当造谢。草字不恭，烦乞照察。不宣。"

刘高看了大怒，把书扯的粉碎，大骂道："花荣这厮无礼！你是朝廷命官，如何却与强贼通同，也来瞒我。这贼已招是郓城县张三，你却如何写济州刘丈！俺须不是你侮弄的！你写他姓刘，是和我同姓，恁地我便放了他？"喝令左右把下书人推将出去。那亲随人被赶出寨门，急急归来，禀复花荣知道。花荣听了，只叫得："苦了哥哥！快备我的马来。"花荣披挂，拴束了弓箭，绰枪上马，带了三五十名军汉，都拖枪拽棒，直奔到刘高寨里来。把门军汉见了，那里敢拦当，见花荣头势不好，尽皆吃惊，都四散走了。花荣抢到厅前，下了马，手中拿着枪，那三五十人都摆在厅前。花荣口里叫道："请刘知寨说话。"刘高听得，惊得魂飞魄散；惧怕花荣是个武官，那里敢出来相见。花荣见刘高不出来，立了一回，喝叫左右去两边耳房里搜人。那三五十军汉一齐去搜时，早从廊下耳房里寻见宋江，被麻索高吊起在梁上，又使铁索锁着两腿，打得肉绽。几个军汉，便把绳索割断，铁锁打开，救出宋江。花荣便叫军士先送回家里去。花荣上了马，绰枪在手，口里发话道："刘知寨！你便是个正知寨，待怎的奈何了花荣！谁家没个亲眷！你却甚么意思？我的一个表兄，直拿在家里，强扭做贼，好欺负人！明日和你说话，却再理会！"花荣带了众人，自回到寨里来看视宋江。

却说刘知寨见花荣救了人去，急忙点起一二百人，也叫来花荣寨夺人。那一二百人内，新有两个教头。为首的教头虽然了得些枪刀，终不及花荣武艺，不敢不从刘高，只得引了众人奔花荣寨里来。把门军士入去报知花荣。此时天色未甚明亮，那二百来人拥

---

① 大剌剌：举止随便、满不在乎的样子。

在门首,谁敢先入去,都惧怕花荣了得。看看天大明了,却见两扇大门不关,只见花知寨在正厅上坐着,左手拿着弓,右手挽着箭。众人都拥在门前。花荣竖起弓,大喝道:"你这军士们! 不知'冤各有头,债各有主'? 刘高差你来,休要替他出色。你那两个新参教头,还未见花知寨的武艺。今日先教你众人看花知寨弓箭,然后你那厮们,要替刘高出色,不怕的人来。看我先射大门上左边门神的骨朵头。"搭上箭,拽满弓,只一箭,喝声道:"着!"正射中门神骨朵头。二百人都一惊。花荣又取第二枝箭,大叫道:"你们众人再看:我第二枝箭要射右边门神的头盔上朱缨!"飕的又一箭,不偏不斜,正中缨头上。那两枝箭却射定在两扇门上。花荣再取第三枝箭,喝道:"你众人看我第三枝箭,要射你那队里穿白的教头心窝!"那人叫声:"哎呀!"便转身先走。众人发声喊,一齐都走了。

花荣且教闭上寨门,却来后堂看觑宋江。花荣说道:"小弟误了哥哥,受此之苦。"宋江答道:"我却不妨。只恐刘高那厮不肯和你干休。我们也要计较个常便。"花荣道:"小弟舍着弃了这道官诰,和那厮理会。"宋江道:"不想那妇人将恩作怨,教丈夫打我这一顿。我本待自说出真名姓来,却又怕阎婆惜事发,因此只说郓城客人张三。叵耐刘高无礼,要把我做郓城虎张三解上州去,合个囚车盛我。要做清风山贼首时,顷刻便是一刀一剐! 不得贤弟自来力救,便有铜唇铁舌,也和他分辩不得。"花荣道:"小弟寻思,只想他是读书人,须念同姓之亲,因此写了刘丈,不想他直恁没些人情。如今既已救了来家,且却又理会。"宋江道:"贤弟差矣:既然仗你豪势,救了人来,凡事要三思。自古道:'吃饭防噎,行路防跌。'他被你公然夺了人来,急使人来抢,又被你一吓,尽都散了,我想他如何肯干罢,必然要和你动文书。今晚我先走上清风山去躲避,你明日却好和他白赖,终久只是文武不和相殴的官司。我若再被他拿出去时,你便和他分说不过。"花荣道:"小弟只是一勇之夫,却无兄长的高明远见。只恐兄长伤重了,走不动。"宋江道:"不妨。事急难以担阁,我自捱到山下便了。"当日敷贴了膏药,吃了些酒肉,把包裹都寄在花荣处。黄昏时分,便使两个军汉送出栅外去了。宋江自连夜捱去,不在话下。

再说刘知寨见军士一个个都散回寨里来说道:"花知寨十分英勇了得,谁敢去近前当他弓箭!"两个教头道:"着他一箭时,射个透明窟窿,却是都去不得。"刘高那厮终是个文官,有些算计。当下寻思起来:"想他这一夺去,必然连夜放他上清风山去了,明日却来和我白赖;便争竞到上司,也只是文武不和斗殴之事。我却如何奈何得他? 我今夜差二三十军汉去五里路头等候。倘若天幸捉着时,将来悄悄的关在家里,却暗地使人连夜去州里报知军官下来取,就和花荣一发拿了,都害了他性命。那时我独自霸着这清风寨,省得受这厮们的气!"当晚点了二十余人,各执枪棒,就夜去了。约莫有二更时候,去的军汉背剪绑得宋江到来。刘知寨见了大喜道:"不出吾之所料! 且与我囚在后院里,休教一个人得知!"连夜便写了一封申状,差两个心腹之人星夜来青州府飞报。次日,花荣只道宋江上清风山去了,坐视在家,心里只道:"我且看他怎的!"竟不来睬着。刘高也只做不知。两下都不说着。

且说青州府知府正值升厅公座。那知府复姓慕容,双名彦达,是今上徽宗天子慕容贵妃之兄。倚托妹子的势,要在青州横行,残害良民,欺罔僚友,无所不为。正欲回衙早饭,只见左右公人接上刘知寨申状,飞报贼情公事。知府接来看了刘高的文书,吃了一惊，便道："花荣是个功臣之子，如何结连清风山强贼？这罪犯非小，未审虚实？"便教唤那本州兵马都监来到厅上，分付他去。原来那个都监，姓黄，名信。为他本身武艺高强，威镇青州，因此称他为"镇三山"。那青州地面所管下有三座恶山：第一便是清风山，第二便是二龙山，第三便是桃花山。这三处都是强人草寇出没的去处。黄信却自夸要捉尽三山人马，因此唤做"镇三山"。这兵马都监黄信上厅来领了知府的言语，出来点起五十个壮健军汉，披挂了衣甲，马上擎着那口丧门剑，连夜便下清风寨来，径到刘高寨前下马。刘知寨出来接着，请到后堂，叙礼罢，一面安排酒食管待，一面犒赏军士。后面取出宋江来，教黄信看了。黄信道："这个不必问了。连夜合个囚车，把这厮盛在里面！"头上抹了红绢，插一个纸旗，上写着："清风山贼首郓城虎张三"。宋江那里敢分辩，只得由他们安排。黄信再问刘高道："你得张三时，花荣知也不知？"刘高道："小官夜来二更拿了他，悄悄提得来藏在家里，花荣只道去了，安坐在家。"黄信道："既是恁地，却容易。明早安排一副羊酒去大寨里公厅上摆着，却教四下里埋伏下三五十人预备着。我却自去花荣家请得他来，只说道：'慕容知府听得你文武不和，因此特差我来置酒劝谕。'赚到公厅，只看我掷盏为号，就下手拿住了，一同解上州里去。此计如何？"刘高喝采道："还是相公高见，此计却似'瓮中捉鳖，手到拿来'。"

当夜定了计策。次日天晓，先去大寨左右两边帐幕里，预先埋伏了军士，厅上虚设着酒食筵宴。早饭前后，黄信上了马，只带三两个从人，来到花荣寨前。军人入去传报。花荣问道："来做甚么？"军汉答道："只听得教报道'黄都监特来相探'。"花荣听罢，便出来迎接。黄信下马，花荣请至厅上叙礼罢，便问道："都监相公，何有公干到此？"黄信道："下官蒙知府呼唤，发落道：为是你清风寨内文武官僚不和，未知为甚缘由。知府诚恐二位因私仇而误其公事，特差黄某赍到羊酒，前来与你二位讲和。已安排在大寨公厅上，便请足下上马同往。"花荣笑道："花荣如何敢欺罔刘高？他又是个正知寨，只是他累累要寻花荣的过失，不想惊动知府，有劳都监下临草寨，花荣将何以报！"黄信附耳，低言道："知府只为足下一人。倘有些刀兵动时，他是文官，做得何用？你只依着我行。"花荣道："深谢都监过爱。"黄信便邀花荣同出门首上马。花荣道："且请都监少叙三杯了去。"黄信道："待说开了，畅饮何妨？"花荣只得叫备马。

当时两个并马而行，直来到大寨下了马。黄信携着花荣的手，同上公厅来。只见刘高已自先在公厅上。三个人都相见了。黄信叫取酒来。从人已自先把花荣的马牵将出去，闭了寨门。花荣不知是计，只想黄信是一般武官，必无歹意。黄信擎一盏酒来，先劝刘高道："知府为因听得你文武二官同僚不和，好生忧心；今日特委黄信到来与你二公陪话。烦望只以报答朝廷为重，再后有事，和同商议。"刘高答道："量刘高不才，颇识些理法，直教知府恩相如此挂心。我二人也无甚言争执，此是外人妄传。"黄信大笑道："妙哉！"刘高饮过酒，黄信又斟第二杯酒来劝花荣道："虽然是刘知寨如此说了，想必是闲人妄传，故是如此。且请饮一杯。"花荣接过酒吃了。刘高拿副台盏，斟一盏酒回劝黄信道："动劳都监相公降临敝地，满饮此杯。"

黄信接过酒来，拿在手里，把眼四下一看，有十数个军汉，簇上厅来。黄信把酒盏望地下一掷，只听得后堂一声喊起，两边帐幕里走出三五十个壮健军汉，一发上，把花荣拿倒在厅前。黄信喝道:"绑了!"花荣一片声叫道:"我得何罪?"黄信大笑,喝道:"你兀自敢叫哩!你结连清风山强贼,一同背反朝廷,当得何罪?我念你往日面皮,不去惊动拿你家老小!"花荣叫道:"也须有个证见。"黄信道:"还你一个证见!教你看真赃真贼,我不屈你。左右!与我推将来!"无移时,一辆囚车,一个纸旗儿,一条红抹额,从外面推将入来。花荣看时,却是宋江,目睁口呆,面面厮觑,做声不得。黄信喝道:"这须不干我事,见有告人刘高在此。"花荣道:"不妨,不妨!这是我的亲眷。他自是郓城县人。你要强扭他做贼,到上司自有分辩处!"黄信道:"你既然如此说时,我只解你上州里,你自去分辩。"便叫刘知寨点起一百寨兵防送。花荣便对黄信说道:"都监赚我来,虽然捉了我,便到朝廷,和他还有分辩。可看我和都监一般武职官面,休去我衣服,容我坐在囚车里。"黄信道:"这一件容易,便依着你。就叫刘知寨一同去州里折辩明白,休要枉害人性命。"当时黄信与刘高都上了马,监押着两辆囚车,并带三五十军士,一百寨兵,簇拥着车子,取路奔青州府来。有分教:火焰堆里,送数百间屋宇人家;刀斧丛中,杀一二千残生性命。正是:生事事生君莫怨,害人人害汝休嗔。毕竟宋江怎地脱身,且听下回分解。

十一、《西游记》选读^①

第十八回　观音院唐僧脱难　高老庄大圣除魔

　　行者辞了菩萨，按落云头，将袈裟挂在香楠树上，掣出棒来，打入黑风洞里。那洞里那得一个小妖？原来是他见菩萨出现，降得那老怪就地打滚，急急都散走了。行者一发行凶，将他那几层门上，都积了干柴，前前后后，一齐发火，把个黑风洞烧做个红风洞，却拿了袈裟，驾祥光，转回直北。

　　话说那三藏望行者急忙不来，心甚疑惑，不知是请菩萨不至，不知是行者托故而逃，正在那胡猜乱想之中，只见半空中彩雾灿灿，行者忽坠阶前，叫道："师父，袈裟来了。"三藏大喜，众僧亦无不欢悦道："好了，好了！我等性命，今日方才得全了。"三藏接了袈裟道："悟空，你早间去时，原约到饭罢晌午，如何此时日西方回？"行者将那请菩萨施变化降妖的事情，备陈了一遍。三藏闻言，遂设香案，朝南礼拜罢，道："徒弟啊，既然有了佛衣，可快收拾包裹去也。"行者道："莫忙，莫忙。今日将晚，不是走路的时候，且待明日早行。"众僧们一齐跪下道："孙老爷说得是。一则天晚，二来我等有些愿心儿，今幸平安，有了宝贝，待我还了愿，请老爷散了福，明早再送西行。"行者道："正是，正是。"你看那些和尚，都倾囊倒底，把那火里抢出的余资，各出所有，整顿了些斋供，烧了些平安无事的纸，念了几卷消灾解厄的经。当晚事毕。

　　次早方刷扮了马匹，包裹了行囊出门。众僧远送方回。行者引路而去，正是那春融时节，但见那：

> 草衬玉骢蹄迹软，柳摇金线露华新。桃杏满林争艳丽，薜萝绕径放精神。沙堤日暖鸳鸯睡，山涧花香蛱蝶驯。这般秋去冬残春过半，不知何年行满得真文。

　　师徒们行了五七日荒路，忽一日天色将晚，远远的望见一村人家。三藏道："悟空，你看那壁厢有座山庄相近，我们去告宿一宵，明日再行如何？"行者道："且等老孙去看看吉凶，再作区处。"那师父挽住丝缰，这行者定睛观看，真个是：

> 竹篱密密，茅屋重重。参天野树迎门，曲水溪桥映户。道旁杨柳绿依依，

　　①　选文均录自吴承恩《西游记》(第2版)，人民文学出版社，1980。

园内花开香馥馥。此时那夕照沉西，处处山林喧鸟雀；晚烟出爨，条条道径转牛羊。又见那食饱鸡豚眠屋角，醉酣邻叟唱歌来。

行者看罢道："师父请行，定是一村好人家，正可借宿。"那长老催动白马，早到街衢之口。又见一个少年，头裹绵布，身穿蓝袄，持伞背包，敛褪扎裤，脚踏着一双三耳草鞋，雄纠纠的出街忙走。行者顺手一把扯住道："那里去？我问你一个信儿，此间是什么地方？"那个人只管苦挣，口里嚷道："我庄上没人，只是我好问信？"行者陪着笑道："施主莫恼，与人方便，自己方便。你就与我说说地名何害？我也可解得你的烦恼。"那人挣不脱手，气得乱跳道："蹭蹬①，蹭蹬！家长的屈气受不了，又撞着这个光头，受他的清气！"行者道："你有本事，劈开我的手，你便就去了也罢。"那人左扭右扭，那里扭得动，却似一把铁钤钳住一般，气得他丢了包袱，撇了伞，两只手，雨点似来抓行者。行者把一只手扶着行李，一只手抵住那人，凭他怎么支吾，只是不能抓着。行者愈加不放，急得爆燥如雷。三藏道："悟空，那里不有人来了？你再问那人就是，只管扯住他怎的？放他去罢。"行者笑道："师父不知，若是问了别人没趣，须是问他，才有买卖。"

那人被行者扯住不过，只得说出道："此处乃是乌斯藏国界之地，唤做高老庄。一庄人家有大半姓高，故此唤做高老庄。你放了我去罢。"行者又道："你这样行装，不是个走近路的。你实与我说你要往那里去，端的所干何事，我才放你。"这人无奈，只得以实情告诉道："我是高太公的家人，名叫高才。我那太公有个老女儿，年方二十岁，更不曾配人，三年前被一个妖精占了。那妖整做了这三年女婿，我太公不悦，说道女儿招了妖精，不是长法，一则败坏家门，二则没个亲家来往，一向要退这妖精。那妖精那里肯退，转把女儿关在他后宅，将有半年，再不放出与家内人相见。我太公与了我几两银子，教我寻访法师，拿那妖怪。我这些时不曾住脚，前前后后，请了有三四个人，都是不济的和尚，脓包的道士，降不得那妖精。刚才骂了我一场，说我不会干事，又与了我五钱银子做盘缠，教我再去请好法师降他。不期撞着你这个纥剌星扯住②，误了我走路，故此里外受气，我无奈，才与你叫喊。不想你又有些拿法，我挣不过你，所以说此实情。你放我走罢。"

行者道："你的造化，我有营生，这才是凑四合六的勾当③。你也不须远行，莫要化费了银子。我们不是那不济的和尚，脓包的道士，其实有些手段，惯会拿妖。这正是一来照顾郎中，二来又医得眼好。烦你回去上复你那家主，说我们是东土驾下差来的御弟圣僧，往西天拜佛求经者，善能降妖缚怪。"高才道："你莫误了我。我是一肚子气的人，你若哄了我，没甚手段，拿不住那妖精，却不又带累我来受气？"行者道："管教不误了你。你引我到你家门首去来。"那人也无计奈何，真个提着包袱，拿了伞，转步回身，领他师徒到于门首道："二位长老，你且在马台上略坐坐，等我进去报主人知道。"行者才放了手，落担牵马，师徒们坐立门旁等候。

---

① 蹭蹬：倒霉，倒运。

② 纥剌星：犹魔星、魔障。

③ 凑四合六：十分巧合之义。

那高才入了大门，径往中堂上走，可可的撞见高太公。太公骂道："你那个蛮皮畜生，怎么不去寻人，又回来做甚？"高才放下包伞道："上告主人公得知，小人才行出街口，忽撞见两个和尚，一个骑马，一个挑担。他扯住我不放，问我那里去。我再三不曾与他说及，他缠得没奈何，不得脱手，遂将主人公的事情，一一说与他知。他却十分欢喜，要与我们拿那妖怪哩。"高老道："是那里来的？"高才道："他说是东土驾下差来的御弟圣僧，前往西天拜佛求经的。"太公道："既是远来的和尚，怕不真有些手段。他如今在那里？"高才道："现在门外等候。"那太公即忙换了衣服，与高才出来迎接，叫声"长老"。三藏听见，急转身，早已到了面前。那老者戴一顶乌绫巾，穿一领葱白蜀锦衣，踏一双糙米皮的犍子靴，系一条黑绿绦子，出来笑语相迎，便叫："二位长老，作揖了。"三藏还了礼，行者站着不动。那老者见他相貌凶丑，便就不敢与他作揖。行者道："怎么不唱老孙喏？"那老儿有几分害怕，叫高才道："你这小厮却不弄杀我也？家里现有一个丑头怪脑的女婿打发不开，怎么又引这个雷公来害我？"行者道："老高，你空长了许大年纪，还不省事！若专以相貌取人，干净错了。我老孙丑自丑，却有些本事，替你家擒得妖精，捉得鬼魅，拿住你那女婿，还了你女儿，便是好事，何必谆谆以相貌为言！"太公见说，战兢兢的，只得强打精神，叫声"请进"。这行者见请，才牵了白马，教高才挑着行李，与三藏进去。他也不管好歹，就把马拴在敞厅柱上，扯过一张退光漆交椅，叫三藏坐下。他又扯过一张椅子，坐在旁边。那高老道："这个小长老，倒也家怀①。"行者道："你若肯留我住得半年，还家怀哩。"

坐定，高老问道："适间小价说②，二位长老是东土来的？"三藏道："便是。贫僧奉朝命往西天拜佛求经，因过宝庄，特借一宿，明日早行。"高老道："二位原是借宿的，怎么说会拿怪？"行者道："因是借宿，顺便拿几个妖怪儿耍耍的。动问府上有多少妖怪？"高老道："天哪！还吃得有多少哩！只这一个妖怪女婿，已被他磨慌了！"行者道："你把那妖怪的始末，有多大手段，从头儿说说我听，我好替你拿他。"高老道："我们这庄上，自古至今，也不晓得有什么鬼祟魍魉，邪魔作耗。只是老拙不幸，不曾有子，止生三个女儿：大的唤名香兰，第二的名玉兰，第三的名翠兰。那两个从小儿配与本庄人家，止有小的个，要招个女婿，指望他与我同家过活，做个养老女婿，撑门抵户，做活当差。不期三年前，有一个汉子，模样儿倒也精致，他说是福陵山上人家，姓猪，上无父母，下无兄弟，愿与人家做女婿。我老拙见是这般一个无根无绊的人，就招了他。一进门时，倒也勤谨，耕田耙地，不用牛具；收割田禾，不用刀杖。昏去明来，其实也好。只是一件，有些会变嘴脸。"行者道："怎么变么？"高老道："初来时，是一条黑胖汉，后来就变做一个长嘴大耳朵的呆子，脑后又有一溜鬃毛，身体粗糙怕人，头脸就像个猪的模样。食肠却又甚大，一顿要吃三五斗米饭，早间点心，也得百十个烧饼才彀。喜得还吃斋素，若再吃荤酒，便是老拙这些家业田产之类，不上半年，就吃个罄净！"三藏道："只因他做得，所以吃得。"高老道："吃还是件小事，他如今又会弄风，云来雾去，走石飞砂，唬得我一家并左邻右舍，俱

---

① 家怀：不见外、不客气之义。
② 小价：亦作"小介"，仆人，对自家仆人的谦称。

不得安生。又把那翠兰小女关在后宅子里，一发半年也不曾见面，更不知死活如何。因此知他是个妖怪，要请个法师与他去退，去退。"行者道："这个何难？老儿你管放心，今夜管情与你拿住，教他写了退亲文书，还你女儿如何？"高老大喜道："我为招了他不打紧，坏了我多少清名，疏了我多少亲眷。但得拿住他，要什么文书？就烦与我除了根罢。"行者道："容易，容易！入夜之时，就见好歹。"

老儿十分欢喜，才教展抹桌椅，摆列斋供。斋罢将晚，老儿问道："要甚兵器？要多少人随？趁早好备。"行者道："兵器我自有。"老儿道："二位只是那根锡杖，锡杖怎么打得妖精？"行者随于耳内取出一个绣花针来，捻在手中，迎风幌了一幌，就是碗来粗细的一根金箍铁棒，对着高老道："你看这条棍子，比你家兵器如何？可打得这怪否？"高老又道："既有兵器，可要人跟？"行者道："我不用人，只是要几个年高有德的老儿，陪我师父清坐闲叙，我好撇他而去。等我把那妖精拿来，对众取供，替你除了根罢。"那老儿即唤家僮，请了几个亲故朋友。一时都到，相见已毕，行者道："师父，你放心稳坐，老孙去也。"

你看他撑着铁棒，扯着高老道："你引我去后宅子里妖精的住处看看。"高老遂引他到后宅门首，行者道："你去取钥匙来。"高老道："你且看看，若是用得钥匙，却不请你了。"行者笑道："你那老儿，年纪虽大，却不识耍。我把这话儿哄你一哄，你就当真。"走上前，摸了一摸，原来是铜汁灌的锁子。狠得他将金箍棒一捣，捣开门扇，里面却黑洞洞的。行者道："老高，你去叫你女儿一声，看他可在里面。"那老儿硬着胆叫道："三姐姐！"那女儿认得是他父亲的声音，才少气无力的应了一声道："爹爹，我在这里哩。"行者闪金睛，向黑影里仔细看时，你道他怎生模样？但见那：

> 云鬟乱堆无掠，玉容未洗尘淄。一片兰心依旧，十分娇态倾颓。樱唇全无
> 气血，腰肢屈屈偎偎。愁蹙蹙，蛾眉淡，瘦怯怯，语声低。

他走来看见高老，一把扯住，抱头大哭。行者道："且莫哭，且莫哭！我问你，妖怪往那里去了？"女子道："不知往那里去。这些时，天明就去，入夜方来。云云雾雾，往回不知何所。因是晓得父亲要祛退他，他也常常防备，故此昏来朝去。"行者道："不消说了，老儿，你带令爱往前边宅里，慢慢的叙阔，让老孙在此等他。他若不来，你却莫怪；他若来了，定与你剪草除根。"那老高欢欢喜喜的，把女儿带将前去。

行者却弄神通，摇身一变，变得就如那女子一般，独自个坐在房里等那妖精。不多时，一阵风来，真个是走石飞砂。好风：

> 起初时微微荡荡，向后来渺渺茫茫。微微荡荡乾坤大，渺渺茫茫无阻碍。
> 凋花折柳胜揾麻，倒树摧林如拔菜。翻江搅海鬼神愁，裂石崩山天地怪。衔花
> 麋鹿失来踪，摘果猿猴迷在外。七层铁塔侵佛头，八面幢幡伤宝盖。金梁玉柱
> 起根摇，房上瓦飞如燕块。举棹梢公许愿心，开船忙把猪羊赛。当坊土地弃祠
> 堂，四海龙王朝上拜。海边撞损夜叉船，长城刮倒半边塞。

那阵狂风过处，只见半空里来了一个妖精，果然生得丑陋。黑脸短毛，长喙大耳，穿

一领青不青、蓝不蓝的梭布直裰，系一条花布手巾。行者暗笑道："原来是这个买卖！"好行者，却不迎他，也不问他，且睡在床上推病，口里哼哼喷喷的不绝。那怪不识真假，走进房，一把搂住，就要亲嘴。行者暗笑道："真个要来弄老孙哩！"即使个拿法，托着那怪的长嘴，叫做个小跌。漫头一料，扑的掼下床来。那怪爬起来，扶着床边道："姐姐，你怎么今日有些怪我？想是我来得迟了？"行者道："不怪，不怪！"那妖道："既不怪我，怎么就丢我这一跌？"行者道："你怎么就这等样小家子，就搂我亲嘴？我因今日有些不自在，若每常好时，便起来开门等你了。你可脱了衣服睡是。"那怪不解其意，真个就去脱衣。行者跳起来，坐在净桶上。那怪依旧复来床上摸一把，摸不着人，叫道："姐姐，你往那里去了？请脱衣服睡罢。"行者道："你先睡，等我出个恭来①。"那怪果先解衣上床。

行者忽然叹口气，道声："造化低了！"那怪道："你恼怎的？造化怎么得低的？我得到了你家，虽是吃了些茶饭，却也不曾白吃你的。我也曾替你家扫地通沟，搬砖运瓦，筑土打墙，耕田耙地，种麦插秧，创家立业。如今你身上穿的锦，戴的金，四时有花果享用，八节有蔬菜烹煎，你还有那些儿不趁心处，这般短叹长吁，说甚么造化低了？"行者道："不是这等说。今日我的父母，隔着墙，丢砖料瓦的，甚是打我骂我哩。"那怪道："他打骂你怎的？"行者道："他说我和你做了夫妻，你是他门下一个女婿，全没些儿礼体。这样个丑嘴脸的人，又会不得姨夫，又见不得亲戚，又不知你云来雾去，端的是那里人家，姓甚名谁，败坏他清德，玷辱他门风，故此这般打骂，所以烦恼。"那怪道："我虽是有些儿丑陋，若要俊，却也不难。我一来时，曾与他讲过，他愿意方才招我，今日怎么又说起这话！我家住在福陵山云栈洞。我以相貌为姓，故姓猪，官名叫做猪刚鬣。他若再来问你，你就以此话与他说便了。"

行者暗喜道："那怪却也老实，不用动刑，就供得这等明白。既有了地方姓名，不管怎的也拿住他。"行者道："他要请法师来拿你哩。"那怪笑道："睡着，睡着！莫睬他！我有天罡数的变化，九齿的钉钯，怕什么法师、和尚、道士？就是你老子有虔心，请下九天荡魔祖师下界，我也曾与他做过相识，他也不敢怎的我。"行者道："他说请一个五百年前大闹天宫姓孙的齐天大圣，要来拿你哩。"那怪闻得这个名头，就有三分害怕道："既是这等说，我去了罢，两口子做不成了。"行者道："你怎的就去？"那怪道："你不知道，那闹天宫的弼马温，有些本事，只恐我弄他不过，低了名头，不像模样。"他套上衣服，开了门，往外就走，被行者一把扯住，将自己脸上抹了一抹，现出原身，喝道："好妖怪，那里走！你抬头看看我是那个？"那怪转过眼来，看见行者咨牙俫嘴，火眼金睛，磕头毛脸，就是个活雷公相似，慌得他手麻脚软，划剌的一声，挣破了衣服，化狂风脱身而去。行者急上前，擎铁棒，望风打了一下。那怪化万道火光，径转本山而去。行者驾云，随后赶来，叫声："那里走！你若上天，我就赶到斗牛宫！你若入地，我就追至枉死狱！"咦！毕竟不知这一去赶至何方，有何胜败，且听下回分解。

---

① 出恭：大便，解大手。科举考试时，考生上厕所要领"出恭入敬"牌子，故名。

第六十一回　猪八戒助力败魔王　孙行者三调芭蕉扇

　　话表牛魔王赶上孙大圣，只见他肩膊上揹着那柄芭蕉扇，怡颜悦色而行。魔王大惊道："猢狲原来把运用的方法儿也叨饬得来了①。我若当面问他索取，他定然不与。倘若扇我一扇，要去十万八千里远，却不遂了他意？我闻得唐僧在那大路上等候。他二徒弟猪精，三徒弟沙流精，我当年做妖怪时，也曾会他，且变作猪精的模样，返骗他一场。料猢狲以得意为喜，必不详细提防。"好魔王，他也有七十二变，武艺也与大圣一般，只是身子狼犺些，欠钻疾②，不活达些；把宝剑藏了，念个咒语，摇身一变，即变作八戒一般嘴脸，抄下路，当面迎着大圣，叫道："师兄，我来也！"

　　这大圣果然欢喜。古人云"得胜的猫儿欢似虎"也，只倚着强能，更不察来人的意思，见是个八戒的模样，便就叫道："兄弟，你往那里去？"牛魔王绰着经儿道："师父见你许久不回，恐牛魔王手段大，你斗他不过，难得他的宝贝，教我来迎你的。"行者笑道："不必费心，我已得了手了。"牛王又问道："你怎么得的？"行者道："那老牛与我战经百十合，不分胜负。他就撇了我，去那乱石山碧波潭底，与一伙蛟精龙精饮酒。是我暗跟他去，变作个螃蟹，偷了他所骑的辟水金睛兽，变了老牛的模样，径至芭蕉洞哄那罗刹女。那女子与老孙结了一场干夫妻，是老孙设法骗将来的。"牛王道："却是生受了，哥哥劳碌太甚，可把扇子我拿。"孙大圣那知真假，也虑不及此，遂将扇子递与他。

　　原来那牛王，他知那扇子收放的根本，接过手，不知捻个什么诀儿，依然小似一片杏叶，现出本象，开言骂道："泼猢狲！认得我么？"行者见了，心中自悔道："是我的不是了！"恨了一声，跌足高呼道："咦！逐年家打雁，今却被小雁儿鹐了眼睛。"狠得他爆躁如雷，掣铁棒，劈头便打。那魔王就使扇子搧他一下，不知那大圣先前变蟭蟟虫入罗刹女腹中之时，将定风丹噙在口里，不觉的咽下肚里，所以五脏皆牢，皮骨皆固，凭他怎么扇，再也扇他不动。牛王慌了，把宝贝丢入口中，双手轮剑就砍。那两个在半空中，这一场好杀：

　　　　齐天孙大圣，混世泼牛王，只为芭蕉扇，相逢各骋强。粗心大圣将人骗，大胆牛王把扇诓。这一个，金箍棒起无情义；那一个，双刃青锋有智量。大圣施威喷彩雾，牛王放泼吐毫光。齐斗勇，两不良，咬牙锉齿气昂昂。播土扬尘天地暗，飞砂走石鬼神藏。这个说："你敢无知返骗我！"那个说："我妻许你共相将！"言村语泼，性烈情刚。那个说："你哄人妻女真该死！告到官司有罪殃！"伶俐的齐天圣，凶顽的大力王，一心只要杀，更不待商量。棒打剑迎齐努力，有些松慢见阎王。

---

①　叨饬：犹骗取。

②　钻疾：灵活、机灵。

且不说他两个相斗难分，却表唐僧坐在途中，一则火气蒸人，二来心焦口渴，对火焰山土地道："敢问尊神，那牛魔王法力如何？"土地道："那牛王神通不小，法力无边，正是孙大圣的敌手。"三藏道："悟空是个会走路的，往常家二千里路，一霎时便回，怎么如今去了一日？断是与那牛王赌斗。"叫："悟能，悟净！你两个，那一个去迎你师兄一迎？倘或遇敌，就当用力相助，求得扇子来，解我烦躁，早早过山赶路去也。"八戒道："今日天晚，我想着要去接他，但只是不认得积雷山路。"土地道："小神认得。且教卷帘将军与你师父做伴，我与你去来。"三藏大喜道："有劳尊神，功成再谢。"

那八戒抖擞精神，束一束皂锦直裰，搴着钯，即与土地纵起云雾，径回东方而去。正行时，忽听得喊杀声高，狂风滚滚。八戒按住云头看时，原来孙行者与牛王厮杀哩。土地道："天蓬还不上前怎的？"呆子掣钉钯，厉声高叫道："师兄，我来也！"行者恨道："你这夯货，误了我多少大事！"八戒道："师父教我来迎你，因认不得山路，商议良久，教土地引我，故此来迟，如何误了大事？"行者道："不是怪你来迟，这泼牛十分无礼！我向罗刹处弄得扇子来，却被这厮变作你的模样，口称迎我，我一时欢悦，转把扇子递在他手，他却现了本象，与老孙在此比并，所以误了大事也。"八戒闻言大怒，举钉钯当面骂道："我把你这血皮胀的遭瘟！你怎敢变作你祖宗的模样，骗我师兄，使我兄弟不睦！"你看他没头没脸的使钉钯乱筑，那牛王一则是与行者斗了一日，力倦神疲；二则是见八戒的钉钯凶猛，遮架不住，败阵就走。只见那火焰山土地，帅领阴兵，当面挡住道："大力王，且住手，唐三藏西天取经，无神不保，无天不佑，三界通知，十方拥护。快将芭蕉扇来扇息火焰，教他无灾无障，早过山去；不然，上天责你罪愆，定遭诛也。"牛王道："你这土地，全不察理！那泼猴夺我子，欺我妾，骗我妻，番番无道，我恨不得囫囵吞他下肚，化作大便喂狗，怎么肯将宝贝借他！"说不了，八戒赶上骂道："我把你个结心癀！快拿出扇来，饶你性命！"那牛王只得回头，使宝剑又战八戒，孙大圣举棒相帮，这一场在那里好杀：

> 成精豕，作怪牛，兼上偷天得道猴。禅性自来能战炼，必当用土合元由。钉钯九齿尖还利，宝剑双锋快更柔。铁棒卷舒为主仗，土神助力结丹头。三家刑克相争竞，各展雄才要运筹。捉牛耕地金钱长，唤豕归炉木气收。心不在焉何作道，神常守舍要拴猴。胡乱嚷，苦相求，三般兵刃响搜搜。钯筑剑伤无好意，金箍棒起有因由。只杀得星不光兮月不皎，一天寒雾黑悠悠！

那魔王奋勇争强，且行且斗，斗了一夜，不分上下，早又天明。前面是他的积雷山摩云洞口，他三个与土地阴兵，又喧哗振耳，惊动那玉面公主，唤丫鬟看是那里人嚷。只见守门小妖来报："是我家爷爷与昨日那雷公嘴汉子并一个长嘴大耳的和尚同火焰山土地等众厮杀哩！"玉面公主听言，即命外护的大小头目，各执枪刀助力。前后点起七长八短，有百十余口，一个个卖弄精神，拈枪弄棒，齐告："大王爷爷，我等奉奶奶内旨，特来助力也！"牛王大喜道："来得好，来得好！"众妖一齐上前乱砍。八戒措手不及，倒拽着钯败阵而走，大圣纵筋斗云跳出重围，众阴兵亦四散奔走。老牛得胜，聚众妖归洞，紧闭了洞门不题。

行者道："这厮骁勇！自昨日申时前后，与老孙战起，直到今夜，未定输赢，却得你两个来接力。如此苦斗半日一夜,他更不见劳困。才这一伙小妖,却又莽壮。他将洞门紧闭不出,如之奈何?"八戒道:"哥哥,你昨日已时离了师父,怎么到申时才与他斗起?你那两三个时辰,在那里的?"行者道:"别你后,顷刻就到这座山上,见一个女子问讯,原来就是他爱妾玉面公主。被我使铁棒唬他一唬,他就跑进洞,叫出那牛王来。与老孙劙言劙语,嚷了一会,又与他交手,斗了有一个时辰。正打处,有人请他赴宴去了。是我跟他到那乱石山碧波潭底,变作一个螃蟹,探了消息,偷了他辟水金睛兽,假变牛王模样,复至翠云山芭蕉洞,骗了罗刹女,哄得他扇子。出门试演试演方法,把扇子弄长了,只是不会收小。正揣了走处,被他假变做你的嘴脸,返骗了去,故此耽搁两三个时辰也。"八戒道:"这正是俗语云,大海里翻了豆腐船,汤里来,水里去。如今难得他扇子,如何保得师父过山?且回去,转路走他娘罢!"土地道:"大圣休焦恼,天蓬莫懈怠。但说转路,就是入了旁门,不成个修行之类。古语云,行不由径,岂可转走?你那师父,在正路上坐着,眼巴巴只望你们成功哩!"行者发狠道:"正是,正是,呆子莫要胡谈!土地说得有理,我们正要与他:

> 赌输赢,弄手段,等我施为地煞变。自到西方无对头,牛王本是心猿变。今番正好会源流,断要相持借宝扇。趁清凉,息火焰,打破顽空参佛面。行满超升极乐天,大家同赴龙华宴!"

那八戒听言,便生努力,殷勤道:

> 是,是,是!去,去,去!管甚牛王会不会,木生在亥配为猪,牵转牛儿归土类。申下生金本是猴,无刑无克多和气。用芭蕉,为水意,焰火消除成既济。昼夜休离苦尽功,功完赶赴盂兰会。

他两个领着土地阴兵一齐上前,使钉钯,轮铁棒,乒乒乓乓,把一座摩云洞的前门,打得粉碎。唬得那外护头目,战战兢兢,闯入里边报道:"大王!孙悟空率众打破前门也!"那牛王正与玉面公主备言其事,懊恨孙行者哩,听说打破前门,十分发怒,急披挂,拿了铁棍,从里边骂出来道:"泼猢狲!你是多大个人儿,敢这等上门撒泼,打破我门扇?"八戒近前乱骂道:"泼老剥皮!你是个甚样人物,敢量那个大小!不要走!看钯!"牛王喝道:"你这个囔糟食的夯货,不见怎的!快叫那猴儿上来!"行者道:"不知好歹的饷草!我昨日还与你论兄弟,今日就是仇人了!仔细吃吾一棒!"那牛王奋勇而迎。这场比前番更胜。三个英雄,厮混在一处。好杀:

> 钉钯铁棒逞神威,同帅阴兵战老牺,牺牲独展凶强性,遍满同天法力恢。使钯筑,着棍撺,铁棒英雄又出奇。三般兵器叮当响,隔架遮拦谁让谁?他道他为首,我道我夺魁。土兵为证难分解,木土相煎上下随。这两个说:"你如何不借芭蕉扇!"那一个道:"你焉敢欺心骗我妻!赶妾害儿仇未报,敲门打户又惊疑!"这个说:"你仔细堤防如意棒,擦着些儿就破皮!"那个说:"好生躲避钯头齿,一伤九孔血淋漓!"牛魔不怕施威猛,铁棍高擎有见机。翻云覆雨随来

往，吐雾喷风任发挥。恨苦这场都拚命，各怀恶念喜相持。丢架子，让高低，前迎后挡总无亏。兄弟二人齐努力，单身一棍独施为。卯时战到辰时后，战罢牛魔束手回。

他三个含死忘生，又斗有百十余合。八戒发起呆性，仗着行者神通，举钯乱筑。牛王遮架不住，败阵回头，就奔洞门，却被土地阴兵拦住洞门，喝道："大力王，那里走！吾等在此！"那老牛不得进洞，急抽身，又见八戒、行者赶来，慌得卸了盔甲，丢了铁棍，摇身一变，变做一只天鹅，望空飞走。行者看见，笑道："八戒！老牛去了。"那呆子漠然不知，土地亦不能晓，一个个东张西觑，只在积雷山前后乱找。行者指道："那空中飞的不是？"八戒道："那是一只天鹅。"行者道："正是老牛变的。"土地道："既如此，却怎生么？"行者道："你两个打进此门，把群妖尽情剿除，拆了他的窝巢，绝了他的归路，等老孙与他赌变化去。"那八戒与土地，依言攻破洞门不题。

这大圣收了金箍棒，捻诀念咒，摇身一变，变作一个海东青，飕的一翅，钻在云眼里，倒飞下来，落在天鹅身上，抱住颈项嗛眼。那牛王也知是孙行者变化，急忙抖抖翅，变作一只黄鹰，返来嗛海东青。行者又变作一个乌凤，专一赶黄鹰。牛王识得，又变作一只白鹤，长唳一声，向南飞去。行者立定，抖抖翎毛，又变作一只丹凤，高鸣一声。那白鹤见凤是鸟王，诸禽不敢妄动，刷的一翅，淬下山崖，将身一变，变作一只香獐，乜乜些些①，在崖前吃草。行者认得，也就落下翅来，变作一只饿虎，剪尾跑蹄，要来赶獐作食。魔王慌了手脚，又变作一只金钱花斑的大豹，要伤饿虎。行者见了，迎着风，把头一幌，又变作一只金眼狻猊，声如霹雳，铁额铜头，复转身要食大豹。牛王着了急，又变作一个人熊，放开脚，就来擒那狻猊。行者打个滚，就变作一只赖象，鼻似长蛇，牙如竹笋，撒开鼻子，要去卷那人熊。牛王嘻嘻的笑了一笑，现出原身，一只大白牛，头如峻岭，眼若闪光，两只角似两座铁塔，牙排利刃。连头至尾，有千余丈长短，自蹄至背，有八百丈高下，对行者高叫道："泼猢狲！你如今将奈我何？"行者也就现了原身，抽出金箍棒来，把腰一躬，喝声叫："长！"长得身高万丈，头如泰山，眼如日月，口似血池，牙似门扇，手执一条铁棒，着头就打。那牛王硬着头，使角来触。这一场，真个是撼岭摇山，惊天动地！有诗为证，诗曰：

道高一尺魔千丈，奇巧心猿用力降。若得火山无烈焰，必须宝扇有清凉。
黄婆矢志扶元老，木母留情扫荡妖。和睦五行归正果，炼魔涤垢上西方。

他两个大展神通，在半山中赌斗，惊得那过往虚空一切神众与金头揭谛、六甲六丁、一十八位护教伽蓝都来围困魔王。那魔王公然不惧，你看他东一头，西一头，直挺挺光耀耀的两只铁角，往来抵触；南一撞，北一撞，毛森森筋暴暴的一条硬尾，左右敲摇。孙大圣当面迎，众多神四面打，牛王急了，就地一滚，复本象，便投芭蕉洞去。行者也收了法象，与众多神随后追袭。那魔王闯入洞里，闭门不出，概众把一座翠云山围得水泄

---

① 乜乜些些：装痴作呆。

不通。

正都上门攻打，忽听得八戒与土地阴兵嚷嚷而至。行者见了问曰："那摩云洞事体如何？"八戒笑道："那老牛的娘子被我一钯筑死，剥开衣看，原来是个玉面狸精。那伙群妖，俱是些驴骡犊特、獾狐貉獐、羊虎麋鹿等类，已此尽皆剿戮，又将他洞府房廊放火烧了。土地说他还有一处家小，住居此山，故又来这里扫荡也。"行者道："贤弟有功，可喜，可喜！老孙空与那牛赌变化，未曾得胜。他变做无大不大的白牛，我变了法天象地的身量，正和他抵触之间，幸蒙诸神下降，围困多时，他却复原身，走进洞去矣。"八戒道："那可是芭蕉洞么？"行者道："正是，正是！罗刹女正在此间。"八戒发狠道："既是这般，怎么不打进去，剿除那厮，问他要扇子，倒让他停留长智，两口儿叙情！"

好呆子，抖擞威风，举钯照门一筑，忽辣的一声，将那石崖连门筑倒了一边。慌得那女童忙报："爷爷！不知甚人把前门都打坏了！"牛王方跑进去，喘嘘嘘的，正告诉罗刹女与孙行者夺扇子赌斗之事，闻报心中大怒，就口中吐出扇子，递与罗刹女。罗刹女接扇在手，满眼垂泪道："大王！把这扇子送与那猢狲，教他退兵去罢。"牛王道："夫人啊，物虽小而恨则深。你且坐着，等我再和他比并去来。"那魔重整披挂，又选两口宝剑，走出门来，正遇着八戒使钯筑门。老牛更不打话，掣剑劈脸便砍。八戒举钯迎着，向后倒退了几步，出门来，早有大圣轮棒当头。那牛魔即驾狂风，跳离洞府，又都在那翠云山上相持。众多神四面围绕，土地兵左右攻击。这一场，又好杀哩：

> 云迷世界，雾罩乾坤。飒飒阴风砂石滚，巍巍怒气海波浑。重磨剑二口，
> 复挂甲全身。结冤深似海，怀恨越生嗔。你看齐天大圣因功绩，不讲当年老故
> 人。八戒施威求扇子，众神护法捉牛君。牛王双手无停息，左遮右挡弄精神。
> 只杀得那过鸟难飞皆敛翅，游鱼不跃尽潜鳞；鬼泣神嚎天地暗，龙愁虎怕日
> 光昏！

那牛王拚命捐躯，斗经五十余合，抵敌不住，败了阵，往北就走。早有五台山秘魔岩神通广大泼法金刚阻住道："牛魔，你往那里去！我等乃释迦牟尼佛祖差来，布列天罗地网，至此擒汝也！"正说间，随后有大圣、八戒、众神赶来。那魔王慌转身向南走，又撞着峨眉山清凉洞法力无量胜至金刚挡住，喝道："吾奉佛旨在此，正要拿住你也！"牛王心慌脚软，急抽身往东便走，却逢着须弥山摩耳崖毗卢沙门大力金刚迎住道："你老牛何往！我蒙如来密令，教来捕获你也！"牛王又悚然而退，向西就走，又遇着昆仑山金霞岭不坏尊王永住金刚敌住，喝道："这厮又将安走！我领西天大雷音寺佛老亲言，在此把截，谁放你也！"那老牛心惊胆战，悔之不及。见那四面八方都是佛兵天将，真个似罗网高张，不能脱命。

正在仓惶之际，又闻得行者帅众赶来，他就驾云头，望上便走。却好有托塔李天王并哪吒太子，领鱼肚药叉、巨灵神将，幔住空中，叫道："慢来，慢来！吾奉玉帝旨意，特来此剿除你也！"牛王急了，依前摇身一变，还变做一只大白牛，使两只铁角去触天王，天王使刀来砍。随后孙行者又到，哪吒太子厉声高叫："大圣，衣甲在身，不能为礼。愚父子昨日见佛如来，发檄奏闻玉帝，言唐僧路阻火焰山，孙大圣难伏牛魔王，玉帝传旨，特差

我父王领众助力。"行者道："这厮神通不小！又变作这等身躯，却怎奈何？"太子笑道："大圣勿疑，你看我擒他。"这太子即喝一声："变！"变得三头六臂，飞身跳在牛王背上，使斩妖剑望颈项上一挥，不觉得把个牛头斩下。天王收刀，却才与行者相见。那牛王腔子里又钻出一个头来，口吐黑气，眼放金光。被哪吒又砍一剑，头落处，又钻出一个头来。一连砍了十数剑，随即长出十数个头。哪吒取出火轮儿挂在那老牛的角上，便吹真火，焰焰烘烘，把牛王烧得张狂哮吼，摇头摆尾。才要变化脱身，又被托塔天王将照妖镜照住本象，腾那不动，无计逃生，只叫："莫伤我命！情愿归顺佛家也！"哪吒道："既惜身命，快拿扇子出来！"牛王道："扇子在我山妻处收着哩。"

哪吒见说，将缚妖索子解下，跨在他那颈项上，一把拿住鼻头，将索穿在鼻孔里，用手牵来。孙行者却会聚了四大金刚、六丁六甲、护教伽蓝、托塔天王、巨灵神将并八戒、土地、阴兵，簇拥着白牛，回至芭蕉洞口。老牛叫道："夫人，将扇子出来，救我性命！"罗刹听叫，急卸了钗环，脱了色服，挽青丝如道姑，穿缟素似比丘，双手捧那柄丈二长短的芭蕉扇子，走出门，又见有金刚众圣与天王父子，慌忙跪在地下，磕头礼拜道："望菩萨饶我夫妻之命，愿将此扇奉承孙叔叔成功去也！"行者近前接了扇，同大众共驾祥云，径回东路。

却说那三藏与沙僧，立一会，坐一会，盼望行者，许久不回，何等忧虑！忽见祥云满空，瑞光满地，飘飘飖飖，盖众神行将近，这长老害怕道："悟净！那壁厢是谁神兵来也？"沙僧认得道："师父啊，那是四大金刚、金头揭谛、六甲六丁、护教伽蓝与过往众神。牵牛的是哪吒三太子，拿镜的是托塔李天王，大师兄执着芭蕉扇，二师兄并土地随后，其余的都是护卫神兵。"三藏听说，换了毗卢帽，穿了袈裟，与悟净拜迎众圣，称谢道："我弟子有何德能，敢劳列位尊圣临凡也！"四大金刚道："圣僧喜了，十分功行将完！吾等奉佛旨差来助汝，汝当竭力修持，勿得须臾怠情。"三藏叩齿叩头，受身受命。孙大圣执着扇子，行近山边，尽气力挥了一扇，那火焰山平平息焰，寂寂除光。行者喜喜欢欢，又扇一扇，只闻得习习潇潇，清风微动。第三扇，满天云漠漠，细雨落霏霏。有诗为证，诗曰：

> 火焰山遥八百程，火光大地有声名。火煎五漏丹难熟，火燎三关道不清。
> 时借芭蕉施雨露，幸蒙天将助神功。牵牛归佛休颠劣，水火相联性自平。

此时三藏解燥除烦，清心了意。四众皈依，谢了金刚，各转宝山。六丁六甲升空保护，过往神祇四散，天王太子牵牛径归佛地回缴。止有本山土地，押着罗刹女，在旁伺候。行者道："那罗刹，你不走路，还立在此等甚？"罗刹跪道："万望大圣垂慈，将扇子还了我罢。"八戒喝道："泼贱人，不知高低！饶了你的性命就彀了，还要讨甚么扇子，我们拿过山去，不会卖钱买点心吃？费了这许多精神力气，又肯与你！雨蒙蒙的，还不回去哩！"罗刹再拜道："大圣原说扇息了火还我。今此一场，诚悔之晚矣。只因不偢俀，致令劳师动众。我等也修成人道，只是未归正果，见今真身现像归西，我再不敢妄作。愿赐本扇，从立自新，修身养命去也。"土地道："大圣！趁此女深知息火之法，断绝火根，还他扇子，小神居此苟安，拯救这方生民；求些血食，诚为恩便。"

行者道："我当时问着乡人说，这山扇息火，只收得一年五谷，便又火发！如何治得除根?"罗刹道:"要是断绝火根,只消连扇四十九扇,永远再不发了。"行者闻言,执扇子,使尽筋力。望山头连扇四十九扇,那山上大雨淙淙。果然是宝贝:有火处下雨,无火处天晴。他师徒们立在这无火处,不遭雨湿。坐了一夜,次早才收拾马匹行李,把扇子还了罗刹,又道:"老孙若不与你,恐人说我言而无信。你将扇子回山,再休生事。看你得了人身,饶你去罢!"那罗刹接了扇子。念个咒语,捏做个杏叶儿,噙在口里,拜谢了众圣,隐姓修行,后来也得了正果,经藏中万古流名。罗刹、土地俱感激谢恩,随后相送。行者、八戒、沙僧,保着三藏遂此前进,真个是身体清凉,足下滋润。诚所谓:坎离既济真元合,水火均平大道成。毕竟不知几年才回东土,且听下回分解。

十二、《红楼梦》选读①

第五十六回　敏探春兴利除宿弊　识宝钗小惠全大体

　　话说平儿陪着凤姐儿吃了饭,伏侍盥漱毕,方往探春处来。只见院中寂静,只有丫鬟婆子诸内壶近人在窗外听候②。

　　平儿进入厅中,他姊妹三人正议论些家务,说的便是年内赖大家请吃酒,他家花园中事故。见他来了,探春便命他脚踏上坐了,因说道:"我想的事不为别的,因想着我们一月有二两月银外,丫头们又另有月钱。前儿又有人回,要我们一月所用的头油脂粉,每人又是二两。这又同才刚学里的八两一样,重重叠叠,事虽小,钱有限,看起来也不妥当。你奶奶怎么就没想到这个?"平儿笑道:"这有个原故:姑娘们所用的这些东西,自然是该有分例。每月买办买了,令女人们各房交与我们收管,不过预备姑娘们使用就罢了,没有一个我们天天各人拿钱找人买头油又是脂粉去的理。所以外头买办总领了去,按月使女人按房交与我们的。姑娘们的每月这二两,原不是为买这些的,原为的是一时当家的奶奶太太或不在,或不得闲,姑娘们偶然一时可巧要几个钱使,省得找人去。这原是恐怕姑娘们受委屈,可知这个钱并不是买这个才有的。如今我冷眼看着,各房里的我们的姊妹都是现拿钱买这些东西的,竟有一半。我就疑惑,不是买办脱了空,迟些日子,就是买的不是正经货,弄些使不得的东西来搪塞。"探春李纨都笑道:"你也留心看出来了。脱空是没有的,也不敢,只是迟些日子,催急了,不知那里弄些来,不过是个名儿,其实使不得,依然得现买。就用这二两银子,另叫别人的奶妈子的或是弟兄哥哥的儿子买了来才使得。若使了官中的人,依然是那一样的。不知他们是什么法子,是铺子里坏了不要的,他们都弄了来,单预备给我们?"平儿笑道:"买办买的是那样的,他买了好的来,买办岂肯和他善开交,又说他使坏心要夺这买办了。所以他们也只得如此,宁可得罪了里头,不肯得罪了外头办事的人。姑娘们只能可使奶妈妈们,他们也就不敢闲话了。"探春道:"因此我心中不自在。钱费两起,东西又白丢一半,通算起来,反费了两折子,不如竟把买办的每月蠲了为是③。此是一件事。第二件,年里往赖大家去,你也去

---

① 选文均录自曹雪芹《红楼梦》(第3版),人民文学出版社,2008。
② 内壶:指妻子。
③ 蠲了:废除、免除。

的,你看他那小园子比咱们这个如何?"平儿笑道:"还没有咱们这一半大,树木花草也少多了。"探春道:"我因和他家女儿说闲话儿,谁知那么个园子,除他们带的花,吃的笋菜鱼虾之外,一年还有人包了去,年终足有二百两银子剩。从那日我才知道,一个破荷叶,一根枯草根子,都是值钱的。"

宝钗笑道:"真真膏粱纨绔之谈。虽是千金小姐,原不知这事,但你们都念过书识字的,竟没看见朱夫子有一篇《不自弃文》不成?"探春笑道:"虽看过,那不过是勉人自励,虚比浮词,那里都真有的?"宝钗道:"朱子都有虚比浮词?那句句都是有的。你才办了两天时事,就利欲熏心,把朱子都看虚浮了。你再出去见了那些利弊大事,越发把孔子也看虚了!"探春笑道:"你这样一个通人,竟没看见子书?当日姬子有云:'登利禄之场,处运筹之界者,窃尧舜之词,背孔孟之道。'"宝钗笑道:"底下一句呢?"探春笑道:"如今只断章取意,念出底下一句,我自己骂我自己不成?"宝钗道:"天下没有不可用的东西,既可用,便值钱。难为你是个聪敏人,这些正事大节目事竟没经历,也可惜迟了。"李纨笑道:"叫了人家来,不说正事,且你们对讲学问。"宝钗道:"学问中便是正事。此刻于小事上用学问一提,那小事越发作高一层了。不拿学问提着,便都流入市俗去了。"

三人只是取笑之谈,说了笑了一回,便仍谈正事。探春因又接说道:"咱们这园子只算比他们的多一半,加一倍算,一年就有四百银子的利息。若此时也出脱生发银子,自然小器,不是咱们这样人家的事。若派出两个一定的人来,既有许多值钱之物,一味任人作践,也似乎暴殄天物。不如在园子里所有的老妈妈中,拣出几个本分老诚能知园圃的事,派准他们收拾料理,也不必要他们交租纳税,只问他们一年可以孝敬些什么。一则园子有专定之人修理,花木自有一年好似一年的,也不用临时忙乱;二则也不至作践,白辜负了东西;三则老妈妈们也可借此小补,不枉年日在园中辛苦;四则亦可以省了这些花儿匠山子匠打扫人等的工费。将此有余,以补不足,未为不可。"宝钗正在地下看壁上的字画,听如此说一则,便点一回头,说完,便笑道:"善哉,三年之内无饥馑矣!"李纨笑道:"好主意。这果一行,太太必喜欢。省钱事小,第一有人打扫,专司其职,又许他们去卖钱。使之以权,动之以利,再无不尽职的了。"平儿道:"这件事须得姑娘说出来。我们奶奶虽有此心,也未必好出口。此刻姑娘们在园里住着,不能多弄些玩意儿去陪衬,反叫人去监管修理,图省钱,这话断不好出口。"宝钗忙走过来,摸着他的脸笑道:"你张开嘴,我瞧瞧你的牙齿舌头是什么作的。从早起来到这会子,你说这些话,一套一个样子,也不奉承三姑娘,也没见你说奶奶才短想不到,也并没有三姑娘说一句,你就说一句是,横竖三姑娘一套话出,你就有一套话进去,总是三姑娘想的到的,你奶奶也想到了,只是必有个不可办的原故。这会子又是因姑娘住的园子,不好因省钱令人去监管。你们想想这话,若果真交与人弄钱去的,那人自然是一枝花也不许掐,一个果子也不许动了,姑娘们分中自然不敢,天天与小姑娘们就吵不清。他这远愁近虑,不亢不卑。他奶奶便不是和咱们好,听他这一番话,也必要自愧的变好了,不和也变和了。"探春笑道:"我早起一肚子气,听他来了,忽然想起他主子来,素日当家使出来的好撒野的人,我见了他便生了气。谁知他来了,避猫鼠儿似的站了半日,怪可怜的。接着又说了那么些话,不说他主子待我好,倒说'不枉姑娘待我们奶奶素日的情意了'。这一句,不但没了气，我倒愧了，又伤起心来。我细想，我一个女孩儿家，自己还闹得没人疼没人顾的，我那里还有好处去待人。"口内说到这里，不免又流下泪来。李纨等见他说的恳切，又想他素日赵姨娘每生诽谤，在王夫人跟前亦为赵姨娘所累，亦都不免流下泪来，都忙劝道："趁今日清净，大家商议两件兴利剔弊的事，也不枉太太委托一场。又提这没要紧的事做什么？"平儿忙道："我已明白了。姑娘竟说谁好，竟一派人就完了。"探春道："虽如此说，也须得回你奶奶一声。我们这里搜剔小遗，已经不当，皆因你奶奶是个明白人，我才这样行，若是糊涂多蛊多妒的，我也不肯，倒像抓他乖一般。岂可不商议了行。"平儿笑道："既这样，我去告诉一声。"说着去了，半日方回来，笑说："我说是白走一趟，这样好事，奶奶岂有不依的。"

探春听了，便和李纨命人将园中所有婆子的名单要来，大家参度，大概定了几个。又将他们一齐传来，李纨大概告诉与他们。众人听了，无不愿意，也有说："那一片竹子单交给我，一年工夫，明年又是一片。除了家里吃的笋，一年还可交些钱粮。"这一个说："那一片稻地交给我，一年这些顽的大小雀鸟的粮食不必动官中钱粮，我还可以交钱粮。"探春才要说话，人回："大夫来了，进园瞧姑娘。"众婆子只得去接大夫。平儿忙说："单你们，有一百个也不成个体统，难道没有两个管事的头脑带进大夫来？"回事的那人说："有，吴大娘和单大娘他两个在西南角上聚锦门等着呢。"平儿听说，方罢了。

众婆子去后，探春问宝钗如何。宝钗笑答道："幸于始者怠于终，缮其辞者嗜其利。"探春听了点头称赞，便向册上指出几人来与他三人看。平儿忙去取笔砚来。他三人说道："这一个老祝妈是个妥当的，况他老头子和他儿子代代都是管打扫竹子，如今竟把这所有的竹子交与他。这一个老田妈本是种庄稼的，稻香村一带凡有菜蔬稻稗之类，虽是顽意儿，不必认真大治大耕，也须得他去，再一按时加些培植，岂不更好？"探春又笑道："可惜，蘅芜苑和怡红院这两处大地方竟没有出利息之物。"李纨忙笑道："蘅芜苑更利害。如今香料铺并大市大庙卖的各处香料香草儿，都不是这些东西？算起来比别的利息更大。怡红院别说别的，单只说春夏天一季玫瑰花，共下多少花？还有一带篱笆上蔷薇，月季，宝相，金银藤，单这没要紧的草花干了，卖到茶叶铺药铺去，也值几个钱。"探春笑道："原来如此。只是弄香草的没有在行的人。"平儿忙笑道："跟宝姑娘的莺儿他妈就是会弄这个的，上回他还采了些晒干了辫成花篮葫芦给我顽的，姑娘倒忘了不成？"宝钗笑道："我才赞你，你倒来捉弄我了。"三人都诧异，都问这是为何。宝钗道："断断使不得！你们这里多少得用的人，一个一个闲着没事办，这会子我又弄个人来，叫那起人连我也看小了。我倒替你们想出一个人来：怡红院有个老叶妈，他就是茗烟的娘。那是个诚实老人家，他又和我们莺儿的娘极好，不如把这事交与叶妈。他有不知的，不必咱们说，他就找莺儿的娘去商议了。那怕叶妈全不管，竟交与那一个，那是他们私情儿，有人说闲话，也就怨不到咱们身上了。如此一行，你们办的又至公，于事又甚妥。"李纨平儿都道："是极。"探春笑道："虽如此，只怕他们见利忘义。"平儿笑道："不相干，前儿莺儿还认了叶妈做干娘，请吃饭吃酒，两家和厚的好的很呢。"探春听了，方罢了。又共同斟酌出几人来，俱是他四人素昔冷眼取中的，用笔圈出。

一时婆子们来回大夫已去。将药方送上去。三人看了，一面遣人送出去取药，监派调服，一面探春与李纨明示诸人：某人管某处，按四季除家中定例用多少外，余者任凭你们采取了去取利，年终算帐。探春笑道："我又想起一件事：若年终算帐归钱时，自然归到帐房，仍是上头又添一层管主，还在他们手心里，又剥一层皮。这如今我们兴出这事来派了你们，已是跨过他们的头去了，心里有气，只说不出来，你们年终去归帐，他们还不捉弄你们等什么？再者，这一年间管什么的，主子有一全分，他们就得半分。这是家里的旧例，人所共知的，别的偷着的在外。如今这园子里是我的新创，竟别入他们手，每年归帐，竟归到里头来才好。"宝钗笑道："依我说，里头也不用归帐，这个多了那个少了，倒多了事。不如问他们谁领这一分的，他就揽一宗事去。不过是园里的人的动用。我替你们算出来了，有限的几宗事：不过是头油，胭粉，香，纸，每一位姑娘几个丫头，都是有定例的；再者，各处笤帚，撮簸，掸子并大小禽鸟、鹿、兔吃的粮食。不过这几样，都是他们包了去，不用帐房去领钱。你算算，就省下多少来？"平儿笑道："这几宗虽小，一年通共算了，也省的下四百两银子。"宝钗笑道："却又来，一年四百，二年八百两，取租的房子也能看得了几间，薄地也可添几亩。虽然还有敷余的，但他们既辛苦闹一年，也要叫他们剩些，贴补贴补自家。虽是兴利节用为纲，然亦不可太啬。纵再省上二三百银子，失了大体统也不像。所以如此一行，外头帐房里一年少出四五百银子，也不觉得很艰啬了，他们里头却也得些小补。这些没营生的妈妈们也宽裕了，园子里花木，也可以每年滋长蕃盛，你们也得了可使之物。这庶几不失大体。若一味要省时，那里不搜寻出几个钱来。凡有些余利的，一概入了官中，那时里外怨声载道，岂不失了你们这样人家的大体？如今这园里几十个老妈妈们，若只给了这个，那剩的也必抱怨不公。我才说的，他们只供给这个几样，也未免太宽裕了。一年竟除了这个之外，他每人不论有余无余，只叫他拿出若干贯钱来，大家凑齐，单散与园中这些妈妈们。他们虽不料理这些，却日夜也是在园中照看当差之人、关门闭户、起早睡晚、大雨大雪、姑娘们出入、抬轿子、撑船、拉冰床，一应粗糙活计，都是他们的差使。一年在园里辛苦到头，这园内既有出息，也是分内该沾带些的。还有一句至小的话，越发说破了：你们只管了自己宽裕，不分与他们些，他们虽不敢明怨，心里却都不服，只用假公济私的多摘你们几个果子，多掐几枝花儿，你们有冤还没处诉。他们也沾带了些利息，你们有照顾不到，他们就替你照顾了。"

众婆子听了这个议论，又去了帐房受辖治，又不与凤姐儿去算帐，一年不过多拿出若干贯钱来，各各欢喜异常，都齐说："愿意。强如出去被他揉搓着，还得拿出钱来呢。"那不得管地的听了每年终又无故得分钱，也都喜欢起来，口内说："他们辛苦收拾，是该剩些钱贴补。我们怎么好'稳坐吃三注'的？"宝钗笑道："妈妈们也别推辞了，这原是分内应当的。你们只要日夜辛苦些，别躲懒纵放人吃酒赌钱就是了。不然，我也不该管这事，你们一般听见，姨娘亲口嘱托我三五回，说大奶奶如今又不得闲儿，别的姑娘又小，托我照看照看。我若不依，分明是叫姨娘操心。你们奶奶又多病多痛，家务也忙。我原是个闲人，便是个街坊邻居，也要帮着些，何况是亲姨娘托我。我免不得去小就大，讲不起众人嫌我。倘或我只顾了小分沽名钓誉，那时酒醉赌博生出事来，我怎么见姨娘？你们那时后悔也迟了，就连你们素日的老脸也都丢了。这些姑娘小姐们，这么一所大花园，都是你们照看，皆因看得你们是三四代的老妈妈，最是循规遵矩的，原该大家齐心，顾些体统。你们反纵放别人任意吃酒赌博，姨娘听见了，教训一场犹可，倘若被那几个管家娘子听见了，他们也不用回姨娘，竟教导你们一番。你们这年老的反受了年小的教训，虽是他们是管家。管的着你们，何如自己存些体统，他们如何得来作践。所以我如今替你们想出这个额外的进益来，也为大家齐心把这园里周全的谨谨慎慎，使那些有权执事的看见这般严肃谨慎，且不用他们操心，他们心里岂不敬服。也不枉替你们筹画进益，既能夺他们之权，生你们之利，岂不能行无为之治，分他们之忧。你们去细想想这话。"家人都欢声鼎沸说："姑娘说的很是。从此姑娘奶奶只管放心，姑娘奶奶这样疼顾我们，我们再要不体上情，天地也不容了。"

刚说着，只见林之孝家的进来说："江南甄府里家眷昨日到京，今日进宫朝贺。此刻先遣人来送礼请安。"说着，便将礼单送上去。探春接了，看道是："上用的妆缎蟒缎十二匹，上用杂色缎十二匹，上用各色纱十二匹，上用宫绸十二匹，官用各色缎纱绸绫二十四匹。"李纨也看过，说："用上等封儿赏他。"因又命人回了贾母。贾母便命人叫李纨、探春、宝钗等也都过来，将礼物看了。李纨收过，一边吩咐内库上人说："等太太回来看了再收。"贾母因说："这甄家又不与别家相同，上等赏封赏男人，只怕展眼又打发女人来请安，预备下尺头。"一语未完，果然人回："甄府四个女人来请安。"贾母听了，忙命人带进来。

那四个人都是四十往上的年纪，穿戴之物，皆比主子不甚差别。请安问好毕，贾母命拿了四个脚踏来，他四人谢了坐，待宝钗等坐了，方都坐下。贾母便问："多早晚进京的？"四人忙起身回说："昨日进的京。今日太太带了姑娘进宫请安去了，故令女人们来请安，问候姑娘们。"贾母笑问道："这些年没进京，也不想到今年来。"四人也都笑回道："正是，今年是奉旨进京的。"贾母问道："家眷都来了？"四人回说："老太太和哥儿，两位小姐并别位太太都没来，就只太太带了三姑娘来了。"贾母道："有人家没有？"四人道："尚没有。"贾母笑道："你们大姑娘和二姑娘这两家，都和我们家甚好。"四人笑道："正是。每年姑娘们有信回去说，全亏府上照看。"贾母笑道："什么照看，原是世交，又是老亲，原应当的。你们二姑娘更好，更不自尊自大，所以我们才走的亲密。"四人笑道："这是老太太过谦了。"贾母又问："你这哥儿也跟着你们老太太？"四人回说："也是跟着老太太。"贾母道："几岁了？"又问："上学不曾？"四人笑说："今年十三岁。因长得齐整，老太太很疼。自幼淘气异常，天天逃学，老爷太太也不便十分管教。"贾母笑道："也不成了我们家的了！你这哥儿叫什么名字？"四人道："因老太太当作宝贝一样，他又生的白，老太太便叫作宝玉。"贾母便向李纨等道："偏也叫作个宝玉。"李纨忙欠身笑道："从古至今，同时隔代重名的很多。"四人也笑道："起了这小名儿之后，我们上下都疑惑，不知那位亲友家也倒似曾有一个的。只是这十来年没进京来，却记不得真了。"贾母笑道："岂敢，就是我的孙子。人来。"众媳妇丫头答应了一声，走近几步。贾母笑道："园里把咱们的宝玉叫了来，给这四个管家娘子瞧瞧，比他们的宝玉如何？"

众媳妇听了，忙去了，半刻围了宝玉进来。四人一见，忙起身笑道："唬了我们一跳。若是我们不进府来，倘若别处遇见，还只道是我们的宝玉后赶着也进了京了呢。"一面说，一面都上来拉他的手，问长问短。宝玉忙也笑问好。贾母笑道："比你们的长的如何？"李纨等笑道："四位妈妈才一说，可知是模样相仿了。"贾母笑道："那有这样巧事？大家子孩子们再养的娇嫩，除了脸上有残疾十分黑丑的，大概看去都是一样的齐整。这也没有什么怪处。"四人笑道："如今看来，模样是一样。据老太太说，淘气也一样。我们看来，这位哥儿性情却比我们的好些。"贾母忙问："怎见得？"四人笑道："方才我们拉哥儿的手说话便知。我们那一个只说我们糊涂，慢说拉手，他的东西我们略动一动也不依。所使唤的人都是女孩子们。"四人未说完，李纨姊妹等禁不住都失声笑出来。贾母也笑道："我们这会子也打发人去见了你们宝玉，若拉他的手，他也自然勉强忍耐一时。可知你我这样人家的孩子们，凭他们有什么刁钻古怪的毛病儿，见了外人，必是要还出正经礼数来的。若他不还正经礼数，也断不容他刁钻去了。就是大人溺爱的，是他一则生的得人意，二则见人礼数竟比大人行出来的不错，使人见了可爱可怜，背地里所以才纵他一点子。若一味他只管没里没外，不与大人争光，凭他生的怎样，也是该打死的。"四人听了，都笑说："老太太这话正是。虽然我们宝玉淘气古怪，有时见了人客，规矩礼数更比大人有礼。所以无人见了不爱，只说为什么还打他。殊不知他在家里无法无天，大人想不到的话他偏会说，想不到的事他偏要行，所以老爷太太恨的无法。就是弄性，也是小孩子的常情，胡乱花费，这也是公子哥儿的常情，怕上学，也是小孩子的常情，都还治的过来。第一，天生下来这一种刁钻古怪的脾气，如何使得。"一语未了，人回："太太回来了。"王夫人进来问过安。他四人请了安，大概说了两句。贾母便命歇歇去。王夫人亲捧过茶，方退出。四人告辞了贾母，便往王夫人处来。说了一会家务，打发他们回去，不必细说。

这里贾母喜的逢人便告诉，也有一个宝玉，也却一般行景。众人都说天下之大，世宦之多，同名者也甚多，祖母溺爱孙者也古今所有常事耳，不是什么罕事，故皆不介意。独宝玉是个迂阔呆公子的性情，自为是那四人承悦贾母之词。后至蘅芜苑去看湘云病去，史湘云说他："你放心闹罢，先是'单丝不成线，独树不成林'，如今有了个对子，闹急了，再打很了，你逃走到南京找那一个去。"宝玉道："那里的谎话你也信了，偏又有个宝玉了？"湘云道："怎么列国有个蔺相如，汉朝又有个司马相如呢？"宝玉笑道："这也罢了，偏又模样儿也一样，这是没有的事。"湘云道："怎么匡人看见孔子，只当是阳虎呢？"宝玉笑道："孔子阳虎虽同貌，却不同名，蔺与司马虽同名，而又不同貌，偏我和他就两样俱同不成？"湘云没了话答对，因笑道："你只会胡搅，我也不和你分证。有也罢，没也罢，与我无干。"说着便睡下了。

宝玉心中便又疑惑起来：若说必无，然亦似有，若说必有，又并无目睹。心中闷了，回至房中榻上默默盘算，不觉就忽忽的睡去，不觉竟到了一座花园之内。宝玉诧异道："除了我们大观园，更又有这一个园子？"正疑惑间，从那边来了几个女儿，都是丫鬟。宝玉又诧异道："除了鸳鸯，袭人，平儿之外，也竟还有这一干人？"只见那些丫鬟笑道："宝玉怎么跑到这里来了？"宝玉只当是说他，自己忙来陪笑说道："因我偶步到此，不知是那位世交的花园，好姐姐们，带我逛逛。"众丫鬟都笑道："原来不是咱们的宝玉。他生的倒也还干净，嘴儿也倒乖觉。"宝玉听了，忙道："姐姐们，这里也更还有个宝玉？"丫鬟们忙道："宝玉二字，我们是奉老太太、太太之命，为保佑他延寿消灾的。我们叫他，他听见喜欢。你是那里远方来的臭小厮，也乱叫起他来。仔细你的臭肉，打不烂你的。"又一个丫鬟笑道："咱们快走罢，别叫宝玉看见，又说同这臭小厮说了话，把咱熏臭了。"说着一径去了。

宝玉纳闷道："从来没有人如此荼毒我，他们如何竟这样？真亦有我这样一个人不成？"一面想，一面顺步早到了一所院内。宝玉又诧异道："除了怡红院，也更还有这么一个院落。"忽上了台矶，进入屋内，只见榻上有一个人卧着，那边有几个女孩儿做针线，也有嘻笑顽耍的。只见榻上那个少年叹了一声。一个丫鬟笑问道："宝玉，你不睡又叹什么？想必为你妹妹病了，你又胡愁乱恨呢。"宝玉听说，心下也便吃惊。只见榻上少年说道："我听见老太太说，长安都中也有个宝玉，和我一样的性情，我只不信。我才作了一个梦，竟梦到了都中一个花园子里头，遇见几个姐姐，都叫我臭小厮，不理我。好容易找到他房里头，偏他睡觉，空有皮囊，真性不知那里去了。"宝玉听说，忙说道："我因找宝玉来到这里。原来你就是宝玉？"榻上的忙下来拉住："原来你就是宝玉？这可不是梦里了。"宝玉道："这如何是梦？真而又真了。"一语未了，只见人来说："老爷叫宝玉。"唬得二人皆慌了。一个宝玉就走，一个宝玉便忙叫："宝玉快回来，快回来！"

袭人在旁听他梦中自唤，忙推醒他，笑问道："宝玉在那里？"此时宝玉虽醒，神意尚恍惚，因向门外指说："才出去了。"袭人笑道："那是你梦迷了。你揉眼细瞧，是镜子里照的你影儿。"宝玉向前瞧了一瞧，原是那嵌的大镜对面相照，自己也笑了。早有人捧过漱盂茶卤来，漱了口。麝月道："怪道老太太常嘱咐说小人屋里不可多有镜子。小人魂不全，有镜子照多了，睡觉惊恐作胡梦。如今倒在大镜子那里安了一张床。有时放下镜套还好，往前去，天热困倦不定，那里想的到放他，比如方才就忘了。自然是先躺下照着影儿顽的，一时合上眼，自然是胡梦颠倒，不然如何得看着自己叫着自己的名字？不如明儿挪进床来是正经。"一语未了，只见王夫人遣人来叫宝玉，不知有何话说。

第九十八回　苦绛珠魂归离恨天　病神瑛泪洒相思地

话说宝玉见了贾政，回至房中，更觉头昏脑闷，懒待动弹，连饭也没吃，便昏沉睡去。仍旧延医诊治，服药不效，索性连人也认不明白了。大家扶着他坐起来，还是像个好人。一连闹了几天，那日恰是回九之期①，若不过去，薛姨妈脸上过不去，若说去呢，宝玉这般光景。贾母明知是为黛玉而起，欲要告诉明白，又恐气急生变。宝钗是新媳妇，又难劝慰，必得姨妈过来才好。若不回九，姨妈嗔怪。便与王夫人凤姐商议道："我看宝玉竟是魂不守舍，起动是不怕的。用两乘小轿叫人扶着从园里过去，应了回九的吉期，以后请姨妈过来安慰宝钗，咱们一心一意的调治宝玉，可不两全？"王夫人答应了，即刻预备。幸亏宝钗是新媳妇，宝玉是个疯傻的，由人掇弄过去了。宝钗也明知其事，心里只怨母亲办得糊涂，事已至此，不肯多言。独有薛姨妈看见宝玉这般光景，心里懊悔，只得草草

---

① 回九：新娘结婚九日后回娘家叫回九。

完事。

到家，宝玉越加沉重，次日连起坐都不能了。日重一日，甚至汤水不进。薛姨妈等忙了手脚，各处遍请名医，皆不识病源。只有城外破寺中住着个穷医，姓毕，别号知庵的，诊得病源是悲喜激射，冷暖失调，饮食失时，忧忿滞中，正气壅闭；此内伤外感之症。于是度量用药，至晚服了，二更后果然省些人事，便要水喝。贾母王夫人等才放了心，请了薛姨妈带了宝钗都到贾母那里暂且歇息。

宝玉片时清楚，自料难保，见诸人散后，房中只有袭人，因唤袭人至跟前，拉着手哭道："我问你，宝姐姐怎么来的？我记得老爷给我娶了林妹妹过来，怎么被宝姐姐赶了去了？他为什么霸占住在这里？我要说呢，又恐怕得罪了他。你们听见林妹妹哭得怎么样了？"袭人不敢明说，只得说道："林姑娘病着呢。"宝玉又道："我瞧瞧他去。"说着，要起来。岂知连日饮食不进，身子那能动转，便哭道："我要死了！我有一句心里的话，只求你回明老太太：横竖林妹妹也是要死的，我如今也不能保。两处两个病人都要死的，死了越发难张罗。不如腾一处空房子，趁早将我同林妹妹两个抬在那里，活着也好一处医治伏侍，死了好一处停放。你依我这话，不枉了几年的情分。"袭人听了这些话，便哭的哽嗓气噎。宝钗恰好同了莺儿过来，也听见了，便说道："你放着病不保养，何苦说这些不吉利的话。老太太才安慰了些，你又生出事来。老太太一生疼你一个，如今八十多岁的人了，虽不图你的封诰，将来你成了人，老太太也看着乐一天，也不枉了老人家的苦心。太太更是不必说了，一生的心血精神，抚养了你这一个儿子，若是半途死了，太太将来怎么样呢。我虽是命薄，也不至于此。据此三件看来，你便要死，那天也不容你死的，所以你是不得死的。只管安稳着，养个四五天后，风邪散了，太和正气一足，自然这些邪病都没有了。"宝玉听了，竟是无言可答，半晌方才嘻嘻的笑道："你是好些时不和我说话了，这会子说这些大道理的话给谁听？"宝钗听了这话，便又说道："实告诉你说罢，那两日你不知人事的时候，林妹妹已经亡故了。"宝玉忽然坐起来，大声诧异道："果真死了吗？"宝钗道："果真死了。岂有红口白舌咒人死的呢。老太太、太太知道你姐妹和睦，你听见他死了自然你也要死，所以不肯告诉你。"宝玉听了，不禁放声大哭，倒在床上。

忽然眼前漆黑，辨不出方向，心中正自恍惚，只见眼前好像有人走来，宝玉茫然问道："借问此是何处？"那人道："此阴司泉路。你寿未终，何故至此？"宝玉道："适闻有一故人已死，遂寻访至此，不觉迷途。"那人道："故人是谁？"宝玉道："姑苏林黛玉。"那人冷笑道："林黛玉生不同人，死不同鬼，无魂无魄，何处寻访！凡人魂魄，聚而成形，散而为气，生前聚之，死则散焉。常人尚无可寻访，何况林黛玉呢。汝快回去罢。"宝玉听了，呆了半晌道："既云死者散也，又如何有这个阴司呢？"那人冷笑道："那阴司说有便有，说无就无。皆为世俗溺于生死之说，设言以警世，便道上天深怒愚人，或不守分安常，或生禄未终自行夭折，或嗜淫欲尚气逞凶无故自陨者，特设此地狱，囚其魂魄，受无边的苦，以偿生前之罪。汝寻黛玉，是无故自陷也。且黛玉已归太虚幻境，汝若有心寻访，潜心修养，自然有时相见。如不安生，即以自行夭折之罪囚禁阴司，除父母外，欲图一见黛玉，终不能矣。"那人说毕，袖中取出一石，向宝玉心口掷来。宝玉听了这话，又被这石子打着心窝，吓的即欲回家，只恨迷了道路。

正在踌躇，忽听那边有人唤他。回首看时，不是别人，正是贾母、王夫人、宝钗、袭人等围绕哭泣叫着。自己仍旧躺在床上。见案上红灯，窗前皓月，依然锦绣丛中，繁华世界。定神一想，原来竟是一场大梦。浑身冷汗，觉得心内清爽。仔细一想，真正无可奈何，不过长叹数声而已。宝钗早知黛玉已死，因贾母等不许众人告诉宝玉知道，恐添病难治。自己却深知宝玉之病实因黛玉而起，失玉次之，故趁势说明，使其一痛决绝，神魂归一，庶可疗治。贾母王夫人等不知宝钗的用意，深怪他造次。后来见宝玉醒了过来，方才放心。立即到外书房请了毕大夫进来诊视。那大夫进来诊了脉，便道："奇怪，这回脉气沉静，神安郁散，明日进调理的药，就可以望好了。"说着出去。众人各自安心散去。

袭人起初深怨宝钗不该告诉，惟是口中不好说出。莺儿背地也说宝钗道："姑娘忒性急了。"宝钗道："你知道什么好歹，横竖有我呢。"那宝钗任人诽谤，并不介意，只窥察宝玉心病，暗下针砭。一日，宝玉渐觉神志安定，虽一时想起黛玉，尚有糊涂。更有袭人缓缓的将"老爷选定的宝姑娘为人和厚；嫌林姑娘秉性古怪，原恐早夭；老太太恐你不知好歹，病中着急，所以叫雪雁过来哄你"的话时常劝解。宝玉终是心酸落泪。欲待寻死，又想着梦中之言，又恐老太太、太太生气，又不能撩开。又想黛玉已死，宝钗又是第一等人物，方信金石姻缘有定，自己也解了好些。宝钗看来不妨大事，于是自己心也安了，只在贾母王夫人等前尽行过家庭之礼后，便设法以释宝玉之忧。宝玉虽不能时常坐起，亦常见宝钗坐在床前，禁不住生来旧病。宝钗每以正言劝解，以"养身要紧，你我既为夫妇，岂在一时"之语安慰他。那宝玉心里虽不顺遂，无奈日里贾母王夫人及薛姨妈等轮流相伴，夜间宝钗独去安寝，贾母又派人服侍，只得安心静养。又见宝钗举动温柔，也就渐渐的将爱慕黛玉的心肠略移在宝钗身上，此是后话。

却说宝玉成家的那一日，黛玉白日已昏晕过去，却心头口中一丝微气不断，把个李纨和紫鹃哭的死去活来。到了晚间，黛玉却又缓过来了，微微睁开眼，似有要水要汤的光景。此时雪雁已去，只有紫鹃和李纨在旁。紫鹃便端了一盏桂圆汤和的梨汁，用小银匙灌了两三匙。黛玉闭着眼静养了一会子，觉得心里似明似暗的。此时李纨见黛玉略缓，明知是回光返照的光景，却料着还有一半天耐头，自己回到稻香村料理了一回事情。

这里黛玉睁开眼一看，只有紫鹃和奶妈并几个小丫头在那里，便一手攥了紫鹃的手，使着劲说道："我是不中用的人了。你伏侍我几年，我原指望咱们两个总在一处。不想我……"说着，又喘了一会子，闭了眼歇着。紫鹃见他攥着不肯松手，自己也不敢挪动，看他的光景比早半天好些，只当还可以回转，听了这话，又寒了半截。半天，黛玉又说道："妹妹，我这里并没亲人。我的身子是干净的，你好歹叫他们送我回去。"说到这里又闭了眼不言语了。那手却渐渐紧了，喘成一处，只是出气大入气小，已经促疾的很了。

紫鹃忙了，连忙叫人请李纨，可巧探春来了。紫鹃见了，忙悄悄的说道："三姑娘，瞧瞧林姑娘罢。"说着，泪如雨下。探春过来，摸了摸黛玉的手已经凉了，连目光也都散了。探春紫鹃正哭着叫人端水来给黛玉擦洗，李纨赶忙进来了。三个人才见了，不及说话。刚擦着，猛听黛玉直声叫道："宝玉，宝玉，你好……"说到"好"字，便浑身冷汗，不作声了。紫鹃等急忙扶住，那汗愈出，身子便渐渐的冷了。探春李纨叫人乱着拢头穿衣，只见黛玉两眼一翻，呜呼，香魂一缕随风散，愁绪三更入梦遥！

　　当时黛玉气绝，正是宝玉娶宝钗的这个时辰。紫鹃等都大哭起来。李纨探春想他素日的可疼，今日更加可怜，也便伤心痛哭。因潇湘馆离新房子甚远，所以那边并没听见。一时大家痛哭了一阵，只听得远远一阵音乐之声，侧耳一听，却又没有了。探春李纨走出院外再听时，惟有竹梢风动，月影移墙，好不凄凉冷淡！一时叫了林之孝家的过来，将黛玉停放毕，派人看守，等明早去回凤姐。

　　凤姐因见贾母王夫人等忙乱，贾政起身，又为宝玉惝恍更甚，正在着急异常之时，若是又将黛玉的凶信一回，恐贾母王夫人愁苦交加，急出病来，只得亲自到园。到了潇湘馆内，也不免哭了一场。见了李纨探春，知道诸事齐备，便说："很好。只是刚才你们为什么不言语，叫我着急？"探春道："刚才送老爷，怎么说呢。"凤姐道："还倒是你们两个可怜他些。这么着，我还得那边去招呼那个冤家呢。但是这件事好累坠，若是今日不回，使不得；若回了，恐怕老太太搁不住。"李纨道："你去见机行事，得回再回方好。"凤姐点头，忙忙的去了。

　　凤姐到了宝玉那里，听见大夫说不妨事，贾母王夫人略觉放心，凤姐便背了宝玉，缓缓的将黛玉的事回明了。贾母王夫人听得都唬了一大跳。贾母眼泪交流说道："是我弄坏了他了。但只是这个丫头也忒傻气！"说着，便要到园里去哭他一场，又惦记着宝玉，两头难顾。王夫人等含悲共劝贾母不必过去，"老太太身子要紧。"贾母无奈，只得叫王夫人自去。又说："你替我告诉他的阴灵：'并不是我忍心不来送你，只为有个亲疏。你是我的外孙女儿，是亲的了，若与宝玉比起来，可是宝玉比你更亲些。倘宝玉有些不好，我怎么见他父亲呢。'"说着，又哭起来。王夫人劝道："林姑娘是老太太最疼的，但只寿夭有定。如今已经死了，无可尽心，只是葬礼上要上等的发送。一则可以少尽咱们的心，二则就是姑太太和外甥女儿的阴灵儿，也可以少安了。"贾母听到这里，越发痛哭起来。凤姐恐怕老人家伤感太过，明仗着宝玉心中不甚明白，便偷偷的使人来撒个谎儿哄老太太道："宝玉那里找老太太呢。"贾母听见，才止住泪问道："不是又有什么缘故？"凤姐陪笑道："没什么缘故，他大约是想老太太的意思。"贾母连忙扶了珍珠儿，凤姐也跟着过来。

　　走至半路，正遇王夫人过来，一一回明了贾母。贾母自然又是哀痛的，只因要到宝玉那边，只得忍泪含悲的说道："既这么着，我也不过去了。由你们办罢，我看着心里也难受，只别委屈了他就是了。"王夫人凤姐一一答应了。贾母才过宝玉这边来，见了宝玉，因问："你做什么找我？"宝玉笑道："我昨日晚上看见林妹妹来了，他说要回南去。我想没人留的住，还得老太太给我留一留他。"贾母听着，说："使得，只管放心罢。"袭人因扶宝玉躺下。

　　贾母出来到宝钗这边来。那时宝钗尚未回九，所以每每见了人倒有些含羞之意。这一天见贾母满面泪痕，递了茶，贾母叫他坐下。宝钗侧身陪着坐了，才问道："听得林妹妹病了，不知他可好些了？"贾母听了这话，那眼泪止不住流下来，因说道："我的儿，我告诉你，你可别告诉宝玉。都是因你林妹妹，才叫你受了多少委屈。你如今作媳妇了，我才告诉你。这如今你林妹妹没了两三天了，就是娶你的那个时辰死的。如今宝玉这一番病还是为着这个，你们先都在园子里，自然也都是明白的。"宝钗把脸飞红了，想到黛玉之死，又不免落下泪来。贾母又说了一回话去了。自此宝钗千回万转，想了一个主意，只不肯造次，所以过了回九才想出这个法子来。如今果然好些，然后大家说话才不至似前留神。

独是宝玉虽然病势一天好似一天，他的痴心总不能解，必要亲去哭他一场。贾母等知他病未除根，不许他胡思乱想，怎奈他郁闷难堪，病多反复。倒是大夫看出心病，索性叫他开散了，再用药调理，倒可好得快些。宝玉听说，立刻要往潇湘馆来。贾母等只得叫人抬了竹椅子过来，扶宝玉坐上。贾母王夫人即便先行。到了潇湘馆内，一见黛玉灵柩，贾母已哭得泪干气绝。凤姐等再三劝住。王夫人也哭了一场。李纨便请贾母王夫人在里间歇着，犹自落泪。

宝玉一到，想起未病之先来到这里，今日屋在人亡，不禁嚎啕大哭。想起从前何等亲密，今日死别，怎不更加伤感。众人原恐宝玉病后过哀，都来解劝，宝玉已经哭得死去活来，大家搀扶歇息。其余随来的，如宝钗，俱极痛哭。独是宝玉必要叫紫鹃来见，问明姑娘临死有何话说。紫鹃本来深恨宝玉，见如此，心里已回过来些，又见贾母王夫人都在这里，不敢洒落宝玉①，便将林姑娘怎么复病，怎么烧毁帕子，焚化诗稿，并将临死说的话，一一的都告诉了。宝玉又哭得气噎喉干。探春趁便又将黛玉临终嘱咐带柩回南的话也说了一遍。贾母王夫人又哭起来。多亏凤姐能言劝慰，略略止些，便请贾母等回去。宝玉那里肯舍，无奈贾母逼着，只得勉强回房。

贾母有了年纪的人，打从宝玉病起，日夜不宁，今又大痛一阵，已觉头晕身热。虽是不放心惦着宝玉，却也挣扎不住，回到自己房中睡下。王夫人更加心痛难禁，也便回去，派了彩云帮着袭人照应，并说："宝玉若再悲戚，速来告诉我们。"宝钗是知宝玉一时必不能舍，也不相劝，只用讽刺的话说他。宝玉倒恐宝钗多心，也便饮泣收心。歇了一夜，倒也安稳。明日一早，众人都来瞧他，但觉气虚身弱，心病倒觉去了几分。于是加意调养，渐渐的好起来。贾母幸不成病，惟是王夫人心痛未痊。那日薛姨妈过来探望，看见宝玉精神略好，也就放心，暂且住下。

一日，贾母特请薛姨妈过去商量说："宝玉的命都亏姨太太救的，如今想来不妨了，独委屈了你的姑娘。如今宝玉调养百日，身体复旧，又过了娘娘的功服②，正好圆房。要求姨太太作主，另择个上好的吉日。"薛姨妈便道："老太太主意很好，何必问我。宝丫头虽生的粗笨，心里却还是极明白的。他的性情老太太素日是知道的。但愿他们两口儿言和意顺，从此老太太也省好些心，我姐姐也安慰些，我也放了心了。老太太便定个日子。还通知亲戚不用呢？"贾母道："宝玉和你们姑娘生来第一件大事，况且费了多少周折，如今才得安逸，必要大家热闹几天。亲戚都要请的。一来酬愿，二则咱们吃杯喜酒，也不枉我老人家操了好些心。"薛姨妈听说，自然也是喜欢的，便将要办妆奁的话也说了一番。贾母道："咱们亲上做亲，我想也不必这些。若说动用的，他屋里已经满了。必定宝丫头他心爱的要你几件，姨太太就拿了来。我看宝丫头也不是多心的人，不比的

---

① 洒落：用尖刻的语言数落他人，令其难堪。
② 功服：古代丧服名，分大功、小功，用熟麻布做成。

我那外孙女儿的脾气,所以他不得长寿。"说着,连薛姨妈也便落泪。恰好凤姐进来,笑道:"老太太姑妈又想着什么了?"薛姨妈道:"我和老太太说起你林妹妹来,所以伤心。"凤姐笑道:"老太太和姑妈且别伤心,我刚才听了个笑话儿来了,意思说给老太太和姑妈听。"贾母拭了拭眼泪,微笑道:"你又不知要编派谁呢,你说来我和姨太太听听。说不笑我们可不依。"只见那凤姐未从张口,先用两只手比着,笑弯了腰了。未知他说出些什么来,下回分解。

参考书目

张之洞编撰，范希曾补正《书目答问补正》，中华书局 2018 年

永瑢等《四库全书总目》，中华书局 1965 年

皮锡瑞《经学历史》（第 2 版），中华书局 2008 年

皮锡瑞《经学通论》，中华书局 1954 年

钱穆《先秦诸子系年》，商务印书馆 2015 年

蒋伯潜《诸子通考》，上海古籍出版社 2013 年

郭沫若《十批判书》（第 3 版），人民出版社 2012 年

梁启超《要籍解题及其读法》，岳麓书社 2010 年

章太炎《国学概论》，中华书局 2003 年

吕思勉《经子解题》，华东师范大学出版社 1995 年

杨伯峻等《经书浅谈》，中华书局 2004 年

朱自清《经典常谈》，北京大学出版社 2009 年

葛兆光《中国经典十种》，上海书店出版社 2002 年

曹胜高《国学通论》，北京大学出版社 2008 年

梁漱溟《中国文化要义》，学林出版社 1987 年

郭齐勇《中国人的智慧》，中华书局 2018 年

傅佩荣《国学与人生》，东方出版社 2016 年

张岱年《中国国学传统》，北京大学出版社 2016 年

楼宇烈《中国文化的根本精神》，中华书局 2016 年

陈来《中华文明的核心价值——国学流变与传统价值观》，生活·读书·新知三联书店 2015 年

冯友兰《中国哲学简史》（第 2 版），北京大学出版社 1996 年

范文澜《中国通史简编》，华东师范大学出版社 2014 年

钱穆《国史大纲》，商务印书馆 2010 年

吕思勉《中国通史》，中华书局 2015 年

张光直《中国青铜时代》，生活·读书·新知三联书店 2013 年

王力主编《中国古代文化常识》（第 2 版），世界图书出版公司 2008 年

张舜徽《中国文明的历程》，中华书局 2011 年

阴法鲁、许树安《中国古代文化史》，北京大学出版社 1989 年

宗白华《美学散步》，上海人民出版社 1981 年

李泽厚《美的历程》，生活·读书·新知三联书店 2009 年

徐复观《中国艺术精神》，商务印书馆 2010 年